高等院校"十三五"应用型规

国际金融学

主 编 张向凤 周 经 贾欣宇
副主编 隋 潇 赵 爽

微信扫码
申请课件等相关资源

南京大学出版社

内容简介

国际金融学是一门理论和实务相结合的课程,具有综合性、宏观性、政策导向性的特点。通过本课程的学习,可以使学生明确国际金融学的研究对象,掌握国际金融的基础知识和基本业务,为学习其他国际经济课程奠定坚实的基础。

本教材具有以下特点:① 力求体系的创新性。② 注重内容的时效性。③ 突出理论与实践的有机统一。

本书适合作为高等院校国际经济与贸易、世界经济、国际金融学、经济学、国际商务、企业管理等专业的教材使用。

图书在版编目(CIP)数据

国际金融学 / 张向凤,周经,贾欣宇主编. — 南京:
南京大学出版社,2018.8
高等院校"十三五"应用型规划教材·金融专业
ISBN 978 - 7 - 305 - 20494 - 4

Ⅰ. ①国… Ⅱ. ①张… ②周… ③贾… Ⅲ. ①国际金
融学 Ⅳ. ①F831

中国版本图书馆 CIP 数据核字(2018)第 150737 号

出版发行　南京大学出版社
社　　址　南京市汉口路 22 号　　　　邮　编　210093
出 版 人　金鑫荣
书　　名　国际金融学
作　　者　张向凤　周　经　贾欣宇
责任编辑　李素梅　武　坦　　　　编辑热线　025 - 83597482
照　　排　南京南琳图文制作有限公司
印　　刷　南京玉河印刷厂
开　　本　787×1092　1/16　印张 16.5　字数 412 千
版　　次　2018 年 8 月第 1 版　2018 年 8 月第 1 次印刷
ISBN 978 - 7 - 305 - 20494 - 4
定　　价　42.00 元

网址:http://www.njupco.com
官方微博:http://weibo.com/njupco
微信服务号:njuyuexue
销售咨询热线:(025) 83594756

前　言

国际金融是从货币金融角度研究开放经济下内外均衡同时实现的一门独立学科,是一门理论和实务相结合的课程,具有综合性、宏观性、政策导向性的特点。通过本课程的学习,可以使学生明确国际金融学的研究对象,掌握国际金融的基础知识和基本业务,为学习其他国际经济课程奠定坚实的基础。

世界经济一体化的飞速发展正在对各国的经济结构和决策产生日益深刻的影响,其中特别是国际金融领域的形势发展尤为迅猛,汇率、国际收支、国际资本流动等问题引起了国际范围内前所未有的关注,宏观经济的内外均衡问题越来越不容忽视,国际金融已成为当代经济学研究中最有活力的分支学科之一。1997年的东南亚金融危机和2008年的全球金融危机,充分说明了国际金融市场上的机遇与挑战并存。只有学好国际金融的基本理论,掌握国际经济领域的最新发展动态,才能适应全面改革开放的需要。

本教材具有以下特点:

(1)力求体系的创新性。近几年国际金融理论和实践都有了很大的发展,作为一本基础课程的教材,首要的就是要对本课程有一个合理的框架,对所研究的内容有比较完整、准确的介绍,这是编者在编写过程中追求的目标之一。

(2)注重内容的时效性。本教材吸纳国际金融领域的最新案例,并融入国际金融活动的最新数据,反映了外汇交易、国际收支、国际金融市场等领域的国内外最新研究成果,充分反映了教材的时代性和前沿性。

(3)突出理论与实践的有机统一。教学内容应既加强基本原理与应用知识的传授,又帮助学生在掌握一定理论知识的基础,获得相应的技能。为此,本教材将国际金融的基础知识贯穿于实际运作中,语言通俗易懂,还能将其延伸到实际的国际金融环境中,有利于提高学生分析与观察现实问题的能力。

本教材在编写过程中,得到了许多方面的大力支持,也参阅和借鉴了许多前辈、学者的著作和科研成果,在此谨向有关作者表示衷心的感谢。

由于本教材编写处于探索之中,加上国际范围内的金融创新层出不穷,因此难免会有所欠缺,欢迎广大师生和读者批评指正,并将意见和建议及时反馈给我们,以便修订时改进。

编　者
2018年6月

目 录

第一章 汇率

> **学习目标**
> - 掌握有关外汇的基本知识;
> - 了解汇率决定的基础;
> - 掌握决定汇率水平与影响汇率变动的因素;
> - 重点掌握汇率变动对经济的影响;
> - 了解我国人民币国际化的利弊。
>
> **关键词**
>
> 汇率 买价 买卖差价 双边汇率 名义汇率 实际汇率 外汇风险

导读材料

欧 元

欧元(Euro)是欧盟的统一货币,其前身为欧洲货币单位(European Currency Unit, ECU)。1995年12月15日,在西班牙马德里召开的欧洲联盟首脑会议决定将欧洲统一货币定名为欧元,以取代欧洲货币单位,并一致同意于1999年1月1日正式启动欧元,2002年1月1日开始让欧元进入流通领域。这样,1999年1月1日,欧元诞生。为了进入欧元国的行列,欧盟各成员国努力向经济趋同标准靠拢。在1998年5月,欧盟在比利时布鲁塞尔举行的首脑会议正式确定了欧元创始国的名单。在当时的欧盟15个成员国中,英国、丹麦和瑞典因为政治原因暂未加入欧元区,希腊因为经济不达标而落选,其余11国(荷兰、爱尔兰、法国、德国、西班牙、意大利、卢森堡、比利时、奥地利、葡萄牙、芬兰)成为首批欧元国。希腊在经过一番努力达标后,于2001年1月1日正式加入欧元区。2002年1月1日,欧元现钞正式进入欧元区12国的流通领域,欧元区12国的3.06亿民众开始使用共同货币。2002年1月28日、2月9日、2月17日,荷兰、爱尔兰、法国3国的货币先后退出了本国流通领域。2002年2月28日,其他9国——德国、希腊、西班牙、意大利、卢森堡、比利时、奥地利、葡萄牙、芬兰——全部放弃旧币兑换,本国货币完全停止在市场上流通。从这一天起,欧元的纸币和硬币正式普及12国的流通领域,12种曾与欧元区居民的经济生活息息相关的货币(荷兰盾、爱尔兰镑、法国法郎、德国马克、希腊德拉克马、西班牙比塞塔、意大利里拉、卢森堡法郎、比利时法郎、奥地利先令、葡萄牙埃斯库多和芬兰马克)退出了历史舞台。欧元纸币和硬币在 2002 年 1 月 1 日零时正式启用。由于时差的关系,各成员国启用欧元的时间不能完全同步,所以是以各欧元国当地时间的零时为准。按照规定,欧元现钞流通后,欧元国旧币仍然可以继续使用一段时间,也就是人们常说的"双币流通期"。"双币流通期"法定为两个月。至 2002 年 3 月 1 日零时,所有欧元国的旧币不再具有交换价值,遂正式退出流通领域;欧元从此一枝独秀,成为欧元区 12 个国家唯一的法定货币。不过,有的欧元区国家担心"双币流通期"过长可能会引起混乱,因而决定缩短"双币流通期"。荷兰的"双币流通期"于 2002 年 1 月 28 日零时终止,是欧元区国家中"双币流通期"最短的国家。爱尔兰的终止期是 2002 年 2 月 9 日零时;法国为 2 月 17 日午夜。其他 9 个国家仍然按照规定时间结束"双币流通期"。为了保证欧元现钞的顺利登场,12 个欧元国共发行了 500 亿枚欧元硬币和 150 亿张欧元纸币。欧元纸币共有 7 种面值,分别为 5 欧元、10 欧元、20 欧元、50 欧元、100 欧元、200 欧元和 500 欧元,底色为灰、红、蓝、橘红、绿、黄和淡紫色,正面的图案是窗户和建筑物的大门,象征着欧洲向世界开放;背面是一座桥,象征着交流与沟通。钞票的每种色彩和建筑图案分别代表欧洲发展史上的一个时代:古代、罗马时代、哥特文化、文艺复兴、巴洛克和洛可可文化、玻璃与钢铁的近代和 20 世纪的现代。目前,欧元区共有 16 个成员国,除前述 12 个国家外,斯洛文尼亚、塞浦路斯、马耳他和斯洛伐克等 4 个国家也相继加入欧元区。

第一节　外汇和汇率

随着世界经济一体化的发展,国与国之间的联系越来越密切。一国的企业和个人等经济主体不再仅仅同本国的经济主体打交道,而且要有对外的经济交往活动。例如,从美国进口先进的机器设备,把本国的纺织品出口到日本,或是投资于外国的某种金融产品,这些超越本国的经济行为所涉及的货币必然不会仅是我们熟悉的本币。对于中国居民来说,不再只使用中国的货币——人民币,可能还会用到美元、日元等。像美元、日元这些不是由中国货币当局发行的货币对中国居民而言就是外汇。

一般来说,一国的货币只能在本国流通,那么为什么美元、日元等就可以作为国际结算工具在国际范围内广泛使用呢?这是由于这些国家强大的经济实力的支撑及其货币制度,使得它们在国际上被普遍地接受,成为人们所说的硬通货。事实上,不仅仅美元、日元现钞是外汇,那些以外国货币表示的并可用于国际结算的信用票据、支付凭证、有价证券等都在外汇的范围之内。美元(记作 US＄)在很长一段时期里都是国际市场上使用最多的外汇。世界上的主要货币还包括欧元(€)、日元(￥)、瑞士法郎(SF)和英镑(￡),以及加拿大元(Can＄)、澳大利亚元(＄A)等。

需要指出的是,并不是所有的货币都以国家的界限来界定。还有一些国际化货币,如特别提款权(SDR),它就是一种由 IMF 创设出来的、与世界上几种主要货币价值相关的货币。在 1979 年,诞生了"欧洲货币单位"(ECU),它由 12 种货币组成,其中德国马克、法国法郎和英国英镑构成了 ECU 中超过 60% 的价值。后面会在国际货币体系和欧洲货币体系的学习中专门介绍这两种合成货币。

随着各国经济的发展,目前世界上已形成了三个主要的货币区:欧元区,以欧洲联盟成员国使用欧元为基础形成的区域,这个区域在不断扩大;美元区,包括北美和加勒比海地区,美元控制着该货币区,其他一些地方的货币如港币也等都钉住美元,因此目前这些货币也都算在美元区内;日元区,目前只包括日元。当然,这种划分并不是僵化的,随着经济发展的变迁,货币区也会不断演变。例如,东南亚国家和地区尤其是中国的发展,可能促进亚洲货币区在未来的形成。

一、外汇的定义

在对实践中的外汇有了认识之后,我们再来具体看一下外汇的定义。可以从动态和静态两个角度来理解什么是外汇(Foreign Exchange)。

(一) 动态含义

各个国家或地区所使用的货币在价值、名称和单位等方面都各不相同。而一般来讲,一种法偿货币是不能在他国内部流通使用的。因此,在国际经济交往过程中产生的大量跨国的债权债务关系,就必须通过国际汇兑,即把一种货币通过"汇"(国际结算)和"兑"(外汇交易)转换成另一种货币,实现资金的国际转移,清偿国际间的债权和债务。国际间的这种汇兑活动就是外汇的动态含义。

在现代社会,由于资金大都存在于各国或地区银行的账户上,国际汇兑主要是通过银行完成,即只需要调整参与方在对方银行相应账户的存款余额就可进行债权和债务的相互抵消。所以,可以说,现代国际汇兑的产生是以发达的银行制度为前提的。

(二) 静态含义

我们在提到"外汇"一词时,更多的是针对外汇的静态形式而言的。静态外汇是指以外国货币表示的国际支付手段,即可以直接偿付对外债务、实现购买力国际转移的外币资金。这样的国际支付手段,包括可以用作国际支付的外国现钞、银行存款以及各种票据和有价证券等。具体的外汇形式就是接下来我们要观察的。

二、外汇的形式

随着国际间商品交换的扩大和发展,国际支付手段也在不断地发展演变,从早期的黄金、白银等贵金属到现在的美元等可兑换货币,再加上现代社会经济和技术的发展,外汇可能以不同的形式存在。其基本的形式主要有以下几种。

(一) 外汇存款

存款是价值运动在一定时点上的静态表现,是通过信用方式偿付国际间,债权债务和实现资金国际转移的先决条件,国际金融市场的货币借贷、资本借贷、外汇交易及其他信用活动,必须以存款为基础。

外汇存款作为外汇价值实体的主要表现形式,是以不同种类的可兑换货币表示的。以各种货币名称表示的外币存款,代表着各自货币的价值实体。因此,外币存款通常要转存于该货币发行国,但由于离岸金融市场的存在以及国际金融交易各种外币存款也在各国商业银行之间相互转存。外币存款的种类按照货币名称划分,种类繁多。国际上使用广泛的外币存款包括美元存款、英镑存款、欧元存款、日元存款等。外币存款按照不同的存款对象又可分为银行同业存款、国际金融机构存款、官方机构存款、企业存款和私人存款等。

(二) 外汇支付凭证

外汇支付凭证是指以可兑换货币表示的各种信用工具,主要包括汇票、本票、支票、旅行支票和信用卡等,持票(证)人凭此可获得相应数额的外汇资金。

汇票(Bill of Exchange)是由出票人签发、要求付款人按照约定的付款期限对指定人或持票人无条件支付一定金额的书面命令;本票(Promissory Note)是由出票人向收款人签发的于指定到期日无条件支付一定金额的书面承诺;支票(Check)是由出票人向收款人签发的委托银行见票后无条件支付一定金额的书面命令;旅行支票(Traveler's Check)是银行专供旅游者支付劳务费用而发行的一种支付凭证,旅行支票的金额是固定的;信用卡(Credit Card)是银行等信用机构对具有一定资信的顾客发行的一种支付工具,持有该信用工具的顾客,可在一定额度内获得信用机构提供的短期消费信贷。

(三) 外币有价证券

外币有价证券是指以可兑换货币表示的用以表明财产所有权或债权的凭证,如股票、债券和可转让存款单等。外币有价证券对持有人来说是一种外汇债权。股票是表明投资者拥有股份企业一定比例财产的所有权证书,可以享受股利或资本利得;债券是具有一定票面金额的债权凭证,其持有者到期时收回本金并取得利息;可转让存款单是指可在票据市场上流通转让的定期存款凭证。这种存款单面额较大,如美元可转让存款单通常为 5 万、10 万、50 万、100 万美元等各种不同面额。

(四) 外币现钞与其他外汇资金

外币现钞是指以可兑换货币表示的货币现钞。不同的外币现钞是由不同的主权国家所发行的,如美元现钞是由美国的中央银行联邦储备体系发行的。不同币种的现钞有不同的货币名称和价值单位,并作为货币发行国的法定货币流通使用。在国际支付中,以外币现钞作为支付手段通常在非贸易往来中(如文化交流、旅游等方面)使用。国际上常用的外币现钞主要有美元、英镑、欧元、日元、瑞士法郎、加元、港币等。常用国家和地区、货币名称与货币符号对照如表 1-1 所示。其中,还有国际标准化组织(ISO)与联合国欧洲经济委员会共同制定并颁布的以三个英文字母表示的各国货币,其中没有采用 $、£、¥ 等特殊字符,是为了避免了许多计算机缺少这些特殊字符所造成的麻烦,并已被许多国际性计算机网络和数据处理系统所采用,广泛地被各国家和地区的金融机构和银行所接受。

表 1-1　常用国家和地区、货币名称与货币符号对照表

国家和地区名称	货币名称 (中文)	货币名称 (英文)	货币符号	ISO 标准三字母 货币代码
中国	人民币元	Renminbi　Yuan	RMB¥	CNY
英国	英镑	Pound　Sterling	£	GMP

国家和地区名称	货币名称 （中文）	货币名称 （英文）	货币符号	ISO 标准三字母 货币代码
美国	美元	U. S. Dollar	U. S. $	USD
欧盟	欧元	Euro	€	EUR
日本	日元	Japanese Yen	￥;J. ￥	JPY
瑞士	瑞士法郎	Swiss Franc	SF. ;SFR	GHP
加拿大	加拿大元	Canadian Dollar	Can. $	CAD
新加坡	新加坡元	Singapore Dollar	S. $	SGD
中国香港	港币	HongKong Dollar	HK $	HKD
澳大利亚	澳元	Australian Dollar	$ A.	AUD

另外还可能有一些其他形式的外汇。外汇的上述形式也反映在我国对外汇的规定中。

我国在《中华人民共和国外汇管理条例》对外汇的规定，是下列以外币表示的可以用作国际清偿的支付手段和资产：① 外币现钞，包括纸币、铸币；② 外币支付凭证或者支付工具，包括票据、银行存款凭证、邮政储蓄凭证、银行卡等；③ 外币有价证券，包括债券、股票等；④ 特别提款权；⑤ 其他外汇资产。

除了外汇存在的一般形式之外，在国际支付中还可能根据一些标准对外汇进行分类。例如，根据来源和用途的不同，可以将外汇分为贸易外汇与非贸易外汇。贸易外汇是指同商品进出口及其从属费用的收付相关的外汇，从属费主要包括与商品进出口直接有关的运费、保险费、推销费等；非贸易外汇是指同商品进出口以外的其他对外经常性往来相关的外汇，主要涉及侨汇、旅游、邮电、海关、银行、保险、对外承包工程等方面的国际收入和支出。

三、外汇的功能

从以上外汇的形式可以看出，外汇能够作为国际支付手段以实现国际间债权债务的清偿和资金的国际转移，必须具有如下几个基本属性：

（1）国际性，即外汇必须是以非本国货币计值的国外资产；

（2）可偿性，即外汇必须是能够保证行使偿付或购买功能的货币债权；

（3）可兑换性，即必须是可以自由兑换为其他支付手段的外币资产。（广义地说，可以将货币的可兑换性划分为三个层次：第一是居民与非居民之间交易的对外可兑换；第二是居民与居民之间交易的内部可兑换；第三是非居民与非居民之间交易的自由兑换。）

因此，界定外汇并不仅仅从国家或地区属性出发，并非所有的非本地货币或银行票据都可以算作外汇，只有那些能自由地转入一般商业账户之内的外国货币或银行票据才可以称为外汇。也就是说，可兑换性是外汇最基本的特征。如果某国的货币由于受到该货币当局管制等原因而不能在境内或境外自由兑换的话，则以这种货币表示的各种支付工具也不能随时进行转换，那么这种货币或支付工具在国际上就不能被称作外汇。

由于外汇在本质上代表了对外国商品和劳务的要求权，因此，它对于其持有者和各经济体的宏观经济都有着相当的影响。可以从以下几个角度来理解外汇的重要性：

（1）国际支付手段。外汇是国际间商品和劳务交流、转换的关键媒介。有了外汇，就可以更有效率地实现国际间购买力的转移，使国际间债权债务得以顺利清偿，促进国际贸易的发展。

（2）促进国际资本流动。有了作为国际银行业务、国际金融市场使用工具的外汇，各国居民可以低成本、低风险、快速、安全地清偿国际间债权债务，加速资金周转，促进国际间资本流动的发展。

（3）调剂国际间资金余缺。由于世界各国经济发展不平衡，资金供需状况也不平衡，客观上需要进行资金调节。外汇是一种实际资源，可有偿转让使用，外汇资金的流动能满足各国经济建设需要。

（4）政府干预的重要工具。外汇是一国国际储备的重要组成部分。外汇代表了对实际资源的购买力，要获得外汇，就必须提供本国的商品和劳务；获得了外汇以后，就可以购买和获得其他国家的商品和劳务。所以，政府获得外汇当然就增强了其对外的购买能力。当然，政府更多的是通过外汇储备的持有来维持币值和本国经济的对外平衡。这一点会在后面的国际储备中再详细探讨。

四、外汇的价格——汇率

大多数国家有不同货币，因此从外国购买及向外国出售商品、服务和有价证券时将使用到外国货币，就需要进行本国货币和外国货币之间的相互兑换。因此，国际贸易中包含两种价格：

（1）该商品（或服务等）以商品生产国货币标价的价格；

（2）商品生产国的货币以商品购买国的货币标价的价格。

第二种价格是两种货币之间的比价，就是外汇汇率。所以，这时候外汇对于本国持有者来说也就相当于一种商品。这种有价值的商品就必须有价格，这个特殊的价格就被称为汇率。接下来的几节将详细探讨这种特殊的价格。

第二节　汇率的标价和种类

一、汇率的含义和作用

（一）汇率的含义

外汇汇率（Foreign Exchange Rate）是将一个国家的货币折算成另一个国家货币时使用的比率，也可以说是以一国货币表示的另一国货币的价格。汇率也称汇价，一个国家政府制定和公布的汇率称为法定汇率和外汇牌价，简称牌价；外汇市场上的汇率一般称为外汇行市或行情。这些词虽然不同，但均属汇率范畴，采用什么提法往往根据制度规定、习惯和行文表达需要而定。

（二）汇率的作用

汇率作为一种交换比率，本质上反映的是不同国家货币之间的价值对比关系。国际经济贸易交往中，汇率发挥着重要的作用。

1. 折算工具

不同名称、不同计算单位、不同价格标准的货币按一定兑换率相互折算，大大方便了国际间的债权债务清偿。

2. 价值对比

当经济交往涉及不同国别的不同货币时，借助于汇率，一国货币的价值可以清楚地用另一国货币表示出来。

3. 转换价格

通过汇率，可将以本币表示的国内商品劳务价格转化成以外币表示的价格，反之亦然。汇率充当媒介，使本国物价与外国物价、世界市场价格之间建立联系。

4. 调节经济

世界各国都把汇率作为调节本国经济的一种经济杠杆，通过调整汇率来达到一定的目的。

5. 指示器

各国的经济状况及其发展前景在一定程度上可以从外汇汇率的变化中反映出来。从根本上说，一国经济强大、繁荣，则该国货币对外汇价必然上涨或呈稳定状态。

二、汇率的标价方法

既然汇率是两国货币的比价，那么，汇率的表示就有其特殊性。以 A、B 国货币为例，既可以用 A 国货币表示 B 国货币的价格，也可以用 B 国货币表示 A 国货币的价格。因此要确定用什么货币给另一种货币标价，这通常称为汇率的标价方法（Quotations）。

（一）直接标价法

直接标价法（Direct Quotation System）又称价格标价法（Price Quotation System），是指用一定单位的外国货币作为标准，折算为一定数额的本国货币来表示其汇率。在直接标价法下，外国货币的数额固定不变，本国货币的数额则随着外国货币或本国货币值的变化而改变。通常，我们将数额固定不变的货币称为基准货币（Vehicle/Base Currency），而给这一货币标价的货币则称为标价货币（Quoting/Denominating Currency）。因此，直接标价法也就是外币为基准货币的标价方法。

例如，假定在香港市场上，以港元为本币（本币和外币的区分是相对的，一般把外汇市场所在地国家的货币视为本币，其他国家的货币则视为外币），2012 年 12 月 31 日美元对港元的汇率以直接标价法表示是 1 美元＝7.752 港元。我国国家外汇管理局公布的外汇牌价也采用这种方法，如 2012 年 12 月 31 日的基础汇价为 ＄1＝RMB¥ 6.285 5。

在直接标价法中，由于外国货币的数额是固定不变的，本币数额的变化就表示了外汇汇率的变化。当本币数额增多时，说明外汇汇率上涨，本币汇率下跌；反之，当本币数额减少时，则说明外汇汇率下降而本币汇率上升了。可见，从表示外汇价格的角度看，在直接标价法下其数值和价值变动方向是一致的,比较符合我们的思维习惯,这也是目前绝大多数国家都采用直接标价法的原因之一。要注意的一点是,大多数货币都是以一个单位为标准来表示汇率的,但对于日本的日元、韩国的韩元等则由于其单位货币价值量较低而以 100、1 000 等单位作为标准数量。

(二) 间接标价法

间接标价法(Indirect Quotation System)又称数量标价法(Volume Quotation System),是指用一定单位的本国货币作为标准,折算为一定数量的外国货币来表示其汇率的方法。在间接标价法下,本国货币的数额固定不变,本币成为基准货币;外国货币的数额则随着本国货币或外国货币币值的变化而改变。例如,假定在美国市场上,以美元为本币,2012 年 12 月 31 日以间接标价法表示的港元的汇率是 1 美元=7.752 港币。间接标价法中由于本国货币的数额是固定不变的,外币数额的变化就表示了外汇汇率的变化。当外币数额增多时,说明外汇汇率下跌,本币汇率上涨;反之,当外币数额减少时,则说明外汇汇率上涨而本币汇率下跌了。

可见,从表示外汇价格的角度看,在间接标价法下其数值和价值变动方向是相反的,与我们的思维习惯正好相反。采用间接标价法的国家比较少,主要是英国和美国。英国是老牌的资本主义国家,英镑也曾经是世界贸易计价结算的中心货币,所以长期以来伦敦外汇市场上采用的都是以英镑为中心的间接标价法,这种习惯也并没有随着英镑地位的变化而改变。美国则由于在第二次世界大战之后经济实力迅速扩大,使美元逐渐成为国际结算、国际储备的主要货币。从 1978 年 9 月 1 日开始,纽约外汇市场就改用了间接标价法。不过,美元兑英镑(和爱尔兰镑)仍然保留了过去习惯用的直接标价法。

以上两种汇率的标价方法,虽然基准不同,但站在同一国家角度看,直接标价法与间接标价法是互为倒数的关系。例如,2013 年 6 月 15 日纽约《华尔街日报》报出 14 日纽约银行同业间 100 万美元以上交易的外汇卖出价,即银行每卖出一单位外币收取的美元数额(U. S. $,该卖价由银行家信托公司于美国东部时间下午 3:00 提供),对美国而言,这是直接标价。同时《华尔街日报》给出银行每买入 1 美元所支出的外币数额(Currency per U. S. $),显然,对美国而言,这是间接标价。这两个标价必定存在内在的一致性,即相乘为 1。简言之,对 A 国而言,S(B/A)(A,B 分别是货币的代码,所以,这里斜线前的表示基准货币)是直接标价法,则 S(A/B)是间接标价法,两种标价的关系用公式表示就是 S(B/A)=1/S(A/B)。

无论是直接标价法还是间接标价法,在表示一国货币兑外币汇率的高低时意义却并无不同。换言之,当一单位本币折合外币数额增多,或一单位外币折合本币数额减少,均可视为本币汇率上升;反之,当一单位本币折合外币数额减少,或一单位外币折合本币数额增加,均可视为本币汇率下跌。

为了避免对汇率标价法在概念上产生混淆,一般惯例认为,无论在哪一种标价法中,外汇汇率都是指外币兑本币的汇率。例如,我国公布的外汇牌价,就是指美元、日元等外币兑人民币的汇率;若是指人民币汇率,则将人民币看作基准货币,表示人民币兑外币的汇率。在纽约市场上,外汇汇率是指各种货币兑美元的汇率。在伦敦市场上,外汇汇率指各种货币兑英镑的汇率;若是特别指明英镑汇率,则是英镑兑其他货币的汇率。

（三）其他标价法

除了上面的标价法外,二十世纪五六十年代以来,随着国际金融市场的发展和境外货币交易的增长,其中纽约外汇市场交易量迅速扩大,美元作为国际货币的地位得到确定,因此很多国家的跨国银行、离岸金融市场上普遍采用了"美元标价法"(U. S. Dollar Quotation System),就是以美元为标准,用一定量的其他货币给美元标价,即以美元为基准来表示各国货币的价格。例如,2013 年 3 月 1 日法兰克福某银行报出的几个汇率为:

1 美元＝0.748 5 欧元

1 美元＝6.447 0 瑞典克朗

1 美元＝0.969 2 澳大利亚元

三、汇率的种类

根据汇率制度的表现形式以及银行业务的不同角度等标准,还可以再对汇率进行更深入和细致的分类,从而对汇率有更全面的理解。

（一）按汇率变动情况或汇率制度背景分类

根据这一标准会产生固定汇率(Fixed Exchange Rate)和浮动汇率(Floating Exchange Rate)。固定汇率是指因某种限制而在一定的幅度之内进行波动的汇率;浮动汇率是指各国货币之间的汇率波动不受限制,主要根据市场供求关系自由决定涨落的汇率。前面在国际收支货币论中已经提到了这两种汇率制度,后面还会再有专门的讨论。

（二）按汇率是否受货币当局管制分类

这时可以分为官方汇率(Official Rate)与市场汇率(Market Rate)。

官方汇率也称法定汇率,是指一国金融当局(中央银行或外汇管理机构)制定并公布的汇率。这样的国家往往是外汇管制比较严格,没有外汇市场,外汇交易必须按官方汇率进行。一般来讲,官方汇率比较稳定,不能根据市场状况的变化随时调整。

市场汇率是指在外汇市场上由供求关系决定的汇率。一般在市场机制较发达的国家,外汇交易不会受到官方的管制,市场汇率就受外汇供求关系的影响,自发、经常地变动。

一般而言,外汇管制较严的国家实行官方汇率,外汇管制较松的国家实行市场汇率。但是,在一些逐步放松外汇管制、建立外汇市场的国家中,官方汇率和市场汇率可能在相当长一段时间里并存:在官方规定的一定范围内使用官方汇率,在外汇市场上则使用由供求关系决定的市场汇率。而且,官方和市场的界定也不是绝对的,官方汇率也应该尽可能考虑市场的供求状况,而市场汇率在特殊的时候也会受到来自政府的干预。

（三）按汇率的制定方式分类

这时有基本汇率(Basic Rate)与套算汇率(Cross Rate)。基本汇率是指本国货币兑某些关键货币(关键货币是指在本国国际收支中使用最多、在外汇储备中占比重最大的可自由兑换货币)的汇率,是一国货币与其他货币确定汇率的依据;套算汇率又称交叉汇率,是以两种货币的基本汇率之比所确定的汇率。因为不大可能制定出本国与所有外国货币之间的汇率,所以就可以通过套算汇率计算所需要的汇率[计算方法:$e(i/j)=e(i/\$)e(\$/j)$]。

例如,由于美元在国际支付中使用十分广泛,所以各国一般把美元兑本国货币的汇率作为基本汇率,再利用国际外汇市场上美元兑其他主要货币的汇价,套算出本国货币与其他货币的汇率。例如,我国目前公布的人民币基本汇率包括兑美元、欧元、日元、港元、英镑、澳大利亚元、加拿大元、林吉特、俄罗斯卢布等货币的汇率,兑其他国家货币的汇率则根据国际外汇市场汇率套算出来。

套算汇率、基本汇率或市场上给出的汇率等之间必须有内在的一致性,否则就会有套汇机会(Arbitrage Opportunity)。

1-1 案例分析

一个外汇套汇的例子

例如,现在几个市场上有如下一些汇率信息:

在纽约市场上:1 美元＝0.650 0 英镑

在伦敦市场上:1 英镑＝140.000 日元

在东京市场上:1 美元＝90.000 日元

根据套算汇率的算法,应该有 1 美元等于 91 日元(＝0.65×140),但是在东京市场上却是 90,两者不一致。美元在东京市场上的价格低,而在纽约、伦敦市场上的价格高,根据低买高卖的原则,这里存在一个没有任何风险的获利机会。同理,还可以套算其他货币的汇率,并找出相应的套汇机会。

表 1-2

货 币	价格低	价格高	套汇方法
美元	东京市场(90 美元)	纽约和伦敦市场(91 美元)	
日元	纽约和伦敦市场(1/91 美元)	东京市场(1/90 美元)	低买高卖
英镑	纽约和东京市场(138.46 日元)	伦敦市场(140 日元)	

具体如何利用这样的机会则取决于投资者初始时拥有哪种货币资源。

第一种情况:最开始有 1 美元,就要利用美元在不同市场的差价来获利。就先用这 1 美元在纽约市场上买入英镑,可得到 0.65 英镑;再将这 0.65 英镑在伦敦市场卖出换成日元,可得 91 日元(＝0.65×140);然后再到东京市场将这些日元换得到 1.011 1 美元(＝91/90),比初始资金多出 0.011 1 美元,获利率达到 1.1%

第二种情况:最开始有 1 英镑,也要利用英镑在不同市场的差价来获利。先将这 1 英镑在伦敦市场上兑换成日元,得到 140 日元;再将 140 日元在东京市场上换成美元,得到 1.555 6 美元(＝140/90);最后再到纽约市场换回英镑,得到 1.011 1 英镑(＝1.555 6×0.65),比初始资金多出 0.011 1 英镑,获利率也是 1.11%。

第三种情况:最开始有 100 日元。先将这 100 日元在东京市场上换成美元,得到 100/90 美元;再将这笔美元在纽约市场上卖出,得到(100/90)×0.65＝65/90 英镑;再到伦敦市场将英镑卖出换成日元,可得到(65/90)×140＝101.111 日元,比初始资金多出 1.111 日元,获利率也是 1.11%。

不论上面的哪一种情况,套汇行为都要利用三个市场,所以这样的行为也被称为三角套汇(Triangular Arbitrage)。在三角套汇中,不论初始持有的是何种货币,从上面的三种情形分析中可以发现,尽管投资者的操作策略和步骤有所不同,但在三个市场上进行货币兑换的方向都是一样的:纽约市场——卖美元,买英镑;伦敦市场——卖英镑,买日元;东京市场——卖日元,买美元。显然,这样的操作会引起每个市场上供给和需求的变化,从而推动各个市场的汇率朝着内在统一的方向变化:纽约市场上美元跌(A:0.65↓),伦敦市场上日元升(B:140↑),东京市场上美元升(C:90↑),最终达到(A×B)=C的平衡状态。平衡状态下就不再有无风险的获利机会了。

(四) 按外汇市场的运行时间分类

根据外汇市场运行的时间可以观察到开盘汇率(Open Rate)和收盘汇率(Close Rate)。开盘汇率是指外汇市场上每日开市后首次交易时所报的汇率;收盘汇率是指外汇市场每日营业终止时的汇率,一般根据交易结束前 30 秒钟或 60 秒钟内所产生出的某种货币的几个价格加权平均后产生。

(五) 按外汇交易交割的期限分类

根据外汇交易达成之后交割的时间安排可以将汇率相应地分为即期汇率(Spot Rate)与远期汇率(Forward Rate)。即期汇率是指买卖双方成交后在当日或两个营业日内交割(Delivery)的汇率;远期汇率是指买卖双方成交后于将来某一时间进行外汇交割的汇率。远期汇率是以即期汇率为基础,通过加减升贴水计算出来的。升贴水则主要受利率差异、供求关系、预期等因素的影响。有关即期汇率和远期汇率的讨论还会在后面的很多章节中提到。

(六) 按外汇支付工具的付款方式分类

在国际间进行资金清偿、划转或调拨的过程中可能需要伴随着货币的转化,这时所使用的汇率就与具体使用的方式有关。根据实践中的不同方式,可以将汇率分为电汇汇率、信汇汇率与票汇汇率。

电汇汇率(Telegraphic Transfer Rate,T/T rate)是指银行以电报方式通知国外分支行或代理行付款时所用的汇率,因电汇付款时间快,银行无法利用这部分资金,所以银行的电汇汇率卖价较高;电汇汇率是计算其他汇率的基础,现在国际支付中,绝大多数采用电汇汇率来计价,因此电汇汇率是比较具有代表性的汇率。

信汇汇率(Mail Transfer Rate,M/T rate)是指银行以信函方式通知付款时的汇率,由于邮寄信函到国外需要一段时间,银行可在这一期间利用这部分资金,所以银行向客户所报出的信汇汇率卖价比电汇汇率卖价要低。

票汇汇率(Demand Draft Rate,D/D rate)是指银行买卖外汇汇票时使用的汇率,根据汇票时间的规定不同,票汇汇率又可分为即期票汇汇率和远期票汇汇率,即期票汇汇率是银行买卖即期外汇汇票的汇率,较电汇汇率低;远期票汇汇率是银行买卖远期汇票(如 30 天、60 天期)的汇率,计算远期票汇汇率,要以即期票汇汇率为基础,扣除远期付款的利息,但是还要考虑到外汇升贬值的可能性,所以远期票汇汇率与电汇汇率、信汇汇率相比可能更低或更高。

(七) 按银行对外汇的买卖分类

银行是最重要的外汇交易参与者和货币兑换服务的提供者，所以，银行所给出的汇率非常重要。这时，可以根据银行不同的角色将汇率分为买入汇率(Buying Rate or Bid Rate)和卖出汇率(Selling Rate or Offer Rate)。买入汇率是指银行买入外汇时所使用的汇率，也叫买入价；卖出汇率是银行卖出外汇时所使用的汇率，也叫卖出价。前者多用于出口商与银行间的外汇交易，也常称为出口汇率；反之，则是进口汇率。买入汇率与卖出汇率一般相差不多，如0.01%与0.5%之间，差额(Spread)就形成了商业银行买卖外汇的收入。银行对一般顾客的买卖差价通常要比银行对同业报出的买卖汇率的差价稍大一些。

买入汇率与卖出汇率的平均数为中间汇率(Middle Rate)，在新闻报道中多使用中间汇率来显示市场状况。

(八) 按涉及的币种分类

尽管根据前面的学习我们知道汇率是有关两种货币之间的比价，但是，在实际的应用中，根据需要可以在汇率中加入一个由一篮子货币构成的"货币"，从而得出一个涉及多种货币的汇率。因此，从涉及币种的角度可以将汇率划分为双边汇率(Bilateral Exchange Rate)和贸易加权汇率(Trade-Weighted Exchange Rate)，后者也被称为有效汇率(Effective Exchange Rate)。双边汇率就是我们熟悉的只涉及两种货币的汇率，而有效汇率则涉及一组货币。

那么，怎样构造一个有效汇率呢？首先就是要确定货币"篮子"，选择一些重要(怎样理解"重要"在不同的情形下可能有所不同，一般都是从贸易的角度来确定重要的货币)的货币进入"篮子"。然后就要选择一个基期，并将基期的值定为100(也有可能是其他的单位量，如10、1 000等，视需要而定)，以此为基础来衡量变化。同时，有效汇率是多个双边汇率的加权平均值，所以要选定权重。

1-2 案例分析

有效汇率的计算及观察

首先，我们来简单地假设一种情境：给美元计算一个涉及加拿大元和日元的有效汇率。第一步货币"篮子"的选择包括加拿大元和日元，第二步基期选择为2002年，第三步以基期的贸易额(美国与其进口额和出口额之和)为基础计算权重，如表1-3所示。

表1-3 计算权重

（百万$）	与加拿大	与日本
出口	166.533	56.352
进口	201.268	130.877
贸易总额	367.801	187.229
比重(即权重)	66%	34%

那么，在来计算 2012 年年底美元的有效汇率(见表 1-4):

表 1-4 (贸易)有效汇率的计算

2002 年		2012 年	
汇价单位 C\$/\$ ¥/\$		汇价单位 C\$/\$ \$/¥	
实际汇价 1.580 0 119.90		实际汇价 1.017 5 99.45	
转化为指数 100 100		转化为指数 64.4 82.9	
权重 66% 34%		权重 66% 34%	
有效汇率 100		有效汇率 70.69	

可以将以上计算过程一般化，从而推导出计算有效汇率的公式:

(1) 计算货币 γ 的有效汇率，选取的货币"篮子"为由 $X_1,X_2,\cdots,X_m$ 共 m 种货币构成;

(2) 选定基期为 $t=0$，并确定基期有效汇率为 e_0(通常为 100);

(3) 货币篮子中每种货币按照某种方式(比如贸易份额)计算出权重，分别为 $w_1,w_2,\cdots w_m$，有 $w_1+w_2+\cdots+w_m=1$。

则计算有效汇率的计算公式是

$$x_t = e_0 \times \sum_{i=1}^{m} w_i \left[\frac{e(x_i/y)_t}{e(x_i/y)_0} \right] \quad [e(x_i/y) \text{ 为名义双边汇率}]$$

(九) 按汇率是否经过通货膨胀调整分类

类似于名义利率和实际利率，汇率也可以从是否经过通货膨胀调整的角度分为名义汇率(Nominal Exchange Rate)和实际汇率(Real Exchange Rate)。名义汇率是指没有剔除通货膨胀因素的汇率。各国往往会发生程度不同的通货膨胀，使其货币在国内购买力发生变化。显然，这样的对内价值变化应该反映在货币的对外价格即汇率上，但现实中的汇率变化与国内通货膨胀的发生常常是相脱离的，名义汇率就是没有消除过去一段时期两种货币通货膨胀差异的汇率。实际汇率则是指剔除了通货膨胀因素的汇率。具体地，以现期名义汇率为基础，用过去一段时期两种货币各自的通货膨胀率来进行校正，从而得出实际的汇率水平及变化程度。

有时，实际汇率也被翻译为真实汇率，可以用它来衡量购买力平价理论对现实世界中汇率的解释程度，这一点在后面的汇率理论中还会做进一步解释。

四、汇率的报价方式

既然有了汇率，就要让交易者知道它的大小，这就涉及报价方式的问题。由于外汇交易市场可以有不同的层次，比如国际金融市场、银行同业间的外汇交易市场，以及各国(地区)银行与客户的外汇交易市场，汇率的报价方法也因此有所不同。

(一) 国际金融市场上的汇率报价

当银行在外汇交易室通过环球电讯网络做交易额在 100 万美元以上的货币交易时，这种业务活动通常是跨国或跨地区的全球业务。国际大银行做多种货币的买卖，既做本币兑外币的交易,也做某一种外币兑另一种外币的交易。各种货币之间的比率到底如何表示才能简捷方便呢? 为使不同国家的银行交易员顺利交易,国际金融市场形成许多大家共同遵守的惯例。这里就要用到前面提到的"标价货币"和"基准货币"两个概念。凡在汇率标价中其数量会发生变动的货币就被称为"标价货币",而数量固定不变的货币被称为"基准货币"。然后,外汇的报价中就包含有对基准货币的买入价(以标价货币购买)和对基准货币的卖出价(卖出后获得标价货币),而不再使用本国货币和外国货币这样的概念,以免产生混淆。

另外,因为在国际金融市场的实践中涉及美元的交易占有着相当大的比重,所以还专门根据美元是否为基准货币划分为如下两种标价法:

(1) 单位美元标价法(Dollar Terms)。世界各主要外汇市场银行间交易,多数货币的汇率都以美元为基准货币,就是所谓单位美元标价法,即每 1 美元等于若干数额其他货币。例如:

美元兑欧元汇率　USD/EUR　U. S. $1＝€ 0.800 9

美元兑日元汇率　USD/JPY　U. S. $1＝J. ￥ 105.65

美元兑瑞士法郎汇率　USD/CHF　U. S. $1＝SFR 1.246 9

(2) 单位镑标价法。由于历史或习惯上的原因,英镑、爱尔兰镑、澳元、新西兰元、复合货币如特别提款权(SDR)则采用"单位镑"标价法,即每 1 英镑、1 爱尔兰镑、1 澳元、1 新西兰元等于若干数额美元的标价法,此时英镑、澳元等几种货币就是基准货币。例如:

英镑兑美元汇率　GBP/USD £ 1＝U. S. $1.610 0

特别提款权兑美元汇率　SDR/USD SDR 1＝U. S. $1.484 05

显然,只要报出一个汇率,针对该汇率就分别有基准货币和标价货币。

综合以上可以看到汇率的三种表述方式:一种是用文字表述的方式,如美元兑欧元的汇率 0.800 9;一种是用两种货币的三字母代码表述汇率,如 USD/EUR 0.800 9;还有一种是用货币符号来表述汇率,如 S(£/$)0.800 9。三种表示方式的形式虽不同,在这里含义却是一致的:每 1 美元等于 0.800 9 欧元,美元是基准货币(见表 1-5)。不过,不同场合有不同的表述汇率的习惯,如国际银行间报价常用三字母代码表示汇率,而在教材中用货币符号表示汇率往往使表述和计算较为方便。

表 1-5　汇率的三种表述方式

中文文字 表示汇率	三字母货币 代码表示	货币符号 表示汇率	内在的一致性
美元兑日元	USD/JPY	S(￥/$)	每一美元等于若干数额日元
英镑兑美元	GBP/USD	S($/£)	每一英镑等于若干数额美元
英镑兑日元	GBP/JPY	S(￥/£)	每一英镑等于若干数额日元
字母之间斜线表示"兑",斜线前的货币是 基准货币		括号内的斜线表示"每一",斜线后货币是基准货币	

注:为简便起见,将美元 U. S. $简写为$;将日元 J. ￥简写为￥

需要说明的是:按惯例,国际银行同业报出的几种重要货币汇率 USD/JPY、USD/CHF、GBP/USD 等一般都精确到小数点后第 4 位,在小数点后的 4 位有效数字中,从右边向左边数过去,第一位称为"个(基)点"(Basis point),第二位称为"十个(基)点",第三位称为"百个(基)点",以此类推。例如,GBP/USD 即期汇价由 1.510 0 变为 1.521 5,就是说英镑的汇价上升了 115 个点。当然,这些惯例在某些时候也会发生变化,还需要具体情况具体分析。

(二)银行同业间外汇交易报价国际惯例

在国际金融市场上,根据国际惯例,从事外汇交易的银行在银行间报价时都采取双向报价方式(Two-Way Price),即银行在向同业进行外汇报价时必须同时报出意愿的买入价和卖出价(Bid and Offer Rate)。具体地,买入价是指银行买入基准货币愿意支付若干标价货币的价格;卖出价是指银行卖出基准货币将收取若干标价货币的价格。若以 A 国货币为基准货币,用货币符号表示的 A 国货币兑 B 国货币汇率 S(B/A)的买率为 S(支付 B/买 A);卖率为 S(收取 B/卖 A)。例如,银行给出即期汇率报价:USD/AUD 1.198 5/93,其含义是银行每买进 1 美元愿意支付给对方 1.198 5 澳元;斜线后数字 1.199 3 是银行卖率,即银行每卖出 1 美元将从对方处收取 1.199 3 澳元。

在报价方报出的双向汇价中,两个数字之间的斜线区别了从其所在角度对基准货币的买入价和卖出价。斜线左边的数字是报价方买入基准货币的价格,即买入价(Bid Rate);斜线右边的数字是报价方卖出基准货币的价格,即卖出价(Offer Rate)。不过,在斜线右边省略了卖出价的其他几位数字(大数),只保留了最后两位数字。作为询价方一定要熟悉银行(报价方)的报价方法。从报价方买卖基准货币角度看,买入基准货币价格肯定小于卖出基准货币价格,它们的差价(Spread)正是银行的收入。可见,在观察银行同业间的外汇交易报价时,关键是要明确其中的基准货币,就可以以不变应万变。

在银行报价中出现的差价一般与交易银行对所交易货币和外汇市场总体的看法等因素有关。银行同业间进行外汇交易时,银行所报买卖差价通常为 10 个基点(0.001)左右。当然,由于供求关系或报价行自己的头寸情况,或汇率波动比较剧烈时,买卖差价也可能发生较大的波动。

在国际范围内银行间进行外汇交易时,参与者都非常熟悉彼此的报价方式,使交易能够大规模地、顺利地进行。

但是,除了对很多经常要交易的货币有直接的报价外,还有一些交易需求是针对那些较少被交易的、因而没有直接报价的货币。前者的价格信息当然是非常直观,而后者的价格信息则需要通过必要的换算才能获得,这种换算就被称为交叉计算,与前面讲到的套算汇率一脉相承。

1-3 案例分析

双向报价交叉汇率计算

假如市场上分别有交易商(通常是银行)对美元兑墨西哥比索和印度尼西亚盾(印尼盾)的报价:

美元兑墨西哥比索:49.900 0~49.904 5

美元兑印尼盾:28.445 0~28.453 6

那么,作为交易商如何应客户的要求给出墨西哥比索和印尼盾之间的报价呢?

此时,作为交易商就要这样考虑:我的客户想要用印尼盾买墨西哥比索,他可以先在市场上将印尼盾卖出换得美元,然后再用美元购买墨西哥比索。第一步中所使用的价格显然是28.453 6,因为对于交易商来说是在卖美元;第二步中使用的价格应该是49.900 0,因为此时交易商是在买美元。所以,客户通过这样的操作可以用28.453 6印尼盾卖出获得49.900 0墨西哥比索,也就是这两种货币的比价是49.900 0÷28.453 6=1.753 7墨西哥比索/印尼盾。因此,如果作为交易商直接给出这两种货币的报价,以印尼盾作为报价中的基准货币的话,则买入价的报价不能低于1.753 7。因为,如果低于这个价格的话,客户就没必要通过交易商而是直接按上述的路线进行购买了,就可以用相同数目的印尼盾换得更多的墨西哥比索。

同样的道理,如果客户是想用墨西哥比索购买印尼盾的话,他也可以先在市场上将墨西哥比索出售换成美元,使用的汇率是49.904 5;然后再在市场上将美元换成印尼盾,所使用的汇率应该是28.445 0。两种货币的比价是49.904 5÷28.445 0=1.754 4墨西哥比索/印尼盾。因此,如果作为交易商报价的话,印尼盾的卖出价就不能高于1.754 4,否则客户就直接走上面的路线进行购买了。

所以,交易商的报价应该是:1.753 7~1.754 4(基准货币是印尼盾)。当然,考虑到交易成本等因素,实际中的汇率可能在这个水平附近。

(三) 银行对客户的报价

当银行通过柜台与工商企业、个人等顾客进行本币与外币买卖时,这种活动通常局限在一定的国家或地区,因此银行的报价既可以用本国货币表示外国货币的价格,也可以用外国货币表示本国货币的价格,即选择直接标价法或间接标价法。当然,这里必须要指明报价银行所处的国家或地区,否则可能带来对基准货币、标价货币的判断错误。

这时,银行也要同时报出买入汇率与卖出汇率。买入汇率(Buying Rate)就是买入价,是指银行买入外汇时的价格;卖出汇率(Selling Rate)就是卖出价,是指银行卖出外汇时的价格。买入与卖出都是从银行角度出发的,买卖价差(the Bid - Ask Spread)则是银行买卖外汇的收益来源。类似于买卖价差,还有一个概念是买卖价差率(the Bid - Ask Margin,也叫 Trading Margin),是指以百分数表示的买卖价差,即"(卖出价-买入价)/卖出价×100%",利用比率的概念可能比用"点数"来表示买卖价差更便于比较。在银行报价中,这个差率越小,报价越有竞争力。影响这个差率因素有很多,如交易量大小、交易货币的地位与重要性、货币汇率变动性、外汇市场发达程度以及外汇交易所涉及的支付工具类型等。

具体地,银行可以选择直接标价法或间接标价法进行报价。

1. 直接标价法下的报价方式

在直接标价法下,一个固定数额外币折合本币数量较少的汇率是报价方买入外汇的价格,一个固定数额外币折合本币数量较多的汇率是报价方卖出外汇的价格。例如,招商银行2013 年 2 月 15 日公布的美元兑人民币的市场汇率如表 1-6 所示。

表 1 - 6　招商银行就美元兑人民币的汇率报价

外　汇	汇买价(元)	钞买价(元)	钞卖价/汇卖价	中间价
100 美元	621.23	616.25	624.97	623.10

　　招商银行所报的前两个数字都是买入美元(基准货币)的价格,即银行买入 100 美元外汇愿意付出的人民币数量。但是,这里有"汇买价"和"钞买价"的区别。这是在实践中银行针对客户持有的外汇的一种区分:现汇和现钞。现汇指由国外汇入或从国外携入的外币票据通过转账的形式存入到个人在银行的账户中。现钞则是指外币现金或以外币现金存入银行的款项。银行报出的现钞买入价(Bank Note Rate)低于现汇买入价,因为银行(假设)买入现钞后不能马上使用,必须将现钞运送到国外才能作为支付手段。而且,因为对现钞的储存和运送都要有成本。第三个数字为卖出价格,即银行卖出 100 美元外汇将收取 624.97 元人民币。对银行来讲,没必要区分卖出现钞和现汇,所以这里的钞卖价和汇卖价是一样的。最后一个是中间价,根据汇买价和汇卖价进行平均而得,反映的是该种外汇的基本价格情况。

　　2. 间接标价法下的报价方式

　　在间接标价法下,一固定数额本币折合外币数量较多的汇率是报价方买入外汇的价格,一固定数额本币折合外币数量较少的汇率是报价方卖出外汇的价格。例如,英国的苏格兰皇家银行(RBS)对客户报的美元价格如图 1-1 所示。

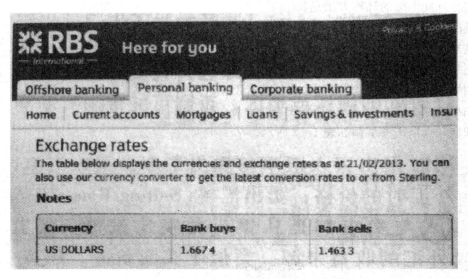

图 1-1　苏格兰银行的报价

　　此时该银行所报价两个数字中的前一数字"1.667 4"为该银行买入美元的价格,即该银行愿意以(1÷1.667 4=)0.599 7 英镑的价格买入 1 美元;报价的后一数字是银行卖出美元的价格,即银行卖出 1 美元要收到(1÷1.463 3=)0.683 4 英镑。卖出价仍然高于买入价,符合我们对买卖报价的基本认识。由于间接标价法中本币是基准货币,所以间接标价法的买卖外汇价格与直接标价法下的相反,还需要进行换算,需要特别注意。

（四）银行对远期汇率的报价

银行在与同业或客户进行外汇交易时，既可以做上面那样的"即期交易"，也可以做"远期交易"。前者是指在交易达成之后立即进行交割的交易，后者指交易达成一段时间以后才进行交割的交易。针对远期交易方式中汇率的报价，各国银行的做法有所不同，一般来说有以下两种方法。

1. 直接报价（Outright Rate）

对远期交易中汇率的报价，首先就是最直接的方法，即直接标出远期外汇的实际汇率，瑞士和日本等国采用这种报价方式。银行对一般顾客也采用这种方式。一般而言，期汇的买卖差价要大于现汇的买卖差价。例如，英镑兑美元的现汇汇率为￡1＝＄1.5210～20，一个月期汇为 1.5180～00，2 个月期汇为 1.5150～75，3 个月期汇为 1.5130～60 等。

2. 掉期率（Swap Rate）或远期差价（Forward Margin）

用升水（at a premium）、贴水（at a discount）和平价（Flat，或 at par）标出远期汇率和即期汇率的差额，为英、美、德、法等国所采用。这样报价的好处是，由于远期汇率是以即期汇率为基础定价的，虽然即期汇率经常发生变动，但远期汇率与即期汇率的差额却较为稳定，所以用升贴水报价，就不用由于即期汇率的波动而频繁改动远期汇率，比较省事。

这里，为了避免在国际市场上各国交易者在描述本币、外币可能产生的混淆，我们直接针对基准货币来了解远期差价的报价方法。基准货币的远期汇率在使用远期差价法进行报价时实际远期汇率的计算方法是：

基准货币的即期汇率为：A～B；

基准货币的远期差价为：a～b；

则基准货币的远期汇率为：

如果 a＜b，A＋a～B＋b，意味着基准货币在升水；

如果 a＞b，A－a～B－b，意味着基准货币在贴水。

即期和远期汇率举例如表 1-7 所示。

表 1-7　远期汇率举例

汇　率	即期汇率	一个月远期		三个月远期	
GBP/USD	1.5715～25	80～78	1.5635～1.5647	213～210	1.5502～1.5515
USD/CAD	1.1235～45	27～31	1.1262～1.1276	83～88	1.1318～1.3333

之所以在远期汇率的计算中无须标明基准货币的汇价变动方向，而可以根据差价大小直接进行判断和计算，是因为期汇的买卖价差总是要大于现汇的买卖价差。因为时间越长往往蕴含的风险也就越大。而且随着时间的拉长，市场越来越小，银行要想对冲头寸也变得困难，所以要求更大的价差。再加上买价总是要小于卖价，所以，在计算远期汇率时，可以直接根据基准货币买卖价变化的大小对比来判断变动的方向。只要能保证得到符合上述原则的结果，就可以把握正确的方向了。

另外，还有一个计量远期汇率变化幅度的指标，叫作升贴水年率，即把远期差价换成年率来表示：

$$升（贴）水年率 = \frac{期汇汇率 - 现汇汇率}{现汇汇率} \times \frac{12}{远期月数} \times 100\%$$

例如，英镑的现汇汇率为＄1.5215（中间价），3个月的期汇汇率为＄1.5120（中间价），则英镑3个月期升（贴）水的百分数为：

$$升（贴）水年率 = \frac{1.5120 - 1.5215}{1.5215} \times \frac{12}{3} \times 100\% = -2.50\%$$

1-4 案例分析

远期交叉汇率的计算

前面已经介绍了怎样计算即期汇率的套算汇率，远期汇率也面临同样的问题，也有类似的解决方法。比如，在表1-7中分别给出了美元与英镑和加元的远期汇率，如何计算三个月远期的 GBP/CAD 汇率呢？

首先，我们要算出 USD/GBP 的价格，正好与上面给出的相反，因为这里美元变成了基准货币。三个月 USD/GBP：（1/1.5515）～（1/1.5502），即0.6445～0.6451。

根据表1-7信息，三个月 USD/CAD：1.1318～1.1333。

再计算 GBP/CAD 的三个月远期买入价和卖出价，即买入1GBP要支付的CAD数和卖出1GBP能获得的CAD数。根据前面的推理，该价格应该是：

（1.1318/0.6451）～（1.1333/0.6445），即1.7545～1.7584。

注意，这里也为我们计算间接标价法下的远期汇率给出了提示。

（五）解读外汇报价中的信息

在外汇市场上，不同银行的外汇报价可能一致，也可能不一致。关心汇率走势的人们可以根据某银行（假设为/甲银行）与其他银行之间的报价差异，获得一些有用的信息，比如某家银行愿意从事何种货币的交易，是愿意买入还是卖出；某家银行对未来货币趋势的看法；等等。

例如，市场其他银行的报价为：USD/JPY 120.15/28

甲银行的报价为：USD/JPY 119.80/91

甲银行的报价与市场其他银行的稍有不同，之所以会有这样的差额，可能是因为甲银行美元头寸过多愿意卖出美元（甲银行出的卖美元价比其他银行低）而不愿买入美元（甲银行出的买价比其他银行低）；或者是因为甲银行认为美元价格今后将趋于下降（因此甲银行不愿意要美元）。所以，甲银行的报价，实际是鼓励人们从甲银行购买美元，因为人们从甲银行购买1美元只需支付119.91日元，而从其他银行购买1美元则需支付120.28日元，要多付0.37日元。当然，若有消息不灵通的市场参与者按119.80日元的价格卖美元给甲银行的话，对甲银行来说也并无大碍，甲银行仍有机会在市场上按120.15日元的价格将刚得到的美元再售出，仍然是有利可图的。

若甲银行在下一个时点上的报价是 USD/JPY 120.40/55，而其他银行报价保持不变，则表明，这时甲银行更愿意买进美元，这可能是因为该银行预计美元将会升值。关心汇率走势的人们如果能解读在市场上具有优势地位银行的报价当中的信息内容,就可以更好地做出灵活的反应。

第三节　汇率的变动和影响

一、外汇汇率的变动

汇率既然是一种价格,当然就存在变动的可能性。用来描述汇率变动的概念有两组:法定升值和法定贬值、升值和贬值。

前一组概念主要针对处于相对固定汇率制度下的汇率,这时汇率的变化主要出自政策当局。法定升值(Revaluation)是指政府有关当局明文规定提高本国货币的对外价值,如战后德国马克和瑞士法郎都曾被法定升值,人民币2005年也经历了一次法定升值。法定贬值(Devaluation)是指政府有关当局明文规定降低本国货币的对外价值。例如,美国政府在1971年和1973年两次降低美元的对外价值,一次7.89%,一次10%;人民币在1994年汇率制度改革时也有一次大幅度的法定贬值。

第二组概念则针对实行浮动汇率制度下的汇率,这时汇率的变化主要是由市场供求的变化所引起的。升值(Appreciation)是由于外汇市场上供求关系变化造成的某国货币对外价值的增加;贬值(Depreciation)则是外汇市场上供求关系变化造成的某国货币对外价值的下降。

由于一国在不同时期可能实行不同的汇率制度,所以在一段时期里可以既经历法定币值变化,又经历市场币值变化。

如图1-2所示,人民币在2005年7月21日(即圆圈中)的变化就是一次法定升值(2%)。随后的变化则是持续的市场升值。

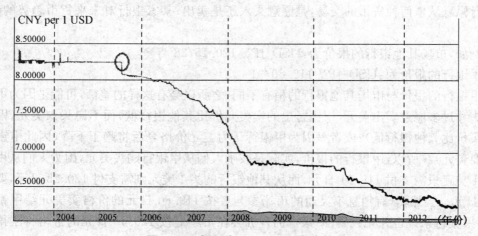

图1-2　人民币2003—2013年走势

二、汇率变动的经济分析

汇率这样一种价格在不断地发生着变化,那么,这些变化背后的原因是什么呢?由于宏观的汇率制度环境不同,影响汇率变动的因素也会有所不同。从历史和现实来看,可以简单地将汇率制度区分为固定汇率制度和浮动汇率制度,所以,我们先来看一下不同汇率制度下的汇率变动影响因素,再来看一些影响汇率变动的一般性因素。

(一)固定汇率制度下的影响因素

固定汇率制度是指两国货币的比价基本固定,其波动界限被规定在一定幅度之内的一种汇率制度。固定汇率制包括国际金本位制度下的固定汇率制度和布雷顿森林体系下的可调整钉住制度,两者既有共同点,又有本质的差别。所以,确定汇率的基础在这两种货币制度下也就有不同的表现,从而带来不同的影响汇率变动的原因。

1. 国际金本位制度下汇率变动的影响因素

国际金本位制度是第一次世界大战前主要西方国家实行的货币和汇率制度。在这种制度下,金币为无限法偿的本位货币,可以清偿一切债务;金币可自由熔化与铸造;黄金可自由输出或输入;国家用法令规定了每个金铸币所含纯金量(即成色与重量);银行券作为金币的代表参与流通并与黄金自由兑换。有关金本位制的详细讨论会在后面关于国际货币体系的章节中展开。

金本位的这些特点,使金币的名义价值和实际价值相等、国内价值与国外价值趋于一致。在国际结算中,若用金币办理支付,就要按照它们的含金量(即一个货币所含纯金的数量),计算金币所具有的价值。

因此,在金本位制度下,两国铸币的含金量之比——铸币平价(Mint Par)就决定着两国货币的比价即汇率。例如,当时英国1英镑含金量等于7.322 38克纯金;美国1美元含金量等于1.504 63克纯金。根据含金量计算,英镑和美元的铸币平价为7.322 38/1.504 63=4.866 6。即1英镑含金量是1美元含金量的4.866 6倍,因此1英镑=4.866 6美元。

由此可见,铸币平价是决定汇率的基础。但是,含金量的变化并不是影响汇率变化的唯一因素。因为,铸币平价所确定的汇率并不是外汇市场上买卖外汇的汇率,而是法定汇率或外汇平价。而在外汇市场上买卖外汇的汇率是随时都可能在波动的,因为国际间结算还涉及运输等其他成本,所以汇率仍然会发生变动,但由于金本位制本身所带来的固定汇率特点,这种波动总是以黄金输送点(Gold Point)为界限。因为若外汇兑本币的汇价超过黄金输出点,则本国的进口商就不会购买外汇支付货款,而宁愿直接将黄金运送到国外结算债务;若外汇兑本币的汇价低于黄金输入点,则出口商不愿接受对方支付的外汇,将要求对方用黄金结算,此时出口商直接从国外运进黄金更划算。

因此,在金本位制下,汇率的波动主要受到黄金输送点的制约。不过,运送黄金的费用(包括包装、运送、保险、检验、利息等费用)占黄金价值的比重极小,在第一次世界大战以前,英美之间运送黄金的成本约为黄金价值的0.6%,运送1英镑黄金的费用约为0.03美元,每英镑4.866 6±0.03美元就是汇率上下限,所以,金本位制下的汇率是比较稳定的。

1-5　案例分析

黄金输送点的解释说明

例如：假设美国为本国，＄为本币；英国为外国，£为外币。

它们与黄金的比价分别是：$1＝1.504\,63$ g；£ $1＝7.322\,38$ g

£ $1＝$7.322\,38/1.504\,63＝$4.866\,6$（假设 0.03 美元是运送黄金的费用）

对美国进出口商而言：

若美国进口商进口了 1£的货物，用黄金结算，还是用外汇结算？

当外汇价格为 4.95＞4.896 6（＄/£）时：

——如果用外汇结算，需支付＄4.95，即 7.447 9（＝4.95×1.504 63）g 黄金；

——如果直接用黄金结算相当于只支付＄4.896 6（＝4.866 6＋0.03），即 7.367 6 g 黄金。所以，进口商选择直接将黄金运输到英国进行支付，而不会用美元买外汇。进口商不希望外汇升值。

若美国出口商出口了 1£的货物，用黄金结算，还是用外汇结算？

当外汇价格为 4.75＜4.836 6（＄/£）时：

——如果用外汇结算相当于收到 7.147 0（4.75×1.504 63）g 黄金；

——如果用黄金结算可以收到 4.836 6（＝4.866 6－0.03），即 7.277 3 g 黄金。

所以，出口商选择直接收取黄金，而不会收取外汇。出口商不希望外汇贬值。进出口商的意愿就会反映到外汇市场上的供求力量中去，从而使汇率在由黄金输送点规定的界限内变动。

2. 布雷顿森林体系下决定汇率的基础

布雷顿森林货币体系是第二次世界大战后建立的以美元为中心的固定汇率制，其基本内容可简述为"双挂钩"制度，即美元与黄金挂钩，其他国家货币与美元挂钩。在布雷顿森林体系下，所谓美元与黄金挂钩，就是其他各国必须承认美国政府规定的 35 美元等于 1 盎司（黄金的度量衡盎司是 1 盎司＝31.103 481 克）的黄金官价，未经美国同意，该官价不能随意变动，以维持美元等同黄金的地位，而美国则准许外国央行或政府机构以其持有的美元按官价向美国兑换黄金。根据 35 美元等于 1 盎司的黄金官价，1 美元的含金量为 0.888 67 克纯金。所谓其他国家货币与美元挂钩，就是以美元的含金量作为各国规定货币平价的标准，各国货币兑美元的汇率，按各国货币含金量占美元含金量的比率，或不规定含金量而只规定兑美元的比价，间接与黄金挂钩。

因此，在这样的固定汇率制度下，决定各国货币与美元之间汇率的基础就是各国货币含金量占美元含金量的比率。例如，当时 1 法国法郎的含金量为 0.16 克纯金，那么美元与法国法郎的含金量对比为 0.888 67/0.16＝5.554 2，所以美元兑法国法郎的汇率为：US$1＝FFr 5.554 2。

而各国货币之间的汇率是以这些货币的美元平价之比来确定的。例如，在布雷顿森林货币体系下，£ $1＝$4.03$，DKr 1（丹麦克朗）＝$0.208 4，英镑与丹麦克朗的汇率就应当是：

英镑美元平价/丹麦克朗美元平价＝＄4.03/£/DKr 19.34/£＝＄0.208 4/DKr

即£1＝DKr 19.34。

但是,上述根据平价而确定的汇率是法定汇率。实践中外汇买卖的汇率还要受外汇供求关系的影响而围绕法定汇率上下波动。根据国际货币基金组织的规定,市场汇率波动的幅度,如超过平价上下的1%,各国政府的有关当局就有义务进行干预。1971年12月以后,市场汇率波动幅度又扩大为平价上下的2.25%。

因此,可以说,在布雷顿森林体系有效运行的期间里,汇率是相当稳定的,汇率的波动被控制在较小的范围。

(二) 浮动汇率制度下的影响因素

浮动汇率制是指一国货币对外国货币的汇率不固定,随着外汇市场的供求变化而自由波动的一种汇率制度。1973年3月以后,各国普遍实行浮动汇率制,各国货币之间的汇率波动频繁,不受限制。这时,因为各国纸币不再有含金量或美元平价,所以很多因素(如经济增长、通货膨胀及货币本身流通规律)都可能通过影响对外汇的供给和需求来影响汇率。下面关于汇率变动的一般性分析对此有更多的分析。

(三) 汇率变动的一般性分析

外汇作为货币的价格,是由该市场上的供给和需求决定的,因此就可以从供给和需求角度对汇率变动做一个一般性分析。

外汇市场可以算是世界上最大的市场。在这个市场最初始的供给和需求应该是产生于国际间商品和劳务输出入而引起的国际结算,国际贸易的参与者——出口商和进口商构成了外汇最基本的供求力量。要想购买外国的商品或是技术与劳务,本国人就得拥有外币,因此产生了进口商在外汇市场上对外汇的需求。同样,出口本国的商品、技术和劳务可以赚取外汇,但他们又有将这笔收入换回本国货币的需要,从而产生外汇的供给。此外,以个体形式存在的跨国旅游者,也会有对外汇的供给和需求。例如,中国游客到美国旅游,就需要美元在那里消费,由此产生了对外汇——美元的需求。同样,美国游客到中国旅游需要将美元卖出,兑换成在中国境内使用的人民币,由此产生美元的供给。政府间的采购、援助等也会产生对外汇的供求。

对外投资或是吸引投资等也会产生外汇的供求。比如,中国的企业要到美国去进行直接投资,显然会在外汇市场上买进美元,即产生了对美元的需求。同样,如果是吸引外资进入则会产生外汇市场上对外汇的供给。上面讲的这些活动的一个共同点是其所引起的外汇供求可以说是有一定基础的,比如说是某种政治或经济的活动,因此一般来说这些供求的量是有一定规模限制的,其扩大也是有步骤的。

但是,随着国际金融市场的发展以及各国当局对资本流动管制的放松,外汇市场上绝大多数的交易仅仅是追逐利润。商业银行、金融机构、经纪人和自营商等利用国际市场上不同国家的汇率、利率或是通过外汇买卖来赚取利润,使非常庞大的一笔热钱(Hot Money)在国际外汇市场上流动,因此而产生的外汇供求量已远远大于以国际贸易、跨国投资为基础所产生的供求量。

综上所述,对于一个国家而言,其外汇的供给来源可以归纳为:本国商品、技术和劳务输出所换回的外汇;本国居民在国外的投资收益,如股利、利息等;海外侨胞的汇款及外国政府机构、慈善组织、经济团体等的援助与捐款;各种形式和各种期限的外资流入;中央银行抛售外汇储备等。

而其外汇的需求来源则可以归纳为:输入外国商品、技术和劳务所需的外汇;向外国投资者和贷款者支付股利、利息的支出;本国居民向海外汇款及各种形式的捐赠;本国居民的海外投资,本国政府向外国提供的贷款等;中央银行进行市场干预时所购入的外汇等。

这些供求都影响着外汇的价格——汇率。图1-3中,纵轴 R 表示汇率,横轴 Q 表示外汇的供求量,S、D 分别表示外汇的供给和需求。显然,当供给等于需求时均衡汇率为 R^*;当 S、D 发生变化时,R 也会随之发生变化。

那么,在外汇的供给和需求诸因素中都有使 S、D 变化的量,其中又以政府的作用最为特殊。首先,从以前有关外汇供求的分析中可以看出,中央政府同其他行为主体一样也是构成供求力量的一方,它可以通过

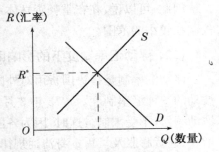

图1-3 汇率与外汇供求量的关系

抛售外汇储备从而增加外汇的供给,使 S 外移,均衡汇率变低;可以购入外汇来增加外汇的需求,使 D 外移从而提高外汇汇率。但是,除此之外,政府可以通过政策制定来影响外汇的供求从而达到影响汇率的目的,这是其他主体所不具备的功能。例如,中央政府可能限制进出口,或是通过外汇管制来限制资本市场上外汇的流动。但随着世界经济的全球化和自由化,政府管制有放松的趋势,因此通过这种方法影响外汇市场的力量在逐渐减弱。

另外,随着国际外汇市场上交易额的增加以及热钱在国际金融市场追逐利益,政府通过第一种手段影响汇率的能力也在变弱,因为私人的资本力量,尤其是联合的力量已远远大于政府的力量。所以,政府能够影响汇率的程度越来越低,控制也变得越来越困难。有关政府对汇率的管制将在后面进一步讨论。

综合来看,以下因素会影响对外汇的供给和需求从而影响汇率。

1. 经常账户差额

来自这方面的差异对汇率的影响最直接,因为经常账户的外汇收入和支出直接影响市场的供给和需求。一般来说,经常账户存在大量盈余的地区货币往往有较强的支撑,而赤字则会使货币面临贬值的压力。

2. 通货膨胀差异

通货膨胀率可以通过多种途径影响汇率。一国通货膨胀发生一方面会导致物价上升、本国出口的竞争力下降和外国进口的竞争力提高,进而带来进口增加、出口减少,即经常账户余额的减少和该国货币的贬值。另一方面,价格上升导致实际利率下降、资本流出,也会引起本国货币的贬值。同时,通货膨胀率的差异会影响人们对汇率的预期,影响资本流动。而一旦人们预期本币将贬值,会加速把手中本币兑换成外币,在短期内造成本币的真正贬值。而从长期来看,人们预期价格不会总是居高不下,通货膨胀率也会下降,这样,长期的购买力和出口竞争力会增加,结果会导致长期内的本币升值。由于通货膨胀率对汇率的影响总要通过其他变量才能得到实现,因而通货膨胀率和经济增长率一起被看作汇率变动的长

期因素。

3. 利率差异

利率是金融市场资金的价格,它的变动会影响资金在某一经济体的进入进出。如果一国的利率水平相对于他国提高,就会刺激国外资金流入增加,本国资金流出减少,因此会改善资本账户收支,提高本国货币的汇率;反之,如果一国的利率水平相对于其他国家下降,则会恶化资本账户收支。而在国际资本流动规模巨大、远远超过实物经济的情况下,利率差异对汇率变动的作用就显得更为重要了。

4. 经济增长差异

国内外经济增长率差异对一国货币的汇率变动的影响是多方面的。一方面一国经济增长率较高意味着该国国民收入较高,由收入引致的进口较多,从而外汇需求增加,外币升值,本币贬值。另一方面,经济增长率的提高往往伴随着生产率的提高,产品成本降低较快,本国的出口产品竞争能力因此增强,从而增加出口抑制进口,使本币升值、外币贬值。而且,此时较好的经济增长势头意味着一国的投资利润率较高,即有更多有利可图的投资机会,也会吸引外国资金流入本国,改善资本账户收支,从而外汇供给增加,外币贬值,本币升值。一般来说,高经济增长率短期内由于贸易收支总量可能不利于本币的汇率,即第一种影响。但长期中,却是支持本币成为国际货币市场硬通货的有利因素,即后两种影响。

5. 中央银行干预

无论是在固定汇率制度下还是在浮动汇率制度下,中央银行都会主动或被动地干预外汇市场。中央银行也是外汇市场的参与者,它可以用所拥有的外汇储备在外汇市场上进行操作。而中央银行由于其拥有的巨大资金往往会在市场上举足轻重,所以其行为经常被称为“中央银行干预”,在短期内这种干预尤其有效。另外,中央银行的行为也是市场上的一个重要信号,从而影响长期走势。其目的是稳定汇率,避免汇率波动对宏观经济造成的不利影响,实现自己的政策目标。

比如,当货币供给增加或其他原因导致市场利率下降时,资本从本国流出,本币存在贬值压力,投资者纷纷买入外币同时卖出本币,如果任其发展,就会导致本币的真正贬值,对经济产生不利影响。这时,央行可能通过卖出外币买入本币来稳定市场信心,即通过抛出外汇储备来减少货币供给提高利率,以吸引外国投资,进而缓解本币贬值压力。中央银行有时也会通过直接提高利率等强制手段防止本币贬值。当本币升值压力强大时,本国产品的市场竞争力降低会导致出口减少,影响国内经济,这时投资者卖出外币买入本币,而央行通常会逆市场而行,卖出本币买入外币,释放升值压力,使汇率保持稳定。

货币供给对汇率的影响取决于央行政策的强度。中央银行对外汇市场上外汇供求的影响虽不能从根本上改变汇率但是在短期内还是会对汇率的走势产生一些影响。另外,市场上有时还会出现有关国家货币当局在某些突发或特别情况下对外汇市场的联合干预,这成为影响汇率的一个不可忽视的因素。

6. 市场预期

市场预期主要影响的是国际间的资本流动。国际金融市场上存在一笔巨大的短期性资金(被称为“游资”),会受到预期因素影响在国际范围内进行流动,给市场带来巨大的冲击,成为各国货币汇率频繁起伏的重要根源。比如,当人们预期某种货币将贬值时,市场上很可能立即就出现抛售这种货币的行为,而这种行为又会作用到汇率上。

7. 宏观经济政策

宏观经济政策的目标在于稳定物价、充分就业、经济增长和保持国际收支平衡。经济政策对上述问题都会发生一定影响,必然会影响汇率的变动。例如,当政府实行减税、增加支出、增发货币等的扩张性经济政策时,势必会导致国民收入增加、人民生活水平提高,引致进口也随之增加,本国资本流向外国,外汇需求增加导致本币贬值外币升值;反之,当政府实行增税、减少财政支出、减发货币等紧缩性经济政策时,会导致国民收入减少,引致进口减少,外汇需求下降,本币供给减少,造成外币贬值本币升值。政府宏观经济政策也是一个影响汇率的短期因素,如1980年后美元持续升值就是美国实行的"松"财政和"紧"货币政策导致利率上升资金流入的结果。

以上只是影响汇率变动的一些主要因素,除此之外可能还有许多其他经济的或非经济的因素。而且,这些因素之间在相互作用。因此,在分析汇率变动时要对各项因素进行全面的考察,根据具体情况做出具体分析。

三、汇率变动对经济的影响

汇率连接了国内外的商品市场和金融市场。从上面可以看出,它受到一系列经济因素的影响。同时,汇率的变动会对经济本身产生广泛的影响。一国当局要制定开放环境下的经济政策,企业要对汇率变化带来的风险进行管理,居民要管理其所拥有的外币资产,都要考虑汇率变动会对经济带来的影响。这里,我们就以贬值为例来看其对经济的影响。如果是升值的话则基本相反。

(一)贬值会对国内经济产生影响

1. 对产量的影响

贬值后,由于相对价格效应,一国贸易收支往往会得到改善。如果此时经济体中还存在闲置的要素,比如劳动力、机器、生产原料,就会被充分利用,从而产量扩大。贸易收支改善还会通过乘数效应扩大总需求,带动国内经济实现充分就业。但是,如果该经济体已经处于充分就业,贬值就只能带来物价的上涨,而不会有产量的扩大,除非贬值能通过纠正原来的资源配置扭曲来提高生产效率。

2. 对资源配置的影响

贬值会使整个贸易品部门的价格相对于非贸易品部门的价格上升,从而诱使生产资源从非贸易品部门转移到贸易品部门,即产业结构导向贸易部门,整个经济体系中贸易品部门所占的比重就会扩大,提高本国的对外开放程度。因此,在发展中国家,贬值往往会有助于资源配置效率的提高。

3. 对物价的影响

一方面,贬值会通过贸易收支改善的乘数效应引起需求拉上的物价上升;另一方面,会通过提高国内生产成本推动物价上涨。

(二)贬值会对国际收支带来直接影响

1. 对经常账户的影响

贬值会有利于本国增加出口、减少进口。如果进出口弹性符合马歇尔—勒纳条件的话,就会使贸易收支状况有所改善。而且,贬值对旅游和其他劳务的收支状况会有改善的作用。因为此时外币的购买力相对提高,贬值国的劳务、交通、导游、服务等都变得相对便宜了。

所以,总的来说,贬值是有利于经常账户改善的,这往往是贬值最重要的经济影响,也是一国货币当局进行贬值或促成货币下浮时所要考虑的主要因素。

2. 对国际资本流动的影响

这要看人们对该国货币在今后的变动趋势是如何预期的。如果贬值后人们认为幅度还不够,那么汇率将会有进一步的贬值,人们就会将资金从本国转移到其他国家,以避免再遭受损失。但如果人们认为贬值已经使本国汇率处于均衡水平或过头了的话,那些原先因为本币定值过高而外逃的资金就会抽回国内。

最后,一国货币的贬值还可能带来对世界经济的影响。如果是一个小国的话,汇率变动只会对贸易伙伴国的经济产生轻微的影响。但主要工业国家汇率的变动,则会在世界范围内造成重大的影响。

1-6 案例分析

荷兰病(Dutch Disease)

在我们上面围绕着汇率的讨论中,有这样一个链条:一些因素影响汇率,汇率被决定并会发生变化,这又会作用到经济体上。实践中一个反映这一链条关系的非常好的例子是"荷兰病"。这一名称就源于荷兰曾经的天然气繁荣及其后的一系列经历,是指一国如果突然发现石油等资源带来经济繁荣,就会在带动经济发展后带来本币的实际升值,从而使本国其他贸易品在国际市场上失去竞争力而被挤出,最后又带来本国经济的衰落。当然,也可以是其他原因带来本国经济的繁荣,如本国出口品在世界市场上的价格突然提高,本国产品的供应增加,突然大量的资本流入等。本币的实际升值也可以有不同的形式,如浮动汇率下名义汇率的升值,或者固定汇率下本国储备和价格水平的增加等。这些在后面的章节中还会有专门讨论。总之,荷兰病反映的是以汇率为核心的一种成功带来的负效应。

本章小结

从对外汇的讲解开始,介绍了外汇存在的几种形式和外汇具有的功能,然后引出外汇的价格——汇率。

从对实践的观察介绍了汇率的含义、作用以及在实践中的表示方法即标价,并根据几个不同的标准对汇率进行了分类;然后介绍了外汇交易者如何向外报出汇率。

从历史的和一般的经济学意义上探讨了决定汇率的基础、影响汇率变动的因素以及汇率变动对经济的影响。

复习思考题

1. 给定下面的信息,你会怎样做,为什么?

1 GBP＝4.000 0 CHF

伦敦市场上的黄金价格＝GBP 100/盎司

瑞士市场上的黄金价格＝CHF 500/盎司

2. 完成表 1-8。

表 1-8

	A$	£	C$	SFR	$
澳大利亚					1.54
英国					0.67
加拿大					1.42
瑞士					1.35
美国					——

3. 请用语言表述下面报价的含义：

(1) GBP/USD：1.871 2～1.872 3

(2) GBP/EUR：1.652 1～1.652 4

4. 纽约、法兰克福及伦敦市场的现汇价分别为 US $1＝DM 1.910 0～1.910 5，£1＝DM 3.779 5～3.780 0，£1＝US $2.004 0～2.004 5。问有无套汇机会？若有套汇机会，用 10 万美元套汇的套汇收益为多少？

5. 请指出影响汇率变动的短期因素和长期因素。

6. 外汇市场上对远期汇率的表示方法有哪几种？

7. 汇率的变动会对经济带来哪些影响？

第二章　国际收支

学习目标

- 掌握国际收支的概念；
- 掌握国际收支平衡表的主要内容及分析方法；
- 掌握国际收支失衡的原因及影响；
- 重点掌握国际收支失衡的调节方法，并结合我国国际收支状况进一步加深对国际收支及国际收支平衡表的理解。

关键词

国际收支　居民　经常项目　资本和金融项目　转移收支　收入性失衡　周期性失衡　结构性失衡

导读材料

我国国际收支统计报告

国家外汇管理局日前公布的 2011 年第四季度及全年我国国际收支平衡表显示,2011 年我国国际收支继续保持经常项目与资本项目"双顺差"。但第四季度资本和金融项目转为逆差,为 2010 年外汇局按季度公布国际收支数据以来资本和金融项目首现逆差。

统计显示,2011 年前 3 个季度,国际通行口径的跨境资本净流入 2 500 亿美元,较 2010 年同期增长 62%。第四季度,在美欧主权债务危机影响下,国际资本避险情绪加重,跨境资金净流入套利倾向减弱,资本和金融项目转为净流出 290 亿美元。交易形成的外汇储备增加额也由前 3 季度同比多增 888 亿美元,转为全年少增 847 亿美元。

2011 年第四季度,我国国际收支经常项目呈现顺差,资本和金融项目转为逆差,国际储备资产继续增加。经常项目顺差 605 亿美元,其中,按照国际收支统计口径计算,货物贸易顺差 706 亿美元,服务贸易逆差 152 亿美元,收益顺差 27 亿美元,经常转移顺差 23 亿美元。资本和金融项目逆差 290 亿美元,其中,直接投资净流入 490 亿美元,证券投资净流入 13 亿美元,其他投资净流出 805 亿美元。

外汇局表示,2008 年以来,我国经常项目顺差与 GDP 之比逐步降至国际公认的合理区间,既体现了国内经济发展方式转变、涉外经济政策调整的成效,也反映了国外经济金融形势的变化,还显示出人民币汇率正逐渐趋于合理均衡水平。

外汇局还表示,2012 年,预计我国国际收支仍总体保持顺差格局,但顺差规模将继续稳步回落,短期波动可能加大。下一阶段,外汇管理工作将把握好"稳中求进"的工作总基调,巩固和扩大应对国际金融危机冲击成果,进一步提高外汇管理服务实体经济的能力,稳步推进贸易外汇管理等重点领域改革,防范和打击"热钱"流入,促进国民经济平稳较快发展。

国际收支是反映一个国家对外经济状况的重要指标,国际收支是否平衡对一国宏观经济的运行状况发挥着重要作用,并对世界经济有较大的影响。因此,各国货币当局会主动采取各种措施调节国际收支失衡问题。

第一节 国际收支的概念

随着经济全球化和金融国际化的发展,国与国之间的经济文化交流日益扩大,国际贸易的发展速度远远大于世界生产的发展速度,而国际资本流动的速度又远远大于国际贸易的发展速度。为了更好地调控宏观经济活动,实现宏观经济目标,一个国家就需要一种分析工具来了解和掌握本国对外经济交往的全貌,国际收支正是一个国家掌握其对外经济交往全貌的分析工具。

国际收支(Balance of Payment)的概念随着国际经济交往内容和范围的扩大而不断发展变化。17 世纪晚期的重商主义者认为,对外贸易是增加国家财富的主要途径,各国应提倡和鼓励出口,保证贸易顺差,所以早期的国际收支是指一个国家的对外贸易差额。在国际金本位制崩溃前,国际经济交往主要是进出口贸易和劳务收支,而且都要用黄金、外汇进行结算,因此此时的国际收支是指一国在一定时期外汇收支的总和。"二战"后,由于国际经济的发展,要求如实反映国际经济交往的全部内容,国际收支包括一国在一定时期的全部国际经济交往,即除外汇收支外,把不涉及外汇收支的各种国际经济交易都包括在内。

针对上述变化,根据国际货币基金组织(International Monetary Fund,IMF)的定义,各国均采用广义的国际收支概念。所谓国际收支,是一个国家在一定时期居民与非居民之间全部国际经济交易的系统记录,反映了一国对外经济往来的全部货币价值总和,包括货物、服务和收入、对世界其他地方的金融债权债务的交易以及转移项目。换言之,国际收支既包括有外汇收支的国际交易,也包括不涉及外汇收支的其他各种经济往来,如对外援助、单方面转移、易货贸易等。国际收支主要反映以下三个方面内容:① 一个经济体与世界其他经济体之间商品、劳务和收益交易;② 该经济体的货币、黄金、特别提款权的所有权变动与其他变动,以及该经济体对世界其他经济体的债权、债务的变化;③ 无偿转移以及在会计上需要对上述不能相互抵消的交易和变化加以平衡的对应记录。目前,IMF 的成员国都以该定义作为编制国际收支平衡表的依据。

正确理解国际收支的概念,需要把握以下几点:

(1) 国际收支记载的是居民与非居民之间的国际经济交易。

判断一项交易是否应记录在一国的国际收支中,要看该交易是否是该国的居民与非居民之间进行的。在国际收支统计中,居民是指在一个国家的经济领土内居住 1 年或 1 年以上的具有一定经济利益中心的经济单位,包括个人、政府、企业和非营利机构,在一国居住 1 年以上的外国企业、跨国公司、外国留学生也被视为本国居民。对一国来说,居民之外的经济主体即为非居民,官方外交使节、驻外军事人员一律视为所在国的非居民,联合国、IMF 等国际机构及其代表,是所有国家的非居民。强调居民和非居民的概念,目的是要正确反映国际收支情况。只有居民和非居民之间发生的经济交易才是国际经济交易。居民之间的经济交易是国内经济交易,不属于国际收支的范畴。

(2) 国际收支记录的是经济交易。

国际收支不是以收支为基础,而是以交易为基础。国际收支涉及的一些国际交易可能并不涉及货币支付,有些交易根本无须支付。在国际收支中,除了记录有货币支付的交易外,未涉及货币收支的交易也须折算成货币加以记录。因此,国际收支中的经济交易涉及一个经济实体向另一个经济实体转移的所有经济价值,包括:① 物物交换,即商品与商品、商品与劳务之间的交换;② 物币交换,即金融资产与商品劳务之间的交换;③ 金融资产与金融资产之间的交换;④ 无偿的商品转移;⑤ 无偿的金融资产转移。其中前三类直接涉及货币收支,后两类虽未涉及货币支付,但须折算成货币记入国际收支。

(3) 国际收支是一个流量概念。

当谈论国际收支时,需要指出它是属于哪一个时期的,即"一定时期",也称报告期。报告期可以是一年、一个月或一个季度,这可以根据分析的需要和资料来源加以确定,各国通常以一年作为报告期。在进行国际收支统计时,通常是对某一段时期的交易活动加以分类汇总记录,这与记录在一定时点上某一经济实体的金融资产价值的国际借贷不同,后者反映的是在某一时点的存量数据。

第二节　国际收支平衡表

一、国际收支平衡表的概念

在现代社会,一国居民在一定时期从事的国际经济交易是大量的、多样的,为了系统了解本国的国际收支状况及其变化,必须进行收集、整理,并加以分类记录,即要有一个国际收支平衡表。

国际收支平衡表(Balance of Payments Statement),也称国际收支差额表,是系统记录一国在一定时期各种国际经济交易项目及其金额的一种统计报表,综合反映一国国际收支的构成及其全貌,既包括由纯粹经济交易引起的货币收支,也包括其他方面货币收支的经济交易。国际收支平衡表运用货币计量单位,以简明的表格形式总括地反映一个国家在一定时期的国际收支平衡状况、收支结构及储备资产的增减变动情况。

二、国际收支平衡表的主要内容

全球统一的国际收支制度是在国际货币基金组织成立后着手建立的。1948 年,IMF 首次颁布第一版《国际收支手册》,随后又于 1950 年、1961 年、1977 年和 1993 年修改了手册,不断补充新的内容。目前 IMF 成员国编制国际收支平衡表,依据的是 IMF 于 1993 年出版的第五版《国际收支手册》。《国际收支手册》对编制平衡表所采用的概念、准则、惯例、分类方法及标准构成都做了统一规定或说明。

国际收支平衡表的内容极为广泛,按照 IMF 的标准构成,可分为经常账户、资本与金融账户和平衡账户三大类。

(一) 经常账户

经常账户(Current Account)主要反映一国与他国之间实际资源的转移,是国际收支中最重要的项目。具体而言,该账户包括货物、服务、收入以及经常转移四个项目。

1. 货物

货物(Goods)主要包括一般商品、用于加工的货物、货物修理、各种运输工具在港口购买的货物、非货币性黄金等。① 一般商品,是指居民向非居民出口或从非居民处进口的大多数可转移货物;② 用于加工的货物,包括跨越边境运到国外加工的货物出口以及随之而来的再进口,其价值分别记录在加工前和加工后的货物总值内;③ 货物修理,是指向非居民提供或从非居民处得到的船舶和飞机上的货物修理活动;④ 各种运输工具(如飞机、船舶)在港口购买的货物,包括居民或非居民从岸上采购的所有货物,如燃料、给养、储备和物资;⑤ 非货币黄金,是指不作为各国政府储备资产的所有黄金的进口和出口。

在国际收支平衡表的编制过程中,货物的出口和进口应在货物的所有权从一居民转移到另一居民时记录下来,货物出口所得货款记入贷方,进口货物所付货款则记入借方。若出口金额大于进口金额,则称对外贸易出超,即为贸易收支顺差;反之,则称对外贸易入超,即为贸易收支逆差。一国的贸易收支状况对经常项目收支起着重要的作用。

2. 服务

服务(Services)主要包括运输、旅游、通信、建筑、保险、金融、计算机和信息服务、专有权使用费和特许费、个人文化和娱乐服务、政府服务以及其他商业服务。

(1) 运输服务,是指由居民向非居民、非居民向居民提供的服务,包括所有运输工具所进行的货物和人员的运输,以及其他销售性和辅助性服务,内含租用带驾驶人员的运输设备所支付的租金。

(2) 旅游服务,是指非居民旅游者因公或因私在另外一经济体逗留期间(不超过一年)所获得的货物和服务。学生和病人不论在外时间多长都仍被视为旅游者,军事人员、使馆工作人员和非居民工人都不是旅游者。

(3) 通信服务,包括邮政、信使和电信服务,如居民和非居民之间进行的声音、图像和其他形式信息传送以及有关的维修。

(4) 建筑服务,包括居民或非居民企业及其人员在国外(不在编表国领土上)临时进行的建筑和安装工程。

(5) 保险服务,是指居民保险企业向非居民、非居民保险企业向居民提供的保险,包括货物保险(进出口货物)、其他直接保险提供的服务(人寿和非人寿保险)和再保险服务。

(6) 金融服务,是指居民和非居民之间进行的金融中介服务和辅助性服务。金融中介服务包括佣金和信用证、信贷额度、金融租赁服务、外汇买卖、消费者信贷和企业信贷、代理服务、承销服务和套期保值工具安排等收费,辅助性服务包括金融市场操作和监管服务以及安全保管服务等。

(7) 计算机和信息服务,是指居民与非居民之间有关硬件咨询、软件安装、信息服务以及计算机与其他设备的保养和维修等。

(8) 专有权使用费和特许费,是指经批准使用无形、非生产、非金融的资产和专有权,如商标、版权、专利制作方法、技术、设计、制造权和经销权以及通过特许安排使用手稿或胶片等已生产出来的原件或原型。

(9) 个人文化和娱乐服务,包括声像服务,为居民和非居民提供的图书馆、博物馆和其他文化体育活动等服务。

(10) 政府服务,包括政府部门活动(如大使馆和领事馆的开支)、与国际和区域性组织有关且未列在其他项目的所有服务。

在国际收支平衡表的编制过程中,服务输出势必引起外汇收入的增加,应记入国际收支平衡表的贷方;服务输入需支付外汇,应记入国际收支平衡表的借方。

3. 收入

收入(Income)包括职工报酬和投资收入两项。

(1) 职工报酬,包括以现金形式或实物形式支付给非居民工人(如季节性的短期工人)的工资、薪金和其他福利。

(2) 投资收入,是指国际间因资金借贷、投资所产生的利润、股息及利润的汇出汇入。若利润用于再投资,应将其记入资本项目。

4. 经常转移

经常转移(Current Transfer)又称无偿转移、单方面转移,指发生在居民与非居民之间无等值交换物的实际资源或金融项目所有权的变更。在贷方反映外国对本国的无偿转移,借方反映本国对外国的无偿转移。经常转移既包括官方的援助、捐赠和战争赔款等,也包括私人的侨汇、赠予等以及对国际组织的认缴款等。

(二) 资本与金融账户

资本与金融账户(Capital and Financial Account),主要指资本项目下的资本转移、非生产和非金融资产交易以及其他所有引起经济体对外资产和负债发生变化的金融项目,包括资本账户和金融账户两大部分。

1. 资本账户

资本账户(Capital Account)包括资本转移和非生产、非金融资产的收买或放弃。

(1) 资本转移,是指涉及固定资产所有权变更及债权债务减免等导致交易一方或双方资产存量发生变化的转移项目,主要包括固定资产转移、债务减免、移民转移和投资捐赠等。

(2) 非生产、非金融资产的收买或放弃,是指非生产性有形资产(土地和地下资产)和无形资产(专利、版权、商标和经销权等)的收买与放弃。应该注意的是,经常账户的服务项下记录的是无形资产运用所引起的收支,资本账户下的资本转移记录的是无形资产所有权的买卖所引起的收支。

2. 金融账户

金融账户(Financial Account)反映居民与非居民之间的投资与借贷的变化,包括一经济体对外资产和负债所有权变更的所有权交易。与经常账户不同,金融账户的各个项目并不是按借贷方总额来记录,而是按净额来记入相应的借方或贷方。金融账户按投资功能和类型分为如下三类:

(1) 直接投资,其主要特征是投资者对非居民企业的经营管理活动拥有有效的发言权。直接投资可以采取在国外直接建立分支企业的形式,也可以采取购买国外企业一定比例(如50%)以上股票的形式,利润再投资也是直接投资的一种形式。

(2) 证券投资,主要对象是股本证券和债务证券。股本证券包括股票、参股和其他类似证券(如美国的存股证)。债务证券可以分为期限在一年以上的中长期债券、货币市场工具(如国库券、商业票据、银行承兑汇票、可转让的大额存单等)和其他派生金融工具(如金融期货和期权交易)。

(3) 其他投资,是指所有直接投资和证券投资未包括的金融交易,包括贷款、预付款、金融租赁项下的货物、货币和存款。

(三) 平衡账户

平衡项目(Balancing Account)又称结算项目,或称储备项目,主要反映一国官方储备资产的增减变化情况。从理论上讲,国际收支平衡表应当是平衡的。但是,一个国家的经常项目和资本项目的收支状况不可能正好完全吻合或抵消,即不可能完全平衡,它们之间经常会出现缺口,不是出现顺差,就是出现逆差。这两个项目之间的差额叫基本收支差额,因为它基本上反映了一个国家对外经济往来、外汇收支和借贷状况。当国际收支出现基本差额时,为了使国际收支平衡表上的借方总额与贷方总额相等,故人为地设置平衡项目,用以调节补充经常项目和资本项目之间的差额。平衡项目一般包括官方储备资产、分配的特别提款权、错误与遗漏三项。

1. 官方储备资产

官方储备资产(Official Reserve),是指一国金融当局持有的储备资产及对外债权,包括黄金储备、外汇储备、在 IMF 的储备头寸(普通提款权)以及官方对外持有的债权债务等。

一国在国际收支中所发生的经常项目与资本项目的总和经常会出现不平衡,最后必须通过增减官方储备资产或增减中央银行对外债权债务的方式来获得平衡。其具体表现为:如果本期经常项目和资本项目的总和数字为逆差,则其外汇储备数减少,用外汇储备弥补逆差数字;或向外国中央银行借入外汇资金加以弥补,从而使官方短期债务增加;或索回原来中央银行贷放给外国官方的贷款加以弥补,从而使官方短期债权减少。如果一国一定时期国际收支的经常项目和资本项目的总和数字为顺差,官方储备项目中则呈现为外汇储备增加;或者将顺差余额贷放给外国,从而使短期债权增加;或者以此顺差余额偿还官方的对外负债,从而使官方的短期债务减少。官方储备项目的净数与其他项目的净差额相等,官方储备项目一般位居平衡表最末,经过官方储备项目平衡后,国际收支平衡表也就成为名副其实的国际收支平衡表了。

2. 分配的特别提款权

特别提款权,是 IMF 按成员国缴纳的基本份额分配给成员国的记账单位,是一种人为的账面资产。特别提款权是一种纸黄金,按照成员国在 IMF 所摊付的份额比例分配,份额越大,分配的特别提款权(Allocation Special Drawing Rights, SDRs)越多。这种账面资产可以用于政府之间的结算，所以与黄金、外汇一样作为一国的国际储备，可以用于向其他成员国换取可自由兑换的外汇，也可以用来偿还 IMF 的贷款，但不能用于贸易或劳务方面的支付，更不能用于私人之间的结算。IMF 分配特别提款权时，成员国无须支付货币，是该国国际收支的一项收入，作为储备的对应科目记录在国际收支平衡表的贷方，即正号项目。

3. 错误与遗漏

错误与遗漏（Error and Omission）账户是一种人为设置的平衡项目，用以轧平国际收支平衡表中借贷方差额。原则上，国际收支平衡表运用复式记账法，所有账户的借方与贷方的总额应相等，但由于不同账户的资料来源于不同的渠道，有的是海关统计，有的是银行报告，有的来源于企业统计报表，同时由于隐蔽性的经济形式，如商品走私、资本外逃等的存在，统计资料很难搜集全面，加之呈报单位漏报或隐瞒，因而错漏在所难免，尤其是国际短期资本移动的统计数字很难准确统计，这就使国际收支平衡表中经常项目与资本项目所发生的净差额同官方储备的实际发生额不相等，导致借方与贷方的总额出现不平衡。这时就需要人为设立一个错误与遗漏项目，用以平衡国际收支平衡表。

三、国际收支平衡表的记账原则和记账实例

（一）记账原则

国际收支平衡表是按照"有借必有贷，借贷必相等"的复式记账原则编制的，每笔交易都是由两笔价值相等、方向相反的项目表示。不论是实际资源还是金融资产，借方表示资产的增加、负债的减少；贷方表示资产的减少、负债的增加。凡是引起本国从国外获得货币收入（流入）的交易，记入贷方，也称正号项目；凡是引起本国对外国支出（流出）货币的交易，记入借方，亦称负号项目。

具体说明如下：① 进口属于借方项目；出口属于贷方项目。② 非居民为居民提供服务或从该国取得收入，属于借方项目；居民为非居民提供服务或从外国取得收入，属于贷方项目。③ 居民对非居民的单方面转移，属于借方项目；居民得到的非居民的单方面转移，属于贷方项目。④ 居民获得的外国资产属于借方项目；非居民获得本国资产属于贷方项目。⑤ 居民偿还非居民债务属于借方项目；非居民偿还本国债务属于贷方项目。⑥ 官方储备增加属于借方项目；官方储备减少属于贷方项目。

（二）记账实例

为了正确理解国际收支平衡表的记账原则，理解各项目之间的关系，以 A 国为例，列举6 笔国际经济交易来加以说明。

（1）A 国居民动用海外存款 40 万美元购买外国某公司的股票，可记为：

借：证券投资　　　　　　　　　　　　　　　　　　400 000
　　贷：在国外银行存款　　　　　　　　　　　　　　　400 000

（2）A 国企业出口价值 100 万美元的设备，导致该企业在国外银行存款相应增加，可记为：

借：在国外银行存款（其他投资）　　　　　　　　　1 000 000
　　贷：商品出口　　　　　　　　　　　　　　　　　　1 000 000

（3）A 国居民到外国旅游花销 30 万美元，这笔费用从该居民的国外存款账户中扣除，可记为：

借：服务进口   300 000

  贷：在国外银行存款（其他投资）   300 000

（4）A 国企业在国外投资所得利润 150 万美元，其中 75 万美元用于当地的再投资，50 万美元购买当地商品运回国内，25 万美元调回国内结售给政府以换取本国货币，可记为：

借：商品进口   500 000

  对外直接投资   750 000

  外汇储备   250 000

  贷：投资收入   1 500 000

（5）外商以价值 1 000 万美元的设备投入 A 国，兴办合资企业，可记为：

借：商品进口   1 000 000

  贷：外国直接投资   1 000 000

（6）A 国政府动用外汇储备 40 万美元向外国提供无偿援助，同时提供相当于 60 万美元的粮食和药品援助，可记为：

借：经常转移   1 000 000

  贷：外汇储备   400 000

  商品出口   600 000

根据上述经济交易，可以编制 A 国的国际收支平衡表，如表 2－1 所示。

表 2－1 6 笔交易的 A 国国际收支平衡表   单位：万美元

项　目	借　方	贷　方	差　额
经常项目	1 180	310	－870
货物	50＋1 000	100＋60	－890
服务			－30
收入	30	150	＋150
经常转移	100		－100
资本与金融项目	240	1 110	＋870
直接投资	75	1 000	＋925
证券投资	40		－40
其他投资	100	40＋30	－30
官方储备	25	40	＋15
合　计	1 420	1 420	0

四、国际收支平衡表的分析

国际收支平衡表是一国经济分析的工具，记录了一国在一定时期全部国际经济交易情况，因此通过对本国国际收支平衡表的分析，可以掌握本国国际收支变化的规律，制定相应的对外经济政策，使国际收支状况朝着有利于本国经济发展的方向变化。另外，通过对外国国际收支平衡表的分析,不仅有助于预测编表国家的国际收支、货币汇率及其对外经济动向,还有助于了解各国经济实力和预测世界经济与贸易的发展趋势。因此,正确掌握国际收支平衡的分析方法并对其做出恰当分析,具有重要的意义和作用。国际收支平衡表的分析方法主要有静态分析法、动态分析法和比较分析法。

(一)静态分析法

静态分析法,是指对反映某一时期国际收支状况的国际收支平衡表进行账面上的分析。静态分析要计算和分析平衡表中的各个项目数据及其差额;分析各个项目差额形成的原因及其对国际收支平衡的影响;在分析各个项目差额形成的原因时,还应结合一国政治经济变化进行综合判断,以便找出其中的规律。实践中,根据分析和关注问题的不同,国际收支状况可以用不同的项目差额来表示,这些差额主要有贸易账户差额、资本和金融账户差额、总差额。

1. 贸易账户差额分析

$$贸易账户差额＝商品和服务出口－商品和服务进口$$

贸易账户差额,是指包括货物与服务在内的商品进出口之间的差额,是开放经济条件下一国国民收入的重要组成部分。贸易账户差额在国际收支中有着特殊的重要性,经常作为整个国际收支的代表,这是因为其在全部国际收支中占的比例相当大。另外,贸易账户差额体现了一个国家的创汇能力,反映了一国的产业结构、产品在国际上的竞争力以及在国际分工中的地位,是一国对外交往的基础,影响和制约着其他账户的变化。

2. 资本和金融账户差额分析

$$资本和金融账户差额＝资本账户差额＋金融账户差额$$

资本和金融项目有长期资本项目和短期资本项目之分。长期资本项目包括直接投资、证券投资、贷款、延期付款信用卡和国际租赁,其中前三项所占比例较大,直接投资对分析研究跨国公司具有重要意义,证券投资和贷款主要反映对外债权、债务关系的变化。短期资本项目是指借贷期限在1年或1年以内的资本,分为政府短期资本和私人短期资本,短期资本内容复杂多样,流动频繁,尤其是国际游资具有很强的投机性。

资本和金融账户与经常账户有着非常密切的关系。如果国际收支平衡,经常账户差额与资本和金融账户差额之和应该为零,当一个账户出现赤字或盈余时,必然伴随另一账户的盈余或赤字。因此,经常账户与资本和金融账户的关系表现为利用金融资产的净流入为经常账户赤字融资。

3. 总差额分析

$$总差额＝经常账户差额＋资本与金融账户差额＋净误差与遗漏$$

总差额表明了国际收支最后留下的缺口,该缺口要通过储备资产的增减来进行弥补,因此储备资产增减额等于总差额。总差额反映了一定时期一国国际收支状况对其储备的影响,衡量了一国通过动用或获取国际储备来弥补国际收支的不平衡。总差额为大于零的正号项目,表明国际收支顺差,则储备资产增加;总差额为小于零的负号项目,表明国际收支逆差,则储备资产减少。总差额是目前分析国际收支时广泛使用的一个指标,在未特别指明的情况下,国际收支顺差或逆差就是指总差额。

(二)动态分析法

动态分析法,是指对某个国家若干时期的国际收支平衡表进行连续分析的方法,是一种纵向的分析方法。动态分析的必要性在于,一国在某一时期的国际收支往往同以前的发展过程相联系,因此在分析一国的国际收支时,需要将动态分析和静态分析结合起来。动态平衡是指在较长的计划期内(如国民经济发展的五年计划等),经过努力,实现国际收支的大体平衡。在静态平衡和动态平衡中,应该追求国际收支的长期动态平衡。

动态平衡具有以下特点:一是不以年度时间为限,而以实现中期计划的经济目标为主,确定和实现国际收支平衡;二是把国际收支平衡与整个经济发展目标融为一体,分清主次,通盘考虑;三是通过国际收支的调节,促进整个国民经济的发展。

(三)比较分析法

比较分析法既包括对一国若干连续时期的国际收支平衡进行动态比较分析,也包括把不同国家在相同时期的国际收支平衡表进行静态比较分析,即把纵向比较与横向比较结合起来。

第三节　国际收支的调节

一、国际收支的平衡与失衡

一国在一定时期的国际收支平衡是按复式记账原则编制的,从总体上看总是处在平衡状态,但是这种平衡仅仅是一种账面平衡,或称调节性平衡。实际上,一国在一定时期的国际收支很难处于平衡,往往不是出现逆差,就是顺差,绝对平衡只存在于理论之中,不具有现实意义。因此,把顺差不大、逆差很小的国际收支状态视为国际收支平衡。所谓国际收支失衡,是指一国在一定时期国际收支出现严重逆差或巨额顺差。事实上,世界上大多数国家的国际收支常常处于失衡状态,因此,建立有效的国际收支调节机制就显得迫切而重要。

二、国际收支失衡对一国经济的影响

国际收支失衡经常发生,持续、巨额的国际收支逆差或顺差,不仅影响到一国对外经济的发展,而且会通过各种传递机制对国内经济的稳定和发展产生影响。

持续巨额的国际收支逆差会造成外汇短缺,引起外汇升值的压力。如果一国货币当局不愿出现本币贬值,就必然耗费国际储备进行调整和干预。这样,一方面会造成本币供应的缩减,影响本国的生产和就业;另一方面国际储备的下降,削弱了该国的金融实力,会对其国际信誉造成损害。如果该国货币当局任由汇率自由浮动,则本币汇率大幅下跌会削弱该国货币在国际上的地位,造成金融市场的波动。长期、巨额的国际收支逆差还会造成大量的对外负债,使该国的出口创汇主要用于偿债付息,影响该国必要生产资料的进口,使国民收入的增长受到抑制。

一国国际收支出现长期、巨额顺差时,也会给国内经济带来不良影响。由于顺差会产生国际储备节余,外汇持有者的兑换要求会迫使本国货币当局增加货币投放;持续的国际收支顺差,还会提高该国的支付信誉,吸引国际资本的流入,从而增加货币存量,这些都会导致国内总需求和总供给的不平衡,加剧国内通货膨胀。另外,顺差还会使外汇市场上的外汇供大于求,造成本币升值,从而削弱该国的出口竞争力。同时,一国的顺差意味着其他国家的逆差,必然影响其他国家的经济发展,导致贸易摩擦,不利于国际经济的协调发展。

当然,由于逆差对国内经济的不良影响更大,所以各国对此更加重视。但对长期的国际收支不平衡,无论是逆差还是顺差,各国都必须采取措施进行调节。

三、国际收支失衡的原因

一国国际收支的不平衡,可以由多种原因引起,不同原因引起的国际收支失衡,应采用不同的办法来调节。根据引起原因不同,国际收支失衡可分为周期性失衡、收入性失衡、货币性失衡、结构性失衡和临时性失衡五种类型。

(一) 周期性失衡

一国经济周期波动容易引起国际收支失衡。当一国经济处于衰退期时,社会总需求下降,进口需求也相应下降,国际收支发生盈余;反之,当一国经济处于扩张和繁荣期时,国内投资和消费需求旺盛,对进口的需求也相应增加,国际收支便出现逆差。随着经济周期循环的演变,国际收支顺差和逆差的不平衡现象交替发生。由于国际经济关系日益密切,主要发达国家的经济周期波动,也可能影响到其他国家,造成其他国家国际收支不平衡。

(二) 收入性失衡

一国的国民收入快速增长导致进口需求的增长超过出口增长从而引起国际收支失衡是经常出现的。一般来说,一国的国民收入增加,商品、劳务的进口增加,从而引起国际收支恶化;反之,一国的国民收入减少,购买力下降,引起物价下跌,有利于本国商品出口,并使进口减少,就会逐步缩小逆差,使国际收支趋于平衡,甚至出现顺差。

(三) 货币性失衡

与其他国家相比,一国的商品成本和物价水平发生变动,会引起国际收支失衡。一国货币供应量过分增加,引起国内物价上升,使其商品成本与物价水平相对高于其他国家,该国商品出口必然受到抑制,而进口却受到鼓励,使国际收支发生逆差;反之,国际收支出现顺差。

(四) 结构性失衡

一国国内经济、产业结构不能适应世界市场的变化,容易引起国际收支的长期失衡。例如,一国国际贸易在一定的生产条件和消费需求下处于均衡状态,当国际市场发生变化时,该国不能及时调整本国的生产机构,原有平衡被打破,贸易逆差出现。或者该国产业结构单一,生产的产品出口需求收入弹性低,或出口需求价格弹性高而进口需求价格弹性低,引起国际收支失衡。

(五) 临时性失衡

临时性失衡,是指短期的、由非确定性或偶然因素引起的国际收支失衡。这种性质的国际收支失衡,程度一般较轻,持续时间不长,带有可逆性,因此可以认为是一种正常现象。在浮动汇率制度下,临时性的国际收支失衡有时根本不需要政策调节,市场汇率的波动有时就能将其纠正。在固定汇率制度下,临时性失衡一般也不需要采取措施,只需动用官方储备便能加以克服。

以上是引起国际收支失衡的主要原因,但并不是全部原因,其他如资本的国际流动、国际国内物价变动等,都可能造成国际收支失衡。一般认为,结构性失衡和收入性失衡具有长期持久的性质,被称为持久性失衡。

四、国际收支失衡的自动调节机制

国际收支失衡的自动调节机制,是指由国际收支失衡引起的国内经济变量变动对国际收支的反作用过程。在市场经济条件下,一国的国际收支失衡会引起国内某些经济变量变动,而这些经济变量的变动又会做出相应反应,反过来影响国际收支,使其自动趋于平衡。国际收支失衡的自动调节机制在不同货币制度下有所不同,下面分别加以分析和讨论。

(一) 国际金本位制度下的国际收支自动调节机制

金本位制下的自动调节机制又称价格—铸币流动机制,其原理是:一国国际收支出现赤字,则本国黄金流出,黄金外流使国内黄金存量下降,货币供给就会减少,从而国内物价下跌,物价下跌引起本国商品在国际市场上竞争力加强,使出口增加、进口减少,则国际收支赤字减少,甚至出现顺差;反之,国际收支盈余会使出口减少、进口增加,导致顺差减少甚至出现逆差。

(二) 固定汇率制度下的国际收支自动调节机制

这里的固定汇率制度是指在纸币本位下一国货币当局通过外汇储备变动干预外汇市场来维持汇率不变。在这种制度下,一国国际收支出现赤字时,为了维持固定汇率,一国货币当局不得不减少外汇储备,造成本国货币供应量减少。货币供应量减少会带来市场银根紧缩,利率上升,导致本国资本外流的减少,外国资本流入的增加,结果使资本账户收支改善;反之,国际收支盈余会通过利率下降导致本国资本流出的增加,外国资本流入的减少,使盈余减少或消除,这就是国际收支失衡的利率效应。其次,公众为了恢复现金余额水平,会直接减少国内支出,同时利率上升也会进一步减少国内支出,而国内支出的一部分是用于进口的,这样随着国内支出的下降,进口需求也会下降,国际收支好转,这就是国际收支失衡的现金余额效应或者收入效应。同样,盈余也可以通过国内支出增加造成进口需求增加而得到自动消除。

(三) 浮动汇率制度下的国际收支自动调节机制

理论上讲,在浮动汇率制下,一国货币当局对外汇市场不加干预,而由外汇市场的供求来决定汇率。如果一国国际收支出现逆差,外汇需求会大于外汇供给,外汇的价格即汇率就会上升;反之,如果一国国际收支出现顺差,外汇供给会大于外汇需求,外汇汇率就会下降。外汇汇率上浮意味着本币贬值,在满足马歇尔—勒纳条件的情况下,本币贬值会刺激本国商品出口,抑制进口,从而减少甚至消除国际收支逆差;反之,国际收支顺差会减少甚至消除。

五、国际收支的调节政策和措施

在经济运行过程中,有一些自动调节机制会促进国际收支恢复平衡,但其作用程度和效果非常有限,而且需要的时间比较长。因此,当一国国际收支出现不平衡时,往往不能完全依赖经济体系中的自动调节机制来使国际收支恢复平衡,各国货币当局会主动采取适当的政策和措施对国际收支的不平衡加以调节。具体的政策措施主要有以下四种。

(一) 外汇缓冲政策

外汇缓冲政策,是指一国政府把外汇和黄金等国际储备作为缓冲体,通过中央银行在外汇市场和黄金市场有计划地吞吐,或临时从国外筹措资金来抵消超额外汇需求或供给所形成的缺口,以平衡国际收支。外汇缓冲政策是一种简便、收效快的做法,既可以缓解本国货币汇率受暂时性不平衡所造成的无谓波动,又有利于本国对外贸易和投资的顺利进行。但是,一国的国际储备毕竟是有限的,外汇缓冲政策调节国际收支不平衡的能力也是有限的,因此,不能完全依靠这种政策来调节长期的或巨额的国际收支逆差,否则会导致一国外汇储备的枯竭或外债规模的扩大,反而不利于消除国际收支逆差。当一国政府面临长期的或巨额的国际收支逆差时,实施调整政策是不可避免的。但在调整期间,有关货币当局可以适当地运用外汇缓冲政策作为辅助手段,缓和调整速度和强度,为调整政策创造宽松的政策环境,从而使国内经济避免遭受调整政策所带来的震动。

(二) 财政和货币政策

当一国国际收支失衡时,该国政府或其货币当局可以运用宏观经济政策来对国际收支进行调节。

(1) 在财政政策方面,可以通过增减财政开支和调整税率发挥作用。当一国国际收支持续处于顺差时,政府可以实行扩张性的财政政策,增加财政支出,或降低税率以减少税收,刺激消费和投资,从而使总需求扩大,导致进口增加,出口减少,达到顺差缩小、国际收支趋于平衡的目的。当一国国际收支处于逆差时,政府可以实行紧缩的财政政策,削减财政支出,或提高利率以增加税收,抑制投资和消费,从而使国内总需求减少,迫使物价下降,达到刺激出口,抑制进口,逐步消除国际收支逆差,使之恢复平衡。

(2) 在货币政策方面,可以采取调整再贴现率、调整银行法定存款准备金率以及公开市场操作活动等发挥作用。① 当一国发生国际收支逆差时,政府或货币当局可以通过提高再贴现率以提高市场利率,从而使得资本流入增加,资本流出减少,改善资本和金融项目收支,另外也可以抑制国内投资和消费,减少进口支出,改善贸易收支,使得国际收支逆差减少或消除。② 存款准备金是银行为应付储户提取存款而保留的现金准备,其中所吸收存款的一定百分比转存在中央银行的活期存款,称为法定存款准备金。中央银行常用调整法定准备金比率的办法来影响银行信用的规模,准备金比率的高低,决定着信用规模和货币供应量,影响总需求和国际收支。当一国国际收支处于逆差时,可提高准备金比率,缩减贷放规模,减少总需求,以使进口减少,从而国际收支得以改善。③ 公开市场操作活动是西方国家中央银行控制信用的一种重要方式。由于欧美证券市场比较发达,因此中央银行可以通过在公开市场上买卖有价证券来影响其信用。若一国处于国际收支顺差,政府要实行扩张性的信用政策,则中央银行在公开市场上大量买进有价证券,于是大量资金注入资金市场,相当于向商业银行投放了货币,使商业银行的信贷规模扩大,利率下降,引起资本外流,资本和金融项目顺差减少,同时信贷增加导致总需求增加,进口增加,使得贸易收支顺差减少或出现逆差。总体来看,货币政策主要是利用利率机制,吸引外资流入或排斥外资流出,从而达到调节国际收支的目的。但货币政策会对国内经济产生影响,因此应注意货币政策与其他政策搭配使用,兼顾内外平衡。

(三) 汇率政策

汇率政策,是指一国货币当局通过改变汇率来消除国际收支逆差的政策。当一国国际收支出现逆差时,汇率政策的手段是本币贬值。本币贬值后,以外币表示的本国出口商品的价格降低,提高本国出口商品的竞争力,出口增加。同时,以本币表示的进口商品的价格提高,进口成本提高,进口减少。出口增加且进口减少,贸易收支得到改善,国际收支逆差减少或消除。

一国货币当局通过本币贬值达到促进出口并抑制进口,进而改善国际收支的政策效果,与下列因素有关:

(1)一国出口商品的需求弹性和进口商品的需求弹性的大小。只有当一国出口需求弹性与进口需求弹性大于 1 时,本币贬值才能起到改善国际收支的作用。

(2)国内是否实现了充分就业。在充分就业的条件下,出口商品供给的增加必须依靠生产资源从非贸易部门的转移,这种转移的成本过高促使物价上涨,从而导致通货膨胀。因此,在一国经济处于满负荷运行的情况下,通过本币贬值改善国际收支必须结合紧缩性货币政策来实施,否则会遭受通货膨胀的压力。

(3)汇率政策受"时滞因素"影响。国际经济学中有一著名的"J曲线效应",即汇率调整后不会马上显示其有利于国际收支的一面,将有一个时间滞后的过程,有时还有可能表现为对经济先产生不利影响,而后转为产生有利影响。

(四)直接管制

直接管制,是指一国政府通过发布行政命令对国际经济交易进行行政干预,以求国际收支平衡的政策措施,主要包括外汇管制和外贸管制。

(1)外汇管制。外汇管制是为了限制商品进出口和资本流动而对外汇买卖实行的控制,旨在促进外汇收入,限制外汇支出,影响供求。一般来说,外汇管制是随贸易外汇收入、非贸易外汇收支、资本输出输入等采取一系列管制措施。例如,对外汇收支实行统购统销,收入的外汇全部卖给中央银行,需要外汇支付从中央银行购入,通过这种方式控制进口用汇和出口结汇,限制资本流动,使外汇供求基本平衡。

(2)外贸管制。外贸管制即对商品输出入的管制,是直接管制的重要内容,主要措施包括:① 对商品输入实行进口许可证制和进口配额制。进口许可证是指进口商品必须向有关机构提出申请,经批准取得进口许可证后,方能进口某种商品;进口配额制是指有关政府机构在一定时期规定进口数量,按地区或进口商品的种类分配给本国进口商或外国出口商。② 对某些商品输出实行出口许可证制度。出口许可证制度只有在下述情况下使用:一是某些商品关系国计民生,国内需求较多,且供给价格弹性较小,若过多出口,对国内经济会产生不良影响;二是某些商品国内供给丰富,而且是国外市场的主要供应者,但国外市场狭窄,需求弹性较小,若过多出口,会导致厂商竞相降价,故规定必须经过批准并取得许可证后方能出口。③ 其他奖出限入手段。例如,对进口商提高关税和信贷利率;对出口商品由政府发给出口补贴,给予免税、退税优惠,降低出口信贷利率等。

直接管制的好处是调节效果比其他政策更迅速、更明显。直接管制和本币贬值都属于支出转换政策,两种政策的实施通常能比较快地收到改善国际收支的效果,但其作用范围和作用大小不同:直接管制是选择性政策工具,比较灵活,易于操作,可以有针对性地实施,对具体的进口、出口和资本流动加以区别对待。相比之下,汇率政策是全面性政策工具,其影响没有区别,不能有选择性地实施。因此,适当运用直接管制,可望在纠正国际收支不平衡的同时,避免影响整个国民经济的发展。但直接管制也有如下缺点:一是直接管制是对市场机制的扭曲,限制了商品和生产资源的市场化合理流动,可能会不利于本国经济发展所必需的机器设备和技术的进口,阻碍本国经济的发展;二是直接管制容易引起贸易伙伴国的报复;三是直接管制易造成本国生产效率低下,滋长官僚主义作风。

当一国国际收支不平衡时,应该针对国际收支不平衡的原因采取相应的政策措施。若国际收支不平衡是由季节性变化等暂时性原因造成的,可运用外汇缓冲政策;若国际收支不平衡是由国内通货膨胀加重而造成的货币性不平衡,可运用本币贬值的汇率政策;若国际收支不平衡是由国内总需求大于总供给而造成的收入性不平衡,可运用紧缩性财政政策和货币政策;若国际收支不平衡是由经济结构原因引起的,应该进行经济结构的调整,并辅之以直接管制措施。不同的针对性政策措施,才会减少对国家经济其他方面的副作用,达到调整国际收支不平衡的目的。

第四节　我国的国际收支

一、我国国际收支平衡表的编制

1949—1979 年的 30 年间,我国没有编制国际收支平衡表,只编制了外汇收支平衡表。1980 年,我国正式恢复在 IMF 和世界银行的合法席位,由此开始建立国际收支统计体系。到目前为止,我国的国际收支统计工作大体经历了三个阶段。

（一）试编阶段

1980 年,由当时的国家外汇管理总局和中国银行总行具体负责,在外汇收支统计制度的基础上,编制国际收支平衡表。

（二）建立统计制度

1981 年,制定了我国第一个国际收支统计制度。根据这一制度,从 1982 年起开始正式编制国际收支平衡表。1984 年,国家补充修改原有的国际收支统计制度后,制定了新的《国际收支统计制度》,这一制度更加合理,并更具有国际可比性,这一制度一直延续到 1999 年。

（三）建立申报制度

为适应社会主义市场经济的需要,1995 年 9 月,中国人民银行颁布实施《国际收支统计申报办法》(从 1996 年开始实行),该办法从根本上改变了过去的统计制度,它的实施是我国国际收支统计制度改革过程中的一个重要里程碑。在此基础上,我国已实现按半年公布一次国际收支统计数据。2002 年 4 月,我国正式加入 IMF 的数据公布通用系统(GDDS),现在我国已经建立起较为完整和科学的国际收支申报和统计体系。

二、我国国际收支的变化

（一）20 世纪 80 年代前的中国国际收支

1949 年新中国成立以后,我国曾长期处于封闭型的经济状态。在此期间,我国国际收支的宏观管理,采取外汇收支计划的形式。由于在对外经济贸易方面坚持"以出定进、量收为支、外汇平衡、略有节余"的方针,外汇管理的宗旨是外汇收支平衡而略有节余。若遇逆差就及时调整,所以当时也谈不上逆差问题,也不涉及国际储备的适度性问题。因此,从新中国成立以来,除少数年份外,外汇收支状况基本良好,其间发生过几次进出口贸易逆差,但通过调整后已顺利得到解决。

(二) 20 世纪 80 年代后的中国国际收支

20 世纪 80 年代是中国经济的起飞时期,国内生产总值的年均增长在 15% 以上,中国的国际收支总量持续扩大,随着经济高速增长对进出口的需求变化,80 年代的国际收支经历了由顺差到逆差的交替循环。

1982—1984 年,世界经济从危机走向复苏,形成了一个良好的外贸环境,加上我国在 1981 年开始实行人民币汇率的"贸易内部结算价",在一定程度上起到了奖出限入的作用,利用行政手段进行外汇及外贸管制,所以我国对外贸易和经常项目均出现顺差。

1985—1986 年,由于国家信贷失控,消费膨胀,政府只能扩大进口以应付国内建设和消费的需要。与此同时,人民币汇率持续下跌,各部门各企业突击使用外汇留成,竞相扩大进口,我国对外联络和经常项目均出现巨额逆差。

1987—1988 年,我国的国际收支为顺差,1989 年又变为逆差,国际储备增减变动额分别为顺差 49 亿美元、顺差 22 亿美元、逆差 6 亿美元。这三年的国际贸易出现持续性的巨额逆差,使国际收支处于不利地位。主要原因是在这一时期国内固定资产投资迅猛增加,巨大的投资需求带动了进口持续增长。

(三) 20 世纪 90 年代以来的中国国际收支

进入 20 世纪 90 年代以后,中国的国际收支情况发生了巨大变化。1992 年,中共十四大宣布建立社会主义市场经济体制,改革开放全方位展开。1994 年的税收、金融、外贸、外汇管理体制改革,均取得突破性进展和可喜的成效。1997 年,中国凭借良好的国际收支状况和巨额外汇储备,成功地抵御了亚洲金融风暴。2001 年,中国加入世界贸易组织。中国国际收支状况的变化,正是在这些大背景下产生的。

1990 年,我国提前实现国民生产总值比 1980 年翻一番的第一步战略目标。经济的高速增长,使我国外贸出口逐年持续上升,外汇储备连年增加。从 1990—2005 年的十几年中,我国国际收支总体良好,就国际收支总差额而言,除少数年份有逆差之外,其余年份均为顺差,而且是经常账户和资本金融账户的双顺差。中国的贸易大国地位逐年上升,资本和金融账户存在巨额的资本流入。20 世纪 90 年代,我国外债每年平均增加 111 亿美元,年均增长 14%,但我国外汇储备增长速度更快,年均增长 35%,2011 年年底,我国外汇储备已达到 318 263.21 亿美元。外汇储备的快速增长,一方面增强了我国偿还债务的能力,减轻了发生外债风险的可能性,提高了抗外债突发风险的力量;另一方面又为我国树立了良好的国际形象,为吸引外资创造了更加有利的条件(见表 2 - 2)。

表 2-2 2011 年中国国际收支平衡表 　　　　　　　单位:亿美元

项 目	行 次	差 额	贷 方	借 方
一、经常项目	1	2 017	22 868	20 851
A. 货物和服务	2	1 883	20 867	18 983
a. 货物	3	2 435	19 038	16 603
b. 服务	4	−552	1 828	2 381
1. 运输	5	−449	356	804
2. 旅游	6	−241	485	726
3. 通信服务	7	5	17	12
4. 建筑服务	8	110	147	37
5. 保险服务	9	−167	30	197
6. 金融服务	10	10	8	7
7. 计算机和信息服务	11	83	122	38
8. 专有权利使用费和特许费	12	−140	7	147
9. 咨询	13	98	284	186
10. 广告、宣传	14	12	40	28
11. 电影、音像	15	−3	1	4
12. 其他商业服务	16	140	323	183
13. 别处未提及的政府服务	17	−3	8	11
B. 收益	18	−119	1 446	1 565
1. 职工报酬	19	150	166	16
2. 投资收益	20	−268	1 280	1 549
C. 经常转移	21	253	556	303
1. 各级政府	22	−26	0	26
2. 其他部门	23	278	556	277
二、资本和金融项目	24	2 211	13 982	11 772
A. 资本项目	25	54	56	2
B. 金融项目	26	2 156	13 926	11 770
1. 直接投资	27	1 704	2 717	1 012
1.1 我国在外直接投资	28	−497	174	671
1.2 外国在华直接投资	29	2 201	2 543	341
2. 证券投资	30	196	519	323
2.1 资产	31	62	255	192
2.1.1 股本证券	32	11	112	101
2.1.2 债务证券	33	51	143	91
2.1.2.1 (中)长期债券	34	50	137	88
2.1.2.2 货币市场工具	35	2	5	4
2.2 负债	36	134	265	131

项　目	行　次	差　额	贷　方	借　方
2.2.1　股本证券	37	53	152	99
2.2.2　债务证券	38	81	113	32
2.2.2.1　（中）长期债券	39	30	61	32
2.2.2.2　货币市场工具	40	51	51	0
3.　其他投资	41	255	10 690	10 435
3.1　资产	42	−1 668	1 088	2 756
3.1.1　贸易信贷	43	−710	0	710
长期	44	−14	0	14
短期	45	−695	0	695
3.1.2　贷款	46	−453	61	513
长期	47	−433	8	441
短期	48	−20	53	73
3.1.3　货币和存款	49	−987	501	1 489
3.1.4　其他资产	50	482	526	44
长期	51	0	0	0
短期	52	482	526	44
3.2　负债	53	1 923	9 602	7 679
3.2.1　贸易信贷	54	380	454	74
长期	55	6	8	1
短期	56	374	447	73
3.2.2　贷款	57	1 051	7 343	6 292
长期	58	130	538	408
短期	59	920	6 805	5 884
3.2.3　货币和存款	60	483	1 719	1 237
3.2.4　其他负债	61	10	86	76
长期	62	−15	24	39
短期	63	24	61	37
三、储备资产	64	−3 878	10	3 888
3.1　货币黄金	65	0	0	0
3.2　特别提款权	66	5	5	0
3.3　在基金组织的储备头寸	67	−34	6	40
3.4　外汇	68	−3 848	0	3 848
3.5　其他债权	69	0	0	0
四、净误差与遗漏	70	−350	0	350

注：(1) 本表计数采用四舍五入原则；

　　(2) 本表 2011 年数据由各季度数据累加而成。

本章小结

国际收支是一个国家在一定时期居民与非居民之间全部国际经济交易的系统记录。分析一国的国际收支状况，可以预测货币汇率的变动趋势，并可以了解该国货币金融政策的趋向。

国际收支平衡表是系统记录一国在一定时期各种国际经济交易项目及其金额的一种统计报表，主要项目包括经常项目、资本与金融项目、平衡项目。

国际收支平衡表按照"有借必有贷，借贷必相等"的复式记账原则编制，每一笔国际交易都要以相同金额分别记录在借、贷两方。

国际收支平衡表记录了一国在一定时期全部国际经济交易情况，通过对本国国际收支平衡表的分析，可以掌握本国国际收支的变化规律，并制定相应的对外经济政策，使国际收支状况朝着有利于本国经济发展的方向变化。国际收支平衡表的分析方法有静态分析法、动态分析法和比较分析法。

一国的国际收支不可能总是平衡的，国际收支顺差和逆差都会对一国经济产生不良影响，根据国际收支失衡的原因不同，可以将国际收支失衡分为周期性失衡、收入性失衡、货币性失衡、结构性失衡和临时性失衡。

国际收支失衡的自动调节机制，是指由国际收支失衡引起的国内经济变量变动对国际收支的反作用过程。自动调节机制主要有国际金本位制度下的价格—铸币调节机制、固定汇率制度下的自动调节机制和浮动汇率制度下的自动调节机制。

在调节国际收支失衡时，除自动调节机制外，各国货币当局还会采取相关的政策措施，主要包括外汇缓冲政策、财政与货币政策、汇率政策、直接管制。

我国国际收支平衡表的编制始于 1980 年，1982 年开始正式编制国际收支平衡表，1996年建立起完善的国际收支统计申报制度。

复习思考题

1. 如何全面理解国际收支的含义？
2. 国际收支平衡表主要包括哪些内容？
3. 简述国际收支失衡的原因及调节国际收支的主要政策措施。
4. 下面的资料是一个假想的发展中国家 B 国在 2011 年与世界其他国家的交易项目：
(1) B 国政府获得价值 50 亿美元的国外援助；
(2) 进口价值 100 亿美元的谷物；
(3) 在 B 国经营的跨国公司的利润为 50 亿美元；
(4) 美国银行向 B 国政府贷款总额 200 亿美元；
(5) 出口创汇 100 亿美元；
(6) B 国购买外国不动产 10 亿美元；
(7) B 国中央银行卖出 30 亿美元储备资产以干预外汇市场。

依据以上资料,请回答下列问题:

(1) 2011 年 B 国贸易总额、经常项目差额各是多少?

(2) 资本项目账户是盈余还是赤字?

(3) 官方储备资产如何变化?

(4) 做出 B 国 2011 年的国际收支平衡表。

第三章

国际储备

学习目标

- 掌握国际储备的概念、国际储备的构成、国际储备的管理等方面的内容；
- 理解国际储备的作用、国际储备资产的来源与运用以及国际储备与国际清偿能力的联系与区别等；
- 了解我国的国际储备情况。

关键词

国际储备　黄金储备　外汇储备　特别提款权　在 IMF 的储备头寸
国际清偿力

导读材料

外汇储备与金融危机——以泰国为例

　　保持充足的国际储备特别是外汇储备,对于维护一个国家和地区的货币汇率、稳定外汇与货币市场具有十分重要的作用。1997 年始于泰国,以后波及马来西亚、菲律宾、印度尼西亚和新加坡等国的东南亚金融危机便是一例。1997 年 7 月 2 日,在历经数月的泰铢汇率波动之后,泰国中央银行终于放弃了实行 13 年之久的泰铢与"一篮子"货币挂钩的汇率制度,改为管理式的浮动汇率制。消息公布后,泰铢兑美元的汇价应声而下,最多时曾跌幅近30％,酝酿已久的泰国金融危机终于爆发。紧随其后,菲律宾中央银行也因无法抵挡投机力量的打击,于 7 月 11 日宣布菲律宾比索兑美元的汇价将在一个不确定的"更大范围内"浮动,比索兑美元的汇率随即大幅度贬值。受此影响,马来西亚、印度尼西亚和新加坡等国的货币汇率亦产生"多米诺骨牌效应",货币汇率纷纷应势而下。东南亚金融危机由此爆发。东南亚金融危机之所以爆发,原因虽然是多方面的,但有关国家的国际储备尤其是外汇储备的相对不足,是其中的主要原因之一。以泰国为例,爆发金融危机的原因除了政府有关的经济政策尤其是货币政策失当、金融机构对房地产投资过度、银行呆账严重、外债高筑、国际收支经常项目逆差过大以及经济结构不合理和外汇投机者的疯狂炒作外,还有一个重要的原因就是外汇储备相当有限以及危机爆发后运用储备政策的失误。从 1990 年起,泰国的贸易逆差逐年递增,外汇储备每年只减不增。到了 1996 年 2 月,泰国的外汇储备只有 387 亿美元,而且这些外汇储备还是泰国通过采取高利率政策吸引外资流入而形成的。而事实上自 1994 年以来,东南亚国家的经常项目赤字状况一直在恶化,已无法再用流入这个地区的长期资本来弥补。由于外汇储备的普遍不足,当货币危机来临、本币受到外汇投机力量的打击时,政府当局就没有足够的能力捍卫本国的货币。再加上货币危机发生后,面对投机攻势,泰国中央银行又不顾实力,不当地动用了外汇储备来干预外汇市场,结果是由于外汇储备的不足而导致干预无效,不仅没有达到维护货币汇率稳定的目的,反而使储备资产遭受严重的损失。

东南亚金融危机告诉我们:任何国家,无论大小、强弱,都必须拥有一定数量的、适度的外汇储备,虽然一个国家所拥有的外汇储备并非越多越好(因为持有外汇储备是要付出代价的),但一个国家绝不能没有适量的外汇储备。特别是对于一些经济基础比较薄弱、市场化程度较低而又正在不断加大对外开放力度的国家,更需要持有相对较多的外汇储备,以确保经济发展对外汇的需求。

国际储备是国际金融实务的重要组成部分。因此,对有关一个国家国际储备的基础知识、基本情况以及国际储备与国际收支、货币汇率等方面的关联形成较为全面的认识是十分必要的。

第一节 国际储备概述

一、国际储备的含义及特征

(一) 国际储备的含义

1. 国际储备的概念

国际储备(International Reserves)是一国货币当局为弥补国际收支逆差,维持本国币汇率稳定以及应付各种紧急支付而持有的、能为世界各国所普遍接受的资产。国际储备是衡量一国经济实力的重要标志。通常情况下,一国国际储备越多,表明该国国际清偿能力越强,经济实力越雄厚,货币汇价越坚挺。

2. 国际储备资产的特征

作为国际储备的资产必须具备以下三个特征:

(1)官方持有性,即作为国际储备资产必须为该国货币当局所持有。除此以外,任何企业、私人、非官方金融机构所持有的黄金或外汇等资产都不是国际储备。

(2)自由兑换性,即作为国际储备的资产必须是能同其他的货币相兑换,在国际上能被普遍接受的资产。

(3)使用的无条件性,即作为国际储备的资产不仅要为政府所拥有,而且需要时能够被政府无条件地安排使用。不能无条件安排使用的资产,不能算作一国的国际储备。比如联合国的农业专项贷款,一国政府不能挪作他用,所以不能列入一国的国际储备。

(二)国际储备与国际清偿力

在经济文献中,常常出现国际清偿力(International Liquidity)的概念。它与国际储备是两个容易混淆的概念,往往有人把它同国际储备等同起来,这是不正确的。实际上,一国的国际清偿力是指该国无须采取任何影响本国经济正常运行的特别调节措施,即能平衡国际收支逆差和维持其汇率的总体能力。其内容比国际储备的范围广,除包括该国货币当局持有的各种形式的国际储备之外,还包括该国在国外筹借资金的能力。因此,国际储备仅是一国具有的、现实的对外清偿能力;而国际清偿力则是该国具有的、现实的清偿能力和可能有的对外清偿能力的总和。

二、国际储备的构成

国际储备的构成,是指用于充当国际储备的资产种类。在不同的历史时期,充当国际储备的资产和种类不尽相同。发展到今天,主要有四种形式。对于任何一个国家来说,其国际储备中至少包括两项资产:黄金储备和外汇储备。如果该国还是国际货币基金组织的成员国,则其国际储备中还包括第三项资产,即在基金组织的储备头寸。如果该国还参与特别提款权的分配,则其国际储备中还包括第四项资产,即特别提款权。

(一)黄金储备

黄金储备(Gold Reserves)是一国货币当局所持有的货币性黄金(Monetary Cold),即作为流通手段和支付手段的黄金。由于黄金具有可靠的保值手段和不受国家力量干预的特点,因此它一直是国际储备的主要来源之一。从 19 世纪初到第一次世界大战爆发,在国际金本位制下,资本主义国家一直把黄金作为官方储备和平衡国际收支的最后手段。20 世纪30 年代,资本主义国家相继放弃了金本位制,纸币不能兑换黄金,但黄金仍然是主要的国际储备、国际支付和清算的最后手段。这在后来的布雷顿森林体系中再次得到肯定。时至今日,由于条件的限制,加上黄金已不符合人们对国际储备资产的要求,其已降为二线储备的地位。从所占比重看,黄金在国际储备中的比重呈不断下降的趋势,1950 年为 69.03%,1987 年下降到6.13%。目前,黄金储备在 IMF 会员国国际储备总额中所占的比重已不足5%。尽管如此,大多数国家仍然持有黄金,并把它作为国际储备资产之一。

(二)外汇储备

外汇储备(Foreign Exchange Reserve)是一国货币当局持有的对外流动性资产,主要是银行存款和国库券等。它们往往要通过一定的国际储备货币来表明。充当国际储备资产的货币必须具备下列条件:

其一,能自由兑换成其他储备货币。

其二,在国际货币体系中占据重要地位。

其三,其购买力必须有稳定性。

这些条件依赖于该国的经济实力。第一次世界大战之前,英镑是全球的最主要储备货币。第二次世界大战后,世界的金融秩序发生变化,美国崛起,美元坚挺,与英镑一起共同作为储备货币。其后,美元成为唯一直接与黄金挂钩的主要货币,等同于黄金,成为各国外汇储备的主体。20 世纪 60 年代后,随着美元危机的不断爆发,美元作为储备货币的功能相对削弱。到 70 年代布雷顿森林体系崩溃后，国际储备货币出现了多元化局面，不过，尽管美元的比重不断下降，但它仍然处于多元化储备体系的中心。

第二次世界大战后，外汇储备在 IMF 会员国国际储备总额中，比重越来越大，已成为当今国际储备的主体，1950 年仅占 21.5％，1970 年达至 48.6％，进入 20 世纪 80 年代以来一直保持在 80％以上，1991 年上升到 88.7％，目前，外汇储备在 IMF 会员国国际储备总额中占 90％以上。不仅如此，外汇储备在实际中使用的频率也最高，规模也最大。

（三）在 IMF 的储备头寸

储备头寸称为普通提款权，是指会员国在 IMF 的普通账户中可以自由提取和使用的资产，包括该国在 IMF 的储备头寸（Reserve Position in IMF）和债权头寸的两部分。按规定，当一个国家加入 IMF 时，需要事先缴纳一定份额（Quota）的资金，其中认缴份额的 25％须以可兑换货币缴纳（国际储备货币或黄金），其余 75％用本国货币认缴。储备头寸又称"储备贷款"，是指成员国以储备资产向 IMF 认缴的那部分资金，其额度占该国向 IMF 认缴份额的 25％。当该成员国发生国际收支逆差时，可自由提取，无须特殊批准，故是一种国际储备资产。

债权头寸又称"超黄金贷款"，是指 IMF 因将其一成员国的货币贷给其他成员国使用而导致其对该国的货币的持有量下降到不足该本币份额的 75％的差额部分，IMF 向其他会员国提供本国货币的贷款，会产生该会员国对 IMF 的债权，一国对 IMF 的债权，该国可以无条件地提取，并用于支付国际收支逆差。

（四）特别提款权

特别提款权（Special Drawing Rights，SDRs）是 IMF 为解决会员国国际清偿力不足而于 1969 年 9 月在 IMF 第二十四届年会上创设的一种新的国际储备资产，它是会员国原有的普通提款权以外的一种特殊提款权利，故称为特别提款权。可同黄金、外汇一起作为国际储备，但它与其储备形式相比，具有以下特点：

（1）它是 IMF 人为创造的，纯粹账面上的资产，作为一种记账单位，不能直接用于国际贸易支付和结算。

（2）它的来源既不像黄金、外汇那样通过贸易或非贸易取得，也不像储备头寸那样以缴纳的份额为基础，而是由 IMF 按份额比例无偿分配给各会员国的。

（3）它属于固有资产，只能由会员国货币当局持有，并且只能在会员国货币当局和国际货币基金组织、国际清算银行之间使用，非官方金融机构不得持有和使用。IMF 从 1970 年开始向会员国分配（亦即所谓发行）SDRs，其分配的办法是：按照会员国向基金组织缴付的份额呈正比例关系，进行无偿分配。到目前为止，IMF 共分配了约 428 亿 SDRs，其中工业发达国家分到的 SDRs 占绝对比重达 82.1％，尤以美国所占比重最大，达到 25％，而发展中国家分到的 SDRs 较少。

三、国际储备的作用

国际储备是体现一个国家经济实力的重要标志之一。各国都无一例外地保持一定数量的国际储备。不同的国家保持国际储备可能有各种各样的目的。一般而言，国际储备的基本作用主要有以下几点。

（一）维持国际支付能力，调节临时性的国际收支不平衡

调节国际收支是一国政府持有国际储备的首要作用。当一国发生国际收支逆差时，政府可采用各种国内经济调整政策或直接动用国际储备来平衡。当国际收支为暂时性逆差时，则可通过使用国际储备来解决，而不必采取影响整个宏观经济的财政和货币政策。也就是说，通过动用外汇储备，减少在 IMF 的储备头寸和特别提款权，在国际市场上变卖黄金来弥补国际收支赤字所造成的外汇供求缺口，能够使国内经济免受采取财政和货币政策产生的不利影响，有助于国内经济目标的实现。如果国际收支困难是长期的、巨额的或根本性的，这时国际储备仍可以作为辅助措施，为财政和货币政策的实施提供必要的缓冲，避免过快的调整措施所造成的国内经济震荡，使政府部门有时间渐进地推进其财政和货币政策。

（二）干预外汇市场，维持本币汇率的稳定

在 1973 年 2 月普遍推行浮动汇率以后，尽管理论上各国央行不再承担维护汇率稳定的义务，汇率随行就市，但由于汇率频繁波动会对本国的经济造成较大的影响。实际上，各国为了本国利益，使本币汇率稳定在所希望的水平上，都或多或少、或明或暗地动用国际储备对本币汇率进行干预。当外汇汇率上升，本币汇率下跌超出政府的目标界限时，货币当局就抛出外汇储备（增加外汇供应），购入本国货币，从而抑制本国货币汇率下跌或使本国货币汇率上升；相反，当本国货币汇率上升时，就增加市场上本币的供应，购买外汇，从而抑制本国货币汇率的上升。

可见，国际储备是一国维持其货币汇率稳定的"干预资产"，一国持有国际储备的多少表明该国干预外汇市场和维持汇率稳定的实力，充足的国际储备是支持和加强本国货币信誉的物质基础。1997 年爆发的东南亚货币危机，其发生的原因是多方面的。除了国家有关经济政策尤其是货币政策失误、国际收支大量逆差、经济结构不合理、外汇投机推波助澜之外，一个重要原因就是：东南亚各国外汇储备普遍不足，当货币危机来临时，便没有足够的能力来捍卫本国货币，货币危机便不可避免地发生。

（三）是一国向外举债和偿债能力的信用保证

通常情况下，一国国际储备充足，有助于加强本国的国际资信，有利于吸引外资，促进经济发展。国际金融机构和商业银行在对外贷款时，往往要事先调查拟举债企业所在国政府的偿债能力。因此，一国的国际储备状况构成了专业资信机构和国际金融机构进行资信调查和评价国家风险的重要指标之一。目前，国际上有专门机构和金融杂志定期对各国举债资信进行评定，以便确定贷款的安全系数。这种评估一般包括目标国家的经常项目收支的趋势、到期还本付息额占该国当年出口收入的比重和国际储备状况等。可见，保存一定量的国际储备是一国政府或企业进行国际筹资和确保到期还本付息的重要保障措施之一。

（四）维持一国内部平衡

所谓内部平衡，是指一国实现了充分就业并保持物价稳定。一国拥有充足的国际储备，对维持和实现本国经济的内部平衡有着非常重要的作用。例如，当一国出现了通货膨胀时，该国可以动用国际储备，通过扩大进口和适当减少储备的办法，增加流通中的商品总量，回笼本国货币，缓解通货膨胀的压力，而不必采取紧缩性的财政货币政策。

（五）获取国际竞争的优势

一国持有较充足的国际储备，意味着该国政府有较强的干预外汇市场的能力，即有力量使其货币汇率升高或下降，从而获取国际竞争优势。如果本国货币是主要储备货币，则对于支持本币的国际地位也是至关重要的。

第二节　国际储备的管理

一、国际储备管理的含义

国际储备管理，是指一国政府或货币当局根据一定时期内本国的国际收支状况和经济发展的要求，对国际储备的规模、结构及储备资产的运用等进行计划、调整、控制，以实现储备资产规模适度、结构最优化、使用高效化的过程。

从一个国家的角度看，国际储备的管理涉及两个方面：一是数量管理。也就是对国际储备规模的选择与调整，解决如何确定和保持适度的国际储备水平（规模）的问题。二是对国际储备结构的确定与调整，解决如何实现储备资产结构上的最优化问题。我们通常将前者称为国际储备的规模管理，将后者称为国际储备的结构管理。通过国际储备的管理，一方面维持一国国际收支的正常进行；另一方面提高国国际储备的使用效率。

二、国际储备的规模管理

一个国家究竟应该持有多少国际储备？这不仅影响该国的经济发展和对外经济交往，而且对世界经济的发展也有一定的影响。

实践证明，国际储备并非越多越好。在特定时期内，一国国际储备如果超过了本国用于即期支付国际经贸活动通常所需的程度，而且上述积累量达到一定程度，便形成了过量的储备。过量储备的第一个副作用就是资源闲置，这种状况对于缺乏资金的国家来说，应该设法加以避免。过量的储备意味着放弃对当前部分国外资源的使用，意味着持有国际储备机会成本的提高，是储备资产的浪费。因为，过量的国际储备本可以用来进口资本品和专有技术等，用以发展生产；或进口消费品调节国内市场，满足国民的消费需求。再者，国际储备尤其是外汇储备的多少，与本国货币的投放量有着密切的关系，外汇储备越大，则货币投放量越大，流通中的货币量增加很可能会加剧通货膨胀。

那么，如果一个国家的国际储备水平过低又会怎样呢？国际储备太少不能满足其对外经济交往的需要，势必会降低其对外经济交往的水平。此外，过少的储备会削弱一国货币当局平衡国际收支的能力，进而影响本国政府应付各种国际支付的能力，更难以适应紧急支付的需要。一国长期低水平保持国际储备有可能引发国际支付危机。因此，一个国家的国际储备不能太多，也不能太少。国际储备应维持在一个合理的水平上。这一合理的国际储备水平被称为国际储备的适度规模。适度的国际储备规模，主要取决于该国国际储备资产的供求状况。

（一）国际储备的需求

国际储备的需求是国际储备管理理论的中心问题。一国对国际储备的需求主要来自以下几个方面：

（1）用于弥补国际收支赤字的需要。如果一国货币当局持有足够的国际储备，当出口收入下降或进口支出上升造成国际收支赤字时，就可以动用国际储备，以避免采取影响国内经济的财政和货币政策。

（2）干预外汇市场的需要。当一国货币汇率下跌幅度太大以至于影响其货币的国际信誉或对国内经济产生不利影响时，该国有可能动用外汇储备购进本币，支持本国货币的汇率。

（3）国际信贷保证需要。如果一国有充裕的外汇储备，尤其跨境的融资，如借贷、对外担保、发行股票与债券，该国货币在国际市场上的吸引力增强。如今的希腊主权债务危机，想通过发行债券此种政策来缓解其危机，就行不通。

（4）应付突发事件引起的国际支付的需要。美国和欧洲多国的欧洲债券好多都相继到期，在不久的未来必定要支付大量的外汇，如果没有足够的外汇，将面临主权债务危机，从而导致主权国家信用等级降低的危险。

（二）国际储备的供给

一国国际储备的供给取决于国际储备的四个组成部分的增加或减少。国际储备中的普通提款权和特别提款权对一个国家来说不能主动增减。这是因为，它们同一国的份额有关，而份额又是以该国的经济实力为基础的，在其经济实力无明显变化或在基金组织未调整份额的情况下，该国的普通提款权和特别提款权就不会增减。因此，一国的国际储备的增减主要取决于黄金储备和外汇储备的增减。

1. 黄金储备

一国黄金储备的增加，是通过黄金的国内外交易实现的。对于储备货币的发行国来说，用本国货币在国际黄金市场上购买黄金，可以增加其国际储备量。但对于大多数非储备货币发行国来说，由于本国货币在国际支付中不被接受，要想在国际黄金市场上购买黄金，只能使用可自由兑换的货币（储备货币）。这样，改变的只是国际储备的结构（即增加了黄金储备而减少了外汇储备），并不能增加国际储备的总量。但是，从黄金的国际市场交易看，不论是储备货币发行国，还是非储备货币发行国，中央银行用本国货币在国内市场上收购黄金时，都能增加其黄金储备，从而增加国际储备。这种做法被称为"黄金货币化"，即将非货币用途的黄金转为货币用途的黄金。当然，通过黄金货币化的方法来增加国际储备是有限的，因为这会受到黄金产量等条件的制约。

2. 外汇储备

外汇储备的增加有以下途径：

（1）国际收支顺差是一国增加其外汇储备的根本途径。其中经常账户盈余是最可靠、最稳定的来源。而来自资本与金融账户的盈余则具有借入储备的性质，是不稳定的。

（2）干预外汇市场所得的外汇。当一国货币当局在外汇市场上抛售本国货币，购买外汇时，这部分新增的外汇就列入外汇储备。

（3）国际信贷。一国从国际上取得政府贷款或国际金融机构贷款，以及中央银行间的互惠信贷等均可充当国际储备。

（三）确定适度国际储备规模应考虑的因素

1. 国际收支流量的大小及其稳定程度

国际储备的首要作用是调节国际收支。因此，国际收支流量的大小及其稳定程度是确定国际储备规模大小的主要因素。

（1）贸易收支的稳定程度。如果一国出口商品的需求弹性和供给弹性均大于1，进口商品的需求弹性小于1，则贸易收支相对稳定。在这种情况下，若进出口基本平衡或略有顺差，则不需要过高的国际储备。相反，若出口商品的供给弹性小于1，而进口商品的需求弹性大于1，则表明该国外贸条件较差，需要保持比较充足的国际储备。

（2）国际收支的差额状况及稳定程度。一般地说，如果一国国际收支持续顺差，则对国际储备的需求很小；反之，若一国国际收支持续逆差，则对国际储备的需求较大，必须保持较高的国际储备水平。

2. 其他调节国际收支措施的运用及其有效性

除动用国际储备外，调节国际收支的措施还有宏观财政和货币政策、汇率政策、外汇和外贸管制等。如果一国的财政货币政策或汇率政策对付国际收支逆差更有效，或一国实行严格的外汇和外贸管制，能有效地控制进出口和外汇资金的流动，则国际储备的持有额可以相对较低；反之，则需要较多的国际储备。

3. 汇率制度和汇率政策选择

国际储备与汇率制度有密切的关系。这是因为国际储备的作用之一是干预外汇市场，维持汇率稳定。如果一国实行的是固定汇率制度或钉住汇率制度，并且政府不愿经常性地改变汇率水平，则需要持有较多的国际储备，以应付外汇市场上的突发性因素造成的汇率波动。相反，在浮动汇率制度或弹性汇率制度下，国际储备的持高额相对较低。此外，频繁干预外汇市场比偶尔干预外汇市场的做法需要更多的国际储备，旨在"目标区"的干预比修正性的干预需要更多的国际储备。

4. 一国在国际金融市场上的融资能力

如果一国在国际金融市场上具有较高的信誉，能迅速、方便地获得外国政府和国际金融机构的贷款，并且贷款的来源稳定，则不需要过多的国际储备。相反，一国的国际资信较差，融资能力低，则需充足的国际储备。

5. 国内金融市场的发达程度

发达的金融市场一方面可以吸引国际资本注入；另一方面，发达的金融市场对利率、汇率政策的反应比较敏感，使利率和汇率政策调节的有效性提高，国际储备的持有额即可相应减少。相反，金融市场越落后，国际收支的调节对国际储备的依赖就越大。

6. 一国货币的国际地位

一国货币如果处于储备货币的地位，则该国可以通过增加本国货币的对外负债来弥补国际收支逆差，从而无须过多的国际储备。

7. 持有国际储备的机会成本

一国的国际储备，往往以存款的形式存放在国外银行，这就意味着牺牲一部分投资或消费,是一国持有国际储备所付出的代价。因此,一国持有国际储备的机会成本,就是投资收益率与利息收益率的差额。这个差额越大,表明持有国际储备的机会成本越高;差额越小,则表明持有国际储备的机会成本越低。受经济利益的制约,一国国际储备的需求数量,与其持有国际储备的机会成本呈反方向变化。持有国际储备的机会成本越高,对国际储备的需求越少,反之亦然。

8. 国际货币合作状况

如果一国货币当局同外国政府和国际金融机构有良好的合作关系,签订有较多的互惠信贷和备用信贷协议,当国际收支发生逆差时,其他国家的货币当局能协同干预外汇市场,则该国政府对自有储备的需求就少;反之,该国政府对自有储备的需求就大。

可见,适度国际储备规模的确定是很复杂的事,仅从某个因素来考虑是片面的,应该将上述各种因素综合起来考虑。

(四) 适度国际储备量的确定方法

由于影响适度国际储备量的因素众多且其作用相互交织,加上现实经济生活中存在着大量不确定性因素,要精确衡量一国最适度国际储备量相当困难,甚至是不可能的。目前,国际上广为采用且简便易行的确定适度国际储备量的方法是所谓"比例分析法"。它是由美国耶鲁大学教授罗伯特·特里芬(Robert Triffin)在1960年出版的《黄金和美元危机》一书中率先提出的。特里芬通过考察两次世界大战之间及第二次世界大战战后初期(1950—1957年)世界上数十个国家储备资产的历史资料,并结合各国的外汇管制情况,发现储备需求随贸易增长而增加,据此提出用国际储备量与进口额的比率来测度国际储备的充分性。其基本结论是:实施严格外汇管制的国家,因该国政府能高效地控制进口,故储备可相对少一些,但底限不低于20%。对于绝大多数国家而言,保持储备额占年进口额的20%~40%是较为合适的。如按全年储备对进口额的比例计算,约为25%,即一国的储备量应以满足3个月的进口为宜。这就是人们所称道的"特里芬法则",该法则的特点就是把储备与进口这个变量挂起钩来。因此,亦称为储备—进口比例计算法(RM)。

比例分析法的优点在于:其一,开创了系统研究国际储备适度规模的先河。自此以后,有关适度国际储备量确定方法的研究得到了很大发展,如"回归分析法""成本—收益分析法"和"自界点分析法"纷纷出现。其二,由于国际储备的最基本用途是弥补国际收支赤字,而贸易收支是国际收支中最重要、最基础的项目,因此通常情况下,用储备额与年进口额的比例指标来确定国际储备水平是切合实际的。其三,该方法简单直接、易于操作。正因为如此,国际货币基金组织和国际银行在衡量各国国家风险时至今仍沿用比例分析法,各国亦以此对国际储备量做粗略的测算。

综上所述,最适度国际储备量是一个难以准确界定的变量,迄今也没有一个确切的衡量标准。因此,对国际储备的总量管理而言,更具实际意义的或许是综合权衡考虑影响国际储备量的众多因素,以宏观经济发展目标为根本前提,按照持有储备的边际成本最小化和边际收益最大化原则,确定一个国际储备量的适度区域。概括而言,一国国际储备适度区域的确定原则是:根据该国经济发展状况来确定国际储备量的上、下限。上限是指该国经济高速发展、进口急剧增长年份所需要的最高储备量,称"保险储备量";下限是指该国经济缓慢增长、进口大量削减年份所需要的最低储备量,称"经常储备量"。上限表示该国拥有充分的国际清偿能力,下限则意味着国民经济发展的临界制约点。上、下限之间的范围则构成国际储备的适度区域。

三、国际储备的结构管理

(一) 结构管理的原则

国际储备结构管理的目的是针对不同形式储备资产各自的流动性、安全性和盈利性,扬长避短,不断调整四种储备资产的数量组合,实现结构上的最优化,使其发挥最大的效能。IMF 会员国的国际储备中,储备头寸和特别提款权所占比重不足 10%,黄金储备和外汇储备占 90%以上,储备头寸和特别提款权的数量是由基金组织分配的,一个国家很难改变其数量和结构。因此,国际储备的结构管理就主要集中在黄金储备和外汇储备上。

(二) 国际储备管理的内容

1. 黄金储备管理

黄金具有较好的安全性,但缺乏流动性和盈利性。鉴于黄金所具有的安全性特点,在国际储备中有必要保持适量的黄金储备。但是,由于黄金的流动性较差,而且黄金价格的变化捉摸不定,因此,黄金储备的数量不宜过多,应保持稳定。运用黄金储备的形式主要分为:

(1) 直接营运。通过国际黄金市场,采取现货、期货以及期权等交易方式,提高黄金储备营运的收益率。

(2) 间接周转。一国货币当局通过制售金币、开展黄金租赁、办理黄金借贷等业务,间接地实现黄金储备增值、保值的目的。

(3) 资产组合。将一定的黄金储备按照流动性、收益性的原则,及时转换成收益性高、流动性强的外汇储备,并根据市场汇率的变动情况,再进行适当调整。

2. 外汇储备管理

在浮动汇率制度下,由于储备货币的汇率和利率不断变化,外汇储备的安全性稍差一些。但是,各种储备货币作为一种世界货币,可直接用于各种国际支付以及外汇市场的干预,而且外汇储备还可以通过利息收入达到增值。因此,外汇储备具有良好的流动性和盈利性,使得它在整个国际储备中占有很高的比重。外汇储备的管理也因此成为国际储备管理的重点。外汇储备的结构管理主要是储备货币的币种管理和储备资产的投资管理。

(1) 币种管理。币种管理就是要确定并随时调整各种储备货币在外汇储备中所占的比重,不同储备货币的汇率、利率的差异和变化造成了以不同货币拥有的储备资产的收益差异和不确定性。因此,各国货币当局在安排币种结构时主要考虑的是汇率波动和利率波动带来的汇率风险和利率风险。具体来说,为了减少汇率风险,储备货币的币种管理主要考虑以下因素:① 对外贸易支付所使用的币种;② 偿还外债本息所需的币种;③ 政府干预外汇市场,稳定汇率所使用的币种;④ 各储备货币利率与汇率变化的对比;⑤ 储备货币的多元化。

(2) 外汇储备资产结构的优化。外汇储备的资产结构,是指外币现金、外币存款、外币短期有价证券和外币长期有价证券等资产在外汇储备中的组合比例。为了使外汇储备的运用兼顾流动性、安全性和盈利性的要求,一般根据变现能力的不同,将外汇储备分级进行管理,并确定各级的合理比例。

按照变现能力划分,外汇储备可以分为三级:

一级储备:包括现金和准现金,如活期存款、短期国库券、商业票据等。这类外汇储备的流动性最高,盈利性最低,几乎没有风险。它主要用于一国经常性或临时性对外支付。

二级储备:主要指中期债券。这类储备的盈利性高于一级储备,但流动性较一级储备差,风险也较大。二级储备的管理以盈利性为主,兼顾适度的流动性和风险性。它主要作为补充的流动性资产,以应付临时性、突发性等对外支付的保证。

三级储备:指各种长期投资工具。这类储备的盈利性最高,但流动性最差,风险也最大,各国货币当局一般在确定一级储备和二级储备的规模后,才考虑将余下的部分做长期投资。

四、美国和日本:双层次的储备管理体系

美国和日本采取由财政部和中央银行共同管理外汇储备的管理体系。

(一)美国的储备管理体系

美国的储备管理体系由财政部和美联储共同管理。美国的国际金融政策实际上是由美国财政部负责制定的,美联储则负责国内货币政策的决策及执行。在外汇储备管理上,两者共同协作,以保持美国国际货币和金融政策的连续性。事实上,从 1962 年开始,财政部和美联储就开始相互协调对外汇市场的干预,具体的干预操作由纽约联邦储备银行实施,它既是美联储的重要组成部分,也是美国财政部的代理人。从 20 世纪 70 年代后期开始,美国财政部拥有一半左右的外汇储备,而美联储掌握着另一半。

美国财政部主要通过外汇平准基金(ESF)来管理外汇储备。其管理过程是:

(1)早在 1934 年,美国《黄金储备法》即规定财政部对 ESF 的资产有完全的支配权。目前 ESF 由三种资产构成,包括美元资产、外汇资产和特别提款权,其中外汇部分由纽约联邦储备银行代理,主要用于在纽约外汇市场上投资于外国中央银行的存款和政府债券。

(2)ESF 在特殊情况下还可以与美联储进行货币的互换操作从而获得更多可用的美元资产。此时,ESF 在即期向美联储出售外汇,并在远期按照市场价格买回外汇。

(3)ESF 所有的操作都要经过美国财政部的许可,因为财政部负责制定和完善美国的国际货币和国际金融政策,包括外汇市场的干预政策。此外,美国《外汇稳定基金法》要求财政部每年向总统和国会就有关 ESF 的操作做报告,其中还包括财政部审计署对 ESF 的审计报告。

美联储主要通过联邦公开市场委员会(FOMC)来管理外汇储备,并与美国财政部保持密切的合作。其管理过程是:

(1)美联储通过纽约联邦储备银行的联储公开市场账户经理(Manager of the System Open Market Account)作为美国财政部和 FOMC 的代理人,主要在纽约外汇市场上进行外汇储备的交易。

(2)美联储对外汇市场干预操作的范围和方式随着国际货币体系的变化而变化。这可分为三个阶段,第一阶段是布雷顿森林体系时期,联储更多的是关注黄金市场上美元能否维持平价,而不是外汇市场。第二阶段是 1971 年之后,浮动汇率制度开始形成,美联储开始积极干预外汇市场,当时主要采用和其他国家中央银行的货币互换的方式。第三阶段是 1985 年《广场协议》之后,美联储对外汇市场的干预很少使用货币互换,而是采取直接购买美元或

外汇的方式进行。

(二) 日本的储备管理体系

日本财务省在外汇管理体系中扮演战略决策者的角色。日本的储备管理体系由财务省负责,根据日本《外汇及对外贸易法》的规定,财务省为了维持日元汇率的稳定,可以对外汇市场采取各种必要的干预措施。而日本银行根据《日本银行法》的规定,作为政府的银行,在财务省认为有必要采取行动干预外汇市场时,按照财务省的指示,进行实际的外汇干预操作。

日本银行在外汇管理体系中居于执行者的角色。一旦开始进行对外汇市场的干预,所需资金都从外汇资产特别账户划拨。当需要卖出外汇时,日本银行主要通过在外汇市场上出售外汇资产特别账户中的外汇资产来实现;当需要买进外汇时,所需要的日元资金主要通过发行政府短期证券来筹集。通过大量卖出日元、买进外汇的操作所积累起来的外汇资产构成了日本的外汇储备。日本银行的外汇市场介入操作通常在东京外汇市场上进行,如有必要,日本银行也可向外国中央银行提出委托介入的请求,但介入所需金额、外汇对象、介入手段等都仍由财务大臣决定。日本银行主要通过金融市场局和国际局两个部门来实施外汇市场干预。其中金融市场局负责外汇市场分析及决策建议,并经财务省批准,而国际局则负责在财务省做出决定后,进行实际的外汇交易。

除了美国和日本采取双层次的外汇储备的管理体系以外,世界上还有许多其他国家和地区也采取同样的管理体系,如英国、中国香港等。表3-1对新加坡、挪威、美国、日本四国的外汇储备管理体系的特点进行了比较。

表 3-1　新加坡、挪威、美国、日本四国外汇储备管理体系的特点比较

国　家	决策机构	操作机构	管理目标
新加坡	财政部	新加坡金融管理局、新加坡政府投资公司、淡马锡控股	金融管理局追求流动性,政府投资公司和淡马锡控股追求长期回报
挪威	财政部、挪威银行	挪威银行投资管理公司、挪威银行货币政策委员会的市场操作部	挪威银行投资管理公司追求收益性,挪威银行货币政策委员会的市场操作部追求流动性
美国	财政部	美联储、纽约联邦储备银行	流动性、安全性
日本	财务省	日本银行	中度流动性、安全性

第三节　我国的国际储备管理

一、我国国际储备的构成及特点

(一) 我国国际储备的构成及发展变化

从1987年起,我国开始对外公布国际储备状况。我国的国际储备包括以下四个组成部分:黄金储备、外汇储备、在国际货币基金组织的储备头寸以及特别提款权。其中外汇储备占整个国际储备的 90％以上,而黄金储备多年来一直没有太大变化。此外,尽管我国在国际货币基金组织的储备头寸以及特别提款权亦有所增加,但增加的幅度不大,外汇储备的增减是影响储备资产总额变动的主要内容。因此,我国国际储备管理的重点应放在外汇储备上。

(二) 我国外汇储备的发展变化

改革开放以前,我国对外经济交往很少,在外汇方面实行"量入为出,以收定支,收支平衡,略有节余"的方针,外汇收支基本保持平衡,外汇储备量很小,年平均约为 5 亿美元以下。此时的外汇储备量反映为中央银行的外汇结存账户余额,管理则是由中国人民银行实行集中管理、统一经营,通过银行结存制度将所有外汇买卖集中在国家银行办理(1979 年以后,中国银行从中国人民银行分设出来,独立行使职能,办理各项国际金融业务)。十一届三中全会以后,我国经济体制开始转轨,市场经济带来的是外汇收支规模的不断扩大,国家外汇储备不断增加。其中 1981 年年底外汇储备总额仅为 47.6 亿美元,1984 年年底就达到了144.2 亿美元(包括国家外汇库存和中国银行的外汇结存两部分)。这主要是因为在这一阶段国家实行了一系列经济调整政策,大量削减进口,努力增加出口,出口量的增加带来了源源不断的外汇收入。1984—1986 年我国的国际储备有所下降,原因是这一时期国家储备管理失控,外汇资金投向有偏差。但随后,国家采取了一系列措施扭转局面,自 1987 年开始外汇储备额又有所上升。

1986 年,国务院公布了《中华人民共和国银行管理暂行条例》,规定中国人民银行为国家的中央银行,行使行政职能。而将国家的外汇管理工作划归国家外汇管理局,实际上仍由中国银行代管。此时我国的外汇储备主要是由两部分组成:一是国家外汇库存;二是中国银行的外汇结存。其中的国家外汇库存,是指国家对外贸易外汇收支的历年差额总和,差额为正,说明收大于支,形成外汇储备,这一部分储备约占全部外汇储备的 20％。此外,由于这部分外汇收支需用人民币办理结汇手续,因而要占用一定数量的人民币资金。中国银行的外汇结存,是中国银行的外汇自有资金,加上其在国内外吸收的外币存款减去其在国内外的外汇贷款和投资后的差额,以及国家通过各种渠道向外国政府、国际金融机构和国际资本市场筹集款项的未用余额部分,这一指标反映在中国银行的海外账户上。但是,这种统计口径并不符合国际惯例,因为国家对于中国银行的外汇结存并不能无条件加以利用。因此,1992年我国对外汇储备统计做了调整,决定从 1993 年起国家外汇储备总额不再包括国内金融机构的外汇结存部分。以此确立了以国际外汇结存为核心的新的储备统计口径,从而初步理顺了储备管理中的各种关系。

1994 年,我国对外汇体制进行了重大改革。根据中国人民银行《关于进一步改革外汇管理体制的公告》以及《结汇、售汇及付汇管理暂行规定》,我国开始实行汇率并轨,人民币实现了经常项目下有条件的可兑换,从而极大地吸引了外资流入,促进了出口。外汇收入持续增加,外汇储备也迅速增至 1994 年的 516.2 亿美元,我国自此开始实行储备集中管理和相应的经营制度。1996 年,我国在外汇管理方面实现了经常项目下的可自由兑换,同年 11月,我国的外汇储备超过 1 000 亿美元,截止到 2004 年年底,我国的外汇储备总额为 6 099.32亿美元,是仅次于日本的第二大外汇储备大国。

(三) 我国国际储备的特点

改革开放以来,我国国际储备呈现以下特点:

(1) 黄金储备稳定。我国实行的是稳定的黄金储备政策,一定时期内的黄金储备量也是比较稳定的。

(2) 外汇储备的增长既迅速又曲折。从 1993 年起,我国开始对外公布国家外汇储备数额,公布的外汇储备由国家外汇库存和中国银行外汇结存两部分构成。从 1993 年起,为与 IMF 统计口径接轨,我国将外汇储备的统计口径改为仅指国家外汇库存。1994 年年初,我国外汇管理体制进行了重大改革,取消了企业外汇留成,实行了银行结售汇制度,实现了汇率并轨,建立了银行间统一的外汇市场。外汇储备数量随之大幅度增长,近年来,我国外汇储备出现了迅速增长,但同时波动的特征也极其明显。

(3) 在 IMF 中的储备头寸和 SDRs 在我国国际储备中不占重要地位。这是因为,其一,外汇储备在我国国际储备中占有特别重要的地位;其二,我国经济实力不够强大,向 IMF 缴纳的份额也不多,从而决定了我国持有的储备头寸与分配的 SDRs 数量均不大。

(4) 我国国际储备的作用正日益全面化。自 1994 年 1 月 1 日开始,我国实行以市场供求为基础的、单一的、有管理的浮动汇率以后,中央银行通过向外汇市场吞吐外汇,以此来保持人民币汇率的基本稳定,我国国际储备也起到了干预外汇市场、调节本国货币汇率的作用。

二、我国国际储备的规模管理

理论上,国家外汇储备规模由外汇储备的需求与供给两方面决定。较为全面地考察我国国际储备的适度规模,要考虑如下问题:

(1) 在今后相当长的一段时期内,我国的外汇储备将保持较高水平。但随着中国国际地位的不断提高及中国出口贸易的不断发展,加之外资进入中国的数量呈快速增长趋势,人民币面临的升值趋势愈来愈大,人民银行通过外汇市场来干预汇率的可能性亦大幅度增加,从而外汇储备增加的趋势亦将维持一段时间。

(2) 中国的外汇储备的合理规模是一个动态概念。我国开放程度不断提高,经济规模与经济实力亦不断扩大,还处于市场经济发展与完善时期,因此,需要从动态的视角来看待中国的外汇储备。

(3) 中国持有较大规模的外汇储备有利于经济发展。

一是因为我国国际收支的不稳定性需要较高的外汇储备。

二是为吸引外资、维持人民币汇率的稳定,需要较高的国际储备水平。

三是为了祖国的完全统一,需要较高的国际储备。此外,随着经常项目管制的大幅度放松乃至取消,资本项目也在逐步放松管制,这使我国国际储备的需求不断增加。人民币的国际化将使我国面临许多未曾遇到的经济问题,高的外汇储备持有量有助于人民币自由兑换的顺利实行。

(4) 不能低估国际储备过高的负面影响。不适当地盲目扩大我国国际储备规模,不仅会增加持有储备的机会成本,而且会在一定程度上限制我国经济的发展。而世界主要储备货币币值的大幅度波动亦增大了我国的外汇储备风险。而且,动用外汇储备来干预外汇市场以稳定汇率也不一定可行。

总之,国际储备的适度规模是一项动态指标,其具体数量取决于一个国家不断变化着的国际收支的实际运行状况及决定国际收支变化的一切因素。故在考察和确定特定时期我国国际储备的适度规模时,必须充分考虑到同期我国国际收支的运行状况及其变化趋势。

三、我国国际储备的结构管理

(一)管理的对象

从一般意义上说,我国国际储备结构管理的对象仍是黄金、外汇、SDRs 和在 IMF 中的储备头寸四个部分之间的构成比例和运行安排问题,但外汇储备的管理是结构管理的核心。在 1993 年前,我国的外汇储备由国家外汇库存和中国银行外汇结存两部分构成。1993 年起,为了与 IMF 统计口径接轨,我国将外汇储备的统计口径改为仅指国家外汇库存。因此,当前我国外汇储备结构管理的对象主要是指对外汇库存的管理。

(二)管理的内容

(1)外汇储备的安全性管理。这主要是指为了防止外汇储备所面临的各种风险和实现外汇储备的保值,而对以货币形式和投资形式所持有的外汇储备资产的币种结构进行管理。

(2)外汇储备的流动性管理。这主要是指为了保证国际收支的正常进行,同时防止外汇储备所面临的短期风险,而对各种形式的外汇储备资产期限结构进行组合管理。

(3)外汇储备的盈利性管理。这主要是指在确定外汇储备总的币种结构和期限结构时,通过对外汇储备资产的各种形式的收益率或利率进行分析比较,在保证外汇储备所必要的安全性和流动性的基础上,适当考虑储备资产的收益结构或利率结构,使外汇储备资产能够在保值的基础上实现一定的盈利。

(三)外汇储备结构管理的原则

(1)币种多元化分散风险:必须保持多元化的货币储备,密切注意汇率变动的趋势,随时调整各种储备货币的比例,以分散汇率变动的风险。

(2)与所需相匹配:根据支付进口商品所需货币的币种和数量,确定该货币在储备中所占的比例。

(3)资产的安全性、收益性、流动性相结合:在选择储备货币的资产形式时,既要考虑它的收益率,又要考虑它的流动性和安全性。

(4)我国国际储备结构管理中存在的问题:① 进行管理决策时,全面性、系统性欠缺。② 币种结构管理相对单一。③ 多元化的管理机构影响了效率。④ 风险防范技术落后。

此外,我国在外汇储备管理上还存在着其他一些问题,如缺乏完善的外汇储备调整机制,缺少对外汇储备币种结构的必要的管理手段,缺乏专门的国际储备经营管理人才等。

(5)我国国际储备结构管理的改革措施:① 强化中央银行对国际储备的管理职能。现阶段,人民银行将一切储备资产均纳入同一机构,集中管理,以便强化中央银行对国际储备的管理职能,加强对国际储备的总量控制和宏观调控,更好地实现国际储备职能。② 具体划分国家外汇结存中实际外汇储备和经常性外汇收支之间的界限。③ 以国家的外汇库存为核心,逐步建立国家外汇储备基金。④ 逐步制定颁布国家国际储备管理的有关法规、法令,使国际储备管理走上有法可依、有章可循的健全轨道。

四、美日国际储备管理启示与借鉴

(一) 采取积极的储备管理战略

外汇储备积极管理的基本目标就是要获取较高的投资回报,以保证储备资产购买力的稳定,这与传统外汇储备管理的流动性、安全性目标存在本质不同。外汇储备的积极管理主要考虑资产的长期投资价值,对短期波动并不过分关注,但对投资组合的资产配置、货币构成、风险控制等都有很高的要求。尤其在中国外汇储备数量不断增加,外汇储备相对过剩的情况下,更应该学习新加坡和挪威的管理经验,采取积极的外汇储备管理战略,以减少持有外汇储备的机会成本。在世界发达国家,外汇储备的一般金融资产性质越来越明显,增值已成为功能之一。我国目前外汇储备经营的原则应当迅速由"零风险、低收益"向"低风险、中收益"上转移,拓宽投资领域,改革投资机制。外汇储备具有同一般金融资产性质相同的一面,在增值投资方面,我国应当积极研究储备资产的增值盈利方式,在投资领域中,不只局限于存款、债券,还可以选取一部分资产,运用国际通行的投资基准、资产组合管理、风险管理模式进入房地产、股票市场,增加储备资产的盈利能力。

(二) 建立统一的储备管理体制

中国外汇储备的管理是多目标多层次的。这种储备管理除了需要统一的战略设计,也要处理好体制上的分权与集权的问题。国外的储备资产虽然归属于多个部门,如新加坡的外汇储备分散于 GIC、淡马锡和 MAS,但是由于新加坡政府特殊的权力结构,可以有效保证外汇储备管理分权基础上的有效集中,特别是参与积极管理的 GIC 和淡马锡,在新加坡政府首脑的直接掌控之下,既有明确的功能分工又有相互的密切合作,非常有利于贯彻政府的经济政策和战略意图。中国政府的结构和权力配置与新加坡不同,与未来外汇储备积极管理有关的政府职能分散于若干不同的部门手中。目前各个部门都有不同的目标和政策,彼此之间的政策协调也并不顺畅,甚至在同一部门内部,尚有事权划分不清的问题。因此,要将这些部门统一在共同的使命之下,并使有关部门进行良好的合作不是一件容易的事情。如果不对现有体制进行重新的规划整合,则体制内部的矛盾,将极大阻碍管理目标的实现。

(三) 建立多元化的储备经营操作机构

中国储备体系的操作,目前通过国家外汇管理局来进行,保持了一定的高流动性。但编者仍然建议,应该通过多种渠道促成储备经营操作机构的多元化。目前亟须建立中国的GIC、NBIM 和中国的淡马锡。储备资产积极管理和流动性管理在操作策略和技巧上完全不同,将外汇储备积极管理和流动性管理置于一家机构之下,会使两部分管理彼此相互影响。因此,建议在外汇管理局之外独立成立中国的 GIC、NBIM,负责外汇储备在国际金融、外汇、房地产市场的积极投资。另外,到目前为止,国资委的职能还只局限于对存量资产的整合与转制,无法在国际间进行战略性商业投资。中国有必要着手组建类似淡马锡的国有资产控股管理企业,将国有资产管理委员会从对国有控股企业的商业管理中解脱出来。

小贴士 3-1

淡马锡

淡马锡公司成立于 1974 年,是由新加坡财政部负责监管、以私人名义注册的一家控股公司。新加坡开发银行等 36 家国联企业的股权(总额达 3.45 亿新元,约合 7 000 多万美元),被授权由淡马锡公司负责经营。政府赋予它的宗旨是:"通过有效的监督和商业性战略投资来培育世界级公司,从而为新加坡的经济发展做出贡献。"目前,公司以控股方式管理着 23 家国联企业(可视为其子公司),其中 14 家为独资公司、7 家上市公司和 2 家有限责任公司,下属各类大小企业约 2 000 多家,职工总人数达 14 万人,总资产超过 420 亿美元,占全国 GDP 的 8% 左右。

公司名称:淡马锡　　经营范围:资产经营和管理

外文名称:Temasek

总部地点:新加坡　　公司性质:私人名义注册的国有企业

成立时间:1974 年　　员工数:14 万人(2009 年)

(资料来源:百度百科,2012-6-30)

本章小结

国际储备是指各国政府为了弥补国际收支赤字、保持汇率稳定以及应对其他紧急支付的需要而持有的国际间普遍接受的所有资产。目前,IMF 会员国的国际储备,一般可以分为黄金储备、外汇储备、在 IMF 的储备头寸和特别提款权四种类型。广义的国际储备还包括借入储备。借入储备资产主要包括备用信贷、互惠信贷和支付协议、本国商业银行的对外短期可兑换货币资产等内容。

国际储备管理是指一国政府或货币当局根据一定时期内本国的国际收支状况和经济发展的要求,对国际储备的规模、结构及储备资产的运用等进行计划、调整、控制,以实现储备资产规模适度化、结构最优化、使用高效化的整个过程。国际储备的管理涉及两个方面:一是规模管理;二是结构管理。通过国际储备的管理,一方面维持一国国际收支的正常运行;另一方面提高国际储备的使用效率。

我国的国际储备也由黄金储备、外汇储备、普通提款权和特别提款权四部分构成。我国长期以来实行稳定的黄金储备政策。由于我国在国际货币基金组织的份额较低,普通提款权和特别提款权的数额十分有限。两者占国际储备的比重也很小。外汇储备是我国国际储备最重要的组成部分。我国的外汇储备经历了从不规范到规范,从增幅缓慢到迅速增长的过程。目前,我国外汇储备规模应该维持在适度的水平上,外汇储备的币种及资产形式的选择应兼顾三性原则。

复习思考题

1. 国际储备的作用是什么?

2. 我国国际储备有哪些特点?

3. 影响国际储备需求的主要因素有哪些?

4. 结合我国目前的情况,谈谈影响储备需求的主要因素是什么?

5. 结合我国实际,谈谈巨额外汇储备对经济的影响。

6. 案例分析:

中国再提"超主权国际储备货币"凸现其对美元的担忧

中国央行近日公布 2009 年度《中国金融稳定报告》,呼吁创造一种与主权国家脱钩、并能保持币值长期稳定的国际储备货币。这是继中国央行行长周小川 3 月提出创建"超主权国际储备货币"后,中国再次提出类似的建议。有关专家在接受记者专访时表示,这反映了包括中国在内的多个非美元货币国家,对现有的以美元为主导的国际货币体系的担忧。

央行在这份报告中提出,为了避免主权信用货币作为储备货币的内在缺陷,需要创造一种与主权国家脱钩、并能保持币值长期稳定的国际储备货币,增强国际社会应对危机、维护国际货币金融体系稳定的能力。中国人民大学金融与证券研究所副所长赵锡军认为,这一提议展现出国际金融危机背景下,包括中国在内的非美元货币国家对国际货币体系现状的担忧:"实际上这种担忧不是中国独有的,其他非美元货币国家都有这种担忧,因为目前体系以美元为主导,如果美元出现较大波动,就可能给所有用美元进行结算、投资等经济活动的国家带来各种各样的损害,这不符合风险分散的原则,这场金融危机暴露出美国金融市场极不稳定,我们要有更多分担风险的货币。央行提出这个建议是想表明我们以及全球投资者的担忧,并想办法来推动解决问题。"

中央银行在报告中同时呼吁应充分发挥特别提款权(SDRs)的作用,由国际货币基金组织(IMF)集中管理成员国的部分储备。SDRs 是指是美元、欧元、日元和英镑 4 种货币构成的"一篮子"计价单位。中国社科院金融所中国经济评价中心主任刘煜辉认为,如果 SDRs 能在国际货币体系中起到更大作用,当然有助于降低对少数储备货币的依赖,不过要做到这一点并不容易。他说:"如果 SDRs 能发挥更大作用,当然是中国乐见的。但是我们更关心的是 SDRs 所背靠的 IMF 当中美国(拥有)控制权的大格局能否有所改变。如果这个大背景不做改革,那么 IMF 就无法摆脱是美国财政部的分支机构的角色,SDRs 也不太可能跳出美元本位的国际货币体系。"

目前,中国拥有 2 万亿美元的外汇储备,居世界首位,其中 70% 是美国国债等美元资产。4 月份中国减持了约 44 亿美元的美国国债,此次中国央行报告又提出创建"超主权国际储备货币",引起了国外媒体关于中国外汇储备政策发生变化的猜测。对此,中国央行行长周小川近日在瑞士举行的一次全球金融会议上表示,中国的外汇储备政策一直相当稳定,不会有任何突然变化。中国人民大学金融与证券研究所副所长赵锡军分析说:"近期没有变化,但担忧是肯定有的,因为美元确实不稳定,但并不是说我们对美元担忧就导致大幅减少美元资产,进而要创建超主权国际储备货币。周小川行长在报告中指出,减持美元资产不是中国的战略。实际上我们目前是三步都要做:在担忧的情况下,更多地思考如何稳定美元;同时发挥其他货币的作用来分担美元风险;另外使资产配置得更合理。"

早在今年 3 月,中国央行行长周小川提出创建"超主权国际储备货币"时,便得到了俄罗斯、巴西等新兴市场国家的响应,以及联合国和国际货币基金组织(IMF)等国际组织的认同;而在26日举行的联合国"世界金融和经济危机及其对发展影响"高级别会议上,与会专家也提出世界需要一个"全球储备货币"的构想。中国社科院金融所中国经济评价中心主任刘煜辉认为,这一构想是国际社会的努力目标,但目前实现的条件还不成熟。"我觉得现实条件还不具备,虽然各国都表达了相关诉求,但是现在有哪个国家的经济发展现在就能与美元脱钩? 所以更多的是一种利益的表达和呼吁。要形成超主权国际储备货币,首先要在它之上形成货币发行的协调机制,这一机制更多代表的全球各经济体的制衡关系。我想,迈向超主权国际储备货币机制的道路比较漫长,不能把它想象成一蹴而就的事情,需要各个国家在长时间内做出各种各样的努力。"

(资料来源:http://news.dsqq.cn/caijing/2009 - 06 - 29)

思考题:

(1) 金融危机给我国的国际储备带来什么影响?

(2) 在当前的国际金融形势下,我国的国际储备管理中应该注意什么问题?

第四章

国际资本流动

学习目标

- 了解和掌握国际资本流动的相关概念和基本方式；
- 掌握国际资本流动的原因及发展趋势；
- 了解国际资本流动带来的影响并掌握如何对其进行管制；
- 了解国际证券投资理论的主要内容，掌握对国际证券投资理论的简要评价。

关键词

国际资本流动　长期资本流动　期资本流动短　外债　重新安排债务 BOT

导读材料

专家：希腊退出欧元区将导致新一轮的全球金融危机

负责贸易的欧洲联盟委员卡雷尔·德古特日前接受比利时《旗帜报》采访时承认，欧盟委员会正为希腊退出欧元区制定应急预案。

希腊最新民意调查结果显示，围绕是否支持继续采取一系列财政紧缩措施，立场相反的两大政党支持率不相上下，反映下月议会选举结果扑朔迷离，希腊留在欧元区前景微妙。

德国和法国的财长5月21日在柏林举行会谈，双方一致同意将尽全力确保希腊留在欧元区。而两国将做出何种努力令人期待。

"德国和法国实际上是欧元区的'火车头'，但德国与法国之间还是存在分歧的。"中国现代国际关系研究院欧洲所副研究员刘明礼在接受《中国产经新闻》记者采访时指出，"德国是希望希腊方面继续紧缩。而法国本身也有债务负担，因而法国方面希望德国不要提出太过苛刻的要求，能够尽快地稳定债务和金融形势。然而经过双方的博弈，法国人在政策上已经偏向德国，偏向于紧缩。"

中国现代国际关系研究院世界经济研究所助理研究员魏亮在接受《中国产经新闻》记者采访时说："欧盟对希腊的援助一直没有间断，但这种援助是有条件的，即希腊每年实现5%～5.5%的紧缩。现在存在的问题是德法在希腊的宽松问题上是否存在让步。在欧元区内部，南北两个国家集团,或者说希腊与德国就紧缩措施而言,短期内恐怕无法达成协议。"

希腊最核心的问题就是紧缩,即压缩其公民福利,这也是希腊国内民众对紧缩政策存在抵制心理的主要原因。

魏亮指出,此前德国已经对希腊给予了大量的援助。如果继续放宽希腊的紧缩,德国国内的民众恐怕将对此事产生不满,这可能会影响到默克尔在 2013 年中的选举问题。因此,德国方面不会愿意在这种已有定论的问题上达成妥协。双方还处在相互施压的过程。而目前在美国戴维营举行的 8 国峰会也对希腊的问题进行了讨论,"增长"成了此次讨论的主题之一,日后出现的任何对于希腊方面的妥协,恐怕都将是源于这种对增长形成的共识。

刘明礼认为,德国和希腊双方都在以希腊退出欧元区进行博弈,但是在最后时刻,双方"谈崩"的可能性较小。

"希腊虽然是一个很小的经济体,但如果希腊离开欧元区必将引起连锁反应。"刘明礼说,"市场将担忧欧元区将放弃援助诸如葡萄牙、西班牙等其他债务国。南欧国家的债务将遭受大规模抛售,其金融市场将无法进一步融资,政府的财政收支可能将陷入混乱,债务偿还能力将进一步被削弱,最终将出现债务违约。这将导致欧洲的银行出现大面积的损失,甚至将导致新一轮的全球金融危机。这是各方都不希望出现的后果。"

"因此希腊如果希望继续留在欧元区,那么必须履行自己的改革承诺。如果不进行改革,那么德国、法国等国恐怕会不再愿意希腊进行援助,而其国内的民众也要进行理性的观念调整,接受财政紧缩这一必要事实。"刘明礼认为。

(资料来源:http：//www. sina. com. cn,2012 年 05 月 28 日 09：17,中国产经新闻报。)

第一节　国际资本流动概述

一、国际资本流动

所谓国际资本流动(International Capital Movements),指资本基于经济或政治目的,从一个国家或地区(政府、企业或个人)向另一个国家或地区(政府、企业或个人)的流出和流入,也就是资本在国际范围内的转移。国际资本流动概述具体包括贷款、援助、输出、输入、投资、债务的增加、债权的取得,利息收支、买方信贷、卖方信贷、外汇买卖、证券发行与流通等。资本跨越国界,转移到其他国家或地区进行金融或产业方面的投资和投机活动,促进了金融资源的合理流动,推动世界经济尤其是发展中国家经济的发展。

国际资本流动按照资本的流向可以分为资本流入与资本流出。资本流入(Capital Inflow)是指资本由一国境外流入到境内。它意味本国对外国负债的增加和本国在外国的资产的减少,或外国在本国资产的增加和外国对本国负债的减少。资本流出(Capital Outflow)是指国内资本流向国外,意味着本国对外国负债的减少和本国在外国资产的增加,或外国在本国的资产减少和外国对本国负债的增加。

一国在一定时期内,如果资本流出大于资本流入,则该国为资本净输出国(逆差);反之,如果资本流入大于资本流出,则为资本净输入国(顺差)。在一国的国际收支平衡表中,资本流入是收入本国货币或外汇,属于经常账户中的收入项目,应计入平衡表中的贷方或用"＋"表示;而资本流出是付出本国货币或外汇,属于经常账户中的支出项目,应计入平衡表中的借方或用"－"表示。一般来说,一国的国际收支应该处于收支平衡的状态。当国际收支的经常账户出现逆差时,应积极争取资本账户的顺差,增加资本的流入来弥补;而当国际收支经常账户处于顺差时,应当抓住时机,发展对外投资等外向型经济活动。

对一个国家或地区来讲,资本的流入与流出是同时存在的,只不过进出的比例不同而已。一般来说,发达国家是主要资本流出国,发展中国家是主要资本流入国。近年来,国际资本流动也出现了新的趋势,即国际资本倾向于在发达国家之间对流,发展中国家对发达国家的资本输出逐年提高,等等。

二、国际资本流动的发展历程

随着世界经济从严格的国别壁垒走向区域联盟和一体化,资本作为经济发展的要素之一,实现了大范围、跨国界运动,极大地推动了世界经济发展的进程。到目前为止,国际资本流动的发展经历了五个时期。

(一)早期的国际资本流动时期(20世纪初—"二战"时期)

在这一时期国际资本开始较大范围、较大规模的流动。

在20世纪初国际资本流动具有很强的波动性,资本流动涨落幅度较大。这是由于资本输出国与输入国宏观经济状况出现巨大变动及出现突发性政治经济事件的结果。这些国家的政府和部门大量向英国、法国和德国的资本市场发行固定利息债券来进行融资。美国的债权人则开始在国外建立子公司,通过持有超过半数的股权(或独家经营)对其进行控制等。据统计,1914年前后,英国的年平均资本流出量占GDP的5%到9%,法国的资本流动占GDP的2%,德国为3%左右。而在资本输入国中,澳大利亚的资本流入占其GDP的9.5%,加拿大的资本流入占其GDP的6%。1929—1933年爆发的全球性金融危机引发了大萧条,导致了普遍的债务违约,严重打击了国际资本市场的活动。到了20世纪30年代,在货币贬值普遍预期和战争迫害等因素的影响下,资本流动大部分采取了短期资金外逃的形式。这种状况一直持续到第二次世界大战的结束。

(二)欧洲资本时期("二战"后—20世纪60年代)

在第二次世界大战结束后的很长一段时间里,国际资本流动主要是大规模的国际援助,以及帮助"复兴"和重建的直接投资。其中资本流动的大多数集中在"欧洲市场及欧洲货币"的范畴。期间诞生的布雷顿森林体系,该体系的核心—国际货币基金组织(IMF)的有关协议则明确了布雷顿森林体系下国际资本流动的基本框架。在该框架实施初期,欧洲各国普遍对资本流动进行了不同程度的限制。因此,国际范围的私人银行贷款和证券投资业的发展也都受到了抑制。资本流动更多地表现为货币在其发行国境外的流动,市场交易行为也多发生在"国外",即"欧洲美元交易"。由于该阶段的国际资本流动与欧洲美元的产生和大量使用有密切联系,因此我们将这一阶段的资本流动称为"欧洲资本时期"。

欧洲资本的首要来源是"二战"后美国政府推行的"马歇尔计划"和杜鲁门的第四援助计

划,导致美元大量流入欧洲。从 1945 年 7 月 1 日到 1955 年 6 月 30 日,美国在"马歇尔计划"中共向联邦德国提供了 38.7 亿美元的贷款;1945 年 12 月,美国与英国签署财政协定,美国向英国提供 37.5 亿美元的低息贷款。在这一时期,除了在官方资本流动中居于主导地位外,美国也成为私人资本流动的主体。根据 OECD 的国际资本市场统计:1951 年,国际债券的发行总额为 9.954 亿美元,其中在美国市场共发行了 9.226 亿美元,占国际债券发行总额的 92.69%。20 世纪 50 年代,美国一共为国际债券发行提供了 71.601 亿美元的资金,占当时世界融资总额的 78.21%。欧洲资本的第二个来源是"冷战"时期苏联及东欧集团因担心由于东西方关系紧张,美国会没收其存放在美国银行的美元,而陆续将美元资本抽逃出美国,存放在欧洲银行,也成为欧洲美元的主体。

在欧洲资本时期,资本流动的不断扩大促进了欧洲资本市场的崛起。欧洲资本市场以商业银行为核心,既是银行间市场,又为政府筹措资金,同时还为大公司提供信贷服务。欧洲资本市场的主要职能是:为进出口商提供期限为半年到一年的信贷融资;为国际收支逆差国家提供资金来弥补赤字;为一些国家或地区的进口和国内发展提供信贷支持等。由于该市场资金来自世界各地且数额庞大,可以以多种主要兑换货币计值,能够满足各种借款需要;该市场没有设置中央机构,商业银行的业务活动较少受到中央银行的管辖和限制,经营相对自由,贷款条件灵活,对贷款用途限制较少,手续简便,资金安排迅速等原因。欧洲资本市场迅猛发展起来,并在此后的国际资本流动中发挥着重要的作用。

(三) 石油资本时期(20 世纪 70 年代初—20 世纪 80 年代中期)

随着 1973 年汇率制度向浮动汇率转变,美国和其他一些西方国家开始解除对跨境资本流动的限制,国际资本流动进入了一个新的发展时期。由于该时期对国际资本流动产生决定性影响的是 1973—1974 年和 1979—1980 年的两次石油危机及石油美元的产生,因此这一时期也被称为"石油资本时期"。

石油作为一种重要的战略资源,其储量、生产和消费却极不均衡。美国、欧洲和日本所生产的石油不到全球总产量的 20%,消费量却占全球总消费量的 70%,不得不大量依靠进口。据统计,1973 年西欧国家有 98% 的石油靠进口供应,这一数字在日本则高达 99.7%。石油价格的变动直接影响着当时全球经济的表现。由于 20 世纪 70 年代初美元汇率的下调,西方国家工业制成品价格相应上涨。但由于石油贸易是以美元作为结算单位,石油出口收入也跟随美元汇率持续下降,令石油生产国蒙受了重大的经济损失。于是 1973 年石油输出国组织(OPEC)成员国将原油价格从之前的每桶 3.01 美元提高到了 11.65 美元(1974 年 1 月价格);1979 年 1 月,OPEC 再次提高油价,将原油的每桶价格提高到 14.327 美元。此后国际市场原油价格持续上涨,到 1981 年 10 月,原油价格已调整到了每桶 34 美元。随着石油价格的大幅上升,OPEC 成员国的国际收支经常账户开始出现巨额顺差,在 1974—1981 年间,累计达到 3 360.7 亿美元,这就是所谓的"石油盈余资金"。由于石油盈余资金大部分以美元表示,所以又称"石油美元"。

石油美元进一步推动了欧洲资本市场的发展。在 OPEC 成员国可运用资金中,约有三分之一投放到了欧洲货币市场,其中大部分采用了欧洲美元存款的形式。据统计,1981 年欧洲货币贷款总额为 900 亿美元,其中阿拉伯银行占了 26.5%。除此之外,石油美元时期的国际资本流动也表现在私人商业银行对发展中国家的贷款上。第一次石油危机之后,发展中国家中的非产油国出现了长时期的巨额经常账户赤字,不得不大量举债。那些吸收了OPEC 成员国大量石油美元的私人商业银行便开始增加对这些发展中国家的贷款,以获取高额的利息收入,导致当时的国际资本市场的筹资行为异常活跃,非 OECD 国家的筹资额成倍上升。

(四) 债务危机及国际资本流动收缩时期(1982—1987 年)

进入 20 世纪 80 年代,由于多数中等收入的发展中国家债务沉重,面临着还本付息的困难,国际资本流动开始呈现出收缩迹象。1982 年,OPEC 成员国开始出现经常账户逆差,石油美元的累积过程被迫中断。同时,私人商业银行向非产油发展中国家发放贷款的资金来源无以为继,发展中国家获得国际贷款的条件也急剧恶化。1981 年 3 月,外债总额为 260亿美元的波兰政府宣布,无力偿付数额为 25 亿美元的到期债务本息,拉开了发展中国家债务清偿危机的序幕。1982 年 8 月,墨西哥也宣布全部外汇储备基本耗尽,无力偿还到期债务本息;同年 9 月,第三世界国家中最大的债务国巴西宣布,急需 175 亿美元的新贷款来解决债务清偿危机;12 月,阿根廷提出与西方债权者进行重新安排债务的谈判。这次债务危机对国际金融市场和国际资本流动产生了深远的影响。

(1) 国际资本流动的总量由每年近 2 000 亿美元下降到 1 500 亿美元左右,累计下降幅度超过 20%。尽管 1984 年后,国际资本市场的融资总额开始再度升温,但波动幅度较大,表现出一定的不稳定性。

(2) 发达国家间的国际资本流动受债务危机影响轻微,并在短时间内快速恢复。1982年和 1983 年,OECD 国家的资本流入分别下降了 14% 和 11%;但在 1984 年后,OECD 国家的融资规模快速上升,资本流入总额超过了债务危机前。

(3) 国际资本市场对发展中国家资本流入进入了一个较长的冰冻期。非 OECD 国家融资总额在 1981 年后进入了长达 6 年的下跌期,一直到 1993 年,非 OECD 国家的资本流入才超过 1981 年的水平,达到了 653.42 亿美元。这中间的十年,被称为是拉丁美洲国家"失落的十年"。

(五) 全球资本时期(1988 年至今)

1988 年以后,国际资本流动进入一个新时期——全球资本时期,资本流动的全球化主要表现在以下方面:

(1) 资本流动的规模得到了前所未有的发展。国际资本市场的融资总额由 1988 年的3 694 亿美元增加到 1995 年的 8 322 亿美元,增长了 1 倍以上;1998 年,以国际债券发行、银行贷款及其他债务工具为主要内容的国际资本市场融资额达到了 12 247 亿美元,比两年前增长了近 50%;1997 年底国际银行业的年信贷净额为 4 700 亿美元,累计增长 141%;债券和票据的年发行总额达 5 554 亿美元,累计增长 326%;国际融资总额达 10 452 亿美元,累计增长 163%,其净额达 8 900 亿美元,累计增长 230%。

(2) 国际资本具有高度的流动性。在国际资本流动规模快速扩张的同时,金融技术的日新月异,尤其是电子信息技术的广泛应用;金融创新及各类金融衍生工具的面世,大大提高了国际资本的流动速度。根据国际清算银行对全球外汇市场名义日交易额的调查,到1998 年 4 月,已超过 1.5 万亿美元,比 1995 年增长近 50%。国际资本流动速度加快的另一个表现是金融衍生工具的未平仓数额增长率的下降和交易期限的缩短。金融衍生工具未偿还本金额出现高速增长是在 1988 年到 1993 年间,年平均增长率为 49.5%;1994 年起,该增长率显著下调,1995 年仅为 3.7%,大大低于之前的总体水平。在交易规模持续上升的同时,未偿还本金增长率的下降,表明资金以更快的速度在衍生工具市场内流动。

（3）更多国家和地区加入国际资本市场。新兴工业化国家成为国际资本流动的重要目标,发展中国家进入国际资本市场的条件显著改善,参与国际资本市场融资活动的国家越来越多,各类资本市场进入的障碍纷纷取消。

（4）价格趋同与利率联动。国际资本流动的全球化使不同国家和地区在国际金融市场的融资条件开始趋于一致,不同国家间的利率差逐渐缩小。进入 20 世纪 90 年代后,美国、德国和日本的央行基准利率曾一度收敛于 6% 的水平;随着欧元的出台,欧洲主要国家利率水平也率先趋同。在西方主要国家利率水平趋近的同时,世界各国仍保持一定的利率差距。其主要原因在于各国处于不同的经济发展阶段,不同的经济增长率支持不同的投资收益率;同时,各国金融风险程度的差异也导致风险溢价处于不同水平上,是构成利率差距的主要原因。

随着经济一体化的进程的不断推进,国际资本流动已经由传统意义上的从发达国家向发展中国家的单向流动,发展成为真正意义上的全球流动,成为全球金融一体化的重要标志。如今,推动资本全球化布局的重要因素是全球性的风险规避。在金融市场全球化、世界经济一体化的背景下,实现全球范围内的风险规避是银行家和国际投资者的唯一选择,也是改变资本流动性质和特征的根本动力。这种风险规避将直接左右国际资本在一个国家或地区的进退去留,决定主要金融资产价格的起伏涨跌。

第二节　国际资本流动的类型

国际资本流动按资本的使用期限长短将其分为短期资本流动（Short-Term Capital Flows）和长期资本流动（Long-Term Capital Flows）两大类。

一、短期资本流动

短期国际资本流动是指期限为 1 年或 1 年以内或即期支付资本的流入与流出。这种流动方式一般都借助于有关信用工具来进行。这些信用工具包括短期政府债券、商业票据、银行承兑汇票、银行活期存款凭单、大额可转让定期存单等。由于通过信汇、票汇等方式进行国际资本转移周转较慢、面临的汇率风险也较大,因此,短期国际资本流动多利用电话、电报、传真等方式来实现。

根据短期资本流动的目的性,具体可以划分为:贸易资本流动、银行资本流动、保值性资本流动和投机性资本流动四类。

（一）贸易资本流动

贸易资本流动是指由国际贸易活动中的资金融通与资金结算所引发的货币资本在国际间的转移。世界各国在开展贸易活动的过程中,会形成一定的债权债务关系。在国际贸易中,出口商一般都允许进口商延期支付货款,这就等于是一种变相的资金融通。进口国就相应地发生了对外债务的增加(或对外债权的减少);而出口国的对外债务就相对减少(或债权增加)。为了债权债务的国际结算,货币资本必然要从一个国家或地区流往另一个国家或地区,就形成了贸易资本的流动。这种资本流动是资本从商品进口国向商品出口国转移,具有不可逆转的特点。

(二)银行资本流动

银行资本流动是指各国经营外汇业务的专业银行或其他金融机构,由于相互之间的资金调拨而引起的资本在国际间的转移。这些流动在形式上包括套汇、套利、掉期、头寸调拨以及同业拆放等。外汇专业银行在经营过程中难免会出现外汇头寸不足(空头)或多余(多头)的现象。为了保证正常业务的进行、降低汇率变动所带来的风险,外汇银行之间就需要及时进行头寸调拨。同时银行为了降低经营风险,也会在国际金融市场上进行套汇、套利和套期等保值行为,同样引起了银行资本在短期内的国际流动。

(三)保值性资本流动

保值性资本流动是指短期资本持有者为使自己的手持资本免遭损失而将资本在国际间进行转移,也称资本逃避。引起保值性资本流动的原因是由于国内政局动荡、经济状况恶化导致国际收支发生失衡、政府推行严格的外汇管制措施,短期资本持有者倾向于将手中资金抽调到政局相对稳定、外汇管制较为宽松的国家或地区,来达到保证资本安全性和盈利性的目的。

(四)投机性资本流动

投机性资本流动是指投机者利用国际市场上汇率、利率及黄金、证券等价格的波动,通过低买高卖或买空卖空等方式,用来谋取私利而引起的资本在国际间的转移。投机性资本流动又包括以下四种具体方式:

(1)在没有外汇抵补交易下,利用货币谋求更高收益的资本流动。例如,在汇率稳定的前提下,政府为了改善国际收支状况而提高贴现率所吸引的短期资本流动。

(2)对暂时性的汇率变动做出反应的资本流动。它包括两种情况:一是一国发生暂时性国际收支逆差引起汇率的暂时性下跌,由于投机者预期到这种货币汇率不久会回升,因此买入该国货币,致使短期资本向该国流动;二是一国发生暂时性顺差,其结果恰好相反,会导致投机资本流出该国。

(3)预测汇率将有永久性变化的资本流动。当投机者预期某国货币汇率会持续下跌时,就会抛出该国货币,导致资本流出该国;反之,当投机者预期某国货币汇率会持续上升时,就会买进该国货币,造成资本流入该国。这种资本流动会加剧国际和地区金融市场的动荡,如 1997 年东南亚金融风暴,就是因为国际游资对泰铢的炒作而引发的。

(4)与贸易相关的投机性资本流动,也称"超前"和"掉后"。即当预期到某种货币的币值即将进行调整,需要以该种货币进行结算的进出口商加速或延迟外汇抵补交易的过程。因为国际贸易从商品交割到货款结算通常会经历数月,进出口商很可能利用这段时间内汇率的变化来进行投机牟利。

短期国际资本流动不但种类繁多,而且相当复杂。通常具备以下特点:① 复杂性。一是形式复杂多样,如上述的贸易、银行、保值性、投机性等资本流动;二是资本流动借助的工具复杂多样,既包括货币现金和银行活期存款,也包括货币市场上的其他各种信用工具,如各种短期证券和票据等。② 政策性。各国政府的财政、经济政策(如利率、汇率政策)对短期国际资本流动的影响很大。某个国家利率相对提高,国际资本就会往该国流动;反之,国际资本会流出该国。此外,如果一个国家缺少外汇管制或外汇管制松散,也容易引发短期国际资本流动。③ 投机性。在浮动汇率制下,短期国际资本流动具有极强的投机性。尤其是短期资本中的"热钱",更具投机色彩。投机性构成短期国际资本流动的一个最为显著的特点。④ 市场性。国际游资是真正遵循"市场原则"的,哪里存在高额利润就向哪里流动。即便是没有行情,也会人为地制造利多利空消息,哄抬或打压某国或某区域的货币,造成区域性或全球范围内劣币(汇率贬值的货币)追逐良币(汇率升高或坚挺的货币)的资本流动现象。

二、长期资本流动

长期国际资本流动是指期限在 1 年以上的资本流入与流出。它是国际资本流动的重要方式。与短期资本流动一样,长期国际资本流动也分为政府和私人的长期资本流动。长期国际资本流动源于各国所拥有的比较优势,如所有权优势、内部化优势和区位优势等,其根本原因是生产力的发展和国际分工的不断深化。长期国际资本流动的动机是多样化的,包括利润驱动、生产要素驱动、市场驱动以及政治性投机等。引起长期国际资本流动的长期国际资本流动的基本形式包括直接投资、证券投资和国际借贷。

(一) 国际直接投资

1. 国际直接投资的概念和特征

国际直接投资(International Direct Investment)也称为对外直接投资(FDI)、跨国直接投资(TDI)、海外直接投资(OFDI),是指一国或以地区的居民或实体投资者,通过直接在国外建立企业或控制别国企业的部分(或全部)产权、直接参与该企业的经营管理,来获取利润的资本对外输出方式。

与其他投资方式相比,国际直接投资具有实体性、控制性、渗透性和跨国性等特征。具体表现为:① 国际直接投资是中长期资本流动的一种主要形式,它不同于短期资本流动,要求投资主体必须在国外拥有实体企业,并直接参与生产经营活动;② 国际直接投资在现实中表现为产业资本的国际转移和经营权资本的国际流动两种态势,既包括货币投资形式又包括实物投资形式;③ 与间接投资不同,国际直接投资是在取得了国外企业的经营控制权后,通过参与、控制企业经营来获取利润。

2. 国际直接投资的具体方式

国际直接投资按照其方式可分为:创建新企业、控制外国企业和投资获利再投资三类。

(1) 创建新企业,是指投资者在国外建立厂矿企业、设立子公司、成立分支机构,或与别国合资建立新企业,或直接收购外国的公司企业等。使用此种方式进行投资,往往不局限于货币资本的单一方式,特别是在合资创办新企业时,技术、机器设备、专利权、商标权都可以折价参股。

(2) 控制外国企业,是指投资者通过收购外国公司股票达到一定份额,从而获得该公司生产经营的控制权,如美国相关法律就规定,当控股达到 10％以上,即为直接投资。参股或控股是目前发达国家跨国公司广泛采用的投资方式,如法国对外直接投资也主要是采取参股或控股的形式,其中,又以控股的形式为主。据统计,截至 2005 年年底,在法国对外直接投资存量中 87.9％的投资存量采取控股的方式。

(3) 投资获利再投资,即投资者国外投资获利的全部或部分,投入原企业或其他企业以及在国外购买企业或房产。虽然此种投资方式并不一定引起一国资本的流入或流出,但也属于国际直接投资的范畴。

3. 当代国际直接投资发展趋势

2004—2007 年在有利于全球投资增长因素的主导下,国际直接投资进入了一轮新的增长期。直接投资的对象开始转向现代服务业,跨国并购成为全球外国直接投资的主要方式,发展中国家成为直接投资的日益重要来源国和目标国,亚太地区成为外国直接投资的热点。

(二) 国际证券投资

1. 国际证券投资的概念

国际证券投资也称"国际间接投资"(International Indirect Investment),是指在国际证券市场购买股票,或在国外债券市场上购买中长期债券的一种投资行为。从资本流入和流出的角度来看,购买国际证券意味着资本的流出,发行国际证券则意味着资本的流入。国际证券市场可分为短期的证券市场和长期的资本市场。证券市场中的投资人和筹资人,可以是政府、企业、金融机构,还可以是个人。20 世纪 80 年代以后,国际证券投资逐渐成为国际间重要的资本流动方式。

国际证券投资的动机主要有两个:一是获取定期的金融性收益;二是分散风险。即利用各国经济周期波动的不同步性或其他投资条件上的差异,在国际范围内实现投资风险分散化。当然,也有部分交易者经常利用证券交易来进行投机。

2. 国际证券投资的影响因素

国际证券投资受多方面因素影响,其中包括:利率、汇率、风险性和偿债能力。

(1) 利率。利率是决定国际证券投资流向的主要因素。正常情况下,资本总是从低利率国家流向高利率国家;特殊情况下,也可能发生短期资本从利率较高但政局动荡的国家流向利率较低政局稳定的国家。不少国家将利率作为宏观调控的手段,使资本流向有利于本国经济的发展。利率有短期利率和长期利率、名义利率和实际利率之分,对国际证券投资流量和流向影响较大的是长期利率和实际利率的变化。

(2) 汇率。汇率是一国货币与他国货币兑换的比率,也是一国货币用他国货币表示的价格,即汇价。汇率的高低和稳定与否会引起投资流向的变化,如果某国货币的汇率较高而又长期稳定,投资者就会将资本由汇率低、风险性大的国家转入该国。由于汇率对资本流向影响较大,许多国家都根据本国的国际收支状况,通过制定相关政策来限制或鼓励资本的流入或流出。当一国的国际收支状况恶化时,政府可以实行外汇管制,限制外汇收支,对流向国外的资本不予兑换外汇,以防止资本外逃。同时,政府也可以通过外汇管制来维护本国货币汇率的稳定,以达到鼓励外国资本流入的目的。

(3) 风险性。一般来说,如果风险性小资产和风险性大的资产都能提供同样的收益率,投资者当然愿意持有风险较小的资产。

（4）偿债能力。偿债能力与吸收国际证券投资的规模呈正比。一般说来，发达国家经济实力雄厚、外汇储备较多、偿债能力强，因而能够吸引大量的国际资本；一些新兴的工业国家和地区，由于经济增长较快、出口创汇能力较强，也能吸引到国际证券投资；而那些经济落后的国家，由于经济发展缓慢、外债偿还能力低，则很难吸引到国际证券投资，如部分南部非洲国家。

3. 国际间接投资与国际直接投资的区别

（1）有无经营控制权。国际间接投资与国际直接投资二者最大的区别在于，直接投资对国外企业有控制权的要求，对外国企业有直接的管理和经营权，而间接投资则不要求对企业的公司生产经营控制权。

（2）流动性与风险性。国际间接投资由于和企业生产经营无关，随着二级市场的日益发达与完善，证券可以自由买卖，因此资产流动性大、风险性小；国际直接投资因为需要参与他国企业的生产，其投资回报与投资项目的生命周期、企业经营状况密切相关，通常周期较长。资金一旦投入某一特定的项目，要抽出就比较困难，所以资本流动性小、风险性较大。

（3）投资渠道不同。国际直接投资需要双方谈判成功才可签订协议进行投资；国际间接投资只需通过证券交易所就可以进行投资。

（4）投资内涵不同。国际直接投资是生产要素的投资，不仅涉及货币资本，还涉及生产资本和商品资本运动及其对资本使用过程的控制。因此，直接投资不只是单纯货币资本转移，还包括技术、机器设备、专利权、商标权等资源。而国际间接投资一般只涉及金融领域的资金，即货币资本运动。

（5）自发性和频繁性不同。间接投资受国际间利率差的影响，往往自发地从低利率国家向高利率国家流动。间接投资还受到世界经济政治局势变化的影响，经常在国际间频繁移动，以追随投机性利益或寻求安全场所。而直接投资是运用现实资本从事生产经营活动，盈利或亏损的显现比较缓慢，具有相对的稳定性。

（6）收益不同。直接投资具有实体性，一般通过投资主体在国外创设独资、合资、合作等生产经营性企业得以实现，其收益为企业的利润；而间接投资则通过投资主体购买有价证券或发放贷款等方式进行，投资者按期收取股息、利息，或通过买卖有价证券赚取差价。

（三）国际贷款

国际贷款（International Loan）是国际间进行资金借贷的一种重要形式，即由一国或数国政府、银行或国际金融机构向第三国政府、银行或企业提供资金融通的资本转移方式。根据贷款提供方及贷款用途的不同，国际信贷可分为政府贷款、国际银行贷款、国际金融机构贷款、项目融资贷款和出口信贷等。

1. 政府贷款

政府贷款（Government Loan），指一国政府利用自己的财政资金向另一国政府提供的优惠贷款。政府贷款具有以下特点：① 政府贷款是以政府名义进行的政府双边贷款，一般是在两国政治外交关系良好的情况下进行的。② 政府贷款是具有双边经济援助性质贷款，因此期限比较长，一般从 10 年到 30 年不等，有的甚至长达 50 年；利率比较低，一般在 1‰～3‰左右，甚至无息。除贷款利息外，部分贷款国政府还规定借款国须向其支付一定比例的手续费。为了援助发展中国家，有些国家还向这些国家政府提供赠款，即无须受赠国政府还本付息。这种赠款形式不属优惠性贷款，而属国际经济援助范畴。③ 政府贷款一般金额都不大,因为它受到贷款国国民生产总值、国际收支以及财政收支的制约,不像国际金融组织那样能够经常性地提供大额贷款。

2. 国际银行贷款

国际银行贷款,是指借款人为支持某一项目,而在国际金融市场上向外国银行借入货币资金的贷款方式。国际银行贷款按照借贷期限的不同,可分为中长期贷款(1 年以上)和短期贷款。国际银行贷款与其他信贷方式相比具有以下特点:① 利率水平较高。贷款利率按国际金融市场利率计算,属于市场利率,因此受资本供求状况等因素影响,利率水平较高。② 资金使用自由。国际银行贷款一般可以自由使用,不受贷款银行的限制。其他贷款方式则不同:政府贷款有时会对采购商品加以限制;出口信贷必须将贷款与进出口商品紧密地结合在一起;项目借款必须与特定的项目相联系;国际金融机构贷款也有专款专用的限制。③ 贷款方式灵活、手续简便。政府贷款不仅手续烦琐,而且每笔贷款有金额限制;国际金融机构贷款,由于多与工程项目相联系,借贷手续也相当烦琐;出口信贷也受许多条件限制。相比之下,国际银行贷款比较灵活,每笔贷款没有具体限额,借款手续也相对简便。④ 资金供应充沛,允许借款人选用各种货币。在国际市场上有大量的闲散资金可供运用,只要借款人资信可靠,就可以筹措到自己所需要的大量资金。不像世界银行贷款和政府贷款那样只能满足工程项目的部分资金的需要。

3. 国际金融机构贷款

国际金融机构贷款,是指国际金融机构作为贷款人向其成员国以贷款协议方式提供的优惠性国际贷款的投资方式。国际金融机构贷款的贷方不局限于全球性国际金融机构,如国际复兴开发银行、国际开发协会、国际金融公司(即世界银行集团);还包括区域性国际金融机构,如亚洲开发银行、泛美开发银行、非洲开发银行、欧洲投资银行、国际投资银行等。从形式上说,国际货币基金组织也属于全球性国际金融机构。但严格地讲,国际货币基金组织对其成员国的资金提供带有国际援助的性质;其贷款对象也仅限于成员国政府;其贷款用途主要用于解决其成员国国际收支的暂时失衡问题;其贷款程序采取成员国申请获准后的提款形式而无须签署贷款协议;按照《基金协定》,这些均与国际金融机构贷款有本质上的区别。

国际金融机构贷款是带有非商业性质的优惠性贷款,它的基本特征如下所述:

(1) 贷款人为国际金融机构(或区域性金融机构),而借款人身份要有一定限制。例如,世界银行贷款的借款人仅限基金成员国政府、政府机构以及由其政府机构提供担保的公私企业;国际开发协会贷款的借款人仅限贫困的发展中国家的开发项目当事人;亚洲银行贷款的借款人仅限其成员国本地区开发项目的投资人;泛美开发银行贷款的借款人仅限其成员国的当事人,并且必须为"在合理条件下无法从私人来源获得融资"的当事人等。

(2) 国际金融机构的贷款资金主要来源于各成员国缴纳的股金、捐款以及国际金融机构在资本市场的融资等,其资金放贷宗旨一般都包含鼓励成员国从事开发项目、援助发展中国家特别是贫困国家经济发展等内容,不完全以营利为目的。

(3) 国际金融机构贷款的条件通常都比较优惠,其贷款利率普遍低于商业银行贷款,优惠性贷款利率可低至 3% 甚至是无息;附加费通常也仅包括承诺和手续费。尽管国际金融机构贷款并不完全等同于政府间的"软贷款",但其贷款条件的整体优惠性往往并不亚于政府贷款。

（4）国际金融机构贷款通常为中长期贷款（类似政府贷款），一般为 10 年至 30 年（最长可达 50 年），宽限期多为 5 年左右。

（5）国际金融机构贷款多为开发性贷款，主要用于经济复兴或项目开发，非项目性贷款通常为配套使用，这与商业银行贷款也有很大的区别。

（6）国际金融机构贷款对贷款用途都设有严格的限制，不仅贷款协议要求借款人严格遵守贷款目的和贷款用途，而且贷方通常也对借方的资金使用进行严格的监督和检查。

（7）国际金融机构的贷款协议通常具有独立于相关国家国内法的效力，其依据多为国际惯例、意思自治原则以及国际金融机构所制定和颁布的贷款协议示范规则（如世界银行于1985 年 1 月修订颁布的《贷款协议和担保协议通则》，国际开发协会于 1985 年 1 月修订颁布的《国际开发协会开发信贷协议通则》等）；在其贷款协议中往往特别指明：“（本）贷款协议规定的银行和借款方的权利和义务，应根据协议的条款生效并必须执行，而不论任何国家或其政府部门的法律有任何相反的规定。银行和借款方都无权在根据本条而采取的任何法律行动中，坚持因为银行《协定》的任何条款而主张贷款协议的任何条款无效或不能执行。”在实际中，这一条款通常与国际仲裁制度相配合，对于政府贷款协议和商业银行贷款协议均具有一定影响。其中，世界银行颁布的《贷款协议和担保协议通则》对于各类国际贷款协议的指导作用尤为明显。

4. 项目融资贷款

项目融资贷款，即项目的承办人（即股东）为经营项目成立一家项目公司，以该项目公司作为借款人筹借贷款，并以项目公司本身的现金流量和收益作为还款来源，以项目公司的资产作为贷款的担保物的贷款方式。这是国际中长期贷款中的一种，该融资方式一般应用于现金流量稳定的行业，如发电、公路、铁路、机场、桥梁等大型基建项目。目前，该方式应用领域逐渐扩大，已应用到大型石油化工等项目上。

5. 出口信贷

出口信贷，指一国政府为支持和扩大本国产品（通常是大型设备）的出口，增强国际竞争力，对出口产品给予补贴、提供出口信用担保等；鼓励本国的银行或非银行金融机构对本国出口商或外国进口商（或其银行）提供利率较低的贷款，以解决本国出口商资金周转方面的困难，或满足国外进口商向本国出口商支付货款需要的一种国际信贷方式。因为这种贷款由出口方提供，所以才称为出口信贷。根据贷款对象的不同，出口信贷可以分为出口卖方信贷和出口买方信贷。

出口卖方信贷是出口方银行向本国出口商提供的商业贷款。卖方以此为垫付资金，允许买方赊购自己的产品或设备；卖方一般将利息等成本费用计入出口货价中，将贷款成本转移买方。

出口买方信贷是出口国政府支持出口方银行直接向进口商或进口商银行提供信贷支持，以供进口商购买技术或设备，并支付相关费用。出口买方信贷一般由出口国信用保险机构向买方提供信贷保险。出口买方信贷主要有两种形式：一是先由出口商银行将贷款发放给进口商银行，再由进口商银行转贷给进口商；二是由出口商银行直接贷款给进口商，再由进口商银行出具担保。出口信贷的币种为美元或经银行同意的其他货币，贷款金额不超过贸易合同金额的 80%~85%。贷款期限根据实际情况而定,一般不超过 10 年。贷款利率参照"经济合作与发展组织"(OECD)确定的利率水平。

第三节 国际资本流动的动因及影响

一、国际资本流动的规律及动因

国际资本流动是商品经济发展到一定阶段的产物。国际商品生产和消费的价值运动表现为资本的周转循环,由于不同国家在价格预付和补偿的时间、数量上存在差异,资本盈余的国家希望获得新的投资场所;资本缺乏的国家也愿意以一定的代价来吸引资本,因此就在国际范围内产生了资本的聚集与闲置资本的再分配,这是调节资本供求的客观需求。随着世界经济的发展和国际分工的细化,剩余资本在国际间流动的规模也越来越大,金融市场的发展、利率的自由化也为国际资本的流动提供了发展的充分条件。

(一) 国际资本流动的规律

国际资本流动作为一种独立的经济行为,有其独特的运行规律。

1. 资本流向规律

一般情况下,资本总是从资金富足的国家或地区流向资金短缺的国家或地区,因为资金短缺的地区使用等量资金产生的效益要比资金富足的地区更高。另外,资本也具有规避风险的特性,即在收益大致相等的情况下追求安全性,从风险较大的地方向风险较小的地方流动。总之,资金的余缺和风险程度决定了国际资本流动方向。

2. 资本流量规律

在社会生产和流通中,资本总量受边际利润率的制约。资本的适度规模取决于边际成本和边际效益的结合点。在这点上,资本的边际成本最小,边际效益最大。对一个国家而言,资本流入必须以较高的收益以及全额兑换为前提,满足这两个前提需要付出一定机会成本。资本输入的适度规模受该国国民收入偿债率和外汇收入偿债率的制约。① 设 U_n 为国民收入偿债率,D 为当年对外还本付息额,N 为当年的国民收入,则有 $U_n = D/N$。每个国家都有自己正常的国民收入偿债率,假如某年计算出来的 U_n 数值大于正常数值,则说明该国的资本输入超出了适度规模,反之则为规模不足。② 设 U_x 为外汇收入偿债率,D 为当年还本付息额,X 为该国外汇收入,则有 $U_x = D/X$;同理可知,如果计算出的当年的外汇收入偿债率大于正常值,表明外资流入超过了适度规模,反之则为规模不足。

(二) 国际资本流动的动因

国际资本流动的直接原因在于各国的资本收益率存在差异。由于资源禀赋、产业结构、科技水平、经济周期的不同,各国在资本的丰裕程度、投资机会的高低上往往存在巨大差距,客观上造就了各国在投资收益率上的差异。当然,在国际资本流动的不同种类、方式背后,其具体的原因和动机往往十分复杂。譬如,长期资本流动和短期资本流动的动机存在差异;对外直接投资、对外间接投资和国际贷款的动机不尽相同;官方资本流动和私人资本流动动机更是相去甚远。在某些情况下,资本流动仅仅是为了获得更高的金融性收益,如较高的银行利息或金融市场投机收入;另一些情况下,资本流动带有更为广泛的动机,如分散投资风险、利用廉价的原材料和劳动力、拓展海外市场、逃避关税,甚至与某些政治原因相联系。

1. 过剩资本或国际收支顺差

随着资本主义生产方式的确立,劳动生产率和资本积累率迅速提高,在资本的特性和资本家唯利是图的本性的支配下,大量的过剩资本被输往国外,以追逐高额利润,早期的国际资本流动就由此产生。随着资本在国外获利的增加,反过来又加速了资本积累,资本过剩现象加剧,进而导致资本对外输出规模的进一步扩大,加剧了国际资本流动。近30年来,国际经济关系发生了巨大变化,世界经济、国际金融资本的一体化趋势、现代通信技术的发展、国际资本流动方式上的创新与多样化,使当今国际资本的流动更加频繁和快捷。总之,过剩资本的形成与国际收支顺差是国际资本流动的一个重要原因。

2. 国家吸引外资政策

无论发达国家还是发展中国家,都不同程度地通过优惠政策等方式来吸引外资,以达到自身的经济发展目的。尤其是发展中国家和新兴工业国家,迫切需要资金来加速本国经济的发展,往往会通过开放市场、提供税收优惠、改善投资环境等措施来吸引外资的进入,从而引起或加速了国际资本流动。

3. 利润的驱动

增值是资本流动的内在动力,利润是各种资本输出的共有动机。当投资者预期到某国的资本收益率高于本国,资本就会从国内流向这一国;而当投资者在某国所获得的实际利润高于本国时,该投资者就会增加对该国的投资,以获取更高的超额利润或垄断利润,这些都会导致或加速国际资本流动。在利润机制的驱动下,资本从利率低的国家和地区流向利率高的国家和地区,这是国际资本流动的又一重要原因。

4. 汇率的变动

汇率的变动也会引起国际资本流动。尤其20世纪70年代以来,随着浮动汇率制度的普遍建立,如果一国货币汇率持续上升,则会产生兑换需求,从而导致国际资本流入;如果一国货币汇率不稳定,资本持有者预期到所持资本的实际价值可能会降低,则会将手中的资本转换成他国资产,从而导致资本向汇率稳定或上升的国家或地区流动。

在一般情况下,利率与汇率正相关。一国利率提高,其汇率也会相应上浮;反之,利率降低,其汇率也会下调。例如,1994年美元汇率下滑,美联储连续进行了7次加息,以期稳定汇率。尽管加息不能完全见效,但确实已成为各国用来稳定汇率的一种常用方法。当然,利率、汇率的变化常伴随着短期国际资本(投机游资或"热钱")的大量涌动。

5. 通货膨胀的发生

通货膨胀往往与一国的财政赤字有关。如果一国出现了财政赤字,又是采用发行纸币的方式进行弥补,必然会导致通货膨胀压力的增加。一旦通货膨胀的发生得到确认,为减少损失,投资者会将国内资产转换成外国债权;如果一国发生了财政赤字,而该赤字以发行债券或资金借贷来弥补,也会导致国际资本流动。

6. 政治、经济及战争风险

政治、经济及战争风险也是影响一国资本流动的重要因素。政治风险是指由于一国的投资环境恶化,而可能导致资本持有者所持资本遭受损失。经济风险是指由于一国投资条件恶化,而可能给资本持有者带来的损失。战争风险是指可能爆发或已经爆发的战争对资本流动造成的可能影响。例如,海湾战争就使国际资本的流向发生了重大变化:战争期间大量资本(大多为军费)流向以美国为首的西方发达国家;战后重建又使大量资本涌入中东,尤其是科威特等国。

7. 国际炒家的恶性投机

所谓恶性投机,可包含两种含义。① 投机者基于对市场走势的判断,纯粹以追逐利润为目的,刻意打压某种货币而抢购另一种货币的行为。这种行为无疑会导致有关国家货币汇率的大起大落,进而加剧投机,导致汇率的进一步动荡,形成恶性循环,投机者则趁乱牟利。这是一种典型的以经济利益为目的的恶性投机。② 投机者基于某种政治理念或对某种社会制度存在偏见,进而动用大规模资金对该国货币进行刻意打压,借此阻碍和破坏该国经济的正常发展。无论哪种投机方式,都将导致资本的大规模流动,并最终导致该国经济衰退,如 1997 年东南亚金融危机。

8. 其他因素

如政治及新闻舆论、谣言、政府对资本市场和外汇市场的干预以及投资者的心理预期等因素,都会对短期资本流动产生影响。

二、国际资本流动的积极影响

(一) 促进国际贸易的发展

随着国际资本流动在国际间愈加频繁,流动资本规模愈加庞大,国际金融已经由原本国际贸易的附属转变为基础。国际资本流动,特别是国际直接投资,对国际贸易的发展产生了深远的影响。

(1) 有利于促进资本输入国经济的发展,改善其国民经济的薄弱环节,加速基础设施建设,增强其对外贸易的基础和能力,改善直接投资的环境,便于吸引更多资金流入。

(2) 有利于改善投资国政治、经济和贸易环境,有利于其贸易的扩大,同时带动商品输出。此外,通过对外投资,使投资者更好地了解商业动态,进而提高产品的竞争能力,从而进入东道国的贸易渠道。

(3) 改善国际贸易商品结构。国际直接投资通常指向制造业、商业、金融、保险业,尤其是新兴工业部门,使国际贸易商品结构出现以下变化:第一,国际服务业迅速发展;第二,国际贸易中间产品增加;第三,发达国家和发展中国家出口商品结构进一步优化,发展中国家工业制成品出口所占比重提高。

(4) 促进贸易方式的多样化。随着跨国公司对外投资力度的加强,许多跨国公司纷纷设立自己的贸易机构或子公司,专营进出口业务,从而有效地降低了贸易成本。这种做法打破了传统贸易由商人作为生产和消费中介的形式,削弱了贸易中间商和代理商的地位。

(5) 推动了贸易自由化的发展。国际直接投资的发展加速了生产国际化的进程,跨国公司在世界各地组织生产,其内部贸易也不断扩大。因此,商品在国际间的自由流动对于跨国公司的国际经营战略是十分必要的。

(6) 以出口信贷方式存在的国际资本流动,有利于解决出口商的资金周转与进口商的支付困难,从而推动了国际贸易的发展。

(二)促进国际金融市场的发展

(1)国际资本流动加速了全球经济和金融的一体化进程。当前世界经济一体化趋势已经成为不可阻挡的潮流,国际资本流动既伴随一体化的发展而壮大,也对世界经济一体化产生了巨大的推动作用:① 国际资本流动在一定程度上促进了贸易融资,推动了国际贸易的发展,并进而推动了世界经济和金融的一体化;② 国际投机资本在世界各主要金融市场的套利、套汇行为,消除了国际金融交易中存在的汇率差异和利率差异,导致世界主要金融市场价格呈现一体化趋势;③ 国际流动资本在世界各金融市场之间追逐高额利润的过程,使得一国的经济、金融与世界经济和金融的关联性增强,从而加速了世界经济、金融一体化的进程。

(2)国际流动资本增加了国际金融市场的流动性。凭借现代化的通信工具和交易手段,国际资本可以迅速地从一国流向另一国,有效地满足了国际金融市场的资金需求尤其是短期资金需求。此外,随着保证金交易、透支交易以及金融衍生工具的广泛运用,国际资本流动对国际金融的影响日益增大。在获取巨额利润的同时,国际资本在客观上增大了国际金融市场的流动性。实际上,国际资本流动在得益于金融衍生工具的同时,也推动了金融衍生工具的发展和使用。

(3)适量的金融投机,有利于减少金融商品的价格波动,确保市场价格的稳定;投机者进入金融市场就承担并分散了金融市场的原始价格风险,使建立以风险规避为主的理性金融投资市场成为可能;投资者进入金融市场,提高了金融市场的流通性和资金营运率。

(三)有利于促进发展中国家的资本积累

发展中国家在经济增长过程中面临的突出问题是资本不足,因此资本形成问题就成了发展中国家经济发展中的核心问题。发展中国家贫穷的恶性循环是阻碍其资本积累的最主要原因。资本的供给取决于储蓄能力与储蓄意愿,资本的需求取决于对投资的需求,而在发展中国家,资本形成的供求两方面都存在着恶性循环关系。对于发展中国家来说,影响资本形成的市场需求不足,是实际购买力的不足,而不是"有效需求"不足,这种实际购买力的不足压制了对个人投资的刺激。

因此,发展中国家都倾向于引进外资作为其自身资本形成的一条有效途径。巨额资金流入发展中国家,对其经济发展、增加出口和提高国民收入产生了积极作用。对外资的引进和有效利用,可以拉动发展中国家对人力资源和自然资源的需求,提高这些资源的利用效率,拓展发展中国家的市场,提高其市场化水平。这不仅对引进外资的发展中国家而言是有利的,对与主要的资本输出国也是有利的。

一般来说,发展中国家引进外资的形式主要有国际直接投资、国际借款(官方和非官方)以及赠予和援助,其中以国际直接投资为主。国际直接投资的决策由外国投资者做出,虽然不同于国内发展所带来的资本形成,但仍会给商品生产国增添新的生产力。国际借款和国际捐款作为国际投资,可以由发展中国家统筹使用,建设公共服务事业和作为社会经营资本,从而奠定一国经济发展的基础。但是,长期以外资代替国内储蓄会相应地引起消费的增加。国际投资和捐赠若用于消费,则是无益于发展中国家的资本形成。因此,发展中国家对外资和本国资源的利用必须做出全面的计划和预算,以保证在分配国内外可用资源时首先考虑国内资本形成。

(四) 国际资本流动会引发财富效应

这里的财富指的是个人、企业和政府的资产总值,净财富则是其所有的资产总额与负债总额之差。在数值上,财富总量等于当前存款以及其他金融资产加上因此而产生的收益(利息、股息、债息等)。对这些剩余净资产来说,金融工具提供了一个资产保值增值的途径。通常人们会将资本以实物的形式保存下来,但往往由于折旧等原因而发生贬值,从而带来损失。但是以股票、债券和其他金融工具的形式进行保存的资本则不会随着时间而贬值,通常还会创造收入、增加财富。目前世界范围内以股票、债券和其他金融工具形式持有的财富是巨大的。财富的持有量代表人们当前和今后一段时间的购买力,是衡量社会福利状况和国民生活水平的重要指标。由于国际资本在各国金融市场之间的流动会令单个国家的证券市场的财富效应扩散,所以拥有重要金融市场的国家的经济增长,通常会通过财富效应来推动整个世界经济的繁荣。

(五) 有利于解决国际收支不平衡

国际金融市场的发展为国际收支不平衡的国家提供了弥补国际收支赤字或利用国内剩余资本的便利条件。据世界银行统计,广大非石油输出国的发展中国家、中等发达国家甚至发达国家的国际收支赤字,大部分是通过从国际金融市场融资来弥补的。而像石油输出国、日本等国际收支顺差的国家,也是得益于国际金融市场的发展才得到了利用其巨额黑字的机会。

三、国际资本流动的消极影响

国际资本流动固然能为世界各国及国际金融市场带来经济效益,但是国际资本流动不可避免地带来相应的风险和危机,而这些风险一旦处理得不好,可能会引起危害和损失。

(一) 国际资本流动中的外汇风险

外汇风险是指经济实体或个人在涉外经济活动中因外汇汇率的变动,可能会蒙受以外币计价资产或负债发生变化的损失。根据外汇风险的表现形式,可以分成以下五类,即外汇买卖风险、交易结算风险、会计风险、经济风险和外汇储备风险。

从微观上看,国际资本流动中的外汇风险,通过汇率的不正常波动,加大了企业成本与收益核算的难度,从而影响企业的涉外业务;通过改变企业债权债务的外汇价值,加重企业的偿债负担,从而造成了企业不能按时偿还到期债务的风险。通过上述影响,外汇风险最终可能影响到企业的经营战略。

从宏观上看,国际资本流动中的外汇风险可能会改变贸易商品的国际价格,从而造成一国贸易条件的恶化。由于汇率的变动,外汇风险会造成一国旅游业的大幅波动,影响一国的资本流动,改变经常账户状况,影响外汇储备的结构和数量,从而影响一国的国际收支,最终对国民收入、国内就业及经济发展造成不良影响。

(二) 国际资本流动中的利率风险

在国际资本流动中,利率是国际货币使用权的价格。国际资本流动中的利率风险是由于国际金融市场的利率变动使借贷主体蒙受损失的可能性。国际银行贷款和国际债券是国际资本流动中涉及利率风险的两种主要形式。

1. 国际银行贷款

在国际银行贷款中,对借方而言,若按照固定利率从国际商业银行借款,在整个借款有效期内,如果国际市场上商业银行贷款利率下跌,若借方按照固定利率支付的利息额,则必定高于逐期按市场利率所可能支付的利息总额;相反,若借款人是按照浮动利率从国际商业银行借款,在整个借款的有效期内,如果国际市场利率上涨,则借方按照浮动利率逐期支付的利息总额,就将会高于按照贷款发放日利率水平所确定的利率所可能支付的利息额。这就是借方所面临的利率风险。

对贷方而言,若商业银行以固定利率发放贷款,而随后市场利率上升,则按其固定利率所收取的利息总额会低于按浮动利率所可能收取的利息总额;若国际商业银行以浮动利率发放贷款,但随后市场利率下降,则其按浮动利率所收取的利息总额会低于按发放日当天利率可能收取的固定利率计算的利息总额。

除此以外,由于国际商业银行的资金通常来源于吸收存款或发放金融债券,在其借款和对外放款之间存在利率不匹配的问题。这种不匹配,既表现为浮动利率与固定利率的不匹配,也表现为利率期限的不匹配。市场利率的变化,可能会造成国际商业银行在支付借款利息和收取贷款利息两方面同时蒙受损失。因此,作为贷方的国际商业银行,将面临比借方更为复杂的利率风险。

2. 国际债券

对债券的发行方来说,面临的风险与国际银行借款方类似。如果国际债券的发行方以固定利率发行债券,在其债权有效期内,若市场利率下降,则发行方将不能享受这种利率下降带来的好处;相反,若发行方以浮动利率发行债券,如果市场利率在债券有效期内上升,发行方将必须按照不断上涨的利率支付债券利息,其支付额将大于按发行日市场利率以固定利率发行所可能支付的支付额。

对债券投资者来说,若投资者将债券持有到期,其面临的风险与发行者类似。但是,如果投资者在债券未到期时出售变现(固定利率债券),那么在国际债券购买日到转让日的时间里,市场利率的上涨将会造成两方面的损失:一是购买者将要蒙受由于少收利息所带来的经济损失;另一方面由于市场利率上涨,国际债券的流通价格会下跌,并且低于债券的发行价格,投资者在出售变现时会遭受到由于债券价格下跌所带来的损失。以上两种损失之和就是投资者所蒙受的利率风险。如果是浮动利率债券,在购买日到转让日之间,市场利率的下跌也会造成两方面影响:一方面,购买者要蒙受在此期间少收利息的损失;另一方面,市场利率的下跌会造成债券流通价格的上升,债券投资者在转让债券时会获得价格收益。两者之差就是投资者面临的利率风险。

此外,国际金融市场利率的变动还会对国际股票市场、国际金融衍生产品市场产生影响,这种影响同样是利率风险的一部分。

(三) 国际资本流动对流入国银行体系的冲击

在大多数欠发达国家和发展中国家,银行作为金融中介占有明显的优势地位。流入这些国家的国际资本,有相当一部分是首先流入这些国家的银行体系。20 世纪 90 年代,国际资本大量流入发展中国家,对这些国家的银行体系造成巨大冲击,并由此埋下相当大的隐患。

对于资本流入国的商业银行来说,巨额国际资本的流入,影响最为直接的有两个方面。

1. 商业银行规模扩大

当资本流入的目的是用来弥补经常账户逆差时,即当一个非居民从居民那里购买了国内资产后,居民反过来又利用这些外汇收入去进口国外商品,外汇收入又流回本国,这就不导致银行信贷的扩大。当本地银行贷款给进口商时,它同时会在进口商的账户上贷记"外币借款"和借记"外币存款"两笔账。之后本地银行会通过向外国银行提取存款来完成这笔交易。最终结果是,本地银行发生了对外国银行的负债和给进口商的贷款,但国内资产并不增加。另一种情况下,资本净流入完全由中央银行进行中和。不论在哪种情况下,资本净流入都不会影响到本币私人部门的信贷水平。

当国际资本以增加国内银行对外负债的形式流入一国时,对银行资产最直接的影响是:国内银行的外币负债增加,同时该银行在某外国银行的外币存款也相应增加。如果本国中央银行从接受资本流入的商业银行购入外汇资产,则本币的银行储备相对于本币储蓄会增加。如果中央银行没有采取措施去中和其基础货币以针对这种流动性的增加,在这种情况下,商业银行便会利用其在中央银行的超额准备金追加贷款,这种贷款的增加在货币乘数的作用下会创造出数倍于超额准备金的货币。对于商业银行来说,表现为资产的增加;而对于中央银行来说,表现为流通中货币的增加,国内通货膨胀的压力相应增大。

2. 资产负债表结构变化

国际资本的流入在影响流入国商业银行资产规模的同时,也会通过使银行的资产负债表结构发生变化。资本流入国的银行会更加依赖于外国资本,并利用这些资本扩大其国内贷款和证券投资业务。具体分析流入国资产负债结构的变化,有着更为重要的意义。

商业银行对外负债的增加,如果只导致国外资产的增加,即商业银行投资国外证券或将资金贷给国外,其扩张效果将会比较小,但实际中这种情况很少发生。分析一些发展中国家商业银行的资产负债表不难发现,绝大多数国家的商业银行,其外币负债增长要明显快于外币资产的增加。同时,商业银行的国内非政府存款也急剧增加。这些现象表明,对国外的净负债并没有被中和,这将直接或间接导致国内贷款、投资或消费的增加。

在上述情况下,银行部门是否可靠、银行贷款或投资的决策过程是否完善,将直接决定国际资本的流入对当事国经济效应的影响。在不断变化的环境下,许多国家的银行系统问题通常是因为低劣的贷款决策和对贷款风险管理不当所造成的。如果银行过度地陷入这种风险,有可能会导致较大规模的亏损。

总的来说,国际资本流动对流入国商业银行资产负债表结构的影响可以归纳为:高资本净流入时期一般与银行部门负债的增加一致,银行负债的增加往往是由国外资本的介入所导致的;在中央银行进行中和操作的前提下,虽然商业银行资产负债表上来自于中央银行和政府的资金有所下降,但商业银行仍然能够扩大其业务规模;国际资本的流入使商业银行的资金增加,其中大部分转为国内贷款,对私人部门的证券投资也有所增加。

第四节　资本管制

国际资本流动会引发利率、汇率方面的风险，会对资本流入国的商业银行体系造成冲击，1997 年亚洲金融危机就充分说明了这一点。在现实中多数国家都会不同程度地采取一定措施，对国际资本流动进行控制。控制国际资本流动的方法和措施很多，本节主要介绍资本管制的相关内容。

一、资本管制的概念

资本管制（Capital Controls）又称资本控制，它是一国对国际资本的移动或外汇的进出加以限制的措施。资本管制作为一种经济制度，起源于布雷顿森林体系协议。IMF 对资本管制的解释是：影响资本流动的管理规定。对资本流动的管制包括：禁止资本流动；需要事先批准、授权和通知；双重汇率制度；歧视性税收；准备金要求或当局征收的罚息。这些规定的目的在于影响交易和转移的完成或执行，涉及资本的流入、流出以及非居民在境内或居民在境外持有资产。管理规定适用于收入和支付以及由非居民和居民进行的活动。此外，由于在本地以外币进行的金融交易与资本流动密切相关，因此还应提供此类交易的信息。

资本管制分为数量管制和价格管制两种。数量管制主要针对国内金融机构，如对银行外汇资产和负债头寸进行限制；对外国金融机构进入本国市场实行准入限制，以及经营业务种类与经营范围的限制；对外国资本进入本国特定产业予以限制等。而对于价格管制，主要是通过实行双重汇率或多重汇率制度，即对资本账户采用和经常账户不同的汇率标准。世界上有许多国家在其汇率制度发展进程中曾实施过双重汇率制，既包括法国、意大利等发达国家，也包括墨西哥、阿根廷等发展中国家。其目的都在于抑制国内资本外流。然而在具体的操作过程中，需要明确界定资本账户交易和经常账户交易，同时还要对居民进行外汇交易管制和对非居民进行本币交易限制。

对资本账户和金融账户的交易征税（利息税、交易税等）也属于价格管制范畴。例如，美国曾在 20 世纪 60 年代实行过利息平衡税，其目的在于抵消因外国金融工具的高利息收入可能引起的短期国内资本外逃。美国经济学家托宾也建议对金融交易进行征税，即"托宾税"。其作用就是为了缓解国际资金流动尤其是短期投机性资金流动规模急剧膨胀造成的汇率不稳定，借以达到抑制投机、稳定汇率的作用，为全球性收入再分配提供资金来源。

总体上来说，发展中国家在探讨资本管制的问题上，都将重点放在防止资本外逃上。资本外逃（Capital Flight），又称资本逃避或资本转移，是指由于经济危机、政治动荡、战争等因素，导致本国资本迅速流到国外，从而规避可能发生的风险的现象。它是衡量一国经济增长稳定状况，反映一国金融体系潜在危机程度的一个重要指标。资本外逃概念本身所指的资本外流并非全都非法，在一定的政治经济条件下，资本外逃也属于合法、正常的对外投资。从短期看，大规模的资本逃避会带来经济的混乱与动荡；从长期看，资本外逃降低了本国可利用的资本数量，减少了政府从国内资产中可获取的税收收入，增加了本国的外债负担，从而会引起一系列严重的经济后果。例如，资本外逃经常会导致国际收支平衡表净错误与遗漏账户在多数年份出现逆差。发展中国家同样存在短时间内资本大量流入的情况,因为这些国家在经济发展的过程当中需要大量资本,从而放宽了对资本流入的限制,或者是对资本流入的限制没有对资本流出的限制那么严格。在 1997 年亚洲金融风暴之后,不少发展中国家还采取了诸如规定外汇境内最短停留时间、外汇指定银行制度、全额清算系统等限制措施,以规避国际资本无序流动所带来的冲击。总之,有效防范短期国际资本冲击的关键,在于选择适合本国国情的货币政策和汇率制度,把握国际资本市场运作规律,建立健全国内金融体系框架,同时加强对资本流动管理的国际合作。

二、资本管制的目的

资本管制并不是完全限制资本的流动,封闭本国的金融市场,其目的是通过管制来降低本国金融和外汇市场的风险,保障本国经济安全。因此,资本管制的目标一般是管理与资本流动相关的风险,避免国际收支危机。通过资本管制,一国能够有效地限制资本的自由流动,抑制短期资本投机行为,防止国内储蓄和税收的流失,从而有利于政府通过货币政策和财政政策维护本国经济的稳定。

具体地,一国实行资本管制主要有以下几个方面的目的:

(1)限制汇率波动。短期资本流动带有投机性和不稳定性,在一国经济处于高速发展阶段时期,短期资本会大量地进入该国的证券、外汇或其他金融市场,以期获得超额利润;在一国发生经济危机或政治危机时,短期资本为了规避风险会在短时间内大量流出。投机性短期资本在短时期内的大量流出(或流入)会造成该国汇率的大幅波动,严重的会导致金融危机的发生。在实行资本管制的情况下就能够有效地控制国际短期资本的流动,维护本国汇率的稳定。

(2)保持货币政策在一定程度上的独立性。关于在资本自由流动的条件下,一国能否保持货币政策的独立性这个问题,20 世纪 60 年代初,弗雷明(J. Marcus Fleming)和蒙代尔(Robert Mundell)曾在各自的论文中先后谈到过。资本完全流动的条件下,一国将面临货币政策独立性与汇率稳定两者之间的选择难题。他们认为,一国政府最多只能同时实现下列三项目标中的两项,即完全的资本流动性、货币政策独立性和固定汇率制。上述结论被后人称为"蒙代尔三角",如图 4-1 所示。

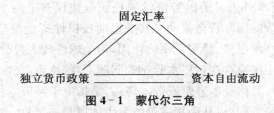

图 4-1　蒙代尔三角

这一分析框架清楚地显示:在经济全球化的过程中,由于资本的自由流动不可避免地会成为一种基本经济现象,因此,一国要想保持汇率的稳定,必须在一定程度上向私人跨国资本让渡汇率的稳定,必须在一定程度上向私人跨国资本让渡货币的主权,或者必须以汇率的经常性变动来换取货币主权的独立。因此,在资本自由流动的情况下,一国想要保持货币政策的独立性,则必须牺牲汇率的稳定性,即采用浮动汇率制度。这一理论也被称为"三元悖论"(the Impossible Trinity)或"三难选择"。

（3）增加经济政策的独立性。资本管制能够有效地限制长期资本和短期资本的流动，使一国能够根据本国经济的发展，选择开放的领域，从而增强了政府对宏观经济的调控能力。

（4）保护本国产业。通过资本管制可以限制外国资本投资的领域，保护本国的支柱产业和核心产业。

（5）增加国内税收。资本管制下，资本的流出受到了严格的限制，减少了本国资本的外流，使投资带来的利润留在了国内，从而增加本国税收。

三、资本管制的有效性

资本管制的有效性是指具备在相当长一段时间内，发现实行或不实行资本管制的国家部分经济变量一般行为的能力，或永久维持宏观经济政策不协调的能力。此外，某项管制措施的有效性还应根据其预期目标加以衡量。

对资本管制有效性的分析通常是基于其对资本流动及政策目标的影响方面，这包括维护汇率稳定、实现货币政策更大的自主性以及维持国内宏观经济和金融的稳定。资本管制一般会在国内和外部金融市场之间制造一个"楔子"。然而，该楔子本身就产生了规避的动力。因此，管制的有效性将取决于动力与规避成本间的较量。如果管制是有效的，资本流动对国内利率的敏感程度就会小一些，政府可以将国内利率政策重点用在实现国家经济目标上。资本管制有效性会因不同国家的具体国情的不同而出现差异。

对资本管制有效性的分析可以分为定量分析和经验定性分析两种方法。其中，定量分析对象又包括国内与国际利率的差异、资本流量及其构成、外汇储备的变化、国际收支状况、汇率稳定的压力等。

值得注意的是，无论资本管制是否有效，不可避免地都会带来一定的成本。首先，限制资本流动的措施（尤其是全面和广泛的限制措施）会在管制不想要的资本和经常性交易的同时，对想要的交易构成影响。第二，有效实施管制措施还会造成相当高的管理成本，在需要采取措施来填补规避漏洞的情况下，则更是如此。第三，通过管制来保护国内金融市场还会造成延缓对政策做出必要的及时调整的反应时间和影响企业适应国际环境变化的后果。最后，管制还会导致外国资本对国内市场的负面看法，从而使一国获得外资的难度加大。

第五节 国际资本流动的相关理论

国际资本流动理论是国际资本流动的重要组成部分，是这一内领域国际知名专家学者们的思想结晶，也是国际资本在现实中流动的理论指导。

一、国际资本流动一般模型（麦克杜加尔模型）

国际资本流动的一般模型，也称麦克杜加尔（G. D. A. MacDougall）模型，或称完全竞争理论。这是一种用于解释国际资本流动的动因及其影响的理论，属于古典经济学理论范畴。该理论认为,各国的产品和生产要素市场是一个完全竞争的市场,由于各国的利率和预期利润率存在差异,资本可以自由地从资本充裕国向资本稀缺国流动。例如,英国在19世纪大量的资本输出就是基于这两个原因。国际间的资本流动使各国的资本边际产出率趋于一致,从而提高世界的总产量和各国的福利。

麦克杜加尔模型的假设条件如下所述:

(1) 整个世界由两个国家组成,一个资本充裕,一个资本短缺。

(2) 世界资本总量为横轴 OO',其中资本充裕国资本量为 OC,资本短缺国资本量为 $O'C$。

(3) 曲线 AA' 和 BB' 分别表示两个国家在不同投资水平下的资本边际产出率。即投资水平越高,每增加一单位资本的投入,产出就越低,亦即两国的投资效益分别遵循边际收益递减规律,如图 4-2 所示。

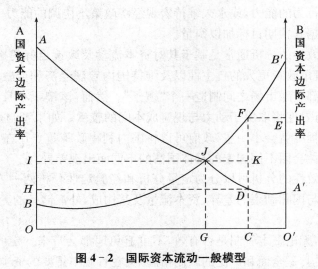

图 4-2 国际资本流动一般模型

下面,分两种情况来进行具体分析。

(1) 假设经济系统是封闭的,即资本在国家间不能自由流动。无论是资本充裕国,还是短缺国,资本只能在国内使用。

① 如果资本充裕国将全部资本 QC 投入国内生产,则资本的边际收益为 OH,总产出为曲边梯形 $OADC$ 的面积。其中,资本使用者的收益是曲边三角形 HAD 的面积,资本拥有者的收益是矩形 $OHDC$ 的面积。

② 如果资本短缺国也将全部资本 $O'C$ 投入国内生产,则其资本的边际收益率为 $O'E$,总产出为曲边梯形 $O'B'FC$ 的面积。其中,资本使用者的收益是曲边三角形 $EB'F$ 的面积,资本所有者的收益是矩形 $O'EFC$ 的面积。

(2) 假设经济系统是开放的。此时,如果资本充裕国把总资本量中的 OG 部分投入本国,而将剩余部分 GC 投入资本短缺国,并假定后者接受这部分投资。则两国的效益都会增加,并且达到资本的最优配置。

① 就资本输出国而言,资本输出后的国内资本边际收益率由 OH 升高到 OI,国内总产

出变成曲边梯形 $OAJG$。其中,资本使用者的国内收益为曲边三角形 IAJ 的面积,资本拥有者的国内收益则是矩形 $OIJG$ 的面积。

②　就资本输入国而言,输入资本后的国内资本总额增加为 $O'G$,国内总产出为曲边梯形 $O'B'JG$ 的面积,总产出增量为曲边梯形 $CFJG$ 的面积。在这部分增量中,矩形 $CKJG$ 为资本输出国的收益,曲边三角形 JFK 则是资本输入国的收益。

因此,由于资本的输出与输入,就使得资本输出国的收益增加了曲边三角形 JKD 面积,而资本输入国的收益也增加了曲边三角形 $JF-K$ 面积。资本流动增加的总收益就为这两个去边三角形面积之和,即 $S_{\triangle JFK}+S_{\triangle JKD}$。

通过以上的模型分析,可得出下面的结论:

(1) 在两国资本的边际生产率相同的情况下,开放经济系统中的资本利用效益远高于封闭经济系统,且总资本的利用可以达到最优。

(2) 在开放经济系统中,资本流动可为资本充裕国带来最大收益;同时,资本短缺国也因输入资本而使总产出增加从而获得额外收益。

(3) 由于上述两个原因,也因资本可自由流动,在世界范围内重新进行资本配置,可使世界总产值增加并且达到最大化,从而促进了全球经济的发展。

二、国际证券投资理论

国际证券投资理论是西方经济学家在研究国际投资理论的过程中形成的一个分支理论。其主要研究的是在各种相互关联、结果确定或不确定的条件下,理性投资者应该如何做出最佳的投资选择,以降低投资风险,实现投资收益最大化的目标。国际证券投资理论按照其发展阶段的不同,分为古典国际证券投资理论和现代证券投资组合理论。

(一) 古典国际证券投资理论

古典国际证券投资理论产生于国际直接投资和跨国公司迅猛发展之前。该理论认为,由于国际间存在利率差异,且资本在国际间可以自由流动。如果一国利率低于他国利率,则金融资本就会从利率低的国家向利率高的国家流动,进而两国都会根据自身的国际收支状况对利率进行进一步调整,直至两国的利率没有任何差别为止。进一步讲,在当国际资本能够自由流动的前提下,如果两国间的利率存在差异,则两国能够带来同等收益的有价证券也会相应地存在价格差异,即高利率国家的有价证券价格低,低利率国家的有价证券价格高,这样,低利率国家就会购买高利率国家的有价证券来作为投资。

有价证券的收益、价格和市场利率的关系可表示如下:

$$C=\frac{I}{r}$$

式中,C 为有价证券的价格;I 为有价证券的年收益;r 为资本的市场利率。

假设,在 A、B 两国市场上同时发行面值为 1 000 美元,附有 6% 息票的债券。A 国市场利率为 5%,B 国市场利率为 5.2%。根据上式计算可知,每张债券在 A 国的售价为 1 200 美元,在 B 国的售价为 1 154 美元。由于 A 国的市场利率低于 B 国的市场利率,因此同类债券在 A 国的售价高于在 B 国的售价。这样,A 国的资本就会流向 B 国来购买债券,以获取更高的收益,其行为将最终导致两国的市场利率相等为止。

古典国际证券投资理论在解释国际资本流动方面比较有效。按照这一理论,资本总是从资本供给相对丰富的国家流向资本供给相对稀缺的国家。但第二次世界大战后的实际情况却并不尽然,发达国家不仅国内资本市场发育充分,而且在相互之间的投资数量上也占优势。这一现象说明,国际资本流动与利率理论的解释并不完全相符。该理论还存在明显的不足:

(1) 该理论仅说明资本从低利率国家向高利率国家的流动,但未能说明资本为何存在大量的双向流动。

(2) 该理论以资本在国际间自由流动为前提,而在现实中各国对资本的流动都设有比较严格和具体的管制措施。

(3) 该理论仅以利率作为分析问题的基点,有失准确性。国家间存在利率差异,并不一定会导致国际证券投资。

(二) 现代资产组合理论

现代资产组合理论(Modern Portfolio Theory,MPT),也称现代证券投资组合理论、证券组合理论或投资分散理论。该理论是由美国纽约市立大学巴鲁克学院的经济学教授马柯维茨于 20 世纪 50 年代在其《有价证券选择》一书中首先提出。1952 年 3 月,马柯维茨在《金融杂志》发表了题为"资产组合的选择"的文章,将概率论和线性代数的方法应用于证券投资组合的研究,探讨了不同类别、运动方向各异的证券之间的内在相关性,并于 1959 年出版了《证券组合选择》一书。该书详细论述了证券组合的基本原理,从而为现代西方证券投资理论奠定了基础。后来托宾(J. Tobin)对该理论进行了拓展,用来描述各个家庭和企业如何确定其资产构成。

现代资产组合理论运用"风险—收益考察法"来说明,投资者如何在各种资产之间进行选择,才能构成最佳组合,使投资收益一定时,风险最小;或投资风险一定时,收益最大。该理论认为,所有资产都具有风险和收益的两重性。在证券投资中一般投资者的目的,是最大限度地获得收益。但是高收益总是伴随着高风险,最后可能连本金也会损失掉。风险由收益率的变动性来衡量,采用统计中的标准差来显示。投资者根据他们在一定时期内的预期收益率及其标准差来进行证券组合,即投资者将资金投放到几种证券上,建立一个"证券组合",通过证券投资的分散化来减少风险。但是这一段时间内投在证券上的收益率是不确定的,这种不确定的收益率,在统计学上称为随机变量。马科维茨借用它的两种动差,即集中趋势和分散趋势来说明证券投资的预期收益及其标准差。预期收益用平均收益来表示,它可以看作是衡量与任何证券投资组合相联系的潜在报酬;标准差则说明各个变量对平均数的离散程度,以表示预期收益变动性的大小,借以衡量与任何证券投资组合的风险大小。因此,投资者不能只把预期收益作为选择投资证券的唯一依据,还应该重视证券投资收入的稳定性。多种证券投资组合可以提高投资收益的稳定性,同时也降低了投资风险。因为在多种证券投资组合中,不同证券的收益与损失可以相互抵补,起到分散风险的作用。作为投资者来说,可能会选择不同国家的证券作为投资对象,从而引起资本在各国之间的双向流动。

现代证券组合理论指出了任何资产都有收益和风险的两重性,并提出以资产组合的方式来降低投资风险的思路,揭示了国际间资本双向流动的原因。但该理论主要用于解释国际证券资本流动,而对国际直接投资却未做任何说明;此外,该理论假设市场是充分有效的,参与者都同时可以得到充分的投资信息,而事实上投资者得到的市场信息是不完全和不对称的。这些都成为该理论的缺陷。

三、国际直接投资理论

(一) 以产业组织理论为基础的投资理论

20 世纪 70 年代是跨国公司迅猛发展的年代。据联合国跨国公司中心公布的数据,1973 年全球共有跨国公司 9 481 家,拥有子公司超过 30 000 家。跨国公司的发展,使它成为现代国际投资的主体,引起了理论界的普遍关注。以美国为例,美国的跨国公司在整个20 世纪 70 年代对发达国家的直接投资就从 510 亿美元增至 1 571 亿美元,涨幅超过 200%。跨国公司日益活跃的投资活动,向传统的国际资本流动理论提出了挑战。因为跨国公司海外投资的原因不能从传统的利率差异论上得到解答,尤其是当一个有效益的资本市场可以将货币从低利国转移到高利国的情况下,单纯的利益就无法解释海外的直接投资。于是,"产业组织论"便应运而生了。

1. 垄断优势理论

垄断优势理论最早由美国学者金德尔伯格和海默等人提出。垄断优势是指跨国公司所拥有的"独占性的生产要素优势",它包括高资本集约程度、先进技术、开发新产品的能力、完善的销售网络以及科学的经营管理方式等。

该理论认为,应从产业的组织形式上,从跨国公司拥有的垄断优势上去寻找一国为什么会对外投资的答案。并且指出,一个公司之所以到海外投资就是因为这些公司在技术、专利、资本或管理上具有垄断优势,这些优势能够通过产业组织转移到国外而又不会被当地竞争对手所掌握。因此,虽然在与当地企业的竞争中,这些公司可能会在运输、通信成本及了解当地法律、经济环境上处于不利的地位,但垄断优势完全可以抵消这些劣势,从而使跨国公司的海外投资获得高于其在国内的收益。金德尔伯格还指出,拥有这些垄断优势的多是一些大型寡头垄断企业,它们既可以在国内,也可以在全球发挥其生产、营销上的规模经济效应。

垄断优势理论后来被众多学者以不同的视角加以完善和发展。例如,赫希(S. Hirseh)从生产和研发的模型经济效益上强调了直接投资的成本降低作用;夏派罗(D. M. Shapiro)在研究了外国在加拿大的投资后得出结论:大型的高科技企业,比一般企业更具有进入或退出某行业的能力,资本的流动性更强、更灵活,因此,它们有能力在合适的地方投资,而不受国界限制;克鲁格曼(P. R. Krugman)和凯夫斯(R-E. Caves)观察到直接投资通常分两类,即"垂直投资"和"水平投资"。他们通过产品模型论证了垂直投资是为了整个生产过程一体化,避免上游产品或原材料价格扭曲和供给波动;在海外设立分支机构可以保障供给,降低成本,增加垄断实力的结果。

垄断优势理论对企业海外直接投资的条件和原因做了科学的分析和说明。该理论的最大贡献在于将研究从流通领域转入生产领域,既解释了跨国公司为了在更大范围内发挥垄断优势而进行横向投资,也解释了跨国公司为维护垄断地位而将部分工序,尤其劳动密集型工序,转移到国外生产的纵向投资,因而对跨国公司对外直接投资理论发展产生很大影响。该理论摆脱了新古典贸易理论的思想束缚,使国际直接投资的理论研究开始成为独立学科,为后来者的研究开辟了广阔的天地。但该理论无法解释不具备技术等垄断优势的发展中国家为什么也日益增多地向发达国家进行直接投资。

2. 内部化理论

内部化理论又称市场内部化理论或市场不完善论,是西方跨国公司研究者为了建立跨国公司理论时提出和形成的理论观点,是当前解释对外直接投资的一种比较流行的理论。20世纪70年代中期,以英国里丁大学学者巴克莱、卡森与加拿大学者拉格曼为主要代表人物的西方学者,以发达国家(不含日本)跨国公司为研究对象,沿用了美国学者科斯的新厂商理论和市场不完全的基本假设,于1976年在《跨国公司的未来》一书中提出了建立了跨国公司的一般理论——内部化理论。

市场内部化是指将市场建立在公司内部,以公司内部市场取代公司外部市场。该理论的出发点是探讨外部市场的不完全性,从这种不完全性与跨国公司分配其内部资源的关系,来说明对外直接投资的决定因素。该理论认为,由于外部市场的不完全性,如果将企业所拥有的半成品、工艺技术、营销诀窍、管理经验和人员培训等"中间产品"通过外部市场进行交易,就将不能保证企业实现利润的最大化。企业只有利用对外直接投资方式,在较大的范围内建立生产经营实体,形成自己的一体化空间和内部交换体系,将公开的外部市场交易转变为内部市场交易,才能解决企业内部资源配置效率与外部市场之间的矛盾。这是因为内部化交易会使交易成本达到最小化,在内部市场,买卖双方对产品质量和定价都有较为准确的认识,信息、知识和技术也可以得到充分利用,从而降低交易风险,实现利润最大化。

内部化理论认为,外部市场的不完全性体现在很多方面,包括:① 垄断购买者的存在,使议价交易难以进行;② 缺乏远期的套期市场,以避免企业发展的风险;③ 不存在按不同地区、不同消费者而实行差别定价的中间产品市场;④ 信息不灵;⑤ 政府的干预等。为了减少这些由于市场不完善所带来的影响,使企业拥有的优势和生产的中间产品有理想的收益,企业一般都会投资于海外。该理论进一步指出,市场最终能否内部化,取决于以下四个因素:产业特定因素(产品性质、外部市场结构和规模经济等)、地区特定因素(地理距离、文化差异、社会特点等)、国家特定因素(国家的政治制度、财政制度等)和公司特定因素(不同企业组织内部市场管理能力等)。其中最关键的是产业特定因素。

内部化理论是应对市场不完全性的一种有力措施。它解释了通过直接投资所建立的跨国公司,可以取得内部化的优势,降低交易成本并减少风险。该理论也在一定程度上解释了战后各种形式的对外直接投资,包括跨国经营的服务性行业的形成与发展,如跨国银行等。但该理论是建立在一种微观分析的基础上的,没有从世界经济一体化的高度来分析跨国公司的国际生产与分工,同时也忽视了工业组织与投资场所等问题。

3. 产品生命周期理论

产品生命周期理论是美国哈佛大学教授雷蒙德·弗农于1966年在其"产品周期中的国际投资与国际贸易"一文中首次提出的。产品生命周期,简称PLC,是产品的市场寿命,即一种新产品从开始进入市场到被市场淘汰的整个过程。弗农认为,产品生命是指产品在市场上的营销生命,和人的生命一样,要经历形成、成长、成熟、衰退这样的周期。而这个周期在不同技术水平的国家里,发生的时间和过程是不一样的,其间存在一个较大的差距和时差。这一时差,表现为不同国家在技术上的差距,它反映了同一产品在不同国家市场上竞争地位的差异,从而决定了国际贸易和国际投资的变化。为了便于区分,弗农把这些国家依次分成创新国(一般为最发达国家)、一般发达国家、发展中国家。

弗农认为,企业产品生命周期的发展规律,决定了企业需要占领海外市场并到国外投资。他指出,产品在其生命周期的各个阶段各有特点。在产品创新阶段,创新国占有优势,一般是国内市场需求较大,这时最有利的是安排国内生产,国外的需求通过出口就可以得到满足;当产品进入成熟阶段之后,产品性能稳定,国外市场日益扩大,消费价格弹性增加,这时就迫切需要降低成本。当国内生产边际成本加运输成本超过了在国外生产的平均成本,而且还存在着国内外劳动力的价格差异,那么在国外生产就更为有利。而且在这个阶段,国外的竞争者也会出现,因为随着产品的输出,技术也会逐渐外溢,这时就会出现创新产品技术优势丧失的危险。为了维持市场,阻止海外竞争,就需要到国外去建立分支。这个阶段上的投资对象往往是与母国需求相似、技术水平差异不大的国家;当产品进入最后的标准化阶段,生产已经规范化时,价格竞争便成为主要方面,相对优势就不再是技术,而成了劳动力成本。为了取得竞争优势,企业应加快对外直接投资的步伐,到生产成本较低的国家或地区建立子公司或其他分支机构。

产品生命周期理论揭示了任何产品都像生物有机体一样,有一个"诞生—成长—成熟—衰亡"的过程。借助产品生命周期理论,可以分析判断产品处于生命周期的哪一阶段,推测产品今后发展的趋势,正确把握产品的市场寿命,并根据不同阶段的特点,采取相应的市场营销组合策略,增强企业竞争力,提高企业的经济效益。

4. 技术周期理论

玛基从技术、信息寻租的角度提出了与弗农理论相似的"技术周期论"。他认为,企业花费巨资创造出技术和"信息",是企图通过这些技术和信息来生产和销售相关的产品以获得垄断性的租金。但是,专利保护是不完善的。因此,它们寻租的目的很难在国内得到满足,企业会在寻租的动机下将资本输往它们认为能够提供额外专利保护的国家。玛基指出,跨国公司专门生产适合于公司内部转移的技术信息,会专门生产复杂的技术以保证自己占有这些技术并获得应有的租金。他还认为,新产品大量生产之后,会导致技术越来越不重要。为此,他提出了"产业技术周期"的概念。

玛基认为,在研制开发阶段,跨国公司倾向于在本国严格控制这些技术,不会转移它们;在实用阶段,跨国公司在寻求最大租金目的的驱动下,会将资本输出到海外以设立分支机构,并通过这些分支机构转移技术;随着跨国公司在海外投资的增加,生产规模的扩大,其技术周期就达到了成熟阶段,这时,跨国公司在海外的投资规模又会随着其技术的过时而逐渐缩小。

上述种种与产业组织理论有关的国际投资理论都有一个共同的特点,就是在产业组织的基础上从产业组织行为角度分析垄断优势对跨国公司海外投资的影响。垄断优势论侧重于跨国公司总的垄断优势的制约性影响,并且强调这种优势是产业组织角度上的优势而非国别优势,这就正确地指出了跨国公司在国际直接投资中的主体作用;市场内部化理论或市场不完善论强调的重点在于跨国公司寻求生产成本最小化的动机,这也是正确的,因为成本最小化即意味着利润最大化;产品周期论侧重于分析跨国公司产品发展的不同阶段跨国公司是如何争取最有利的生产条件,保持其垄断优势及它对国际投资的影响,这在一般情况下也是正确的;技术周期理论强调了跨国公司创造新技术的寻租动机对海外投资的影响,它的论点与产品周期论相似。就跨国公司多数是有技术开发优势的大公司而言,这一理论也有其独特的作用。但是,所有上述理论都有一个缺陷,就是将跨国公司的对外直接投资的内在动因与外在客观条件混为一谈,混淆了跨国公司在全球范围内追逐垄断高额利润的性质及与其所具有的全球生产、销售能力和其他客观条件的区别。这些理论无法解释一些未拥有技术等垄断优势的企业海外投资的动机,以及一些国家在国外直接开发新产品的投资行为等问题。

(二) 侧重于国际投资条件的理论

1. 国际生产折中论

20 世纪 70 年代中期,国际投资出现了一些新的现象和新的特点:在发达国家继续大量输出资本的同时,一些发展中国家也开始对外直接投资。尤其是第一次石油危机之后,石油输出国的海外投资大量增加。针对这些新的现象,以发达国家跨国公司为主要分析对象的产业组织理论的国际投资学说就很难解释清楚,这时就需要新的理论诞生。"国际生产折中论"便是这时候出现的一种代表性的理论。

国际生产折中论又称"国际生产综合理论",是由英国瑞丁大学教授邓宁于 1977 年在《贸易,经济活动的区位和跨国企业:折中理论方法探索》中提出的。1981 年,他在《国际生产和跨国企业》一书中对折中理论又进行进一步阐述。

该理论指出一个国家的企业从事国际经济活动有三种形式:直接投资、出口贸易和技术转移。直接投资必然引起成本的提高和风险的增加。跨国公司之所以愿意并能够发展海外直接投资,是因为跨国公司拥有了当地竞争者所没有的所有权特定优势、将所有权特定优势内部化的能力和区位特定优势等三个比较性优势。前两个是对外直接投资的必要条件,后者是充分条件。这三种优势及其组合,决定了一个公司在从事经济活动中到底选择哪一种活动形式。如果一个公司独占所有权特定优势,则只能选择技术转移这个方案进行国际经济活动;如果具备了所有权特定优势,又具备内部化优势,则可出口;如果三个优势都具备,就可对外直接投资。

该理论进一步指出了所有权特定优势的主要内容,包括:① 技术优势,又包括技术、信息、知识和有形资本等;② 企业规模优势,又包括垄断优势和规模经济优势;③ 组织管理能力优势;④ 金融优势(包括货币)。区位特定优势内容包括:① 劳动成本;② 市场需求;③ 关税与非关税壁垒;④ 政府政策等。

邓宁的国际生产折中论是在吸收过去国际贸易和投资理论精髓的基础上提出来的,克服了传统的对外投资理论只注重资本流动方面研究的不足,他将直接投资、国际贸易、区位选择等综合起来加以考虑,既肯定了绝对优势对国际直接投资的作用,也强调了诱发国际直接投资的相对优势,在一定程度上弥补了发展中国家在对外直接投资理论上的不足,使国际投资研究向比较全面和综合的方向发展。它可以解释不同类型国家的国际直接投资现象,并且它对企业选择不同的国际化发展战略也有很强的参考意义。但它毕竟仍是一种静态的、微观的理论。这一理论将一切国际投资行为都归结为三个优势因素,难免绝对化。某些类型的企业,如服务性的企业,到海外投资并无明显的区域优势。而之所以投资到海外,是由它所提供的服务必须和消费者处于相同的地点这一特性决定的。

2. 分散风险理论

20 世纪 70 年代中期发展的有关投资条件的另一种理论是"分散风险论"。其前期代表人物是凯夫斯和史蒂文斯。他们从马科维茨的证券组合理论出发，认为对外直接投资多样化是分散风险的结果。因此，证券组合理论的依据也是该理论的基础。凯夫斯认为，直接投资中的"水平投资"通过产品多样化来降低市场的不确定，减少产品结构单一的风险；而"垂直投资"则是为了避免上游产品和原材料供应不确定性的风险。史蒂文斯则认为，厂商分散风险的原则和个人是一样的，总要求在一定的预期报酬下，力求风险最小化。但个人的投资条件与企业不同，个人主要投资于金融资产，厂商则投资于不动产或投资于不同国家和地区的工厂和设备。

该理论的后期代表人物阿格蒙和李沙德还认为，跨国公司对外直接投资是代表其股东作为分散风险的投资，不同国家和地区直接投资收益的不相关性为个人分散风险提供了很好的途径，甚至是证券投资无法提供的途径。因为证券市场，资本移动成本较高且制度不完善。阿德勒则认为，既然跨国公司是直接代表股东做出投资决策的，个人证券投资上的限制就不一定会导致对外直接投资，只有当外国证券市场不完善，无法满足个人投资需要时，跨国公司的直接投资才会进行。在这种情况下，跨国公司起到了分散风险的金融中介作用。

分散风险论将证券投资与直接投资联系起来考察，把发展中国家证券市场的不完善看作是直接投资的一个因素，应该说是有其正确的一面的，它从另一个侧面补充了之前投资理论的不足。

（三）从金融角度出发的投资理论

20 世纪 80 年代国际投资的格局发生了很大的变化。美国从最大的资本输出国地位上逐渐衰败下来，日本、德国等其他发达国家的海外投资急剧上升。美国成了它们竞相投资的对象，到 1985 年，美国竟成了最大的资本输入国。与此同时，一些新兴的工业化国家也开始大举向海外投资。与国际投资格局变迁相应的变化是国际金融市场的作用在国际资本流动中越来越大，新兴的国际金融中心一个个出现并借助于科技革命的成果联为一体，新创的融资手段和融资方式也层出不穷。国际银团和金融寡头已取代产业性的跨国公司成为国际投资的主宰。所有这些，都对以往的国际投资理论提出了新的挑战。于是，从金融角度出发研究分析国际投资的理论便成为 20 世纪 80 年代以来新投资理论的共同特点。

1. 通货区域优势理论

美国金融学家罗伯特·Z. 阿利伯（Robert Z. Aliber）在 1970 年和 1971 年分别发表的"对外直接投资理论"和"多元通货世界中的跨国企业"两篇论文中，将对外直接投资视为资产在各个通货区域之间流动的一种货币现象，提出了"通货区域优势理论"。他认为，以往所有理论既未能回答为什么这些企业具有获得外国资产的优势，也未提供任何投资格局上的意见，即为什么某些国家输出资本，另一些国家输入资本，更不能解释投资格局为什么会变化。

阿利伯认为，由于并不存在一个完全自由的世界货币市场，因此货币市场是不完善的，而是存在若干通货区域。各种货币的地位强弱不同，币值的稳定性也各异。如果一个公司所在国的货币"坚挺"，这个公司的资产就会在金融市场上获得较高的价格，因此该公司具有货币区域的优势。以不同国家的货币定值的资产，其收益率各异。收益率的差别，既反映了汇率的可预期变化,也反映了对汇率变化不确定的补偿。1973 年,布雷顿森林体系虽然瓦解了,但美元仍是国际储备货币,因此美元通货区的跨国公司拥有强币的优势。

阿利伯指出,20 世纪 60 年代美国资本市场上有一种优势,这种优势来源于美国及世界各国的投资者有以美元计算债务的偏好,这反映了以美元计算的利率在用预期汇率波动调整后比其他货币的利率低。由此可以得了同个结论,即投资者将要以较高的代价去获得 1 美元的股息收入,反过来这就意味着美国公司在购买外国股权时能够比其他国家的公司付更高的价格。他认为,整个 20 世纪 60 年代美国海外投资的高涨是美元高估的结果。随着 20 世纪 70 年代浮动汇率的实行,美元大幅度下跌,美国股市价格就下降,外国股市价格上涨。此时,总部在欧洲、日本的企业就愿意以较高的价格购买美国的企业了。阿利伯指出,国际投资的格局可以从总部设在不同国家的企业市价涨落中得到衡量。总部所在地公司的市价下跌,资本就流入,市价上升,资本就输出。总部所在地不同的企业市场价格上的变化是名义汇率、通货膨胀率变化的反映。因此,他认为硬货币国家会向软货币国家进行直接投资。

根据通货区域优势理论,对外直接投资的流向是与货币优势的变化趋势相吻合的。阿利伯的这一理论解释了第二次世界大战后跨国公司对外直接投资的大致流向:最初是美国大量的对外直接投资,紧接着是德、日两国对外投资的扩张,然后在 20 世纪 70 年代至 80 年代初,出现欧洲跨国公司大量进入美国的情况。阿利伯的这一理论比较正确地分析了汇率变动对国际直接投资的影响,他试图用汇率来解释他所观察到的国际投资格局的变化和美国对外投资的相对萎缩。但是,汇率是货币实际价格变化的反映,是国际经济实力变化的反映,而不是这种变化的原因。因此,汇率对直接投资的影响只是现象,真正导致国际资本流动格局变化并制约国际投资行为的力量,是各国垄断资本相对优势和相对发展速率的变化,而这种变化又是资本主义发展不平衡规律起作用的结果。这一理论难以解释不同货币区域之间的双向投资现象,也难以解释弱币区仍有大量对外直接投资这一事实。随着国际金融市场的一体化,世界通货区日益趋于同质,独立的通货区已不复存在。

2. 国际金融中心论

20 世纪 80 年代,"国际金融中心论"的提出者里德是又一个从金融角度分析国际投资理论的学者。里德认为,所有以前的国际投资理论都忽视了国际金融中心在决定国际投资区域、规模和格局中的作用,而国际金融中心对国际投资活动是非常重要的,它不仅是国际清算中心、全球证券投资管理中心、通信交流中心、跨国银行中心,而且还是国际直接投资中心。

里德指出,国际化公司追求的不是一般观点所认为的收益最大化或成本最小化,而是运营效益的最优化,即其发行的股票价格和其债券利息的最大化,这可以增强企业在商品市场和资本市场两方面的竞争力。跨国公司的经营效益是由国际金融中心来评估的,而评估的结果是通过跨国公司发行的股票债券的价格升降来反映的。国际金融中心通过对跨国公司资本比例、经营政策的评估,对国际直接投资发生作用。例如,当国际金融中心认为某个公司的借贷比例过高,海外资产发展过快时,就会降低该公司证券的市场价格,该公司经营效益就下降,公司股东和债权者收益也就下降,这实际上意味着公司整个资本分布的效益可能很低。于是,这就会迫使该公司调整投资战略和经营方针,收缩其在海外的投资。如果该公司对金融中心的评估不予理睬,那么金融中心可能会进一步降低其证券的价格,迫使该公司做出反应。这样一来,国际金融中心及在金融中心的融资活动中占统治地位的大银行、保险公司、共同基金等金融垄断资本就控制了国际直接投资活动。

里德的国际金融中心说,正确地指出了 20 世纪 80 年代以国际金融中心为代表的国际金融寡头对国际资本流动的控制和影响。正是这些国际垄断财团在操纵着国际证券市场价格与国际资本的流向和流量,在全球范围内追逐高额垄断利润。但是,里德虽然正确地指出了国际金融中心的影响,却并未把握住它的本质,产业资本与金融资本并不是截然可分的。而且这个理论分析也是明显错误的。它将企业证券价格的涨跌与企业经营效益的关系颠倒了,好像企业经济效益下降是由企业证券价格下跌所致,其实证券价格下跌只是企业经营不佳的反映。虽然金融中心的垄断资本可以操纵影响企业证券的价格,但是这个关系不会颠倒,因为垄断资本不会也无法将一个经营不良、赢利不佳的企业的证券维持在一个高价位上。

3. 投资发展周期论

在 20 世纪 80 年代还出现了两种重要理论,即邓宁的投资发展周期论及产业内双向投资理论。

投资发展周期论是著名国际投资专家邓宁 1981 年提出的,其目的在于进一步说明国际生产折中理论。邓宁实证分析了 67 个国家 1967 年到 1978 年间直接投资和经济发展阶段之间的联系,认为一国的国际投资规模与其经济发展水平有密切的联系,人均国民生产总值越高,其对外直接投资净额就越大。该理论的核心是:发展中国家的对外直接投资倾向取决于一国的经济发展阶段和该国所拥有的所有权优势、内部化优势和区位优势。

该理论认为,一国对外直接投资净额 NOI(Net Outward Investment,等于对外直接投资额减去吸收外商直接投资额)是该国经济发展阶段的函数,而人均国内生产总值(人均GDP)是反映经济发展阶段最重要的参数。一个国家对外直接投资的倾向取决于三方面因素:一国经济所处阶段,一国要素禀赋及其市场结构;中间产品跨国交易市场不完全的性质及其不完全的程度。以此为依据,邓宁将对外投资的发展划分为四个阶段:① 本国几乎没有所有权优势,也没有内部化优势,外国的区位优势又不能加以利用;② 外国投资开始流入,可能会有少数国家的少量投资,其目的在于取得先进技术或"购买"进入本地市场的权力,净外国投资额逐渐增长;③ 外国投资和对外投资都在增长,但外国投资净额开始下降;④ 直接投资净输出阶段。

邓宁据此认为,发达国家一般都已经历了这四个阶段,发展中国家已由第一阶段进入第二阶段,中国台湾、中国香港、新加坡、韩国等新兴工业群正在迅速从第二阶段转入第三阶段或已进入第三阶段。

可见,这一理论与国际生产折中理论是一脉相承的,只是将后者予以动态化而已,用动态化的四个阶段阐明了直接投资与经济发展的关联性,并阐明一国之所以能参与对外直接投资,是因为具有了所有权、内部化和区位等三个方面的相对优势并予以配合的结果。该理论在某种程度上反映了国际投资活动中带有规律性的发展趋势,即经济实力最雄厚、生产力最发达的国家,往往是资本输出最多、对外直接投资最活跃的国家。但是,如果从动态分析的角度分析,就会发现该理论与当代国际投资的实际情况有许多悖逆之处。现代国际投资实践表明,不仅发达国家对外投资规模不断扩大,而且不少发展中国家和地区的对外投资也很活跃。此外,人均国民生产总值是一动态数列,仅用一个指标难以准确衡量各国对外投资变动的规律性。

4. 产业内双向投资论

产业内双向投资论也是于 20 世纪 80 年代产生的一个重要理论,它是根据近 20 年国际资本流向发生的重大变化,特别是资本在发达国家之间流动,并集中利用相同产业内部的现象提出来的。经济学家对此进行了广泛的研究,并试图解释这一现象。E. M. 格雷汉指出,之所以会出现双向投资,是在于"跨国公司产业分布的相似性",相似的东西容易接近。

邓宁则指出,双向的投资主要集中在技术密集型部门,传统部门则投资比例不高。这是因为:① 发达国家间水平相近,但没有一个企业拥有独占的所有权优势,而若干个公司才能拥有几乎相近的所有权优势;② 各公司为了获得联合优势,以及获得规模经济的利益,同时为得到东道国较低成本的好处,就进行双向投资;③ 发达国家收入水平相近,需求结构也基本相似,这样对异质产品的需求不断扩大,就会产生发达国家之间的产业内国际贸易的倾向,一旦产业内贸易受到阻碍,则市场内部化的要求就会导致产业内双向投资的出现。

海默和金德尔伯格也对这一现象进行解释,提出"寡占反应行为"说。他们认为各国寡头垄断组织为获取或保住在国际竞争中的地位,会通过在竞争对手的领土上占领地盘即"寡占"这个形式来进行,而产业内直接投资是这种"寡占"竞争的重要手段。

此外,近年来出现的安全港理论,也能解释双向投资的行为。该理论的核心观点是:在发展中国家投资收益虽较发达国家高,但安全性弱,法律保障程度小,即要承担极大的政治经济风险。因此,宁愿把资本投往发达国家,取得较为稳定的收益,而产业内部条件相近,投资见效也较快,亦可更迅速地获得利润。可见,该理论的运用很容易导致双向投资的增长。

本章小结

国际资本流动指资本基于经济或政治目的,从一个国家或地区(政府、企业或个人)向另一个国家或地区(政府、企业或个人)的流出和流入,也就是资本在国际范围内的转移。国际资本流动分为资本流入和资本流出。

国际资本流动对资本的输入国、输出国以及国际金融市场上都存在着广泛的积极和消极的影响。在现实中多数国家都会不同程度的采取一定措施,对资本流动进行管制。

复习思考题

1. 简述国际资本流动的含义,并分析国际资本流动的特点。
2. 简述国际资本流动对世界经济的影响。
3. 引起国际资本流动的原因有哪些?
4. 简述国际资本流动的一般模型。
5. 简述国际证券投资理论的主要内容。
6. 简述国际直接投资理论的主要内容。

第五章　国际结算

学习目标

- 掌握票据的性质、汇票的内容和票据行为及支票的定义和特点；
- 掌握汇款、托收结算方式的业务流程；
- 了解国际结算的分类、国际结算中的往来银行的作用、《票据法》《托收统一规则》和《跟单信用证统一惯例》；
- 了解汇款方式在国际贸易中的应用；
- 票据当事人及其权责、票据行为及其操作；
- 比较分析汇票、本票和支票的差异；
- 熟悉票据相关的法律与规定。

关键词

票据　汇票　本票　支票　汇款　电汇　信汇　票汇　托收信用证　商业发票　海运提单　保险单　国际结算　保险单据　进口许可证　出口许可证

导读材料

在信用证结算方式中,受益人应如何对待信用证修改事宜?

我国一外贸食品厂向韩国出口 15 吨辣椒制品,信用证规定:不许分批装运,船期为 2010 年 8 月 31 日。在装运前,受益人收到了对方改证,要求数量增加 5 吨。受益人认为货物已经整装备妥,且按原证要求一次发运,符合要求,而后增加的 5 吨货物也可以按要求不分批在最迟装运。运期前一次性发运,于是将原证 15 吨货物发运。该公司 8 月 21 日向银行交单时,认为改证与现在提交的单据无关,也未将改证一起递交议付行(该行非信用证通知行)。议付行审单未发现问题,顺利寄单。4 天后,该公司又发运了第二批 5 吨货物。随后议付行收到开证行拒付电文:我行已于 8 月 25 日和 29 日分别收到第××号信用证项下你方第××号单据,经查存在不符点:信用证规定不许分批装运,原证 15 吨,8 月 17 日改证增加 5 吨,共 20 吨货物。而我方分别收到你方 15 吨和 5 吨货物的单据两套,故不符合我方要求,单据暂存我行,请电告处理意见。依据《UCP 500》第 9 条 D 款第Ⅲ项规定:在受益人向通知该修改的银行告知他接受修改之前,原证的条款(或含有先前接受过修改的信用证)对受益人仍然有效,受益人应该通知接受修改还是拒受修改。如果受益人没有做出此项通知,向被指定行或开证行提交的单据符合原证和尚未接受的修改,即认为是受益人接受此项修改的通知,此时信用证即已修改。受益人在向银行提交单据时,本可以提出拒绝修改,保证 15 吨货物的安全,但现在拒绝权利已经丧失,已造成事实上的不符。后因辣椒制品畅销,该食品厂才安全收回货款。从该案例中,我们可以看出在采用信用证为结算方式时,对信用证的条款进行修改可能是经常发生的,信用证的修改中存在着潜在的风险,但因其隐蔽性较强,所以很容易被忽略。因此,在接受信用证修改前,一定要认真阅读修改的内容,要正确理解修改条款的要求,不能轻易接受修改。一定要注意改证后原证中哪些条款会延伸或扩大其效力范围、哪些效力会灭失,以求正确理解开证行的改证意图,避免造成损失。

第一节　国际结算的基本内容

国际结算是国际金融领域的一个分支,主要通过实务性知识来表现一些支付手段、支付方式以及银行间划拨清算、资金转移、货币收付手段等,以寻找一个快捷、安全、高效地实现国际间货币收付的途径。

一、国际结算的基本概念

(一) 结算

结算(Clearing/Settlement)指在商品交换、劳务供应及资金调拨等方面发生的货币收付行为或债权债务的清偿行为。货币收付或债务清偿要通过一定的手段和方式,即结算方式。结算方式一般分为两种:现金结算(Cash Settlement)和非现金结算(Non-cash Settlement)。

(1) 现金结算指以现金作为货币支付工具,即直接运送金属铸币或纸币来清偿双方的债务债权。此种方式在结算发展的初期使用,风险大、耗费大量运费并积压资金,随着国际经济的发展,已逐渐转化为非现金结算方式。

(2) 非现金结算指使用代替现金起流通作用和支付手段的信用工具来结算债权和债务。此种方式快速、简便,是结算的主要使用方式。

(二) 国内结算

国内结算(National Settlement)指结算的内容仅发生在一国之内,即通过本国货币支付,以结清一国内部的两个或多个当事人之间的经济交易或活动引起的债权债务的行为。

(三) 国际结算

国际结算(International Clearing)指在国际间办理货币收支调拨,以结清位于不同国家的两个或多个当事人(个人、企业或政府)之间的经济交易或活动引起的债权债务的行为。

国际贸易是国际结算产生和发展的主要根据,但国际结算不仅仅是国际贸易结算。不同国家之间发生的货币收付业务,叫作国际结算。发生国际间的货币收付有各种各样的原因,如国际货物销售(International Sales of Goods)、国际服务贸易(International Trade in Service)、国际技术贸易(International Technology Trade)、国际借贷和投资(International Borrowing and Investment)、个人汇款(Personal Remittance)等,种类繁多。这些交易有的是建立在贸易基础上,有的与贸易没有直接联系。通常,把国际商品(货物)贸易的结算,简称为国际贸易结算。

由于国际货物贸易引起的贷款跨境交易金额巨大,业务流程复杂,在国际收支中占有重要的地位,因而国际结算又经常被称为国际贸易结算。国际贸易以外的其他经济活动以及政治、文化等交流活动,如服务供应、资金调拨和转移、国际借贷等引起的外汇收付行为,同样也构成国际结算的重要内容。在我国,通常把货物贸易以外的政治经济活动引起的结算业务称为非贸易结算。

二、国际结算的特征

与国内结算相比较,国际结算的特点表现在以下几个方面。

(一)国际结算涉及多种外国货币

国际结算涉及的经济交易中,不仅可以使用本币,也可以使用外币,同时来源于不同国家的票据作为结算内容,国际银行业交往频繁,引起银行间账面划拨,从而引起银行业务的复杂性。货币变化带来汇率变动,经济交易主体和银行则承受汇率变动带来的风险。

(二)国际结算涉及许多国家多种法律、法规以及国际惯例

由于国际经济交往中涉及各国当事人,如何解决当事人之间的纠纷,如物权转移、资金流动、当事人权利义务等,必须依靠各个国家的法律法规以及一系列的国际惯例、法规条例等。例如,海洋运输方面的惯例有《海牙规则》《汉堡规则》;涉及支付方式的惯例有《跟单信用证统一惯例》(UCP 400、UCP 500、UCP 600)、《跟单托收统一惯例》(URC 522);价格术语有《国际贸易术语解释通则》(INCOTERMS 2000)等。

(三)需要当事人各方的密切合作

多数国际结算方式(信用证、银行保函、福费廷业务等)涉及进出口商、进出口双方的银行或者还有中间商,这需要进出口商各自履行义务,按合同办事,同时还需要双方银行大力协作,完成贷款收付等事宜。同时,国际贸易还涉及运输与保险等内容,这就需要各方当事人密切合作,才能使一项经济交易顺利完成。

(四)国际结算风险更大

国际间的结算会遇到汇率风险、政治风险等在国内结算中没有的风险。

三、国际结算业务的内容

国际间经济交易或活动,主要是国际贸易和国际非贸易业务。国际贸易是国际结算产生和发展的主要依据,国际贸易结算则构成国际结算的主要内容。国际结算的内容主要有以下几部分。

(一) 国际贸易的货币支付

1. 有形贸易的货币支付

有形贸易指商品贸易,由于商品贸易形成债权债务关系,这种债权债务关系的清算即有形贸易货币收付。由于货款两清的交割方式已很少,甚至不可能,因此贸易结算一般多是卖方先付货,买方后付款。为了保证双方的利益,必须依靠银行提供的便利条件(信用担保和资金融通)及各种票据来完成,多为非现金结算方式。有形贸易是国际贸易的主要部分,也构成了结算的主要部分。

2. 无形贸易的货币收付

无形贸易涉及的范围比较广,主要是服务贸易、资金收益、政府政治往来等,具体包括:

(1)有关保险业、通信业、运输业、港口等方面的劳务输出/输入而引起的货币收付,如CIF 在提供有形贸易的同时,也提供了劳务贸易(保险、运输)。

(2)技术转让、科技产品进出口、广告费、培训费等带来的劳务收支而引起的货币收付。

(3)国际工程承包等劳务输出/输入引起的货币收付。

(4)国际旅游收支。

(5)侨汇收入。

(6)国际教育服务输出/输入引起的货币收付。

(7)政府间、社团间等的捐赠等。

目前,世界范围内无形贸易的货币收付行为有上升趋势,有时甚至超过有形贸易。

(二) 金融交易的货币收付

金融交易的货币收付主要表现在对外投资或筹资和大量的外汇买卖。

1. 投资或筹资的货币收付

直接投资:三资企业、合资企业、独资企业。

间接投资:主要是一些加工装配、补偿贸易、来料加工等。

2. 办理资本转移的货币收付

主要包括:外商投资中产生的各种股息、利息、利润而引起的货币收付;由于资金借贷而引起的利息收付等。

3. 由于外汇买卖而需进行的外汇货币收付

20 世纪 80 年代以后,金融交易额远远超过了商品贸易交易额,但其作用代替不了商品交易。

(三) 办理协定记账结算的货币收付

支付协定(Payment Agreement)也称清算协定(Clearing Agreement),是两国政府之间签订的专门适用于两国之间商品贸易支付的协定。协定国之间进出口贸易及其他经济往来所发生的债权债务,通过在两国中央银行或其指定的银行开立的清算账户(Clearing Account)收付记账,不必逐笔支付外汇。

支付协定项下的债权债务虽在两国政府之间通过记账而不逐笔结算,但两国的进出口商对每笔进出口贷款的收付,仍应通过本国指定银行分别向本国的中央银行办理结算,最后在规定的时期,两国中央银行将两国的债权债务差额以现汇或货物清偿。

总之,国际结算是实现国际收支的主要手段,狭义的国际结算内容可以看成是国际收支的内容,广义的国际结算内容不仅包括货币支付,还包括易货贸易、记账结算等内容。

四、国际结算业务的分类

国际结算业务按照使用工具、支付手段的不同,大体可以分为以下四类。

(一)现金/货币结算

这是原始的结算,卖方一手交货,买方一手交钱,钱货两清,通常称现金交货(Cash on Delivery)方式,现在较少采用。现金或货币结算必须使用可自由兑换的货币(Freely Convertible Currency)。目前,我国可自由兑换的外币现金主要包括美元(United States Dollar)、港币(Hong Kong Dollar)、日元(Japanese Yen)、欧元(Euro Dollar)、英镑(Pound Sterling)、加拿大元(Canada Dollar)、澳大利亚元(Australia Dollar)、瑞士法郎(CH Franc)以及新加坡元(Singapore Dollar)。

(二)票据结算

票据结算即支付票据化,意指受票人/制票人(Drawee/Maker)凭提示票据支付票款给收款人。早在 15 世纪的国际汇兑业务中就使用了汇票,汇票中的银行作为受票人的即期付款汇票便形成了支票,出票人和受票人结合成为一个制票人的承诺付款的票据就是本票。国际结算中汇票使用广泛,本票使用较少。

汇票和本票均为可流通票据,可以背书转让。远期汇票经受票人承兑后可以贴现,远期银行本票同样可以贴现,发挥它们的融资作用。汇票和本票均是独立于基础交易合约的。汇票是无条件的支付命令,使用在信用证、光票托收、跟单托收、票汇汇款等许多方面。本票是无条件的付款承诺,使用在跟单托收中,凭买方开立远期本票而交单,和福费廷业务开立银行担保的成套本票一样,发挥融资作用。汇票和本票都要受到各国票据法的约束。

(三)凭单结算

国际贸易订立销售合约后,卖方有交货义务,买方有付款义务。卖方履行交货义务时,必须把货物交给运输商承运至买方收货地,运输商将货物收据交给卖方,卖方转寄给买方,由买方凭之向运输商取货。

海上运输扩大后,国际贸易运输就以海运为主,简单的货物收据发展成为完善的海运提单。1924 年,《海牙规则》(Hague Rules)签订,使海运提单具有货物收据、运输合约和物权单据三种作用,由于提单带有物权单据的性质,使得货物单据化,交单等于交货,持单等于持有货物所有权。海运提单还是可以流通转让的单据,发货人可将它转让给银行持有,让银行凭此单据向买方索取货款,或者将其当作抵押品获得银行的资金融通。只有货物单据化才能使银行参与贸易结算,凭着卖方履行交货的单据向买方索取货款,买方付款获得单据,再凭单取得货物;银行将货款交给卖方,完成贸易结算。

(四)电讯结算

随着电信技术的发展,其在国际结算中的应用越来越广。例如,在电汇汇款业务中,汇出行发出电信汇款指示给汇入行,委托汇入行解付汇款给收款人;在纸制单据信用证业务基础上用 SWIFT 开证既为电子化开证,还可以进一步电子交单,按照《跟单信用证电子交单统一惯例》(*The Uniform Customs and Practice for Documentary Credits for Electronic Presentation*，eUCP)办理电子记录的制作、传递、审核及结算；保理业务也采用电子数据交换(Electronic Data Interchange，EDI)传递发票、索款、偿付、结算。在电子化、网络化银行业务发展中，电讯结算将成为发展趋势。

五、国际结算方式的具体内容

(一) 国际结算方式的内容

国际结算方式又称支付方式，在购销合同中叫作支付条件，通常是指全套单据与货款对流的形式。国际结算方式应包括以下内容：

(1) 按照买卖双方议定的具体的交单与付款方式办理单据和货款的对流。

(2) 结算过程中，银行充当中介人和保证人，正确结清买卖双方的债权和债务。

(3) 买卖双方可以向银行提出给予资金融通的申请。

(4) 结算方式必须定明具体类别、付款时间、使用货币、所需单据和凭证。

(二) 国际结算方式的类别

国际结算方式大体上分成汇款、托收、信用证三大类别，每一大类别还可再分为若干小的类别。通常是结合交易情况、市场销售情况、对方资信情况，由买卖双方协商确定结算方式。

(三) 国际结算方式的付款时间

国际结算方式的付款时间可分为：

(1) 预先付款(Payment in Advance)。

(2) 装运时付款(Payment at Time of Shipment)。

(3) 装运后付款(Payment after Shipment)。

银行依据的装运时间是以海运提单日期为准，所以银行的付款时间是：

(1) 交单前预付。

(2) 交单时付款，又称即期付款。

(3) 交单后付款，又称远期付款。

六、国际结算中的国际惯例

目前国际上使用的国际惯例有：《跟单信用证统一惯例》(UCP 600)；《托收统一规则》(URC 522)；《见索即付保函统一规则》(URDG 458)。这几个国际惯例均由国际商会制定，并得到世界各国和有关当事人的普通承认和采纳，成为国际结算最重要的行为规范和法律基础。《国际保付代理协议》(CIFC，1994)，由国际保理商联合会制定。

在国际贸易和结算领域，以 UCP 为核心，还有许多配套的规则。其中最主要的有以下两个。

(一) eUCP

eUCP，即《UCP 电子交单增补》(*UCP Supplement for Electronic Presentation*，简称 eUCP 1.0 版)。根据国际商会(ICC)国家委员会的建议，eUCP 1.1 版是专门对 UCP 600

所做的升级版本,共有 12 个条款,仍作为 UCP 600 的补充。需要注意的是,UCP 很多条款并不对电子交单产生影响,所以要与 eUCP 一起使用。在以电子交单或电子和纸质单据混合的方式提交单据时,要同时使用 eUCP 和 UCP 两个规则。

(二) 国际标准银行实务及其修改

ISBP (International Standard Banking Practice,ISBP)是一个供单据审核员在审核跟单信用证项下提交的单据时使用的审查项目(细节)清单。ISBP 于 2002 年首次通过,作为国际商会制定的应用广泛的关于跟单信用证的规则——《跟单信用证统一惯例》的必不可少的补充,受到了各界的广泛接纳。通过详细规定跟单信用证操作中的细节,比如如何签发海运提单,保险单据的关键特征如何,如何处理拼写和打印错误等,ISBP 填补了概括性的 UCP 规则与信用证使用者日常操作之间的差距。2007 年 7 月 1 日通过了与 UCP 精神相一致的 ISBP,新的 ISBP 草案称为《审核跟单信用证项下单据的国际标准银行实务》(*ISBP for the Examination of Documents under Documentary Credits Subject to UCP 600*),全文共 185 条,内容非常全面。

除了上述法律、法规和惯例的规定之外,还必须掌握在实践中形成的与国际结算有关的一般原则和行业的具体操作规范。

七、国际电讯划拨系统简介

随着电子通信技术的发展及其在银行业的应用,银行间网络系统应运而生,大大提高了银行的工作效率。目前,许多银行业务通过银行间和银行与客户间的局域网络系统或在开放网络系统中进行,如信用证申请、开立信用证、通知、寄单、索偿、结汇和资金调拨等。下面简单介绍 3 个目前使用最广的全球性电讯网络系统:SWIFT、CHIPS 和 CHAPS。

(一) SWIFT

SWIFT(Society of Worldwide Inter-bank Financial Telecommunication,环球银行间金融电讯协会)是 1973 年 5 月,由 15 个国家的 239 家银行在比利时共同创办的一个国际间非营利性国际合作组织。其总部设在比利时,受比利时法律管辖。拥有全球 208 个国家/地区的 8 300 多家银行机构、证券机构和企业客户作为会员。它的环球计算机数据通信网在荷兰、美国和中国香港设有运行中心,在各会员国设有地区处理站。

我国的中国银行于 1983 年加入 SWIFT,是 SWIFT 组织的第 1 034 家成员行,并于 1985 年 5 月正式开通使用,成为我国与国际金融标准接轨的重要里程碑。

SWIFT 自投入运行以来,以其高效、可靠、低廉和完善的服务,在促进世界贸易的发展,加速全球范围内的货币流通和国际金融结算,促进国际金融业务的现代化和规范化方面发挥了积极的作用。我国的中国银行、中国农业银行、中国工商银行、中国建设银行、中国交通银行、中信实业银行、上海和深圳的证券交易所,也先后加入 SWIFT,成为环球银行金融电讯协会的会员。

(二) CHIPS

CHIPS(Clearing House Inter-bank Payment System)是"纽约清算所银行同业支付系统"的简称,是一个带有 EDI(电子数据交换)功能的实时的、大额电子支付系统,是纽约清算所的分支机构,由纽约清算协会管理,其成员拥有和使用各自的电讯网络。

CHIPS 于 1970 年 4 月成立,会员银行最多时达到 142 家,其中 2/3 的银行是外国银行,是当前最重要的国际美元支付系统,日平均清算/结算 242 000 笔,日处理金额 1.2 万亿美元。目前全世界银行同业间美元清算的 98% 以上都是通过 CHIPS 进行的。

CHIPS 的参加银行主要包括三类:

(1) 纽约交换所的会员银行。

(2) 纽约交换所非会员银行。

(3) 美国其他地区的银行及外国银行。

CHIPS 系统的应用特点有:

(1) 允许事先存入付款指示。参加银行除了可在当日调拨资金外,CHIPS 还允许参加银行事先将付款指示存入中央计算机系统,然后等到解付日才将此付款通知传送到收款银行。任何资金调拨需经拨款银行下达解付命令后,CHIPS 的中央计算机系统才会于解付日将此付款通知传送给收款银行。在未下达解付命令前,拨款银行有权取消该笔付款指示。

(2) 完善的查询服务功能。客户可以随时查询自己银行的每笔提出或存入的金额,并及时调整自己的头寸。

(3) 自动化程度高。参与行的支付信息可在不同系统之间流动,而无须人工干预。

(4) 安全性好。CHIPS 将四台大型机组成两套系统,实行两套系统互为备份,2004 年 6 月又建成了第三个数据中心,作为第三个热备份站点。

(三) CHAPS

CHAPS(Clearing House Automated Payment System,伦敦银行同业自动清算系统),于 1984 年在伦敦建立。它是世界上第二大实时总额结算系统(第一位是美国联邦储备电划系统,FEDWIRE)。自 1999 年 1 月 4 日,CHAPS 分成 CHAPS 欧元和 CHAPS 英镑,共有会员银行 21 家,日处理交易 8 万笔,涉及金额 2 400 亿英镑,并与泛欧清算系统(the Trans-European Automated Red-time Gross settlement Express Transfer,TARGET)联网。

CHAPS 的特点是:双重清算体制,即所有商业银行都通过其往来的清算银行(14 家英国银行,也称结算银行)进行清算,称为初级清算;由国家银行(英格兰银行)和清算银行之间进行的集中清算,称为终级清算。所有商业银行都必须在清算银行开立账户,在初级清算时轧算差额,再由各清算银行在英格兰银行开立账户,以此进行终级清算和轧算差额。14 家结算银行,由 9 条信息通道把它们和该系统的一个信息转换中心连接起来,其中四大结算银行,即巴克莱银行、国民西敏寺银行、米兰银行和劳合银行,分别单用一条信息通道,其余 10 家结算银行每两家合用一条信息通道。参加该系统的银行进出自动系统的付款电报都使用统一格式。它的 9 条信息通道分别都有对出、入的收付电报自动加押和核押的软件装置以及信息储存装置。除此而外,每一通道都有一个自动加数器,它可以把发给或来自其他通道的付款电报所涉及的金额根据不同的收款行(指其他清算银行)分别加以累计,以便每天营业结束时,清算银行之间进行双边对账和结算,其差额通过他们在英格兰银行的账户划拨来结清。

CHAPS 有 4 个特点:

(1) 它是英国银行间用于有担保、无条件、金额在 100 英镑以上的当日起息付款的电子资金划拨系统。

（2）它以高度自动电脑化的信息传递全部地取代了依靠票据交换方式，自动化程度高，快捷价廉。

（3）CHAPS 开通时间为当地上午 9：10 至下午 3：10。在意外情况下，该系统的主管部门有权对结算时间做出必要的修改。

（4）它使伦敦城外的清算银行为付款人的交易也可以实现当天结算。CHAPS 使用的计算机设备对所有的软件都有备用件，一旦机器局部发生故障，备用件就能自动接替工作。此外，即使整个通道因某项特殊原因失灵，每家清算银行都另有完整的通道随时可供备用。

第二节　国际结算工具

一、票据基本内容

（一）票据的概念

国际结算的基本方法是非现金结算，它所使用的主要是除货币以外的其他信用工具，这些信用工具的角色基本上是由票据来担任的。因此，票据便成为国际结算中普遍使用的信用工具。从这种意义上说，国际结算工具便是票据。

票据有广义和狭义之分。广义的票据是指各种记载一定文字、代表一定权利的书面凭证，如股票、债券、传票、发票、提单、汇票、本票等。狭义的票据是出票人自己承诺或委托他人在特定时期向指定人或持票人无条件支付一定款项的书面凭证。它是以支付金钱为目的的特定证券。作为最主要的有价证券，票据被誉为"有价证券之父"。

现在，人们谈起的票据都是指狭义的票据，也就是说，票据已是一个专用名词，专指票据法规定的汇票、本票和支票。而将股票、债券等称之为证券或有价证券，把发票、提单、保险单等称之为单据。因此，本书所说的票据，就是专指汇票、本票和支票三种。

（二）票据的性质

1. 票据是设权证券（即设权性）

票据的设权性是指持票人的票据权利（依票据而行使的以取得票据金额为直接目的的权利）随票据的设立而产生，离开了票据，就不能证明其票据权利。

票据开立的目的，不在于证明已经存在的权利，而是设定票据上的权利。票据上的权利在票据做成之前并不存在。它是在票据做成的同时产生的。作为一种金融、信用或结算工具，票据的开立目的是支付，是代替现金充当支付手段。

2. 票据是要式证券（即要式性）

票据的要约性是指票据的形式必须符合法律规定，票据上的必要记载项目必须齐全且符合规定，即"要式齐全"方可使票据产生法律效力。

各国法律对票据必须具备的形式和内容都做了详细的规定，只有形式和内容都符合法律规定的票据，才是合格的票据，才会受到法律的保护，持票人的票据权利才会得到保障。

3. 票据是文义证券(即文义性)

文义即文字的含义。文义性指票据所创设的权利义务内容,完全依据票据上所载文字的含义而定不能进行任意解释或者根据票据以外的任何其他文件来确定。即使票据上记载的文义有错,也要以该文义为准。例如,票据上记载的出票日与实际出票日期不一致,也只能以票据上记载的日期为准。因此,在票据上签字盖章的人,要对票据的文义负责。

4. 票据是无因证券(即无因性)

持票人行使票据权利时,无须证明其取得票据的原因,称为票据的无因性。这种票据的无因性使票据得以流通。例如,当某客户手持一张金额为 5 000 元的现金支票向付款行提示付款时只要该支票记载合格,且出票人账户金额足够,付款行会立即向其付款,而不会影响该客户持有这张支票的原因。

5. 票据是流通证券(即流通转让性)

流通转让是票据的基本特征。不同于一般债权和书面凭证的转让。其特点为:

(1)票据权利通过交付或背书及交付进行转让。

(2)票据转让不必通知债务人。

(3)票据的受让人获得票据的全部法律权利,可以用自己的名义提起诉讼。

(4)善意并付对价的受让人的权利不因前手票据权利的缺陷而受影响。

例如,如果 A 欠 B 200 元,C 欠 A 200 元。B 欠 C 50 元,A 便可将向 C 收款 200 元的债权转让给 B,即 A 开立一张命令 C 付款的票据给 B,如果 B 持票据去取款,C 可以只付 150 元,也就是说,B 的票据权利存在缺陷(B 欠 C 50 元)。但如果有商人 D 善意并付对价从 B 处受让该票据,当 D 向 C 提示时,C 就必须向 D 付款 200 元,而不能是 150 元,从而保证了票据的流通转让性。

(三)票据的关系人

票据关系人是依据票据法规定有票据债权债务关系和票据收受、支付关系的人。

票据上有三个基本关系人,包括出票人、付款人、收款人,其他关系人还有背书人、承兑人、持票人、被背书人等。三个基本关系人,任何两个关系人可以是同一人。最常见的是本票。

例如,客户签发支票向他的银行提取现金,PAY MYSELF;

客户签发支票向他的银行偿还贷款,PAY YOURSELF。

基本当事人中如有特殊身份或专业的人,特别是某当事人为银行或财政部门时,就使票据流通性起了质的变化。例如,银行汇票即支票,中央银行本票即纸币(原来是中央银行可兑现不记名的定额本票,后转变为由国家立法强制推行的、不兑现纸币,才成为现金);财政部本票,财政部发行的一定时期后凭票付款的大额、定额、不记名本票,如国库券。

1. 出票人

出票人(Drawer)是开立票据并交付给他人的人。其主要责任有:

(1)票据开立之后,出票人对收款人及正当持票人承担票据在提示时,付款人一定付款或承兑的保证责任。

(2)如果票据遭到拒付,出票人被追索时,应该偿还票款的责任。即期付款票据或远期付款未承兑票据,出票人是主债务人。

2. 付款人

付款人(Payer/Drawee)也称受票人,是根据出票人的命令支付票款的人或票据开给的当事人。付款人对票据承担付款责任,但不是绝对责任,持票人不能强迫其付款。因为汇票的付款人有权防止他人无故向他乱发汇票,在未承兑时,付款人对汇票可不负责任。一经付款人承兑,则表示付款人承认了此项债务的有效性,变成了主债务人,承担到期付款的责任。

3. 收款人

收款人(Payee)又称受款人、收取票款的人,即可以获得票面金额的人。它是票据的主债权人。有付款请求权,有权向付款人要求付款,有追索权,如遭到拒绝有权向出票人追索票款。

收款人经背书成为背书人时,同样来承担付款人、承兑人的保证责任。例如,持票人向其追索,应负责偿还票款,然后再向出票人追索补还。

4. 背书人

背书人(Endorser)是以转移票据权利为目的,在票据背面签字交付给受让人的人。受让人成为被背书人(Endorsee),他还可以在票据背面签字转移给他人,成为新的背书人,新的背书人称为第二背书人,依次类推可连续背书转让。

背书人的责任:① 对其后手承担票据的付款人付款或承兑人的保证。② 证明签字的真实性和以背书的连续性证明其权利的正当。

前手(Prior Endorser):对受让人来说,所有背书人及原出票人都是他的前手。

后手(Subsequent Endorser):对转让人来说,所有受让人都是他的后手。

5. 承兑人

承兑人(Acceptor)是同意支付票款并用文字记载于票据上的人。承兑人是主债务人。

6. 保证人

保证人(Guarantor)是由非票据债务人对出票人、背书人、承兑人做保证行为的人。经保证后保证人负被保证人的同样责任。

7. 持票人

持票人(Holder)是票据的占有人。持票人可能是收款人,是最后被背书人或持票来人。其权利主要表现在:

(1) 在规定时间内向债务人提示要求承兑或付款。

(2) 如遭拒绝,对次债务人有追索权。

(3) 获得票款后应交票据给付款人。

付对价持票人(Holder for Value):指取得票据时,付出一定代价的人。所付代价,不一定与票据金额完全相等,有时虽未付对价(赠予),却曾付过对价,也是付对价持有人。

正当持有人:又称善意持有人(Holder in Due Course),是善意地付全部金额的对价,取得一张比较完整的、表面合格的、不过期的票据的持有人。他未发现这张票据曾被退票,也未发现其前手在权利方面有任何缺陷。正当持有人权利优于前手。

(四)票据作用

票据在实际经济中起着重要的作用。

1. 结算作用

国际结算基本方法是非现金结算,必须使用一定的支付工具,以结清国际的债权债务,票据就是一种结算工具。

2. 信用作用

票据不是商品,不含社会劳动,无所谓价值,也不是硬币,它只是建立在信用基础上的书面支付凭证。出票人在票据上立下书面的支付信用保证。例如,在某项商品交易中,甲从乙处购买货物,约定 3 个月后付款,甲向乙开立了一张 3 个月后付款的本票,乙即可付货。这张本票只是 3 个月后付款的信用。

3. 流通作用

票据作为一种支付工具,经过背书可以转让给他人,再背书还可转让,连续的背书转让,这样的票据就在市场上广泛地流通,形成一种流通工具,节约了现金的使用,扩大了流通的手段。

4. 抵消债务作用

可以使用票据将两国之间的债务加以抵消。例如,纽约的进口商甲从伦敦的商人乙处进口商品,价值 10 万美元,同时伦敦的商人丙从纽约商人丁处进口商品,价值 10 万美元。乙开出一张命令甲付 10 万美元的汇票售给当地的丙,丙把汇票寄给丁,丁在纽约把汇票提示给甲,请其付 10 万美元,这样两笔债务就结清了。

(五) 票据的法律体系

1. 票据法的含义

票据法是规定票据种类、票据形式及票据当事人权利义务关系的法律规范的总称。票据法有广义和狭义之分,在通常情况下,票据法是指狭义票据法。狭义的票据法,又称形式意义上的票据法,指的是关于票据的专门立法。例如,以"票据法"为名称的法律,民法、商浩典中以票据为名称的篇、章、节等。票据是一种具有自身特点的有价证券,其法律关系有一定的特殊性,必须用专门立法加以规定。

2. 两大票据法系

目前世界上最有影响的票据法有两大法系:

(1) 英美法系(也称英国票据法系)。《英国票据法》是在其历来的习惯法及多年来法院判例的基础上,于 1882 年制定公布的。当时名为《汇票法》,将汇票、本票和支票纳入同一项法律中予以规定。1957 年又制定了《支票法》作为 1882 年票据法的补充。英国票据法对善意持票人及其正常流通和信用作用给予了充分保护。

美国于 1897 年仿效英国票据法制定了统一的美国票据法称为《统一流通证券法》。后经多次修改,于 1952 年被纳入美国《统一商法典》的第三篇。美国票据法在概念上将汇票、本票和支票统称为"商业证券"而不叫"票据"。

英国票据法对美国、加拿大、印度、澳大利亚、新西兰等国的影响很大,一般将其归类为英美法系。

(2) 大陆法系。以《日内瓦统一票据法》为代表的票据法系称为大陆法系。人们把 1930 年的《统一汇票本票法公约》和 1931 年的《统一支票法公约》为主体的各公约,统称为《日内瓦统一票据法》,有时简称《日内瓦统一法》。参加公约的国家包括德国、法国及其他大多数欧洲国家、日本及部分拉丁美洲国家。参加公约的各国都先后依该公约修订了本国票据法，而逐渐融入日内瓦统一票据法体系。由于参加国大部分是欧洲大陆国家，我们习惯将其称为大陆法系。

3. 我国的票据法

我国关于票据的立法要远远落后于西方国家。直接原因是受票据发展的制约，根本原因是受社会经济发展水平的制约。

1990 年年底，中国人民银行正式成立了票据法起草小组，研究制定我国统一的票据法。经过近 5 年的努力完成了立法程序，于 1995 年 5 月 10 日颁布了《中华人民共和国票据法》（以下简称《票据法》），从 1996 年 1 月 1 日起正式实行。这是新中国第一部真正规范的票据法。至此，我国的票据法体系终于形成。我国《票据法》从内容上看比较系统全面，共有 7 章 111 条。在适用范围上。既适用于国内票据，又适用于涉外票据（指出票、背书、承兑、保证、付款等行为既发生在国内又发生在国外的票据）；在形式上采取汇票、本票和支票统一立法的方式。

英美法系和大陆法系两大法系之间在汇票项目方面大体相同，但也有差别，比较明显的差异有以下几点：

（1）伪造背书后的拥有者的权利：《英国票据法》规定伪造背书的所有后手不能成为持票人，没有持票人的权利，付款人、承兑人支付票款给持票人，不能解除自己的付款责任，汇票丢失的赔偿责任由伪造人及其直接后手承担；《日内瓦统一汇票、本票法公约》规定伪造背书的所有后手可以成为持票人，付款人、承兑人支付票款给持票人，从而解除自己的付款责任，汇票丢失的赔偿责任由伪造人及其直接前手承担。

（2）保证行为：《日内瓦统一汇票、本票法公约》有完整的规定；《英国票据法》无完整的规定，仅有近似规定。

（3）票据法的对价观点：《日内瓦统一汇票、本票法公约》没有规定；《英国票据法》有明确规定，进一步规定了付对价持票人和正当持票人，给予正当持票人优越的权利，支持票据流通转让，保证持票人的权益。

为了消除两大法系的差异，联合国国际贸易委员会从 20 世纪 70 年代开始拟订国际票据的统一法，于 1982 年公布了《国际汇票和国际本票公约》（草案），想把两大法系统一成一大法系。1982—1988 年几次修改并制订《国际汇票和国际本票公约》（草案）（*Convention on International Bills of Exchange and International Promissory Notes*，CIB）和《国际支票公约》（草案）（*Convention on International Cheque*，CIC），但至今两大法系仍同时使用。

二、汇票

(一) 汇票的定义

汇票（Bill of Exchange/Draft/Bill），Draft 银行常用，Bill/Exchange 商业常用。1882 年《英国票据法》对汇票的定义为：A bill of exchange is an unconditional order in writing addressed by one person(the drawer) to another(the drawer) signed by the person giving to requiring the person to whom it is addressed (the drawee, who when he signs becomes the Acceptor) to pay on demand or at a fixed or determinable future time a sum certain in money to or to the order of a specified person, or to bearer(the payee).

结合《英国票据法》汇票定义、我国票据法汇票定义以及实际使用中的专业人士的经验，本书对汇票的定义表述为：汇票是一个人向另一个人签发的，要求即期或定期或在可以确定的将来时间，对某人或其指定人或持票来人支付一定金额的无条件书面支付命令。汇票实例如附式 5-1 所示。

附式 5-1　汇票实例

BILL OF EXCHANGE

SHANGHAI：

No. TX 370　Date MAY 31，2007

For USD 126 000. 00

At 60 DAYS AFTER B/L DATE _sight of this SECOND BILL of EXCHANGE(first of the same tenor and date unpaid) pay to the order of ＿＿ BANK OF CHINA SHANGHAI BRANCH ＿＿ the sum of SAY U. S. DOLLARS ONE HUNRED AND TWENTY SIX THOUSAND ONLY.

Drawn under LONDON BANK

L/C No. TX370 ＿＿Dated ＿＿APR. 30，2007 ＿＿

To. LONDON　BANK＿＿

205 QUEENSWAYLONDON，2008 UK

上海进出口公司

盖章

（signature）

SHANGHAIYONGSHENG IMP & EXP. CO.

方达

（二）汇票的必要项目

根据《日内瓦统一票据法》规定，汇票必须具备以下项目（现结合附式 5-2 的标准汇票形式讲解汇票的主要项目）。

附式 5-2　标准汇票实例

Exchange for (1)￡ 6,856. 00 (8)　　Hong Kong

25th July, 20××　(5)

At. 90 days after ... sight of this first of Exchange　(6)

(second of the same tenor and date unpaid) pay to the order of　(2)

The Chartered Bank　(8)

POUNDS STERLING SIX THOUSAND EIGHT HUNDERD AND FIFTY SIX

ONLY （7）

（9）Drawn under Standard Chartered Band Ltd. ，London Letter of Credit N0. 4/4108 date 12th July，20xx，against shipment of Grey Shirting from Hong Kong to Liverpool per s/s Golden Star

To：Standard Chartered Bank Ltd. （3） For Hong Kong Textiles Manufacturing Company Hong

Kong （4）

London （3） Signed （4）

1. 汇票上须有"汇票"字样

汇票上注明"汇票"，主要是为区别于其他支付工具，如本票、支票。一般在汇票的正文开头和标题位置。

例如，Exchange for £ 1 000 000

Draft for USD £ 1 832 000

《英国票据法》无此要求；美国无此要求，但实际中一般都写明"汇票"字样；日本对此要求更严，要求除正文写有"汇票"，标题上也要写。

例如：Bill of Exchange

Exchange for USD＄1 000

2. 汇票上须有文字表明是无条件支付命令

无条件支付命令出现在汇票的正文。无条件支付命令有两层含义：一指汇票是支付命令，不是请求，汇票上不能出现请求的词语，但不排斥礼貌的用语；二指汇票的支付不受到限制，不能附带任何条件，不能把某事件的发生或某种情况的出现作为付款的先决条件。无条件支付命令必须用英文的祈使句来表示。例如：

Pay to XYZ Co. or order the sum of one thousand US dollars.

"支付给 XYZ 公司或其指定人 1 000 美元"，属于正常汇票命令。

Pay to Smith the sum of ten thousand US dollars only.

"仅付给史密斯 10 000 美元"，属于正常汇票命令。

以下几个文句例子不是无条件支付命令。

Would you please pay to …

I should be pleased if you would pay to me.

Pay to Jack £ 800 out of the proceeds of selling my house.

On arrival of or After receipt of all documents pay to …

但是如果汇票上注明出票条款、付对价文句、偿付方式等条款不作为有条件论处，仍视为无条件支付命令。举例如下：

（1）出票条款(Drawn Clause)，说明汇票开立原因与理由的内容。例如：

Drawn under ABC Bank. L/C NO. 1162/02 date—

凭 ABC 银行某日期开立的第 1162/02 号信用证开立(此汇票)。

（2）付对价文句。所谓付对价，指凡能构成契约行为、付出相等价值者，如付出货币、商

品、服务交易等。对价文句是表明付出对价的文句。例如:

for value received(对价已付),指汇票的开出方式是有对价的。

For value received against shipment of 100 bales of Cotton.

汇票的开出是由于出运了 100 包棉花。

(3) 偿付方式,指支付命令连接着付款人可以借记某种账户的表述。例如:

Pay Robert Brown the Sum of £ 10, and debit our account with you.

付罗伯特·布朗 10 英镑后借记我账户。

Pay to ABC Bank or order the sum of ten thousand US dollars and debit same to applicant's account with you.

支付给 ABC 银行或其指定人 10 000 美元,并将此金额借记申请人在你行开设的账户。

另外,无条件书面支付命令的书面(in Writing)是相对于口头而言的,包括打字、印刷的、钢笔和圆珠笔书写的,不能是口头的。有的票据法不禁止汇票用铅笔书写但也不提倡,实际中不加以使用,以免涂改。对票据的大小尺寸票据法没有具体的规定,但实务中都要求以合适的尺寸和不易涂改的方式制作汇票。

3. 付款人姓名或商号及地址

付款人姓名、地址一般在汇票左下角位置,是"to"或"To"之后的姓名和地址。

汇票上付款人姓名、地址必须书写清楚,以便持票人向他提示要求承兑和付款。特别是当付款人是银行,它在某一城市有两家以上的分支机构时,要写明城市名,还要写街道及门牌号码,以减少提示汇票的麻烦。国际贸易中,如果是信用证结算,付款人多是开证行,有时信用证要求以进口商或开证行的联行为付款人,汇票可以使用下列文句:You are authorized to drawn on ABC, drawn on 后面即为付款人。

《英国票据法》允许汇票上付款人是两人或有多人,但多人之间的关系必须是并列的(A bill drawn on A and B is permissible),不能有所侧重、有选择,任何一人都必须对全部债务负责,否则不予接受(A bill drawn on A or B is not permissible)。

例如,付款人为"A and B",可以接受。

付款人为"A or B""First A than B",则不接受,因为这样付款人是不确定的。

如果汇票上付款人就是出票人本人或者付款人是虚构的,是没有支付能力的人,持票人有权决定把它作为本票或汇票处理。实际中俗称的"已付汇票",指出票人自己作为付款人,如一家银行分行作为出票人,总行为付款人。

4. 出票人签字

汇票必须由出票人亲笔签名和盖章才生效,汇票必须由发出命令者签署,可以是出票人本人签字也可以是出票人代理或授权签名,汇票无签名或伪造签名或签名未得到出票人授权擅自签名的无效。出票人签字的地方一般在汇票的右下角。

签字是非常重要的,签字就等于承认了自己的债务。《英国票据法》中不完整汇票的规定表明,只要交付了一张签过字的白纸就算确定了债务,其他的项目的持票人可根据授权来填写。

如果出票人本人付款就由本人直接签字。如果代表公司、商号签字,即便是总经理签字也是代签,因为钱是公司的,这时应在签字前面注明,并在个人签名后面写上职务名称。签字的具体做法一般有以下几种:

（1）For ABC Co. Ltd. ，London

John Smith　Manager

（2）On Behalf of ABC Co. Ltd. ，London

George Mallory　Director

（3）For and on behalf of ABC Co. Ltd. ，London

Shirley Brown　Secretor

（4）Per Pro ABC Co. Ltd. ，London

Tracy Jones　Accountant

5．出票日期和地点

出票日期和地点应写在汇票右上方，如果此处没有说明出票地点，则出票人名字旁边的地点即为出票人的地址，就是出票地点。

（1）汇票上必须列明出票日期。其作用如下：

① 确定出票人在签发汇票时有无行为能力，出票的公司当时是否成立，如果出票人在出票时已宣布破产或清算，丧失行为能力，则汇票不能成立。

② 确定某些汇票的付款到期日。出票后若干天付款的汇票，其到期日就从出票日算起。

③ 确定提示期限、承兑期限、利息起算日等。《日内瓦统一汇票、本票法公约》第 23、34 条分别规定见票后固定日期或见票即付汇票，必须在出票日以后一年内提示要求承兑或付款。

④ 如遇出票人停止支付时，借以知道出票是否在停止支付之前。

（2）汇票上必须列明出票人地点。其作用如下：

① 确定以哪个国家的法律为依据来判断汇票所具备的必要项目是否齐全，汇票是否有效。因为汇票如在一个国家出票，在另一个国家付款时，各国的票据法有关规则不可能完全一样。一般情况下以出票地所在的国家的法律为依据，采用出票地行为法律的原则。

② 确定以哪个国家的法律为依据，以备以后作为仲裁汇票案件的依据。汇票当事人之间难免出现一些纠纷，有时诉讼法律仲裁案件要有依据。通常以出票地法律为依据。

6．付款地点

付款地点在汇票左下角付款人的名字旁边。付款地点是汇票金额支付地，也是请求付款地或拒绝证书做出地，有时出票人也可在汇票金额后面写明以何地的货币偿付，承兑人也可通过承兑改变付款地点。

例如：Payable by an approved bankers cheque on London，Payable in London Found.

7．付款期限

付款期限（Tenor），又称付款到期日（Maturity）、付款时间（Time of Payment），它是付款人履行付款义务的到期日，必须在汇票上反映出来。付款期限一般有下列四种方式：

（1）即期付款。这种汇票称为即期汇票（Sight/Demand Bill），汇票收款人提示汇票的当天即为到期日，汇票上一般有这样的字样："即期"（at sight/on demand/on presentation）。

例如：On demand（duplicate unpaid）pay to the order of ABC company.

如果汇票上没有明确表示付款时间，也未注明到期日，即视为见票即付的汇票。即期汇票无须承兑。

（2）定期付款或在可以确定的将来时间付款。这种汇票称为远期汇票（Time/Usance/Term Bill），远期付款期限一般是 30 天、60 天、90 天。定期付款又分以下三种情况：

① 见票后若干天或月付款（Payable at××days/×months after sight），即付款人看见汇票后一定时间进行付款。

例如：At ninety days after sight pay to Smith 100 dollars.

At one month after sight pay to Smith 1,000 dollars.

此种汇票须由持票人向付款人提示，要求承兑，以便以承兑时作为见票日，从此算起，确定付款到期日。

② 出票后若干天/月付款（Payable at××days/×months after date），即从出票人出票时开始算起一定时期后付款。

例如：At 60 days after date of this first of exchange pay to …

At 3 months after date of this first of exchange pay to …

此种汇票的付款日期是从出票日计起，而不是从付款人看见汇票的日子开始算，但此种汇票也必须提示要求承兑，以明确承兑人的付款责任，做好付款准备。

③ 注明日期后若干天/月付款（Payable at××days/×months after stated date），即在标明的某个日期之后一段时间付款。

例如：At 60 days/2 month after 1st May 200×of this first of exchange pay to …

此种汇票的付款日期从标注的日期开始算。此种汇票也必须提示要求承兑，以明确承兑人的付款责任。

小贴士 5-1

关于到期日的计算

① 计算到期日的原则为：算尾不算头，不包括见票日和出票日，须包括付款日。

② 如果汇票到期日为非营业日，则顺延到下一营业日。

③ 如果汇票是出票或见票后一个月或数月后付款时，到期日应该在付款所在月的月内相应日子，如果没有相应日子，则该月最后一天即为到期日。

例如：出票一月后付款的汇票，出票日期是 2000-1-31。按推理到期日为当年 2 月 31 日，众所周知，2 月份没有 31 日，那么 2 月 28 日或 29 日即为汇票到期日。

④ 如果汇票是出票或见票后若干天后付款时，从出票日或见票日的次日开始数若干天，即为到期日。例如，见票后 90 天付款（At 90 days after sight pay to … ），见票日即为承兑日，假定为 4 月 15 日，4 月 15 日开头这一天不算，4 月 16 日作为起算日。

4 月 16 日—4 月 30 日　15 天　见票日次日为起算日

5 月 1 日—5 月 31 日　31 天

6 月 1 日—6 月 30 日　30 天

7 月 1 日—7 月 14 日　14 天　90 天的最后一天为到期日

合计 90 天

⑤ 实际中有"从说明日起若干天后付款"，"从（from）"的含义包括所述日。例如，"从 4 月 15 日起 90 天付款"（At 90 days from 15th April pay to …），4 月 15 日即为起算日，到期日为 7 月 13 日。由于此种表示容易引起误会，票据制作时最好少用或不用"from"。

⑥ 如果到期日遇到非营业日或国家法定假日则顺延。

（3）确定将来日期付款。此种汇票称为板期付款汇票，即付款日期一看便知，是一个将来确定日期，无须计算。此种汇票也必须提示承兑，以明确承兑人的责任。

例如：On 28th Nov. 200× fixed pay to ABC company one thousand US dollars.

On 20th May 200× fixed pay to …

（4）延期付款。此种汇票称为延期付款汇票（Deferred Payment Bill），指说明日期或其他特定日期以后若干天或月付款，一般指装运日或交单日或其他特定日以后若干时间付款。

例如：At 60 days after date of Bill of Lading pay to …

At 30 days after date of presentation of documents pay to …

"提单日后 60 天付款"，那么汇票上就须注明提单签发日期或交单日期，这对出口商来说是不合理的，有的进口商就会以此为借口称票证材料不符合而不付款，实际应用中视情况而定。如果汇票上注明了具体的提单签发日期或交单日期，那么就变成了注明日期后若干天付款。

如果付款期限不能确定或无法确定的，如汇票注明在一个不确定日期，或在一个不确定日期以前或报关以后付款，此汇票无效。

8. 确定的汇票金额

这是指汇票上须注明是一定金额的货币，其包括两层含义：其一，汇票必须以货币方式，不是货物形式表现出来的，必须有确定的货币种类，因为汇票是资金单据而不是货物凭证。其二，汇票金额必须是确定的，不能含糊，不能写模棱两可的金额数目，而且是任何人都可以计算出来或可以确定的金额。

英文表示中不能使用如 about/or/approximately 等词汇。即在货币金额前后不能写类似"大约""近似""或者"等字样。

如果汇票上载有利息和汇率付款条款等，只要利息条款有明确的利率、利息起讫日期，汇率付款条款有明确的汇率折算比率、市场条件等，就可以准确计算出金额，此汇票还可视为一定金额的汇票，可以接受。

（1）利息条款。With interest at 9% per annum from the date hereof to the approximate due date of return remittance to New York payable at bank's D/D or T/T rate of exchange on New York.

此汇票条款有确定的利率、利息起讫日期，可以计算出利息数额，是有效的。

Pay to the order of ABC Co. the sum of two hundred US dollars plus interest.

此汇票条款没有具体利率、利息起讫日期，不能计算出利息，《英国票据法》第九条规定，此汇票不能成立。《日内瓦统一票据法》第五条规定"加上利息"（Plus Interest）视为无效记载，汇票本身有效。早期美国向远东国家开出的汇票，常附有加带利息的所谓远东条款。

（2）其他等值货币付款条款。Pay to the order of ABC Co. the sum of two hundred

US dollars converted into Sterling equivalent.

此汇票条款没有表示货币兑换的汇率,不能计算出等值的英镑的具体数字,不能接受。

Pay to XYZ company the sum of three thousand Pound Sterling converted into US dollar at current rate of exchange.

此汇票条款说明按"现时汇率"(at current rate of exchange)折算,即按照付款时当天的汇率折算,各方当事人都能计算出来,可以接受。

(3) 分期付款条款。Pay to the order of XYZ company the sum of two thousand US dollars by installment.

此汇票条款对分期付款的说明不准确,非常笼统,付款人不易履行,很容易造成当事人的误解与矛盾,不能接受。

At 90 days after sight pay to the order of ABC Co. two thousand US dollars by ten equal consecutive monthly installment.

"见票后 90 天支付给 ABC 公司的指定人 2 000 美元,采用 10 个相等的、连续的、按月的分期支付"。

此汇票条款对分期付款的说明明确具体,付款人易于履行,可以接受。关于分期付款,《英国票据法》第九条允许汇票分期付款,而《日内瓦统一票据法》不允许汇票分期付款。

汇票金额须用文字大写(Amount in Words)和数字小写(Amount in Figures)分别写明。文字大写相当我们中文的汉字大写,要用英文单词分别写明数字、货币名称等。数字小写即为阿拉伯数字。如果文字大写与数字小写不符合,以金额最小的为准。实际中是要退票的,要求出票人更改后,再提示要求付款。实际中开汇票在金额一栏中特别在文字大写中,要在前后不留空地,以免对方涂改。

9. 收款人姓名

汇票的收款人(Payee)是汇票的主债权人,必须明确记载。汇票的收款人通常又称汇票抬头(Order)。在汇票正文中"pay"或"pay to"后的姓名或商号,即为抬头。根据汇票抬头的种类,可以确定汇票的流通性。汇票的抬头一般有以下几种情况:

(1) 限制性抬头(Restrictive Order)。限制性抬头,指汇票的收款人仅限制在某个人或某个公司,此种汇票不得转让他人。

例如:Pay to Smith only. "只能付给史密斯"。

Pay to Smith not transferable. "付给史密斯不得转让"。

在汇票的任何地方注名"not transferable"。出票人开立此种抬头的汇票,是不愿让汇票流入第三人手中,以便把自己在汇票上的债务仅限于对收款人一人。

(2) 指示性抬头/记名抬头(Indicative Order)。指示性抬头,指汇票的收款人是某人或某公司或其指定人,此种汇票经过背书和交付可以转让他人,实际使用中较多。

例如:Pay to Smith or order.

Pay to ABC Co. or order.

Pay to the order of ABC Co.

Pay to ABC Co.

Pay to the order of Westminster Bank Ltd. ,London.

（3）持票来人抬头／来人式抬头。来人式抬头（Payable to Bearer）的汇票指汇票的收款人是任何持有汇票来提示的人。

例如：Pay to bearer. ／Pay bearer.

Pay to the order of ABC Co. or bearer.

只要写上"bearer"的字样，不管其前后有无具体的名称，均视为来人抬头。此种抬头的汇票无须持票人背书，仅凭交付就可以转让。《英国票据法》允许来人做收款人，《日内瓦统一票据法》不允许来人做收款人。一些国家的票据法规定，票据上未记载收款人，即视为来人抬头，但大多数国家的票据法都要求收款人一定要注明。

俗称的"已收汇票"，指汇票的收款人就是出票人本人，在贸易中广泛使用，一般是出口商开出汇票，给进口商要求进口商付款给出口商，出口商可在汇票承兑后，背书转让或请银行贴现。

（三）汇票的其他记载项目

汇票除有以上九项必要项目外，尚有其他一些记载项目。

1. 成套汇票

汇票在实际使用中，往往开出成套汇票（a Set of Bill），各张汇票的面额和内容是完全相同的，各张汇票必须有编号，并交叉注明全套张数，注明其中一张付款后，其余各张即不再付，意指不能重付。例如，一套两张的汇票，第一张正本汇票写明 First/original，并记载凭此第一张汇票支付（第二张相同内容和日期的不付），pay this first bill of exchange（second of the same tenor and date being unpaid）to ... 俗称"付一不付二"。第二张副本汇票写明 Second/Duplicate，并记载凭此第二张汇票支付（第一张相同内容和日期的不付），pay this second bill of exchange（first of the same tenor and date being unpaid）to ... 俗称"付二不付一"，以保证不重复付款。

2. 需要时的受托代理人

汇票如果以买主作为付款人时，在其名字旁边记载受托代理人名称和详细地址。

例如：To：XYZ Co. ,36 Threadneedl Street，London.

In case of need refer to

ABC Co. ,138 Lambart Street，London.

如果汇票遭拒绝承兑或拒绝付款，持票人可以向需要时的受托代理人（Referee in Case of Need）联系，求助于他，如果后者同意即作为参加承兑或到期参加付款，以保护出票人的名誉，又称为预备付款人。

3. 付款地点

付款地点（Place of Payment）可以单独记载，持票人必须在该处提示汇票，如果没有单独记载，付款人姓名旁边的地址即为付款地点。

4. 担当付款行

当汇票以某公司作为付款人时，为了便于付款，出票人可根据他与付款人的约定，写明以付款人的账户银行作为担当付款行（a Banker Designated as Payer）。

例如：A bill drawn on XYZ Co. , London.

Payable by Bank of Europe，London.

表示要求担当付款行支付票款并借记付款人账户。持票人向付款人提示要求承兑,到期向担当付款行提示要求付款。如果出票人在出票时没有记载担当付款行,付款人可以在承兑时加列担当付款行。

例如:

ACCEPTED

(date)

Payable at

Lloyds Bank Ltd. ,

London

For XYZ Co. , London

signed

5. 利率与利息

汇票上可以加载利息与利率(Interest and Rate)条款,以利计算方便。

6. 其他付款货币

汇票可以记载使用其他货币支付(Payable in Other Currency)。

7. 提示期限

出票人可以在汇票上规定提示期限(Limit of Time for Presentment),或者不规定提示期限,或者规定在指定的日期以前不得提示。

8. 免做退票通知或放弃拒绝证书

出票人或背书人可以在其名字旁边记载放弃对持票人的某种要求,如放弃持票人做拒绝证书。

"约翰·布朗——免除退票通知"(John Brown-Notice of Dishonour Excused)

"约翰·布朗——免除退票通知"(John Brown-Protest Waived)

这表明如果遇到退票(拒付)不需提供退票通知或做成拒绝证书,即可向出票人或背书人行使追索权,出票人或背书人仍然负责。

9. 无追索权

出票人可以在汇票上或其签名上记载"无追索权(Without Recourse)"的字样或"对我们没有追索权"的字样,解除持票人对他的追索。背书人也可以在他签名上做同样记载,免除持票人对他的追索。

例如:

Without recourse to us

For XYZ Co. , Ltd. , London.

Signed

实际上"无追索权"是免除了持票人和背书人的责任,会影响汇票的流通。

(四)汇票票据行为及其当事人的权利、义务

票据行为有狭义和广义之分,狭义的票据行为是以负担票据上的债务为目的所做的必要形式的法律行为,即出票、背书、承兑、参加承兑和保证等。其中,出票是主票据行为,其他行为都是以"出票"所开出的票据为基础衍生出来的,称为附属票据行为。广义的票据行为除了上述狭义的行为之外，还包括票据处理过程中有专门规定的行为，如提示、付款、参加付款、退票、行使追索权等。票据法规定，票据的开出是要式的，票据行为也是要式的。

1. 发出汇票(Issue)

(1) 出票的概念。出票即开出汇票，包括两个动作：一是写成汇票，并在汇票上签字(to draw a draft and to sign it)。二是将汇票支付给收款人(to deliver a draft to the payee)。经过这两个动作就创设了汇票的债权，收款人拥有了汇票就拥有了债权。

交付(Delivery)是实际的或推定的汇票的持有，从一个人转移到另外一个人的行为。交付动作在交付给另一个人之前是不生效的，汇票的出票、背书、承兑票据行为等在交付前都是不生效的和可以撤销的。只有将汇票交付给他人，出票、背书、承兑等票据行为才开始生效，并且是不可撤销的。

(2) 当事人。出票行为的当事人是出票人(Drawer)，即开立汇票、签署并交付他人的人，一般是进出口贸易中的出口方，是命令付款人付款并在汇票上签名的人。出票人是收款人的债务人，付款人的债权人。承兑前，他是汇票的主债务人；承兑后，他是次债务人，承兑人成为主债务人。

出票人的责任是：① 保证对收款人或持票人应照汇票文义担保汇票被付款人承兑和付款。② 保证倘若拒绝承兑或付款，持票人可以向出票人行使追索权。

2. 背书(Indorsement/Endorsement)

(1) 背书的概念。背书是指汇票背面的签字。它是转让意志的表现，是以票据权利转让给他人为目的的。汇票的流通，除来人抬头的汇票外，一般都要经过背书才能流通转让。收款人和被背书人可以通过背书把票据权利转让给他人。

背书行为包括两个动作：一是在汇票背面签字；二是交付给被背书人。经过背书票据权利由背书人转让被背书人。背书可以多次连续进行，背书连续是作为取得持票人正当权利的证明。

背书的作用有：① 背书等于背书人对汇票应负法律上的责任，受让人可用背书人的背书对他行使追索权，以增加汇票持有人的安全性。② 背书证明背书人对该汇票有确实的所有权。

(2) 当事人。背书行为的当事人有背书人和被背书人。

背书人(Endorsor)指在汇票背面签署把汇票权利转让给他人的人。收款人背书转让后成为第一背书人，以后汇票继续转让会有第二、第三……背书人，背书人是汇票的债务人。背书人对票据所付的责任与出票人相同，背书人对其后手背书人有担保票据被付款人承兑及付款的责任。如果汇票的主债务人不能按期支付款项，遇到拒付，后手可向背书人行使追索权。

被背书人(Endorsee)是指接受转让汇票的人，取得汇票后，拥有持票人的权利。但如果再背书转让，他又成为背书人，负连带责任。

(3) 常见的背书方法。

① 限制性背书(Restrictive Indorsement)，又称禁止转让背书，指禁止汇票继续转让而带有限制性词语的背书。即背书人在汇票背面签署，并写明："仅付×××"或"付给×××，不得转让"等字样。

例如：

Pay to X Bank only.

仅付给 X 银行。

Pay to X Bank only for account of ABC Co..

支付给 X 银行记入 ABC 公司的账户。

Pay to X Bank only not negotiable.

支付给 X 银行不可流通。

Pay to X Bank only not transferable.

支付给 X 银行不可转让。

Pay to X Bank not to order.

支付给 X 银行不得付给指定人。

② 特别背书/记名背书(Special Indorsement),指汇票背书给某特定人或特定人的指定人,需要记载"支付给被背书人(名称)",并经背书人签字。

例如:

Pay to the order of

Y Co. , New York

For X Co. , New York

Signed

被背书人 Y 公司可以经背书和交付继续转让汇票,以后还可以继续背书转让,最后的被背书人成为最终持票人,必须以连续的背书证明其权利,如表 5-1 所示。

表 5-1 连续背书的示意

顺序 当事人名	第一	第二	第三	第四	第五	第六
背书人	X	Y	Z	A	B	C
被背书人	Y	Z	A	B	C	最后被背书人 D 最终持票人

又如,汇票正面正文中支付命令为:Pay to the order of British Linen Co..

背面背书为:Pay to the order of Ace Trading Company

For and on behalf of

British Linen Co.

Signed

③ 空白背书/不记名背书(Blank Endorsement or Endorsement in Blank),指背书人在汇票背面只有签字,不写付给某人,没有被背书人的名称。汇票空白背书后,转让给一个不记名的受让人,他可以仅凭交付再行转让,与来人汇票相同,交付者不负背书人的责任,因为他没有在汇票背面签字。

空白背书的汇票,任何持票人可以在汇票背面签字并写明"支付给某人(自己或第三者)或指定人"将空白背书转变为记名背书,此后被背书人还可以做空白背书,将其恢复为空白背书。

例如：

汇票正面正文中支付命令为：Pay to the order of British Linen Co.

背面背书为：

For and on behalf of

　　　British Linen Co.

　　　　　Signed

持票人应以不间断的连续背书证明其权利的正当性，即使最后背书为空白背书，即使一系列的背书中含有空白背书。指示性抬头的汇票做成空白背书后，与来人抬头汇票相同，但二者的区别是：前者还可以再做成记名背书，又转变为指示性抬头；后者始终是付给来人，即使做成记名背书。

④ 附带条件背书（Conditional Endorsement），指"支付给某某人"的背书是带有附加条件的。

例如：

Pay to the order of Y Co.

On delivery of B/L No. 768

For X Co. . New York

　　　　　Signed

附带条件背书的条件只对背书人和被背书人有约束，与汇票的无条件支付命令无关，对出票人、付款人、承兑人没有约束。

⑤ 托收背书（Endorsement for Collection），指要求被背书人按照委托指示，代受票款，处理汇票的背书。一般都是背书给银行委托收入账户，通常在"Pay to the order of X Bank"的前面或后面写上"for collection"的字样，有时也可做其他指示。

例如：

For collection pay to the order of X Bank.

Pay to the order of X Bank for collection only.

Pay to the order of X Bank for deposit.

Pay to the order of X Bank value in collection.

Pay to the order of X Bank by procuration.

Pay to the order of X Bank only, prior indorsement guaranteed.

Pay to any bank.

表明授权被背书人为背书人代收票款，不是转让汇票的所有权，被背书人虽然拥有汇票，但没有获得汇票的所有权，只是代理背书人行使汇票的权利。

3. 提示（Presentment）

（1）提示的概念。提示指持票人将汇票提交付款人要求承兑或付款的行为。票据是一种权利凭证，要实现权利必须向付款人提示票据，以便要求实现票据权利。

提示可以分为两种：① 远期汇票向付款人提示要求承兑（Presentment for Acceptance）。② 即期汇票或已到期的远期汇票提示要求付款（Presentment for Payment）。

票据法规定，提示应在合理时限或合理的地点内办理，如果未在规定的时间或地点内提示,持票人将丧失对前手的追索权。对于即期汇票的付款提示要求和远期汇票的承兑提示要求,《英国票据法》规定为合理的时间,《日内瓦统一汇票、本票法公约》规定为一年。对于已承兑的远期汇票的付款提示,《英国票据法》规定在到期日进行提示,《日内瓦统一汇票、本票法公约》规定在到期日或其后两个营业日内进行提示。

提示要在正当地点进行,指汇票持票人应在汇票载明的地点或付款地址进行提示。如果汇票没有载明付款地点,则在付款人营业场所提示;如果没有营业场所,则到付款人的住所提示;如果汇票记载有担当付款人,应向担当付款人提示;如果付款人是银行,可以通过银行票据交换所提示汇票。

如果汇票遭到拒绝承兑或付款,汇票列有参加承兑人的,可向参加承兑人提示承兑。无参加承兑人有参加付款人时,可向参加付款人提示。

持票人向付款银行(Drawer Bank)提示汇票时,可以有三条渠道:一是到付款行柜台上提示,实际中很少使用。二是通过票据交换所的清算银行换出票据,付款行经其清算行换入票据,如果不退票就是付款了。三是代理行、联行通过邮寄票据,提示给付款行代收票据。

如果票据经过背书转让给持票人,再由持票人委托银行代收票款,最后托收银行的背书应附有"保证前手背书真实"(Prior Indorsement Guaranteed)。

(2) 当事人。提示的主要当事人是持票人(Holder),持票人是任何一个持有汇票的人(现在正持有汇票)。按照其拥有的权利和付出的代价,持票人可分为以下几种:

① 一般持有人(Holder),泛指尚未转让的持有汇票的人。

② 付对价持票人(Holder for Value),指持票人本人或其前手因付出对价而取得汇票,通常是指前手付过对价,自己没有付对价而持有汇票的人。所谓对价即对等的价值,是可以支持一项交易或合同的物品,可以是货物、劳务、金钱等。《英国票据法》认为,经过转让而取得汇票的人,要看他是否付过对价,决定他对汇票有着不同的权利。

③ 正当持票人(Holder in Due Course/Bonfida Holder)指在汇票合理时间内,自己付给对价的情况下善意地成为一张表面合格、完整、无任何所有权缺陷的汇票的持有人。

正当持票人应该首先是持票人,其次是付对价持票人,其权利优于前手,其权利不受汇票当事人之间的债务纠纷影响。

当事人有决定由本人或他人收取票款的权利,即有付款请求权和追索权;如果持票人转让汇票,当事人应该对其后手负责。

4. 承兑(Acceptance)

(1) 承兑的概念。承兑是远期汇票的付款人明确表示同意按出票人的指示付款的行为。承兑包括两个动作:第一在汇票正面写明"已承兑"(Accepted)字样和签字;第二是把承兑汇票或承兑通知书交付持票人。这样承兑就是有效的和不可撤销的。承兑有效后,付款人成为承兑人,成为汇票的主债务人。

付款人是否承兑得有考虑的时间。《英国票据法》规定考虑的时间是提示的次一营业日营业时间终了之前。《日内瓦统一票据法》规定考虑的时间是从第一次提示后至第二次提示日之前。付款人要针对汇票的真实性及他与出票人的关系,考虑是否对汇票进行承兑。

承兑时一般是在汇票正面横写承兑字样,由承兑人签字,并加注承兑日期,有时还加注汇票到期日。关于交付,国际银行业务的习惯是由承兑银行发出承兑通知书给持票人,代替交付已承兑的汇票给持票人。

（2）承兑的作用。承兑是一种重要的票据行为，它的作用有：

① 使持票人的权利得到进一步保障。因为汇票的出票人与付款人各居一方，付款人是否接受出票人的委托而付款，出票人事先不知道，持票人亦无法预知，经过承兑这一手续，付款人的支付义务才能确定，持票人的权利才能得到保证。

② 付款日期得到明确。见票后若干天或月付款的汇票，承兑日就是见票日，由此推断到期日，使付款日期得到明确。

③ 付款地点得到明确。如果汇票当中没有写明付款地点或付款人想改变付款地点，可以在承兑时写明或进行改变，以进一步明确付款地点。

④ 减轻出票人或背书人的责任。承兑后，付款人成为承兑人，成为汇票的主债务人，承担必须付款的义务，出票人成为次债务人，如果承兑人到期付款就解除了出票人及所有背书人的责任。

（3）当事人。承兑行为的当事人是承兑人（Acceptor）。承兑人是汇票的主债务人，承担必须付款的义务。承兑人有权拒付超过合理流通时间的汇票，有权拒付伪造背书的汇票，但汇票经过承兑后，承兑人则不能借口出票人的签名是伪造的或出票人并无签名的能力或背书人无行为能力等而拒绝付款，否认汇票的效力。

（4）承兑的种类。汇票承兑有以下两种：

① 普通承兑（General Acceptance），指承兑人对出票人的指示不加限制地同意确认，同意执行。

② 限制承兑/保留承兑（Qualified Acceptance），有限制地承兑汇票，即用明白的措辞改变汇票的文义，改变承兑的效果。限制承兑一般又可分以下几种：

第一种：有条件承兑（Conditional Acceptance），指以某种行为的发生为前提条件的承兑，即完成所述条件后承兑人给预付款。

例如：ACCEPTED

25th Sept. , 200×

Payable on delivery of bills of lading

For XYZ Bank Ltd. , London

signed

此种承兑不符合汇票是无条件支付命令的精神，持票人有权拒绝。

第二种：部分承兑（Partial Acceptance），指对汇票的部分金额予以承兑，即对汇票金额的一部分负责到期付款。

例如：如果票面金额是 10 000.00 美元，部分承兑可以是

ACCEPTED

lst Sept. ,200×

Payable for amount of $8 000.00 only

For XYZ Bank Ltd. . London

signed

持票人对部分承兑有权拒绝，但如果接受部分承兑，则对其余部分金额应做成拒绝

证书。

第三种:地方性承兑/规定地点承兑(Local Acceptance),指承兑时指明付款地点,或另择付款地点,即用文字表明汇票仅在那个地点付款而不在别的(and there only)地方支付。

例如:ACCEPTED

    3rd June. 200×

Payable at THE CHARTERED BANK and there only

For Standard Bank of South Africa Ltd. ,

signed

第四种:规定时间的承兑或延时承兑(Qualified Acceptance as to Time),即改变汇票付款时间的承兑,通常是改变后的时间迟于原先的付款期限,即在承兑时延长付款日期。

例如:对出票后三个月付款的汇票,承兑时改为六个月

      ACCEPTED

    28th May 200×

Payable at six months after date

For XYZ Bank Ltd. . London

signed

第五种:部分付款人承兑(Not Accepted by All Drawees'),即承兑并非由付款人全体做出,是由部分付款人做出。

5. 付款(Payment)

(1) 付款的概念。付款人在规定的时间和地点向持票人支付票款的行为即为付款。汇票的最终目的就是凭以付款,汇票到期持票人提示要求付款,经过付款人或承兑人正当地付款以后,汇票即被解除责任。

正当地付款(Payment in Due Course),所谓正当地付款应符合以下条件:① 要由付款人或承兑人支付,而不是由出票人或背书人支付。② 要在到期日那天及以后付款,而不能在到期日以前付款。③ 要付款给持票人,意指如果汇票被转让,前手背书必须连续和真实。《日内瓦统一票据法》只要求付款人签订背书连续,《英国票据法》还要求付款人签订背书的真实。但对即期付款给指定人,并以银行为付款人的汇票,可以不负背书真伪之责。④ 是善意的付款,即付款人按照专业惯例,尽了专业职责,利用专业信息和现有技术手段都不知道持票人权利有何缺陷而进行的付款。

汇票到期时,持票人提示汇票要求付款,经付款人或承兑人正当地付款后汇票即被解除责任,不仅解除了付款人的付款义务,而且解除了所有票据债务人的债务。如果不是由付款人或承兑人正当地付款,而是由出票人或背书人付款,则付款人或承兑人对汇票的债务并没有解除,他会被追索。

正当地付款时,一般要求收款人在汇票的背面签字作为收款证明,付款人收回汇票以便注销。一般应以汇票载明的货币支付,如果支付另外一种货币,则应在汇票上表示货币折合的汇率;如果汇票以外国货币表示,付款人有权折合为当地通用货币;如果当地不禁止支付外币,付款人也可支付汇票上载明的外国货币。

(2) 当事人。付款行为的当事人有付款人(Payer /Drawee)和收款人(Payee)。

付款人即支付汇票票款的人。他的责任就是按照出票人的命令指示支付票款,但付款人应负责检查汇票一连串背书的连续次序和真伪,对他认为是伪造背书或有其他缺陷的汇票,拒绝付款。

收款人即收取汇票票款的人,一般汇票的主债权人,是汇票的最终持票人。收款人应以背书之连续证明他是汇票的正当权利人。

6. 退票/拒付(Dishonour by Non-acceptand and Non-payment)

持票人提示汇票要求承兑时,遭到拒绝承兑或持票人提示汇票要求付款时,遭到拒绝付款均称为退票,也称拒付。另外,付款人逃避不见、死亡或宣告破产,以致付款事实已不可能执行时,也称为拒付。

汇票在合理时间内提示,遭到拒绝承兑时,或汇票到期日提示遭拒绝付款时,持票人将立即产生追索权。如果有非债务人作为参加承兑人或参加付款人,收款人即可向参加承兑人或参加付款人提示要求承兑或付款。如果没有任何第三者愿意参加承兑或参加付款,则收款人应将退票事实及时通知前手背书人直到出票人,并且进行退票通知后,立即请证人做出拒绝证书,以保留和行使追索权。

7. 退票通知(Notice of Dishonour)

退票通知指持票人在被拒付后,将退票的事实通知前者的行为。《英国票据法》很重视退票通知,规定持票人若不做成退票通知并及时发出即丧失追索权。《日内瓦统一票据法》认为退票通知仅是后手对前手的义务,不及时通知退票并不丧失追索权。但前手因后手未通知而遭受损失,后手应付赔偿之责。退票通知的目的是要使汇票债务人及早知道拒付的事实,以便做好准备。

退票通知有两种具体做法。第一种,汇票遭到退票时,持票人应在退票后一个营业日内,将退票事实通知前手背书人,前手应于接到通知后一个营业日内再通知他的前手背书人,一直通知到出票人。这样接到退票通知的每个背书人都有向其前手追索的权利,如果持票人和背书人未在规定时间内将退票通知送达前手背书人或出票人,则该持票人和背书人即对接受通知的前手丧失追索权。但正当持票人的追索权不因遗漏通知而受到损害。第二种,持票人将退票事实通知全体前手及出票人,如此则每个前手即无须继续向前手通知。

8. 做拒绝证书(Protest)

拒绝证书,是由拒付地点的法定公证人或其他依法有权做出证书的机构(如法院、银行、工会等)做出的证明拒付事实的文件。如果拒付地点没有法定公证人,拒绝证书可由当地知名人士(Famous Man)在两个见证人(Witness)面前做成。在我国可请法院公证处做出。

持票人在请求公证人做成拒绝证书(Making Protest)时,应将汇票交于公证人,由公证人再次向付款人做出提示;如仍遭拒付,即由公证人按规定格式做成拒绝证书,持票人凭拒绝证书及退回的汇票向前手背书人行使追索权。

拒绝证书分为拒绝承兑证书和拒绝付款证书。拒绝承兑证书是拒付地点的法定公证人做出的证明拒绝承兑事实的文件;拒绝付款证书是拒付地点的法定公证人做出的证明拒绝付款事实的文件。做成拒绝承兑证书后无须再做付款提示,也无须再做成拒绝付款证书。

一般情况下,持票人须在退票后一个营业日内做成拒绝证书。做成拒绝证书时所付的公证费用,在追索票款时可一并向出票人算账。有时出票人为了避免公证费用的追索,可在汇票空白处加注"不做成拒绝证书"(Protest Waived)字样,这样,出票人不需做成拒绝证书,即可行使追索权;如果持票人仍要做拒绝证书,相应费用自己承担。

9. 追索(Recourse)

追索指汇票遭到拒付后,持票人对其前手背书人或出票人请求其偿还汇票金额及费用的行为。追索权指汇票遭到拒绝后,持票人拥有的对其前手背书人或出票人请求其偿还汇票金额及费用的权利。

追索的对象是背书人、出票人、承兑人以及其他债务人,因为他们对持票人负有连带付款责任。被追索付出款项的出票人可再向承兑人取得偿付,被追索付出款项的背书人可再向承兑人或持票人或其前手背书人取得偿付。正当持票人可以不依照背书次序,越过其前手,而对债务人中的任何一人行使追索权。被追索者清偿票款后取得持票人的权利。

追索的款项包括:汇票金额,利息,做成退票通知、做拒绝证书和其他必要的费用。

行使追索权的条件有:① 必须在法定期限内,向付款人提示汇票,未经提示,持票人不能对其前手进行追索。② 必须在法定期限内将退票事实通知前手,后者再通知前手直到出票人。③ 必须在法定期限内由持票人请公证人做成拒付证书。这是《英国票据法》的规定。具备以上三个条件才能保留和行使追索权,但持票人或背书人必须在法定期限内行使追索权,否则权利丧失。《英国票据法》规定保留追索权的期限为 6 年。《日内瓦统一票据法》规定持票人对前一背书人或出票人的行使追索权的期限为一年,背书人对其前手背书人行使追索权的期限为六个月。

10. 参加承兑(Acceptance for Honour)

(1)参加承兑的概念。参加承兑是汇票遭到拒绝承兑而退票时,非汇票债务人在得到持票人同意的情况下,参加承兑已遭拒绝承兑的汇票(Accept the Bill Supra Protest)的一种附属票据行为。参加承兑的目的是防止或推迟追索权的行使,维护出票人和背书人的信用。

(2)参加承兑的当事人。参加承兑的当事人有参加承兑人(Acceptor for Honour)和被参加承兑人(The Person Whose Honour Acceptance has been Given),参加承兑人是执行参加承兑行为的非汇票债务人,他在汇票上记载参加承兑的意旨、被参加承兑人的名称、参加承兑的日期,并签字。一般记载形式如下:

Acceptance for Honour

Of 被参加承兑人姓名

On 参加承兑日期

Signed by 参加承兑人姓名

汇票到期,如果付款人不付款,持票人可向参加承兑人提示要求付款,通知他付款人因拒绝付款而退票,参加承兑人应照付票款,从而成为参加付款人。

被参加承兑人是被参加承兑人担保信誉的任意汇票债务人。参加承兑人与被参加承兑人的关系及实际操作的一些事项可结合下面的例子加以说明。

例如,有一张汇票出票人 A 命令付款人 B 对收款人 C 支付一定金额,汇票经背书转让到 D 和 E 的手中,E 作为持票人向付款人 B 提示承兑,但遭 B 拒绝,非汇票债务人 F 作为参加承兑人承兑这张汇票,并指定被参加承兑人是 C 及 F 向持票人担保 C 的信誉。

汇票到期,持票人仍首先向付款人 B 提示要求付款,如 B 仍不付款,再向 F 提示,F 付款成为参加付款人。F 付款后,被参加承兑人 C 的后手即被免除了票据责任,F 成为持票人,则对参加承兑人 C 及其前手和出票人有请求偿还权,也即参加承兑人只对持票人及参加承兑人的后手负责,参加承兑人付款后,票据并不注销,参加承兑人可向被参加承兑人及其前手追索,那么参加承兑的实际效果只是推迟追索权的行使。如果上例中 F 指定出票人 A 为被参加承兑人,则 F 付款后只能向 A 具有请求偿还权,因为 A 没有前手。《日内瓦统一票据法》规定,凡参加承兑而没有记载被参加承兑人的,则应视出票人为被参加承兑人。

参加承兑人参加承兑后,应在两个营业日内将参加承兑的事实通知给被参加承兑人,如果未通知致使被参加承兑人受到损失,应由参加承兑人负赔偿之责。

持票人如果同意第三者参加承兑,即不得在到期日之前向前手行使追索权。见票后若干时间付款的汇票,如果被参加承兑,其到期日是从做成拒绝证书之日算起,而不是从参加承兑日算起,持票人在到期日应先向付款人提示要求付款,遭到拒付时,才得向参加承兑人要求付款。

(3) 参加承兑与承兑的比较。参加承兑与承兑的主要区别如下:

① 参加承兑的目的在于,确定参加承兑人有付款责任,维护被参加承兑人的信誉,以推迟追索权的行使;承兑的目的则是明确确定付款人的付款责任。

② 参加承兑人不是票据的主债务人,仅在付款人不付款时,才负付款义务;承兑人则是票据的主债务人,绝对负担付款义务。

③ 参加承兑人仅对持票人和被参加承兑人的后手承担汇票付款责任;承兑人则对持票人、出票人和所有背书人承担汇票的付款责任。

④ 参加承兑人付款后,对被参加承兑人及其前手取得持票人的权利,行使追索权;承兑人付款后汇票责任即被解除。

11. 参加付款(Payment for Honour)

参加付款指在因拒绝付款而退票,并已做成拒绝付款证书的情况下,非汇票债务人参加支付汇票票款的行为。

参加付款与参加承兑的相同点是:同为防止或推迟追索权的行使,维护出票人、背书人的信誉,都可指定任意债务人作为被参加人。二者的不同点是:参加付款不需征得持票人的同意,任何人都可作为参加付款人,参加承兑则须经持票人的同意;参加付款是在汇票拒绝付款时,参加承兑则是在汇票拒绝承兑时。

参加付款的当事人有参加付款人(Payer for Honour),参加付款者出具书面声明,表示愿意参加付款,并由公证人证明后即为参加付款人。

其相应的权利和义务有:① 参加付款人付款后对于承兑人、被参加付款人及其前手取得持票人的权利,有向其请求偿还权,被参加付款人之后手,因参加付款而免除票据责任。② 参加付款人未记载被参加付款人,则出票人应视为被参加付款人。③ 第三者作为付款人时,应将参加付款的事实在两个营业日内通知被参加付款人,如果未通知而发生损失,应负赔偿之责。

参加付款的金额包括票面金额、利息和拒绝证书的费用。付款时,参加付款人收回汇票和拒绝证书,然后向被参加付款人及其前手请求偿还。

预备付款人(Referee in Case of Need):出票人和背书人可以指定在付款地的第三人作

为需要时的付款人,这个被指定的人就是预备付款人。其目的是,在汇票遭到拒绝承兑或拒绝付款时,由持票人做成拒绝证书后,先不行使追索权,而向预备付款人请求付款。此时预备付款人付款就成了当然参加付款人。如果出票人已指定了预备付款人,背书人就不能再指定他人作为预备付款人。

预备付款人与参加付款人的主要不同点有:① 预备付款人是出票人、背书人事先在汇票上指定的,不必指定被参加付款人,而以指定预备付款人的人作为当然被参加付款人。② 指定预备付款人不必征得持票人的同意。

《日内瓦统一票据法》及《英国票据法》均规定,在两人或两人以上竞相参加付款时,能免除最多债务人者有优先权。

例如,出票人 A 交付一张汇票给收款人 B,后者背书后将汇票转让给 C,再由 C、D、E、F 背书转让给 G,由 G 向付款人 H 做付款提示,在 H 拒付时,L、M、N 三人同时请求参加付款,L、M、N 分别以 H、D、A 作为被参加付款人。

(出票人)A→B→C→D→E→F→G→H(付款人)

    ↑   ↑   ↑

    N   M   L

由 L 付款,H 作为被参加付款人,H 无后手,不能免除任何人的债务。

由 M 付款,D 作为被参加付款人,可免除 D 的后手 E、F、G、H 的债务。

由 N 付款,A 作为被参加付款人,所有背书人都是他的后手,免除的责任最多。N 有参加付款优先权。

12. 保证(Guarantee or Aval)

保证是指非票据债务人,对于出票、背书、承兑、参加承兑等行为所发生的债务人予以担保的附属票据行为。保证应在汇票上记载保证文义、被保证人名称、日期和签名,常见形式如下。

(1) PER AVAL。

given for 被保证人名称

signed by 保证人签名

dated on 保证日期

(2) We guarantee payment。

given for 被保证人名称

signed by 保证人签名

dated on 保证日期

(3) GUARANTEED。

For a/c of 被保证人名称

Guarantor 保证人名称

Signature

(4) PAYMENT GUARANTEED。

Signed by 保证人名称

Dated on

保证的当事人有保证人(Guarantor)和被保证人(The Person Guaranteed)。保证人是对票据行为做出保证的人。被保证人指被他人担保信誉的人,出票人、承兑人、参加承兑人和背书人都可做被保证人。保证人与被保证人所负的责任是完全相同的。例如,为承兑人保证时,应负付款之责;为出票人、背书人保证时,应担负承兑及担保付款之责。如果未记明被保证人姓名时,以付款人作为被保证人。如果被保证人不付款,保证人在偿付票款之后可以行使持票人权利,即对承兑人、被保证人及其前手行使追索权。

票据被保证以后,票据债务的担保人就增加了,尤其当票据由资力雄厚信誉良好者担保后更增强了票据的可接受性,便于流通,因而保证常被作为票据融通资金的手段。

票据的正面除了出票人、付款人、承兑人以外的签字都认为是一种保证的记载。单纯的签字可作为略式保证。在票据记载合格时,即使被保证人的债务因手续不全而无效,保证人仍应对票据债务负责。保证人还可以对汇票金额的一部分作保证。

(五) 汇票的贴现

1. 贴现业务

贴现(Discount),指远期汇票承兑后,尚未到期,由银行或贴现公司从票面金额中扣减按照一定贴现率计算的贴现息后,将净款(Net Proceeds)付给持票人的行为。

商业票据贴现就是票据的买卖,是指持票人出售已承兑的远期汇票给贴现公司或贴现银行,提前得到票款,贴现银行持贴进的汇票直到到期日提示给承兑人要求付款,承兑人支付票面金额归还贴现银行的垫款,并使银行赚取了贴现息,所以贴现业务既是票据买卖业务,又是资金融通业务。

贴现息的计算公式为:

$$贴现息＝票面金额×\frac{贴现天数}{360}×贴现率$$

贴现天数指距到期日提前付款的天数,一般按贴现日到到期日前一日的天数计算。公式中除以 360,是因为贴现率是用年率表示的,应折算成日利率,英镑按 365 天做基数进行折算,美元等其他货币按 360 天做基数进行折算。

$$净款＝票面金额－贴现息$$

或者

$$净款＝票面金额－\left(1-\frac{贴现天数}{360}×贴现率\right)$$

一般而言,票据贴现可以分为三种,即贴现、转贴现和再贴现。贴现是指客户(持票人)将没有到期的票据出卖给贴现银行,以便提前取得现款。一般工商企业向银行办理的票据贴现就属于这一种;转贴现是指银行以贴现购得的没有到期的票据向其他商业银行所做的票据转让,转贴现一般是商业银行间相互拆借资金的一种方式;再贴现是指贴现银行持未到期的已贴现汇票向人民银行的贴现,通过转让汇票取得人民银行再贷款的行为。再贴现是中央银行的一种信用业务,是中央银行为执行货币政策而运用的一种货币政策工具。

2. 贴现市场

由于不同国家在票据贴现市场的融资规模、结构状况及中央银行对再贴现政策的重视程度方面存在差异,票据贴现市场具有不同的运行特点。

美国的票据贴现市场,主要由银行承兑汇票贴现市场和商业票据市场所构成。银行承兑汇票是进出口贸易中进口商签发的付款凭证,当银行承诺付款并在凭证上注明"承兑"字样后,就变成了承兑汇票。大多数银行承兑汇票偿还期为 90 天,因其以商品交易为基础,又有出票人和承兑银行的双重保证,信用风险较低,流动性较强。

与美国相比,英国贴现市场的历史则更为久远,已走过了 100 多年的发展历程,且一直比较发达,在金融市场中的地位也颇为重要和独特。英格兰银行在相当长一段时间内高度重视再贴现政策的运用。19 世纪中叶,伦敦贴现市场所经营的几乎全部是商业汇票的贴现业务,到 19 世纪末,才陆续增加国库券和其他短期政府债券的贴现业务。20 世纪 50 年代中期以前,票据贴现市场是英国唯一的短期资金市场。20 世纪 50 年代后期,英国货币市场的家族才逐步扩大,出现了银行同业存款、欧洲美元、可转让大额定期存单等子市场,但票据贴现市场在英国货币市场中仍毋庸置疑地处于核心地位。英国票据贴现市场的参与者众多,包括票据贴现所、承兑所、企业、商业银行和英格兰银行。伦敦贴现市场由 12 家贴现公司(Discount House)组成,专门经营买入各种票据,包括贴现商业票据。还有 8 家商人银行,称为承兑公司(Accepting House),办理承兑汇票业务,即承兑公司以其自身名义承兑汇票,由持票人将汇票持向贴现公司办理贴现,取得资金融通。经营这种承兑业务的公司叫作承兑公司。承兑公司赚取承兑手续费,不垫付资金,汇票到期,出票人将票款交承兑公司,以备持票的贴现公司取款。

日本的票据贴现市场上用来贴现的票据,主要是期票和承兑汇票。所谓期票,是由一些资信度较高的大企业签发的,以自身为付款人、以银行为收款人的一种票据。承兑汇票主要指国际贸易中出口商持有的、经过承兑的出口贸易票据。按照日本的中央银行——日本银行的规定,出口商持出口贸易票据向商业银行贴现,或商业银行持同类票据向中央银行办理再贴现时,均可获得低于商业银行短期普通贷款利率的优惠利率。此举的目的在于刺激出口,增强日本商品的国际竞争力。在日本,不仅一些大的城市银行将票据贴现作为放款业务的主要内容,就连经营长期金融业务的长期信用机构,基于调整资产结构、保持资产流动性的目的,也十分重视票据承兑与贴现业务,将其作为放款业务管理的重要内容。

我国票据贴现市场发展明显滞后,一方面表现为票据贴现业务起步晚、数量小、比重低,面临着一系列制约因素;另一方面表现为发展原票据贴现市场的框架和基本思路不够明确。

实际中使用比较多的贴现业务是:承兑公司与普通商号约定,允许普通商号开出以承兑公司作为付款人的远期汇票,承兑公司不收对价,在汇票上签字承兑,用自己的名字来提高汇票的信誉;出票人也是收款人,将已承兑汇票拿到贴现公司要求贴现,从而获得资金融通,待汇票到期日持票人将票款交给承兑公司,以便支付给提示汇票索款的贴现公司。这里使用的汇票又称为融通汇票(Accommodation Bill),承兑人又称为融通人(Accommodation Party)。

3. 贴现的费用

贴现的费用包括承兑费、印花税和贴现息。

(1) 承兑费(Acceptance Commission),是指承兑公司承兑汇票时收取的手续费。伦敦银行对于远期汇票的承兑费按承兑期每月 1‰算收,最少按 60 天承兑期(即 2‰)收费,一般由买方负担。

（2）印花税（Stamp Duty）。一些国家要求对汇票贴印花，收取印花税。英国对于 3 个月的远期国内汇票按 2‰，6 个月的远期国内汇票按 4‰贴印花；外国汇票按国内汇票的一半贴印花，印花税由卖方负担。

（3）贴现息（Discount Interest），指贴现时扣除的利息，按照贴现息的计算公式计算。伦敦市场的贴现率由伦敦贴现市场公会决定，按年率计算。汇票的出票人、承兑人名誉好，贴现率就低；反之就高。贴现率经常变动，一般略低于银行对客户的放款利率。

贴现率与利率比较接近，但两者并不相等，而且利率越高、期限越长，两者的差距越大，二者的关系如下：贴现息是根据贴现率计算出的银行在贴近票据时应扣得的利息，余下净款付给持票人。

（六）汇票的种类

1. 按出票人身份不同划分

（1）银行汇票（Banker's Draft）：以银行作为出票人，委托国外分行或代理行付款的汇票，出票人和付款人均是银行。

（2）商业汇票（Trader's Bill or Commercial Draft）：以商号或商人作为出票人和付款人的汇票。

2. 按承兑人不同划分

（1）商号承兑汇票（Trader's Acceptance Bill）：由商号或商人承兑的汇票，是商业信用的。

（2）银行承兑汇票（Banker's Acceptance Bill）：由银行承兑的汇票，是银行信用的。

3. 按付款时间不同划分

（1）即期汇票（Sight Bill or Demand Draft）：付款人见票或在提示时就要立即付款的汇票。

（2）远期汇票（Time Bill or Usance bill）：在将来一定时期付款的或特定时期付款的汇票。

4. 按有无附属单据划分

（1）光票（Clean Bill or Draft）：不附带货运单据的汇票。银行汇票多为光票。

（2）跟单汇票（Documentary Bill or Draft）：附带货运单据的汇票。国际贸易中的汇票多为跟单汇票。

5. 按使用货币不同划分

（1）本国货币汇票（Domestic Bill）：出票地、付款地同在一国之内，即出票人、付款人、收款人的居住地在同一个国家的汇票。

（2）国际汇票（International Bill）：出票人、付款人、收款人的所在地至少有两个位于不同国家，汇票流通涉及两个以上的国家。

6. 按收款人不同划分

（1）来人汇票（Bearer Bill）：汇票的收款人是来人。

（2）记名汇票（Order Bill）：汇票的收款人是记名当事人。

三、本票

(一) 本票的定义

本票（Promissory Note），《英国票据法》对其定义为：A promissory note is an unconditional promise in writing made by one person (the maker) to another (the payee or the holder) signed by the maker engaging to pay on demand or at a fixed or determinable future time a sum certain in money to or to the order of a specified person or to bearer.

结合《英国票据法》的定义、我国票据法对本票的解释以及实际使用中的专业认识的经验，本书对本票的定义表述为：本票是一人向另一人签发的，保证即期或定期或在可以确定的将来的时间，对某人或其指定人或持票来人支付一定金额的无条件书面承诺。

(二) 本票的必要项目

根据《日内瓦统一汇票、本票法公约》规定，本票必须具备以下项目（结合附式5-3的本票例子进行说明）。

附式 5-3　本票实例

Promissory Note (1) for GBP5, 213.00 (7) London, 20thMay, 20—(5)

At 30 days after date (6) we promise to pay to (2)

N. Y. C Ingafield A/S or order (3)　　the sum of

Five thousand two hundred and thirteen Pound Sterling

　　　　　For and on behalf of

　　　　　Sithers Johnson Ltd o

　　　　　　London (8)

　　　　　　　Signature (4)

(1) 写明"本票"（Promissory Note）字样，以示和其他票据的区别。

(2) 无条件支付承诺（Promise to pay. …），其前后不能有附加条件的文句。

(3) 收款人或其指定人。其种类与汇票相同。

(4) 制票人签字。其种类和做法与汇票相同。

(5) 出票日期和地点（如果未写明地点，支票人旁边的地点即出票地点）。

(6) 付款期限（未载名者视为见票即付）。其种类和做法与汇票相同。

(7) 确定金额。不能含糊，应是确定的金额，其要求和做法与汇票相同。

(8) 付款地点（未载名出票地时，出票地即为付款地）。

(三) 本票与汇票的异同

本票与汇票有许多相同之处，这里不再重复，主要说明二者的不同之处。

1. 基本当事人不同

本票有两个基本当事人，即制票人和收款人；汇票有三个基本当事人，即出票人、付款人和收款人。一般说"制成"本票(to make a promissory note),因此制成人(Maker)即是制票人;还说"开出汇票"(to draw a bill of exchange),因此本票的出票人就是制票人。

2. 付款方式不同

本票的制票人自己出票自己付款,本票是承诺票据,出票人向收款人承诺自己付款;汇票的出票人要求付款人无条件地支付给收款人一定数额,付款人没有义务必须支付票款,除非他承兑了汇票,汇票是命令式或委托式票据。

3. 名称含义不同

本票(Promissory Note)直译为"承诺券",包含一笔交易的结算;汇票(Bill of Exchange)直译为"汇兑票",包含着两笔交易的结算。

4. 本票没有的一些票据行为

与汇票比较,本票没有以下几种票据行为:

(1) 提示要求承兑。

(2) 承兑。

(3) 参加承兑。

(4) 发出一套单据(只能一份)。

(5) 国际本票遭到退票时,不需做成拒绝证书;国际汇票遭到退票时,必须做成拒绝证书。

5. 主债务人不同

本票的主债务人始终是制票人;汇票在承兑前出票人是主债务人,承兑后承兑人是主债务人。

(四)本票的不同形式

本票的制票人相当于汇票的出票人与付款人合二为一。因此,任何票据的出票与付款重叠在一个人身上,那么这张票据就是本票形式的或是带有本票性质的票据。这一类的票据主要有以下几种。

1. 商业本票

商业本票(Trader's Note)是以贸易公司或较大公司作为制票人而发出的即期本票。由于受到制票人商业信誉的影响,收款人一般不愿意接受商业本票,现在已几乎没有了。

2. 银行本票

银行本票(Banker's Note)是由商业银行开出即期付给记名收款人的不定额的本票,可以当作现金,交给提取存款的客户,或者付给来人定额的本票(称银行券)。银行券的一般式样如附式5-4所示。

附式 5-4 银行券实例

Note for GBP 30 000   London,3rdd May 20 …

On demand we promise to pay bearer

The sum of three hundred pounds

For Bank of Europe,

London

signature

客户拿现金购买银行券后,便于携带,也可以当作货币相互支付,这样,如果大量发行,流通到市场上,就会扰乱国家纸币发行制度。为了维护金融秩序,现在各国不允许商业银行发行定额的不记名的本票,由中央银行垄断发行,商业银行可以发行不定额的记名银行本票。

3. 国际小额本票

国际小额本票(International Money Note)是由设在货币清算中心的银行作为制票人签发的该国货币的国际银行本票,由记名的购票人购买,带到该货币所在国之外进行使用。实际中国际小额本票多是设在美元清算中心的银行作为制票人签发以美元为面值的国际银行本票。

国际小额本票是货币清算中心签发中心汇票,让持票人带到国外使用,然后等汇票流转到清算中心进行付款。发行国际小额本票的银行不拨头寸,收了购票人的资金后,等到国外寄来票据托收时才把资金付出,银行可以占用客户的资金。

4. 旅行支票

旅行支票(Traveler's Cheque)是旅行社或银行发行的由旅行者购买并带到国外进行使用、由签发者支付结算的一种票据。从付款人就是签发人来看,旅行支票带有本票性质。而实际上旅行支票的发行是购票者在银行或发票机构的无息存款,兑付旅行支票就是支取这笔存款,因而旅行支票又具有支票的性质。

5. 大额流通存单

大额流通存单(Negotiable Certificate of Deposit,NCD)是大银行发行的一种大额、固定金额、不记收款人名称的、固定期限的存款单证,由存款客户购买持有(或转让),到期发行银行支付本和利。大额流通存单由大银行发行并到期支付本息,属于本票性质的票据,一般是长期的、可以流通转让的存单,最初的购买人或中间受让人可以再转让,并且可以在“二级市场”买卖。因此,大额流通存单不仅是发行银行到期支付本息的凭证,还是金融市场上流通的有价证券。

大额流通存单最早由美国各大银行开发发行,期限为 3 个月、6 个月或 1 年,最长为 5 年,存单最低金额为 2.5 万美元,一般为 10 万美元、20 万美元、30 万～100 万美元,最高为 1 000 万美元,其中 100 万美元的固定金额最受欢迎,并能享受优惠利率。现在的美元大额流通存单有:美国境内银行发行的美元流通存单、外国银行在美分行发行的美元流通存单(扬基存单)、美国大银行(如花旗银行)在美国境外发行的欧洲美元流通存单。

随着经济的发展,世界上许多国家也发行了大额流通存单。

6. 中央银行本票

中央银行本票(Central Banker's Note)又称中央银行券,是等同于纸币的银行票据。国家可以规定中央银行有权签发即期定额付给来人的银行本票,相当于大额纸币。

7. 国库券

国库券(Treasury Bills)是财政部签发的、不记名的、金额固定的、到期还本付息的有价证券。国库券的购买人可以将其转让流通,持有国库券的银行可以申请再贴现。国库券是国家财政部发行并到期支付本息的有价证券,有关国家信誉,因而是金融界流通性很强的票据。英国与美国的国库券发行市场与流通市场非常发达。

四、支票

(一) 支票的定义

简单地说,支票(Cheque/Check)是以银行为付款人的即期汇票。详细地说,支票是银行存款客户向他开立账户的银行签发的,授权该银行即期支付一定数额的货币给一个特定人或其指定人或来人的无条件书面支付命令。

《英国票据法》对支票的定义为:A cheque is an unconditional order in writing addressed by the customer(the drawer) to a bank (the drawee) signed by that customer authorizing the bank to pay on demand a sum certain in money to or to the order of a specified or to bearer(the payee)。

(二) 支票的必要项目

根据《英国票据法》的要求,结合附式 5−5 的例子说明支票的主要内容。实际中标准的支票式样如附式 5−6 所示。

附式 5−5 支票实例

Cheque (1) for £ 5 000. 000 (6)　 London,31st Jan. ,20— — — —(5)

Pay (2)　 to the order of British Trading Co. 　 (7)

The sum of five thousand pounds. 　 (6)

To:National West Minster Bank Ltd. ,

London (3)　 For London Export Corporation

　　　　　　　　　　　London

　　　　　　　　　　Signed (4)

(1) 写明其为"支票"的字样(cheque for)。

(2) 无条件支付命令。

(3) 付款银行名称和地点。

(4) 出票人名称和签字。

(5) 出票日期和地点(未记载出票地点的,出票人名字旁边的地点视为出票地点)。

(6) 写明"即期"的字样,如未写明,仍视为见票即付。

(7) 一定金额。

(8) 收款人或其指定人。

附式 5-6　标准支票式样

31ˢᵗ Jan. . 20 — —	Cheque(1)	London, 31ˢᵗ Jan. , 20—(5)
	No. 652156	
	BANK OF EUROPE (3)	
Payee	LONDON	
Tianjin Economic	Pay (2) to Tianjin Economic & Development Corp.　(7)	
& Development		
Corp	Or order the sum of Four hundred and	£ 460.00(6)
£ 460.00	sixty pounds (6)	
	For Sino-British Trading Co. ,	
	London (4)	
	signature	
652156	652156　60···2116　12211125　0000450000	

票根	支票编号 磁性编码	付款行代号 磁性编码	出票人在 付款行的 支票专户 账号磁码	根据支票 面额加编的 磁码

实际上,支票是银行存款客户用以向存款银行支取存款而开出的票据,首先交给收款人,再由收款人到银行提取票款,或由收款人转让给他人,由持票人向银行提取票款。

(三) 支票主要当事人及其责任

1. 出票人

出票人(Drawer)即签发支票的银行存款客户,是主要的债务人。其主要责任如下:

(1) 票据上的责任。

① 担保付款的责任:出票人对收款人及其后手应照文义担保支票的付款,如付款银行拒付时,出票人应付偿还责任。

② 提示期限过后的责任:支票提示期限为合理的时间,各国票据法都有规定,虽然提示期限已过,出票人对持票人仍需支付票据上的责任;但如果持票人不按期提示,致使出票人受到损失,应负赔偿之责,赔偿金额不超过票面金额。

③ 付款提示期内不得撤销已开出的支票。《日内瓦统一支票法公约》规定,支票的撤销只能在提示期满之后。

(2) 法律上的责任。

开出空头支票(签发支票时,出票人在银行没有存款或存款不足)的出票人要负法律上的责任。

2. 付款银行

付款银行(Paying Bank)即为支付支票票款的银行,是存款客户的开户银行。它负责在合理的期限内,对交来的支票进行检验并付款。划线支票的付款行、保付支票的付款行有特殊的责任,以后再加以说明。

3. 收款人

收款人(Payee)是支票的接受者,是支票的第一个持票人,其责任和权利与汇票的收款人相同。

（四）支票的划线

支票是汇票的一种,支票的票据行为大多与汇票相同,相同的部分这里不再重述,着重说明不相同的部分,即划线(Crossing the Cheque)。

支票可以划线,划线就是在支票的正面画两条平行线,以表示支票不能提取现金,只能转收银行账户。根据是否划线,支票分为两大类:不带划线的称为(可)取现金支票(Open Cheque)或普通支票;带有划线的称为划线支票(Crossed Cheque)或转账支票。

1. 支票划线的种类

支票划线可分为普通划线(General Crossing)和特别划线(Special Crossing)。

（1）普通划线有以下几种情况:

① 在支票上划两道横过票面的平行线,中间无任何加注。

② 在平行线中加注"banker"字样。

③ 在平行线中加注公司,"＆Company"或"＆Co"字样,此种很少使用。

④ 在平行线中加注"Not Negotiable"(不可流通)字样,如仍转让,受让人权利不能优于前手。

⑤ 在平行线中加注"Account Payee"(记入收款人账户)字样,指示代收行将票款记入收款人账户。

（2）特别划线,指平行线中写明指定代收银行的名称,其他银行不能代收款项。

实际中要注意,特别划线中的银行只可指定一家银行,不得指定两家以上的银行;特别划线中,可以仅有银行名称一种划线,也可包含一般划线支票的一种或两种字样;特别划线支票的付款银行,如将票款付给非划线记载之特别银行,应对真正所有人负由此发生损失的赔偿责任,赔偿金额以支票金额为限。

2. 谁可以划线

（1）出票人和持票人可以划线。出票人做成普通划线,持票人可以把它转化为特别划线;出票人做成普通划线或特别划线,持票人可以加注"不可流通"字样。

（2）代收银行可以划线。被特别划线的银行可以再做特别划线给另一家银行代收票款。代收票款的银行也可以做特别划线表明自己是收款人。

3. 划线范围

可以划线的票据仅限于:

（1）支票。

（2）银行即期支票。

（3）银行客户签发的、凭此可以从银行获得单证所属的金额的任何凭证。

4. 划线支票付款行的义务

（1）按照划线规定办理转账付款。即对普通划线支票只能转账付款给一家代收银行的账户,特别划线支票只能转账付款给划线里面指定的那家银行的账户,不能支付现金。

(2)如果付款银行有绝对把握确认提示人就是真正所有人时,可直接付款给该真正所有人,这样支付,付款银行将冒很大的风险。

5. 划线的作用

支票划线的目的是防止支票遗失或偷窃后被转让冒领。如果盗窃冒领,代收银行为它收账很容易被追踪查出,票款真正所有人有权从盗窃或帮助盗窃获得票款的人手中讨还票款,真正所有人的这种权利从付款之日起保留6年。如果盗窃者把划线支票转让他人,收取对价,则必须伪造背书,但伪造背书的后手不能成为持票人,即使有人轻率地买了那张支票,付款行也不能付款给他。如果盗窃的是一张"不可流通"划线支票,诱骗一个无辜者购买此票,那么无辜者也不能从银行获得票款,即使能从银行获得票款,真正所有人在6年之内有权要求银行赔偿。

(五)支票的拒付

付款行对于不符合付款条件的支票拒绝付款并退票就称为拒付(Dishonour of Cheque)。一般拒付的理由如下:

(1)出票人签字不符(Signature Differs)。

(2)奉命止付(Orders Not to Pay)。

(3)存款不足(Insufficient Fund)。

(4)请给出票人(Refer to Drawer)。

(5)大小写金额不符(Words and Figures Differ)。

(6)大小写金额出票人确认(Amount in Words Requires Drawer's Confirmation)。

(7)金额须大写(Amount Requires in Words)。

(8)支票开出不符合规定(Irregularly Drawn)。

(9)支票未到期(Post-dated)。

(10)支票逾期提示或过期支票(Out of Date or Stale Cheque)。

(11)需收款人背书(Payees Endorsement Required)。

(12)重要项目涂改须出票人确认(Material Alterations to be Confirmed by Drawer)。

(六)支票的止付

支票的止付(Stop Payment or Countermand of Payment)指付款银行停止支付票款,一般有以下几种情况:

(1)付款取消(Countermand of Payment)或停止支付(Stop Payment)。当出票人认为收款人不能履行与之签订的合同,或对当时的出票反悔时,可以向付款银行发出止付通知;当支票丢失或毁坏,收款人应立即告知出票人,进行挂失并做止付通知。接到止付通知后,付款行对支票的责任的授权都终止,但如果在止付通知之前已经付款,由出票人自己处理。支票止付后,出票人和任何背书人对正当持票人的责任并没有解除。

(2)客户死亡通知。如果存款客户死亡,付款行接到死亡通知,应停止支付。

(七) 支票的种类

1. 按照收款人的不同划分

(1) 记名支票(Cheque Payable to Order)：在支票的收款人一栏内写明收款人姓名,取款时需由收款人签章,方可取走。

(2) 不记名支票(Cheque Payable to Bearer),又称空头支票(Cheque in Blank)或来人支票：支票上不记载收款人姓名,或只写"付来人"(Pay Bearer),取款时不需收款人签章即可取走,可以仅凭交付而转让。

2. 按照收款人的不同划分

(1) 银行支票(Banker's Cheque)：一家银行在另一家银行开立账户,而开出的让另一家银行付款的支票。

(2) 私人支票(Personal Cheque)：一般客户向银行开出的支票。

3. 按照支票是否划线划分

(1) 划线支票(Crossed Cheque)：在支票正面划两道平行线的支票。划线支票不能直接领取票款,只能委托银行代收票款入账。

(2) 现金支票(Open Cheque)或未划线支票(Uncrossed Cheque)或一般支票：可以委托银行收款入账,也可由持票人自行提取现款。

4. 按照支票是否保付划分

(1) 保付支票(Certified Cheque)。保付是由付款银行在支票上加盖保付戳记,以表明在支票提示时一定得到付款。支票一经保付,付款责任即由银行承担,付款银行对支票保付后,即将票款从出票人账户转入一个特殊账户,以备付款,所以保付支票提示时,不会退票。支票保付后,付款银行成为主债务人,出票人和背书人都因此免除责任,持票人不受付款提示期的限制,即使在期限以外仍可请求付款,付款行仍有照文付款义务,如果持票人遗失保付支票,一般不做止付通知。

(2) 不保付支票(Uncertified Cheque)。没有付款银行加盖"保付"印戳的支票。

(八) 支票与汇票、本票的异同

支票与汇票、本票的比较如表 5-2 所示。

表 5-2 支票与汇票、本票的异同一览表

异 同	汇 票	本 票	支 票
相同点	(1) 性质 (2) 流通	属于以支付金额为目的的票据,都具备必要的内容,都具有一定的票据行为。记名式和指示式的票据,经背书可以转让;来人式票据,经过交付即可转让。转让后在市场上流通,成为流通工具	
不同点	(1) 用途	结算工具,信贷工具	结算工具,信贷工具	多用于结算工具
	(2) 期限	即期,远期	即期,远期	即期
	(3) 当事人	出票人,付款人,收款人	制票人,收款人	出票人,付款行,收款人
	(4) 份数	多份(正本与副本)	一份(只有正本)	一份(只有正本)

异　同	汇　票	本　票	支　票
(5) 承兑	远期汇票尤其是见票后若干日付款汇票必须承兑	不须承兑	没有承兑
(6) 贴现	可贴现	可贴现	不能贴现
(7) 责任	汇票在承兑前,出票人是主债务人,承兑后,承兑人是主债务人	出票人始终是主债务人	出票人始终是主债务人
(8) 票据有效期内的追索权	要保留追索权应做出拒绝证书。持有人对出票人、背书人、承兑人都有追索权	无须做拒绝证书。只对出票人有追索权	无须做拒绝证书。只对出票人有追索权
(9) 票据过期时的追索权	过期遭拒付,对票据上一切当事人丧失追索权	即使拒付,对背书人丧失追索权,对出票人仍可行使追索权6年	过期拒付,持票人仍可向出票人追索
(10) 关于保证	可由第三者做保证	无须	没有保证有保付
(11) 是否划线	银行即期汇票可划线,其他汇票不能	无须	可划线

第三节　国际结算的基本方式

国际结算方式是指收付货币的手段和渠道,主要包括汇款、托收、信用证、假行保函、备用信用证、保理服务和协定贸易结算等,前三种是基本的国际结算方式,后几种为派生结算方式。由于篇幅限制,现主要介绍三种基本的国际结算方式。

一、汇款结算方式

(一) 汇款的含义及当事人

1. 汇款的含义

汇款(Remittance)又称汇付,是银行(汇出行)应付款人的要求,以一定方式将款项通过国外联行或代理行(汇入行)交付收款人的结算方式。也就是说,付款人将款项交给当地的银行,委托其将款项付给收款人,当地银行接受委托后,再委托收款人所在地的联行或代理行,请后者将款项付给收款人。汇款的过程与人们到邮局汇款完全一样。

其流程是:汇款人(付款方)—汇出行—汇入行(解付行)—收款人(收款方)

从汇款的流程可以看出:付款人和收款人都不是银行,而是利用银行间的资金划拨渠道,把银行以外一个当事人的资金输送给另一个当事人,以完成收、付款方之间的债权债务的清偿。由于结算工具的传递方向与资金流动方向相同,汇款属于顺汇性质,又称顺汇法。

在早期的国际结算中,汇款是最主要的结算方式。在现代国际结算中,尤其是电子汇款方式的速度快、手续简便的特点,使汇款方式仍得到了广泛的使用。汇款方式既能适用于贸易结算,也可适用于非贸易结算,凡属外汇资金的调拨都是采取汇款的方式。

2. 汇款结算方式的当事人

如汇款流程所示,在汇款方式中,一般有四个当事人:

(1) 汇款人(Remitter),指申请汇出款项的一方。在国际贸易中,汇款人即债务人或进口商或委托人,其责任是填写汇款申请书,提供所要汇出的金额并承担有关费用。汇款申请书是汇款人与汇出行之间的契约,必须明确清楚,如有填制上的错漏所引起的后果,由汇款人自行承担。

(2) 汇出行(Remitting Bank),指受汇款人委托而汇出款项的银行。汇出行通常是汇款人所在地银行或进口地银行。其基本职责是按汇款人的要求将款项通过自己的联行汇给收款人。也就是说,汇出行的支付授权书与汇款人的汇款申请书有差异而引起的后果,以及因头寸到位不及时或汇入行的错漏,汇出行应予负责。

(3) 汇入行即解付行(Paying Bank),是接受汇出行委托协助办理汇款业务的银行。汇入行通常是收款人所在地或出口方银行,它必须是汇出行的联行或代理行。其职责是证实汇出行委托付款指示的真实性,通知收款人取款并付款。汇入行必须严格按汇出行的支付授权书行事,否则后果由汇入行负责。

(4) 收款人(Payee),又叫受益人(Beneficiary),即汇款金额的最终接受者。收款人通常是出口方或债权人,但也可以是汇款人本人。其权利是凭证取款。

(二) 汇款的种类

根据汇出行通知汇入行付款的方式,或支付授权书、汇款委托书的传递方式不同,汇款可以分为电汇、信汇和票汇三种。

1. 电汇

电汇(Telegraphic Transfer,T/T)是汇出行应汇款人的申请,通过加押电报或电传或SWIFT,指示和授权汇入行解付一定金额给收款人的汇款方式。其业务流程如图5-1所示。

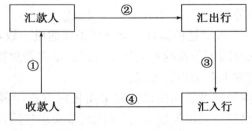

图5-1　电汇业务流程图

2. 信汇

信汇(Mail Transfer,M/T)是汇出行应汇款人的申请,用航空信函指示汇入行解付一定金额给收款人的汇款方式。

信汇的业务梳理与电汇基本相同,差别仅在于第三步:汇出行将支付授权书或信汇委托书邮寄给汇入行,而不是通过电报。

3. 票汇

票汇(Banker's Demand Draft, D/D)是汇出行应汇款人的申请,开出银行即期汇票交汇款人,由其自行携带出国或寄送给收款人凭票取款的汇款方式。

(三) 汇款的应用

1. 汇款在国际贸易中的应用

一笔国际贸易业务是一笔有相对给付的业务,卖方交货、买方付款。交易时卖方希望安全收款,买方希望按时收到合同规定的货物。由于在国际贸易中不能采用"一手交钱,一手取货"的交易模式,买卖双方都面临一定的风险,不同的结算方式,双方所承担的风险不同。使用汇款结算方式来结清买卖双方的债权债务,主要有预付货款、货到付款和交单付现三种类型。

(1) 预付货款(Payment in Advance)。预付货款是进口商先将货款的全部或一部分汇交出口商,出口商收到货款后,在约定时间内将货物发运给进口商的一种汇款结算方式。预付货款是对进口商而言,对出口商来说则是预收货款。

预付货款是有利于出口商的结算方式,因为出口商可以无偿占用对方资金,并且不承担风险,掌握了货物出口的主动权。与此相适应,它是不利于进口商的结算方式,因为资金被无偿占用,而且承担不能按时、按量、按质收到合同规定的货物的风险,使本来处于主动的地位变得比较被动。

预付货款的方式通常只用于买卖紧俏商品。在货源有限时,买方为了保证购到货物而不得不答应卖方提出的预付货款的条件。

(2) 货到付款(Payment after Arrival of the Goods)。货到付款是出口商先发货,进口商收到货物后,立即或在一定期限内将货款汇交出口商的一种汇款结算方式。有时还称为赊销方式(Open Account, O/A)、延期付款交易(Deferred Payment Transaction)。

货到付款与预付货款刚好相反,是有利于进口商而不利于出口商的汇款结算方式,同样表现在资金占用和风险承担两个方面。在货到付款方式下,出口商的资金被占用并承担进口商不付款或不按时付足货款的风险,甚至承担货款两空的风险。货到付款在国际贸易结算中可分为售定和寄售两种形式。

① 售定(be Sold out)。售定是买卖双方就交易条件达成一致,并在成交合同中明确规定了货物售价及买方付款时间等条款的汇款结算方式。也就是货物价格和付款时间都是确定的。一般所说的货到付款大多指售定方式。

我国的鲜活商品、易损易碎商品的出口往往采用售定方式。因为这些商品时间性较强或以实收货物数量结算,出口商采用先发货、提单随货带交进口商,便于进口商迅速提货,并按实际收到货物的数量,汇付货款结算。所以售定方式又称为"先出后结"。

② 寄售(Consignment)。寄售是出口商先将货物运至进口国,委托进口国的商人按照双方商定的条件在当地市场代为销售,待货物售出后被委托人将货款按规定扣除佣金后全部汇交出口商。

寄售方式下,货物的最终售价及货款的收回时间均不确定。出口商承担的风险很大,能否收回货款取决于受托人的销售能力。因此,采用寄售方式时必须十分重视受托人的资信和经营能力。寄售方式一般适用于推销新产品、开拓新市场或推销滞销商品。

（3）交单付现(Cash Against Documents, CAD)。交单付现也称为凭单付汇,是进口商通过银行将款项汇给出口商所在地银行(汇入行),并指示该行凭出口商提交的货运单据即可付款给出口商的一种结算方式。就是说,买方汇款后,卖方交单时才能收取货款。

交单付现对进口商来说也就是汇付货款,但一般汇款都是无条件的(信汇、电汇都不带任何条件),而交单付现则是"有条件的汇款",对进口商来说多一层保证,可以防止出口商支取汇款后不及时交货;而对出口商来说,只要及时交货,便可立即支取全部货款,所以这种付款方式对买卖双方都有保证作用,即对出口商和进口商均比较公平,易为双方所接受。在实践中,这种支付方式似乎更为欧美等国家和地区的进口商所偏爱。

2. 从属费用汇款

国际贸易项下的运费、保险费、佣金与折扣、赔款和罚款、押金、利息、租赁费用等从属费用大多是通过汇款方式交付的。这些费用一般数额较小,对双方影响不大,采用汇款方式比较方便。

（四）汇款结算方式的特点

（1）汇款的基础是商业信用,风险大。预付货款的买方或货到付款的卖方,一旦付了款或发了货就失去了制约对方的手段,他们能否收货或收款,完全依赖对方的资信。

（2）资金负担不平衡。预付货款的买方或货到付款的实方,承担了整个交易所需资金,使得资金负担不平衡。

（3）手续简便,费用低廉,结算灵活、迅速。

（4）属于顺汇,主要用于从属费用及非贸易结算。

二、托收结算方式

（一）托收的概念及当事人

1. 托收的概念

托收(Collection)是出口商(债权人)通过出具汇票及有关单据,委托银行向进口商(债务人)收取货款的结算方式。从定义中可以看出,银行在托收时,只是出口商的代理人,只提供相关服务,并不保证收到款项。在国际贸易中常用的跟单托收,就是出口商将作为物权凭证的货运单据与汇票一起,通过银行(受托银行再委托一家进口地银行,即代收行)向进口商提示,进口商一般只有在付款之后才能取得货权凭证,这就使交易成为银货当面两清的形式,从而避免了银货两空的风险。托收不是进口商或债务人的主动付款,而是出口商或债权人的催收。托收是国际结算的基本方式之一。

2. 托收当事人的责任

托收业务通常涉及委托人、托收行、代收行和付款人四个当事人。在国际贸易中常用的跟单托收方式下各当事人有以下责任:

（1）委托人(Principal)。委托人一般是开立汇票委托银行办理托收的出口商。其责任主要有两个方面：首先作为出口商，应履行与进口商之间签订的贸易合同下的责任（按时、按质、按量交付货物和提供符合合同要求的单据）；其次是作为委托人，应履行与托收银行签订的委托代理责任（填写委托申请书，在申请书上详细载明委托的内容及双方的责任范围以及委托人对托收行的指示和要求等）。

（2）托收行（Remitting Bank）。托收行（又称委托行或寄单行），是接受委托人的委托，转托国外银行代为收款的出口方银行。在托收业务中，托收行完全处于代理人的地位，其职责主要是根据委托人的指示行事，并对自身的过失承担责任。

（3）代收行（Collecting Bank）。代收行是接受托收行的委托代其向付款人收款的银行，一般为进口方银行。代收行也与托收行一样处于代理人地位，其基本职责与托收行相同，即执行委托指示。除此以外，代收行还有保管好单据、及时反馈托收情况等职责。

（4）付款人（Drawee）。付款人是根据托收委托书被提示单据，向代收行付款的进口商。其基本职责是履行贸易合同的付款义务，不得无故延迟付款或拒付。当然，前提是委托人提供的单据能证明出口商已经履行了合同义务。也就是说，付款人有审查单据以决定是否接受的权利。

（二）托收的种类

1. 光票托收

光票托收（Clean Bill for Collection）是指仅凭金融单据而不附带商业单据的托收。

光票托收又被称为资金单据或金融单据或票据托收，或非商业单据托收。这里的商业单据仅指代表物权的货运单据。也就是说，凡仅有金融单据而无货运单据或所附单据为非货运单据（如发票、垫款清单、保费收据等）的托收，都属于光票托收。光票托收由于没有货运单据，不直接涉及货物的转移或处理，银行只需根据票据收款即可，因此，业务处理比较简单。

在国际贸易和国际结算中，光票托收的金额一般都不太大，通常用于收取货款的尾款及样品费、佣金、代垫费用、进口赔款等小额或从属费用，并且大多数是即期付款，远期付款较少。

2. 跟单托收

跟单托收（Documentary Bill for Collection）是指附带有商业单据的托收。对于即期托收业务，可以是有汇票的托收，也可以是没有汇票的托收，以减轻商人在汇票上印花税的负担。跟单托收最实质的要件是代表货权的运输单据。国际贸易中货款的托收大多采用跟单托收。

根据交付单据的条件不同，跟单托收可分为付款交单和承兑交单两种。

（1）付款交单（Documents Against Payment，D/P）。付款交单是指代收行以进口商的付款为条件向进口商交单。办理此类托收时，委托人（出口商）必须在托收委托书（申请书）中指示托收行，只有在进口商付清货款的条件下，才能向其交单。采用付款交单托收时，要在委托的汇票上注明"D/P"字样。付款交单根据付款时间的不同又可分为即期付款交单和远期付款交单。

（2）承兑交单（Documents Against Acceptance，D/A）。承兑交单是指代收行以进口商的承兑为条件向进口商交单。即代收行留下进口商已承兑的汇票，将全部单据交给付款人，付款人即可凭单提货，待汇票到期时付款人再履行付款义务。

承兑交单与远期付款交单都属于远期托收，所不同的是交单条件。远期付款交单中，进口商只有在汇票到期并支付货款后才能得到单据；而在承兑交单中，进口商只要承兑后便可得到单据，这时，汇票并未到期，进口商也未能付款。

不同的交单方式对进出口双方的影响不同。对出口商而言，最理想的是即期付款交单，其次是远期付款交单，最后是承兑交单。对进口商而言，则刚好相反。

（三）托收方式的特点

1. 汇款结算方式安全

由于付款及交货方式的变化，使得进出口双方的安全性均有所提高。出口商通过控制单据来控制货物，一般不会遭受"银货商空"的损失，比货到付款和赊销安全；进口商只要付了款或进行了承兑，即可得到货权单据，从而得到货物，比预付货款安全。

2. 结算的基础仍是商业信用

跟单托收的信用基础仍是商业信用，进出口双方能否取得合同规定的货款或按期收到合同规定的货物分别取决于对方的资信。托收中的银行只是一般的代理人，他们对托收过程中遇到的一切风险、费用和意外事故等不承担任何责任。

3. 资金负担仍不平衡

托收的资金负担仍不平衡，但比汇款结算有所改善且可融资。托收结算方式中，出口商的资金负担较重，在进口商付款之前，货物占用的资金都是由出口商承担；进口商基本没有资金负担。但是出口商有货权单据，他可以通过出口押汇从银行融通资金，因而可在一定程度上减轻资金负担的压力；不仅出口商可以从银行融资，进口商也可以通过信托收据和担保提货向银行融资。

4. 比汇款的手续稍多、费用稍高

从两者的业务流程可以看出，托收比汇款的流程更复杂，其手续也就稍多一些，费用也会略高一些。可以看出，托收是一种相对有利于进口商、不利于出口商的结算方式。

三、信用证结算方式

（一）信用证的概念及性质

1. 信用证的含义

信用证（Letter of Credit，L/C）是银行根据进口商的申请和指示，向出口商开立的承诺在一定期限内凭规定的单据支付一定金额的书面文件。简而言之，信用证是银行开立的一种高条件承诺付款的书面文件。

这个条件就是要在规定的期限内提供符合信用证规定的各种单据，如提单、发票、保险单等。国际商会第 500 号出版物《跟单信用证统一惯例》（简称 UCP 500）强调，开证行的付款或承兑必须是在受益人出具信用证规定的、并与信用证条款相符的单据的情况下才能进行。这表明信用证是一家银行对信用证受益人的高条件的付款承诺。定义中的银行称为开证行，由一家进口地银行担任；进口商因申请开立信用证，被称为申请人；由于出口商可以利用信用证取款，故称为受益人。

2. 信用证的性质

（1）信用证是一种银行信用，开证行负第一付款责任。银行开立信用证，就表明它以自

已的信用做了付款保证,并因此处于第一付款人的地位。只要受益人提交的单据与信用证条款一致,开证行就必须承担首先付款的责任。可见,信用证是一种银行信用,开证行对受益人的责任是一种独立的付款责任。即使进口商倒闭或无力支付货款,开证行仍然要承担付款责任。

例如,我国某出口公司通过通知行收到一份国外不可撤销信用证,该公司按信用证要求将货物装船后,但在尚未交单议付时,突然接到开证行通知,称"开证申请人(进口商)已经倒闭,本开证行不再承担付款责任。"由以上例子可知,开证行的做法是错误且无理的,因此该公司应指出开证行的错误之处,且仍按正常程序交单议付,向开证行索取货款。

(2) 信用证是一种自足文件,它不依附于贸易合同而存在。信用证开立的依据是买卖双方签证的贸易合同,信用证的主要内容也是贸易合同上的内容。但信用证一经开出,便成为独立于贸易合同的独立契约,不受贸易合同的约束。《UCP 500》规定:"信用证与可能作为其依据的销售合同或其他合同是相互独立的交易,即使信用证中提及该合同,银行也与该合同完全无关,并不受其约束。"可见,银行只对信用证负责,对贸易合同没有审查和监督执行的义务。贸易合同的修改、变更甚至失效都丝毫不影响信用证的效力。

例如,我国某公司向美国出口货物,合同规定 8 月份装船,随后信用证的装船期为 8 月 15 日前。但 8 月无船去美国。我方立即要求美商将装船期延至 9 月 15 日前。随后美商来电称:同意修改合同,装船期展延,有效期也顺延 1 个月,我方公司于 9 月 10 日装船,15 日持全套单据向指定银行办理议付,但被银行以单证不符拒绝议付。根据以上分析可知议付行的做法是合理的。因为美商来电同意修改合同,而信用证并没有修改,该公司 9 月 10 日的装船提单与信用证规定的 8 月 15 日前的装船日期明显不符,议付行理当拒绝议付。

(3) 信用证业务是一种纯粹的单据业务,它处理的对象是单据。《UCP 500》规定:"在信用证业务中,各有关方面处理的是单据,而不是与单据有关的货物、服务及其他行为。""银行只根据表面上符合信用证条款的单据付款。"也就是说,银行的信用证业务是纯粹的单据业务,但要求"单据严格符合",即要求受益人提供的单据必须与信用证的要求严格一致,甚至连一个字母都不能与信用证的规定不符。

即使开证申请人发现单据是伪造的,即被欺诈,但只要单据表面上与信用证相符,开证申请人就必须向开证行付款。因为,其被欺诈与信用证及开证行没有任何关系。后者对此不承担任何责任。如果出现此类情况,开证申请人只能以进口商身份凭贸易合同与出口商交涉,或申请仲裁,甚至是提起诉讼。

例如,某开证行按照自己所开出信用证的规定,对受益人提交的经审查符合要求的单据履行了付款责任。但进口商向开证行付款赎单后发现单据中提单是倒签的,于是进口商立即要求开证行退回货款并赔偿其他损失。根据以上内容,该进口商的要求不合理。进口商于付款赎单后才发现提单日期是倒签的,银行对此没有向受益人追偿货款的责任,也无须开证申请人退回货款的义务。这项损失,作为进口商的申请人只能按买卖合同向出口方、承运人索赔,而与开证行完全无关。

(二) 信用证的业务流程

进出口商双方签订买卖合同,并约定以信用证方式进行结算,其典型业务流程如图 5-2 所示。

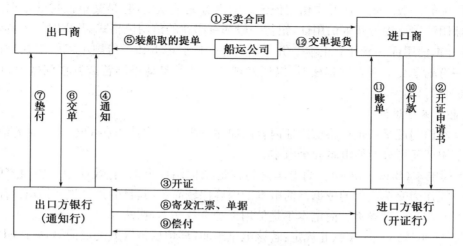

图 5－2　进出口商双方典型业务流程图

（1）买卖双方经过磋商，约定以信用证方式进行结算。

（2）进口方向开证行递交开证申请书，约定信用证内容，并支付押金或提供保证人。

（3）开证行接受开证申请书后，开立信用证，正本寄给通知行，指示其转递或通知出口方。

（4）由通知行转递信用证或通知出口方信用证已到。通知行在开证行要求或授权下对信用证加以保兑。

（5）出口方认真核对信用证是否与合同相符，如果不符，可要求进口商通过开证行进行修改。

待信用证无误后，出口商根据信用证备货、装运、开立汇票并缮制各类单据，船运公司将装船的提单交予出口商。

（6）出口商将单据和信用证在信用证有效期内交予议付行。

（7）议付行审查单据符合信用证条款后接受单据并付款，若单证不符，可以拒付。

（8）议付行将单据寄送开证行货指定的付款行，向其索偿。

（9）开证行收到单据后，应核对单据是否符合信用证，如正确无误，即应偿付议付行代垫款项，同时通知开证申请人备款赎单。

（10）进口方付款赎单，如发现不符，可拒付款项并退单。进口人发现单证不符，也可拒绝赎单。

（11）开证行将单据交予进口商。

（12）进口商凭单据提货。

（三）开立信用证的方式

根据信用证的开立方式及记载内容不同，可将信用证开立分为信开本信用证和电开本信用证。

1. 信开本信用证

信开本信用证是指以信函形式开立，并用航空挂号的方式传递的信用证。信开本信用证是信用证的一般形式。信开本信用证记载的内容完整全面,它是交单议付的依据。通常所说的信用证主要指信开本信用证,银行一般都有印就的信用证格式,开立时填入具体内容即可,信开本信用证一般开立正本一份,副本数份,其中正本和一份副本以航空挂号寄给通知行。一份副本交申请人供其核对,以便发现有与开证申请书不符或其他问题时,可及时修改。

2. 电开本信用证

电开本信用证是指银行将信用证内容以加注密押的电报或电传的形式开立的信用证。电开本信用证又可分为简电本和全电本。

(1) 简电本(Brief Cable)。简电本是指仅记载信用证金额、有效期等主要内容的电开本。它不能作为交单议付的依据。简电本的内容比较简单,其目的是预先通知出口商,以供其备货及安排运输做参考。简电本不是信用证的有效文本,在法律上并不有效。

《UCP 500》第 11 条 A 款 II 规定:若该电讯声明"详情后告"(或类似词语)或声明邮寄证实书将是有效的信用证文件或有效的修改,则该电讯是无效的信用证文件或修改。因此,开立简电本时,一般要在电文中注明"随寄证实书"字样,开证行必须不延误地向通知行寄送信开本形式的证实书。证实书才是信用证的有效文本,可以作为交单议付的依据。所以,受益人须收到证实书或正式信开本信用证,并核对无误后,方可发运货物。

(2) 全电本(Full Cable)。全电本是开证行以电文形式开出的内容完整的信用证。它是受益人交单议付的依据。《UCP 500》第 11 条 A 款 I 规定:当开证行使用经证实的电讯方式指示通知行通知信用证或信用证修改时,该电讯即视为有效的信用证文件或有效的修改,不应寄送证实书。如仍寄证实书,则该证实书无效。此规定是受益人判断电开本是否为信用证有效文本的依据。有些银行在电文中注明"有效文本"(Operative Instrument),以明确该全电本的性质。

例如,某银行电报开出一份不可撤销信用证,并经通知行通知受益人。电文中并未声明"以邮寄文本为准"或"详情后告"的字句。受益人按照电开本信用证将货物装运后,并备好符合信用证要求的单据向当地通知行议付时,当地通知行出示刚收到的开证行寄来的"邮寄文本",并以电开文本与邮寄文本不符为由拒绝议付,后经议付行与开证行联系,开证行复电亦称"以邮寄文本为准"而拒绝付款。根据以上内容可知,开证行不能拒付。因为开证行开出的未声明"以邮寄文本为准"字句的电开本信用证,完全是有效的信用证文件,受益人完全应该按照它的规定履行自己的交货义务,并有权凭符合它要求的单据进行议付和付款请求,而开证行则不应借口"以邮寄文本为准"而拒绝付款。

(3) SWIFT 信用证。随着计算机和通信技术的发展,为节省时间与费用,申请全电开证的客户越来越多。银行做全电开证时,多半采用 Telex(电传)和 SWIFT(环球俱行金融电讯协会)方式,而且 SWIFT 正逐渐取代 Texlex 开证。所谓 SWIFT 信用证,就是依据国际商会所制定的电报信用证格式,利用 SWIFT 系统所设计的特殊格式来传递的信用证,或者指开证银行通过 SWIFT 开立的信用证。它具有标准化的特征,传递速度较快,开证成本较低,为各开证行及客户所乐于使用。

(四) 信用证的基本内容

信用证上记载的事项必须明确、完整,否则会导致当事人之间的纠纷。由于没有具备法律约束力的标准信用证格式,因此信用证的格式多种多样,一般包括以下基本项目。

1. 关于信用证本身的项目

(1) 信用证形式(或性质),信用证均应明确表示是可撤销还是不可撤销。

(2) 信用证号码(即信用证的编号),不可缺少。

(3) 开证日期,信用证必须标明开证日期,这是信用证是否生效的基础。

(4) 受益人,即利用信用证支取款项的人,必须标明完整名称和详细的地址。

(5) 开证申请人,即买卖合同中的买方,应标明完整的名称和详细地址。

(6) 信用证金额,即开证行付款责任的最高限额,应满足买卖合同下的支付。

(7) 有效期限,即受益人交单取款的最后期限。超过这一期限开证行就不再承担付款责任,也称为到期日。同时,除规定交单到期日外,每个要求提交运输单据的信用证还应规定一个在装运日后必须交单的特定期限(通常称为最迟交单日)。如未规定该期限,银行将不接受迟于装运日次日起21天后提交的单据。过了这一期限,即使来超过信用证的有效期,该证也同样失效。因此,信用证受到期日和最迟交单日(或装运日后21天)的双重限制。并且以期限短的为准。

(8) 有效地点,即交单地点,也称到期地点,是单据必须在到期日或之前进行提示的地点。一般为开证行指定的银行所在地最好是出口地银行。

(9) 开证行名称,一般在信用证中首先标出,应为全称加详细地址。

(10) 信用证类型,是按信用证的使用方式即兑现方式划分的。《UCP 500》规定,一切信用证都必须明确指出其使用方法,包括即期付款、延期付款、承兑和议付四种类型。

2. 要求受益人履行的条件

(1) 关于汇票的项目,指定出票人(即受益人)和付款人(一般为开证行)。

(2) 关于单据的项目,指信用证中一般须列明所需单据,分别说明单据的名称、份数和具体要求。

(3) 关于货物描述部分,指信用证对货物的具体要求,一般包括货名、品质规格、数量、单价以及包装、唛头、价格条件等最主要内容和合同号码。其中,价格条件应以国际商会、《2000年国际贸易术语解释通则》为参照。

(4) 关于运输的项目,通常有装货港、卸货港或目的地、装运期限等,此外,还有可否分批装运和可否转运等内容。按惯例,信用证上没有说明是否允许分批装运与转运,则视为允许。

3. 其他项目

(1) 开证行对议付行、通知行、代付行的指示条款。

(2) 开证行保证条款。开证行通过这一条款来表明其付款责任。

(3) 开证行代表签名。信开本信用证须有开证行有权签名人签字方能生效,一般采取"双签"即两人签字的办法。电开本信用证则必须有开证行的密押。

(4) 其他特别条件,主要用以说明一些特别要求,也可能没有这一条。

(5) 根据《UCP 500》开立信用证的文句。

(五) 信用证的种类

信用证的种类很多,国际上常见的信用证是从其用途、性质、付款期限、流通方式、可否转让等角度进行分类的。以下仅就常见的信用证种类加以介绍。

1. 按信用证性质划分

（1）可撤销信用证（Revocable L/C），是指信用证的开证行有权在信用证开出后，不征求受益人的同意随时撤销或修改的信用证。由于可撤销信用证对受益人不是一个确定的付款承诺，受益人缺乏收款保障，所以他们多不愿接受这种信用证。如果出口地有关银行在接到修改或撤销通知以前，根据相符单据办理了付款、承兑或议付，开证行有义务予以偿付。

（2）不可撤销信用证（Irrevocable L/C），是指信用证一经开出，在有效期内，非经信用证各有关当事人的同意，开证行不能片面修改或撤销的信用证。不可撤销信用证构成开证行一项确定的付款保证，只要受益人提供与信用证条款相符的单据，开证行就必须履行其付款义务。

由于不可撤销信用证对受益人收取货款比较有保障，所以在国际贸易中使用得最多。当然，在所有信用证基本当事人都同意的时候，不可撤销信用证也可以撤销或修改。这是为了防止某一方无故受损。

《UCP 500》规定：信用证中应明确表示是可撤销还是不可撤销。如果没有这种明确的表示，则一律视为不可撤销信用证。

2. 按信用证的兑现方式划分

（1）即期付款信用证（Sight L/C），指开证行或指定银行收到符合信用证规定的单据后，立即履行付款义务的信用证。

履行付款义务的银行称为付款行，可以是出口地的银行，也可以是开证行，但从发展趋势看，即期付款信用证的付款行多由出口地的银行承担。从受益人角度看，付款行为出口地银行对其更为有利，该行付款后无追索权，受益人提交相符单据后马上就可获得货款，有利于资金周转。

（2）远期付款信用证（Usance L/C），指开证行在信用证中规定货物装船后若干天付款或受益人交单后若干天付款的信用证。这类信用证一般不要求出口商开立汇票，因此，远期付款信用证又称为不要汇票的远期信用证。

远期付款信用证下，受益人能否获得付款完全取决于付款行的信用。若付款行是开证行或保兑行，则收款有保证。否则，受益人的收款有一定风险。远期付款信用证由于不开立汇票，受益人无法在贴现市场上获取资金融通，只能自行垫款或向银行借贷，因此，以远期付款信用证成交的货价比承兑信用证成交的货价要高一些。但进口商可以在付款前先收到单据并得到货物。

（3）承兑信用证（Acceptance L/C），指开证行或指定银行在收到符合信用证条款的单据及远期汇票后予以承兑，待汇票到期时再行付款的信用证。显然这种信用证必须要求有一张远期汇票，因此也可以说，承兑信用证就是要汇票的远期信用证。

承兑信用证下，汇票的付款人必须是银行，也就是承兑人必须是银行。受益人取得银行承兑汇票后，可向当地的贴现市场办理贴现及时收回货款，而且对受益人设有追索权；受益人也可持有承兑汇票等待到期收款。

（4）议付信用证，是其指定银行对受益人提交的相符单据进行议付的信用证。议付意指银行向受益人买入汇票和单据的行为，即议付行在单证相符的条件下，扣除利息后将票款余额付给受益人,且议付行对受益人具有追索权。

议付信用证应指定一家银行并授权其议付,若信用证中没有表示限定某个特定银行议付,那么任何一家自动承担议付责任的银行就成为指定银行。前者称为限制议付信用证,后者称为自由(公开)议付信用证。

《UCP 500》明确强调了以上四种信用证之间的区别。每一份信用证都要明确指出是四种中的哪一种,以确立各当事人的权、责、利。我国以前开出的信用证绝大多数是议付信用证,对另三种研究得不够,没有给予足够重视。有的修改将议付信用证改为付款信用证,以为仅一字之差,而实际利益上损失很大。所以在实务中无论从事进口结算还是出口结算,都要搞清四种信用证的区别,正确加以利用,以免蒙受经济损失。

3. 根据受益人对信用证的权利是否可转让划分

(1) 可转让信用证(Transferable L/C),是指受益人可以将信用证的权利即装运货物(交货)、交单取款的权利转让给其他人的信用证。

《UCP 500》第48条对可转让信用证做出了明确、详细的规定。唯有开证行在信用证上明确注明"可转让",信用证方可转让,且应向信用证中指定的银行(称为转让行或转证行)申请办理转让。原信用证的受益人称为第一受益人,转让后的新证受益人称为第二受益人。当然,可转让信用证并不是一定得转让。

在国际贸易中,代理商和中间商的大量存在是可转让信用证产生的直接原因。显然,进口商收到的货物,并不是与他签订买卖合同的第一受益人提供的,质量不一定能完全保证,因而可转让信用证对进口商而言,并不十分有利。

(2) 不可转让信用证(Non-transferable L/C),凡信用证上未注明"可转让"(This credit is transferable)字样的信用证都是不可转让信用证。不可转让信用证的利益只能是受益人本人享有,如受益人不能执行信用证条件,信用证只能过期作废。实务中的信用证一般都是不可转让信用证。

除以上从不同角度加以划分的信用证种类外,保兑信用证也是一种重要的信用证。保兑信用证是指除开证行以外,有另一银行保证对符合信用证条款规定的单据履行付款责任的信用证,具体做法是保兑行在信用证上加批注"此证已经我行保兑"并签章。承担保兑义务的银行就称为保兑行,其保兑责任未经一切有关当事人同意,不能自行修改或撤销保兑,只有不可撤销的信用证才能加以保兑,可撤销信用证不在保兑之列。

《UCP 500》第9条规定,保兑行与开证行都承担第一付款责任,无先后之分。但只有当单据在到期日前向保兑行提示时保兑行才履行第一的付款责任。

本章小结

国际结算是指为清偿国际间债权债务关系而发生在不同国家之间的货币收付活动。现代国际结算是以票据为基础、单据为条件、银行为中枢、结算与融资相结合的结算体系。国际结算中的往来银行,联行是最优选择,其次选择账户行,最后的选择是非账户行。

票据是国际结算中普遍使用的信用工具,它具有设权性、要式性、文义性、无因性和流通转让性等重要性质,票据包括汇票、本票和支票三种,汇票是最典型的票据。

票据法是规定票据种类、票据形式及票据当事人权利义务关系的法律规范的总称。世界上最有影响的票据法是以《英国票据法》为代表的英美法系和以《日内瓦统一票据法》为代表的大陆法系。我国《票据法》于 1996 年 1 月 1 日正式实行。

汇票是出票人签发的,委托付款人在见票时或者在指定日期无条件支付确定的金额给收款人或者持票人的票据。汇票必须记载下列事项:表明"汇票"的字样;无条件支付的委托;确定的金额;付款人名称;收款人名称;出票日期;出票人签章。汇票上未记载前款规定事项之一的,汇票无效。汇票上记载付款日期、付款地、出票地等事项的,应当清楚、明确。当汇票的出票人与付款人为同一人即成为本票,以银行为付款人的即期汇票便成为支票。

票据行为是围绕票据所发生的、以确立或转移票据权利义务关系为目的的法律行为,主要包括出票、背书、提示、承兑、付款、拒付、追索等。

汇款是银行(汇出行)应付款人的要求,以一定方式将款项通过国外联行或代理行(汇入行)支付收款人的结算方式。根据汇出行通知汇入行付款的方式,或支付授权书、汇款委托书的传递方式不同,汇款可以分为电汇、信汇和票汇三种。

汇款在国际贸易中的应用主要有预付货款(进口商资金被无偿占用并承担风险)、货到付款(出口商资金被无偿占用并承担风险)和交单付现(对出口商和进口商均比较公平)三种类型。

托收是出口商(债权人)通过出具汇票及有关单据,委托银行向进口商(债务人)收取货款的结算方式。它分为光票托收和跟单托收两种。跟单托收又分为付款交单(即期付款交单和远期付款交单)与承兑交单。托收是一种相对有利于进口商,不利于出口商的结算方式。

信用证是银行根据进口商的申请和指示,向出口商开立的承诺在一定期限内凭规定的单据支付一定金额的书面文件。它是一种银行信用,开证行负第一付款责任;它是一种自足文件,它不依附于贸易合同而存在,信用证业务是一种纯粹的单据业务,它处理的对象是单据。

信用证的业务程序一般有 9 个环节:申请、开证、通知信用证、交单、议付、寄单索汇、开证行偿付、通知赎单和付款交单。开立信用证分为信开本信用证和电开本信用证两种形式。电开本信用证包括简电本、全电本、SWIFT 信用证。

信用证的基本内容包括 3 大项 19 小项。① 关于信用证本身(性质、号码、日期、金额、申请人、开证行、受益人、到期日和到期地、使用类型)。② 要求受益人履行的条件(汇票、单据、货物、运输)。③ 其他条款(指示条款、保证条款、特别条款、开立文句、签名)。

常见的信用证种类有:可撤销信用证与不可撤销信用证;即期付款信用证、迟期付款信用证;承兑信用证和议付信用证;可转让信用证和保兑信用证。

结汇单据简称单据,它是指国际贸易和国际结算中直接反映或说明货物有关情况的商业凭证。其作用表现为:单据是出口商履约的证明;单据是出口商收取货款的凭证;单据是进口商付款、提货的依据;单据是银行办理贸易结算的重要依据。信用证结算方式下银行必须审核单据。

商业发票简称发票,是出口商在发出货物时开立的凭以向进口商索取货款的价目清单,是装运货物的总说明。其作用有:一是交易的证明文件;二是可作为记账凭证;三是报关纳税的依据;四是可代替汇票作为付款的依据。

　　海运提单简称提单,是承运人在收到货物或货物,装船后签发给托运人的,约定将该项货物运往目的地交与提单持有人的物权凭证。提单可以背书转让。其作用有:货物收据、运输合同证明和物权凭证。按货物是否已装船,分为已装船提单和备运提单;按承运人对货物表面状况的批注,分为清洁提单和不清洁提单;按提单可转让与否,分为记名提单、不记名提单和指示提单;按是否转船,分为直达提单、转船提单和联运提单。

　　保险单是保险人在收取保险费后,向被保险人签发的对其承保的书面证明。它具体规定了保险人与被保险人的权利与义务。作为一种权利凭证,保险单可以背书转让。保险单的作用体现为它是保险合同证明与赔偿的证明。保险险别可分为基本险(平安险、水渍险、一切险)和附加险(一般附加险和特殊附加险)两类。常见的保险单分为:保险单、保险凭证、暂保单、联合凭证及预约保险单。

复习思考题

1. 简要说明票据的主要特征。
2. 试述在国际贸易实务中应用托收方式的注意事项。
3. 简要说明 SWIFT 的特点。
4. 试述票据在国际结算中的作用。

第六章 外汇风险管理

学习目标

- 了解外汇风险的种类；
- 重点掌握外汇风险管理内部法；
- 重点掌握外汇风险管理外部法；
- 掌握外汇预测与外汇风险管理。

关键词

外汇风险　交易风险　折算风险　经济风险　内部法　外部法　配对　轧差　提前和延迟支付　价格策略　资产负债调整　远期合约　期货合约　期权合约　期货期权合约　货币互换　基本分析　技术分析　购买力平价预测模型　利率平价预测模型　国际收支预测模型　Hooper-Morton模型　实际利率差异模型　道氏理论　波浪理论　切线理论　K线理论　形态理论

导读材料

H&M 的汇率风险

据媒体报道，全球第三大时装零售商——瑞典的 H&M 公司，近年来一直以美元从远东地区采购约三分之二的货品，再以欧元销售差不多同样比例的商品。由于过去十年的欧元相对强势，带来了该公司毛利润率达到 60％ 的行业领先水平。但 2010 年以来，欧元兑美元汇率一路下跌，根据摩根士丹利的估计，若欧元跌至与美元等值，H&M 的毛利润率将因此减少 4 个百分点。

H&M 面临的境况是很多国际贸易企业都会遇到的问题——外汇风险。为了规避此类风险，外贸企业既可以采用提高商品售价的方法，还可以通过降低成本的方法。但 H&M 公司的西班牙竞争对手 Inditex 公司找到了另一种避险方法，即拥有 Zara 品牌的 Inditex 公司的大部分货品都就近采购，而且订货至交货时间较短，只需 2～3 周，因此较少受到汇率波动影响，有效规避了风险。

自 1973 年布雷顿森林体系崩溃以来，外汇市场上外汇的波动越来越频繁。外汇的变动一方面使涉外经济主体的收益(债务)的本币价值由于出口(进口)商品和收款(付款)时间的差别发生变化,在波动剧烈时甚至可能使其濒临破产的边缘,另一方面它将会在更长的时间内使涉外经济主体的现金流发生变动从而使其价值发生变化。因此,为了消除涉外经济主体收益或债务的不确定性,将其价值最大化,必须对外汇风险进行管理。

第一节　外汇风险概述

一、外汇风险

外汇风险(Foreign Exchange Risk),又称汇率风险,是指一国从事对外经济活动的经济主体(为了说明的方便,本章的涉外经济主体主要是指涉外企业)。由于不可预期的汇率波动导致其资产或负债的变动,从而使该经济主体蒙受经济损失的可能性。一国的经济主体在从事对外经济活动,如贸易、投资等过程中都需要在国际范围内持有大量的外汇或以外汇表示的资产或债务。当两国之间的汇率是自由浮动的时候,在国际结算过程中就存在着汇率风险。汇率风险由三个因素组成:外汇风险头寸、两种及两种以上的货币、结算时间。

一般来说,企业持有的外币资产和债务都存在着由于汇率的非预期性变动而蒙受损失的可能性,但并不是所有的外币资产和债务都要承担外汇风险。事实上,只有其中一部分才承担外汇风险,我们把这部分外汇资产称为"敞口"(Exposure)或"风险头寸"(Exposure Position)。所谓风险头寸,是指企业持有的外币资产和外币负债之间不相匹配的部分,表现为外币资产大于或小于外币负债,或者二者之间尽管在金额上相等,但是在期限上存在着差别。如果一项对外经济交易存在外汇风险,必须涉及两种或两种以上的货币;如果该交易只涉及一种货币,那么就不存在货币兑换问题,也就不存在外汇风险了。此外,外汇收支结算通常都需要经过或长或短的一段时间,在这段时间内汇率存在着波动的可能性,这也使得企业的经营成果暴露在汇率的波动之下。

二、外汇风险的分类

根据外汇风险的作用对象和表现形式,经济学家把外汇风险划分为不同的类型。唐纳德·雷萨德和约翰·莱特斯通(Donald Lessard & John Lightstone,1986)把外汇风险划分为会计风险和经济风险,后来拉斯·欧克斯汉姆和科拉斯·温尔伯格(Lars Oxelheim & Clas Wihlborg)又把经济风险细分为交易风险和经营风险。目前,学术界一般把外汇风险分为三类:交易风险、折算风险和经济风险。

(一) 交易风险

交易风险是指企业由于本币和计价外币的汇率波动对其当期现金流造成的潜在影响,即企业的资产或债务在汇率变动后进行外汇交割结算时所出现的风险。交易风险是一种常见的外汇风险,目前许多企业对外汇风险的管理也仅仅局限于对交易风险的管理,根据安德鲁·马歇尔(Andrew Marshall)对美国、英国、日本、澳大利亚、中国香港、韩国、新加坡等国(或地区)共 179 家跨国公司的调查,80%以上的跨国公司都认为对交易风险的管理是重要的,这可能是以为交易风险对企业的现金流和利润有着最直接的现实影响。交易风险广泛存在于从事对外经济活动的企业中,如商业银行、外贸企业等。例如,一家中国企业向德国一家企业购买一套机器设备,双方商定以欧元作为到期支付货币,一旦欧元对人民币汇率在合约期间升值(贬值),交割时中国企业必须以更多(更少)的人民币在即期市场上购买相同数目的欧元。因此,对于中国企业而言,这套设备变得更贵(便宜)了,从而使得这家中国企业产生现金流损失(得益)。

(二) 折算风险

从事对外经济活动的企业在进行会计处理以及进行外币债权和债务决算的时候,经常需要以本币来评价这些对外经济活动的价值与效益。由于经济活动发生的时间通常与决算时间不同,在这期间汇率的变动将使得不同时点的会计账面损益具有很大的差异。在各国的会计制度中,会计报表通常要求使用本国货币作为记账货币,这就要求本国企业将实际发生的外汇收支项目按照一定的汇率折算成本国货币。此外,对于本国企业设在国外的子公司,按照合并报表的原则,其外汇收支项目也应该折算成本国货币。在美国,财务会计标准委员会(FASB)颁布了 FAS-52 条款对海外子公司的外汇收支项目折算方法做了具体的规定。根据 FAS-52 规定,美国企业海外子公司的外汇收支项目在折算之前,需要先确定一种功能货币,以该种功能货币为计价货币来衡量这些外汇收支项目的价值。所谓的功能货币,是指这些海外子公司日常经营活动所使用的货币,一旦确定功能货币之后,企业就可以根据一定的汇率将这些外汇收支项目折算成本币价值,这个折算的汇率可以是合并报表时的两种货币的即期汇率,也可以是某一段时间内的平均汇率。在日常实践过程中,企业对折算风险的管理相对比较少,有的学者更是把折算风险看作一个会计概念,认为根本就不需要对折算风险进行管理。

(三) 经济风险

交易风险和折算风险衡量的是汇率变动对企业的当期影响,而经济风险衡量的是汇率变动对企业将来特定时期收益的影响,它表示的是汇率变动对企业当期和未来现金流贴现值的效应。罗德里格兹(Rodriguez)把经济风险定义为企业价值随汇率变动的收益或损失。唐纳德·凯普(Donald Kemp)认为经济风险的大小主要受到三个因素的影响:产品价格、产品销售量和汇率。例如,一国货币贬值可能使得出口货物的外币价格下降从而刺激出口,也可能使得使用的进口原材料的本币成本提高而减少供给。此外,汇率变动对价格和数量的影响可能无法马上体现。这些因素都直接影响着企业收益变动幅度的大小。

上文所讲的汇率变动会影响企业的价格和产品数量,这里的汇率指的是真实汇率,只有真实汇率的变化才会产生影响,因为有时候名义汇率的变动会被通货膨胀所抵消。经济风险一般被认为是三种外汇风险中最重要的一种外汇风险,而且从理论上来看,经济风险可能是关于汇率变动对企业价值实际影响的一种最精确的度量方法,但是由于经济风险发生的时间跨度比较长,而且对经济风险的测量存在着大量的主观性和不确定性,要准确计量企业的经济风险存在很大的难度,所以企业的经营者通常更重视对交易风险和折算风险的管理。

三、外汇风险管理的必要性

汇率变动对一个国家国民经济的影响主要表现在微观和宏观两个层面上。从宏观上看,汇率变动对于一国的国际收支、外汇储备、物价水平乃至就业等都会产生影响。从微观上看,汇率变动将通过对微观企业的营运资金、收益、价格乃至经营战略产生影响,这些因素的变动使得企业的现金流发生了变动,从而使企业面临外汇风险。布雷顿森林体系瓦解之后,外汇市场上的汇率变动越来越频繁,汇率变动对企业的影响也越来越大。汇率风险已经成为从事对外经济活动的企业所面临的一种日益重要的风险。企业要参与国际竞争,要最大化企业的价值,就必须对外汇风险进行管理。

改革开放以来,随着中国经济的国际化程度越来越高,越来越多的企业将参与到国际经济活动中去,汇率风险对中国经济、中国企业的影响也将越来越大。国外企业对于外汇风险的管理起步较早,积累了丰富的实践经验。与国外企业相比,我国企业的外汇风险管理起步较晚,而且外汇风险防范意识不强。因此,对于我国企业而言,增强外汇风险意识,吸收国外企业外汇风险管理的宝贵经验是一项十分重要的课题。

外汇风险管理主要是通过各种内部和外部的管理工具,降低企业经营过程中的各种汇率波动影响,使企业获得更稳定的收益和更稳定的现金流。图6-1是美国的一家跨国公司Omega公司1995年各季度的每股收益情况。该图列出了该公司在固定汇率下、浮动汇率下无汇率风险管理和浮动汇率下有汇率风险管理三种情况下的每股收益。从该图中可以发现,在固定汇率下,Omega公司各季度的每股收益呈现一定程度的波动,但是波动的幅度相对较小,在0.04美元左右;在浮动汇率下,如果Omega公司没有对外汇风险进行管理,此时该公司的季度每股收益呈现了较大幅度的波动,波动幅度在每股0.08美元左右;在浮动汇率下,如果Omega公司对外汇风险进行了管理,那么同期该公司的各季度每股收益的波动幅度比放任浮动情况下要小得多,而且各季度的每股收益呈平稳的增长趋势。对于希望获得稳定现金流的Omega公司而言,在浮动汇率下使用外汇风险管理策略无疑要比放任自由的策略更有吸引力。

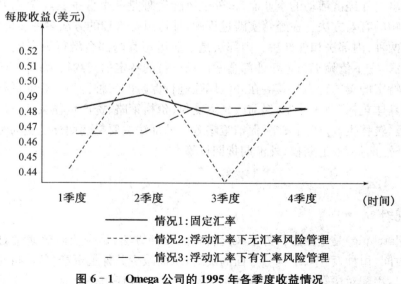

图6-1 Omega公司的1995年各季度收益情况

［资料来源:Laurent L. Jacque,(1996),p. XXi.］

四、外汇风险管理的步骤

任何一个企业的外汇风险管理都是按照一定步骤进行的。一般来说,一个完整的外汇风险管理行为具有以下几个步骤:

第一步:确认企业对于风险的态度。企业对风险是具有偏执性的畏惧还是一个简单的风险规避者? 企业风险管理的目标是什么,是降低风险,是逃避风险,还是承担一定的风险?

第二步:测量或估计企业面临的外汇风险情况,包括交易风险、折算风险和经济风险。了解与竞争对手相比,本企业的外汇风险暴露情况如何?

第三步:确定本外币的汇率是否存在被高估或低估的情况,预测每一种概率情况下的汇率走势。汇率走势预测是企业外汇风险管理的一个重要步骤,它直接决定着企业的外汇风险管理行为。

第四步:模拟在每一种风险情况下企业的收益、现金流变动情况。

第五步:确定最优的套期保值比例,是部分套期、全额套期还是过渡套期?

第六步:比较各种可能的套期保值策略的成本和收益,企业内部应该设立一个专门的部门对企业的套期保值工具的运行情况进行监督和评价。

第七步:采用最佳的风险套期保值策略。

第八步:根据企业的风险管理目标和风险管理策略结果对风险管理行为进行事后评价,并随时根据需要进行必要的合理调整。

第二节 外汇风险管理方法

对于从事对外经济活动的企业而言,外汇风险管理是一个保护其经营成果免受或少受汇率波动影响的有效方法。在经营实践过程中,外汇风险管理的方法多种多样,这些方法一般被归纳为两种:内部法和外部法。内部法是企业运用其内部金融行为来抵消或最小化外汇风险的方法,它不依赖于与企业外部金融市场进行的特定的契约行为;外部法是指企业通过与外部的特定的契约行为为其潜在外汇风险进行保险的一种行为。企业进行外汇风险管理的内部法具体包括配对、轧差、提前或延迟支付、价格策略、资产负债调整、计划、提高生产率、工厂选址、转移生产、产品策略、促销策略等。外部法主要是远期外汇交易和其他金融衍生工具,如外汇期货、外汇期权、外汇期货期权等。

一、内部法

(一) 配对

配对(Matching)是企业进行外汇风险管理的一种方法,是企业内部通过对企业外汇资产、负债的时间、币种、利率、结构等方面的配对,从而减少其外汇资产、负债持有期间的外汇风险。企业运用配对法管理汇率风险的目标是:在未来的任何一个时点上,企业的外汇资产恰好能够抵付到期的负债。因此,企业需要按照不同的币种分别统计,随时了解外汇资产和负债到期日的配对状况,同时对于不相匹配部分进行调整。必要时可以对负债小于资产的部分进行融资,对负债大于资产的部分进行投资。除了对到期日的配对外,企业一般还可以对外汇币种进行配对。一般来说,企业应该遵循收入什么样的币种就支出什么样的币种的原则。对于有经常性外汇收入的企业,其支出应该尽量使用该种外汇。此外,企业还应该合理调整外汇资产和负债的期限结构,尽量做到长期负债长期使用、短期负债短期使用。对于从事对外业务的商业银行而言,匹配外币资产和负债的利率也是外汇风险管理的重要方面。一般而言,银行借入外汇资金都是以伦敦同业拆借利率(LIBOR)为基础计算利息的,因此商业银行在发放国内外汇贷款的时候也应该按照浮动汇率计算利息。

配对有两种:自然配对(Natural Matching)和平行配对(Parallel Matching)。自然配对是指将某种特定的外汇收入用于外汇的支出;而平行配对中支出和收入的货币并不是同一种货币,但要求这两种货币直接呈现正相关关系。自然配对能避免货币兑换,减少外汇风险,但是配对不一定完全。平行配对下的企业比自然配对时更具有灵活性,但是它的风险比较大。

(二) 轧差

轧差(Netting)是指企业与其交易伙伴一致同意的余额或债务对冲,它把大量逐笔交易额或债务减少到较小数目的交易额或债务。轧差可以发生在两个有大量双向交易的企业之间,也可以发生在跨国公司内部的各个子公司之间。如果一家企业既从国外另一家企业进口同时也对其出口,那么两家企业可以商定在当地银行建立一个外汇账户。这个外汇账户专门负责冲销两家企业之间的债权和债务,它显示的是两家企业之间的债权和债务的余额。跨国公司的子公司之间的轧差一般被称为多边轧差(Multilateral Netting),它是指将跨国公司各子公司之间的债权债务相抵,使一些公司的债权债务为零、一些有净债权、一些有净债务,持有净债务的公司向持有净债权的公司进行支付。多边轧差有现金总库和直接冲销两种方法。现金总库就是净债务人把结算款项先汇到现金总库,由现金总库将款项发给各个净债权人;而直接冲销法则是没有通过现金总库,净债务人直接向净债权人进行清偿。

(三) 提前或延迟支付

提前或延迟支付(Leading and Lagging)是指当企业预期某种外汇即将升值或贬值的时候,通过提前或推迟支付相关账款来规避外汇风险。提前或延迟支付是针对企业的应收、应付账款而言的,它要求企业精确地预测外汇的变动趋势,因为一旦外汇走势与预测结果相反,企业将比不对外汇进行管理的情况下遭受更大的损失。在同样的汇率预测条件下,不同贸易行为的企业的延迟支付行为是不一样的。当企业预测外汇升值,作为进口商的企业应该提早买入外汇或预付货款,作为出口商的企业则应该推迟付款。如果企业预测外汇贬值,作为进口商的企业应该推迟订货或推迟支付货款,而作为出口商的企业则应该尽量提前收款。

提前或延迟支付行为的原理很简单,但是它的实施具有一定的难度,要受到交易双方原先所订立的契约的限制。除非原先的契约中已经对提前和延迟支付行为做出了相关的规定或者得到了对方的同意,否则该行为都是难以实施的。如果交易的双方对汇率的预测结果相同,那么双方在采取对自己有利的提前或延迟支付行为的条件下,提前和延迟支付行为也是难以实施的。

(四) 价格策略

价格策略(Price Policies)也是企业外汇风险管理的一种有效的方法,它把套期保值措施融入企业的日常经营活动中去。一般来说,价格策略包括三种具体的策略:销售价格调整(Sale Price Adjustment)、发票货币调整(Invoice Adjustment)和转移定价(Transfer Pricing)。在预期货币变动的国家从事交易的企业,通常可以采取调整销售价格的策略来规避外汇风险。如果本币升值,企业出口产品的外币价格可以有所提高;如果本币贬值,那么企业一方面可以提高出口产品的本币价格,保持外币价格不变,另一方面可以降低外币价格,保持本币价格不变。但是,提高价格对企业而言未必是一件好事,当产品的需求富有弹性时,价格提高将使得销售收入减少。通常,价格的调整不可能与汇率的变动幅度相同,在实践中一般是交易双方通过订立"价格调整条款"共同分担外汇交易风险。

如果预期计价货币将长期贬值,企业不可能通过频繁地调整销售价格来规避汇率风险,这时就需要通过调整发票货币(计价货币)来转嫁外汇风险。一般来说,出口企业倾向于选择"硬"币作为计价货币,而进口企业倾向于选择"软"币作为计价货币,有一些国家的企业甚至可以选择本币作为计价货币,如美国。为了保持企业经营管理的一致性,企业不应该频繁地调整发票货币,只有当企业预期原计价货币将长期贬值时,发票货币的调整才是一个外汇风险管理的好方法。但是现实中,要准确地预期外汇长期贬值是比较困难的,即使外汇贬值幅度很大也不能保证它将继续长期贬值。

转移定价是指跨国公司为了逃避外汇管制或者减少税负,而在公司内部通过提高或降低内部销售价格来转移收入的一种做法。在一些货币较"软"或者经济发展程度较低的国家,跨国公司的子公司要将经营利润转移到母公司是受到严格限制的。为了解决这个问题,跨国公司通过在公司内部各公司之间实行转移定价。例如,跨国公司的母公司可以让子公司出口给母公司的出口价格定得较低,而将子公司从母公司进口的产品价格定得较高,从而将利润转移到母公司。此外,在一些税负较高的国家,通过转移定价还可以提高子公司的成本,降低其利润,从而减少税负。从严格意义上讲,转移定价并不是一种套期措施,而是一种现金管理工具。由于跨国公司的转移定价行为对东道国而言是不利的,因此许多国家都对此做出了相关的禁止性规定。

(五) 资产负债调整

资产负债调整(Asset and Liability Adjustments)又被称为资产负债管理法,它通过对企业的资产和负债的重新调整,把资产或负债账户的计价货币转换成最有可能保值或增值的货币。通过对企业资产和负债项目的调整,企业可以在其日常经营过程中实现对外汇风险的自然套期。资产负债调整的一个最基本的方法就是持有以强势货币计价的资产或以弱势货币计价的负债。一般来说,资产负债调整可以有以下几种方式:借入当地货币、长期借款和投资、平行贷款或背靠背贷款等,提前和延迟支付与配对有时也被认为是资产负债调整的一种方式。

借入当地货币是针对跨国公司的子公司而言的,它可以通过借入与净资产相同的当地货币来规避母公司的折算风险。例如,有一家美国公司在法国的子公司的净资产为10 000 000 欧元,如果欧元贬值,那么母公司在合并报表后将会产生折算损失。为了消除汇率变动产生的折算风险,该子公司可以在当地借入总金额为 10 000 000 欧元的货币。借入当地货币在子公司存在借款需求时更有吸引力,但是它在规避外汇折算风险的同时却也把企业暴露在利率风险之下。

长期借款和投资的原理是:如果企业预测长期内外汇将贬值,那么该企业可以在当期借入外币,并把它兑换成本币后进行长期投资;如果企业预测长期内外汇将升值,那么该企业可以在当期借入本币,并把它兑换成外币进行长期投资。长期借款和投资的成功与否取决于汇率走势是否与预测一致以及汇率变动是否足以弥补利息差额。与其他的套期保值方法相比,长期借款和投资具有更强的投机性。

平行贷款或背靠背贷款是指处于不同的国家内的不同企业之间所达成的一种特殊的借贷协议。它具有以下几个特征:每个公司的资金需求正好相反,每个企业都有以本国货币表示的闲置资金,每个公司都在对方的国家有子公司,每个子公司都需要当地资金。平行贷款和背靠背贷款是有区别的,平行贷款在一方违约的情况下另一方仍然必须履行合约,而背靠背贷款在一方违约的情况下另一方可以抵消合约。平行贷款和背靠背贷款的借款成本较低,同时利用了两家企业国内的闲置资金,消除了企业的外汇风险。

(六)其他方法

根据安德鲁·马歇尔的调查,美国、英国和亚太地区的跨国公司在管理交易风险和折算风险时通常是配合使用内部法和外部法,它们所采用的内部法包括配对、轧差、提前或延迟支付、价格策略、资产负债调整等。但是在管理经济风险的时候,企业一般只采用内部法,这是因为没有可行的金融衍生工具能够用来管理经济风险。这些内部法主要是一些生产和营销措施,包括计划、提高生产率、市场选择、工厂选址、转移生产、产品策略、促销策略等。

计划是企业在对汇率变动多种可能性预测基础上的对自身的生产、营销策略的灵活规划。虽然多数企业习惯于预测汇率,但是对汇率的准确预测却是十分困难的。对汇率变动的多种可能性预测,可以使企业在汇率变动过程中具有更强的自主性,从而及时而又恰当地针对汇率变动做出反应。例如,如果汇率的变动使得企业的生产成本提高,企业不得不改变生产地点,这时预先进行的计划就能够减少地点选择的时间和成本,因为生产地点的确定需要投入一定的人力、物力收集和分析大量的信息。

从理论上来说,外币对本币的贬值将使得本国企业到该国投资的成本降低,但是如果外汇在贬值的同时伴随着持续的通货膨胀,投资未必能降低成本。如果对外投资的动机是降低成本,则投资行为就不会发生;如果投资的目的是占领市场,那么即使投资成本较高,企业也需要进行投资。对于这些企业而言,提高生产率是规避外汇风险的重要方法。提高生产率是提高企业竞争力的根本方法,企业通过加强质量管理,改进生产技术等方法提高劳动生产率,从而抵消外汇变动对自身的不利影响。

汇率的变动趋势是企业在进行市场选择时所必须注意的一个关键因素,特别是在汇率表现出长期的变动趋势时。如果本币表现出长期升值的趋势,本国的出口企业将不得不退出无利可图的货币贬值国家的市场,而有进口行为的企业应该扩大中间产品或替代品的进口,通过削减产品成本抵消本币升值的不利影响。如果本币表现出长期贬值的趋势,本国出口企业应该大力拓展货币升值国家的市场,进口企业则应该放弃或减少货币升值国家产品的进口。但是,从短期来看,这项政策无法对货币的变动做出及时反应,因此还应该借助更灵活的方式来管理经济风险,如价格策略、促销策略等。

根据投资组合理论,如果投资项目效益在汇率变动上呈负相关,投资的风险就可以被大大分散,工厂选址也是如此。如果企业的出口产品市场货币贬值,企业的收入将会随着货币的贬值而减少。如果企业也在该市场进行生产,那么企业就可以利用当地相对廉价的资源,从而获得稳定的收入。在本币或生产国货币升值的情况下,企业还可以通过把生产地点转移到第三国而降低成本。例如,在 20 世纪 80 年代,日本为了抵消日元升值的影响把许多生产地点都转移到了亚洲其他国家。

在世界各地都拥有生产工厂的跨国公司可以根据货币变动的情况,通过将生产任务在不同的工厂分配来降低外汇的风险。转移的基本原则是尽量增加在货币贬值国的生产,减少在货币升值国的生产。当一国货币升值,成本增加时,在该国的生产将被转移到币值减少或不变的国家。由于跨国公司可以在其内部进行生产的转移,因此它们的外汇风险比单纯的出口企业要更小。

产品策略是企业用来规避外汇风险的一种重要方法,它包括新产品的开发、产品的生产决策和旧产品的淘汰。新产品的开发不是一项短期的经营决策,而且新产品的推出最初都是针对某个市场,目标市场的汇率变动对新产品的推出有重要的影响。一般来说,新产品的推出都选择在本币贬值的时候,这时产品具有一定的价格优势,有利于产品迅速占领市场。汇率的波动对产品的生产决策也会产生影响,如果本币贬值,企业将有可能扩大国内的生产,抢占国际市场;如果本币升值,企业则可能缩减生产规模或者对产品进行重新定位。对于旧产品的淘汰仍然需要考虑汇率因素,如果本币升值使得产品没有了生产利润,那么企业就可能加快淘汰旧产品;如果本币贬值,这时生产一些旧产品可能还有利可图,这时企业就会减缓旧产品的淘汰进程。

在现代社会,促销活动对于企业销售收入的增加具有重要的刺激作用,企业的促销策略的制定要受到许多因素的影响,其中一个就是汇率。汇率的变动会要求企业的促销开支在不同市场间的金额分配中进行一定的调整。如果本币贬值,只要出口产品的外币销售价格保持不变,那么销售收入的本币价格将增加,企业促销开支的单位利润也将提高。这时企业应该增加对货币升值国家的促销投入。如果本币升值,这时促销开支的单位利润减小,企业应该减少对货币贬值国家的促销投入。20 世纪 80 年代中期,在日元不断升值的情况下,日本的一些跨国公司增加在亚洲和欧洲国家的广告投入就是因为这个原因。

二、外部法

除了使用各种内部政策工具之外,企业还经常使用各种外部的工具来管理外汇风险,特别是交易风险和折算风险。这些外部工具主要是指企业所使用的一些金融衍生工具,主要包括远期外汇交易、外汇期货交易、外汇期权、外汇期货期权、货币互换和其他一些复杂的金融衍生工具。

(一) 远期外汇交易

远期外汇交易(Forward Exchange Transactions)是银行与其顾客就未来某一时刻用一种货币兑换另一种货币所达成的协议。一份标准的远期外汇合约在签订之时,汇率、交割时间、合约金额这些要素都是确定的。远期外汇交易是企业用来管理汇率风险最常用的外部工具,它能够保证存在外汇风险暴露的企业获得确定的收益和稳定的现金流。远期外汇交易事实上就是一种借贷行为,借入或贷出与风险头寸日期相同、金额相等的外汇。远期购买相当于借入相同期限的外汇,远期出售则相当于卖出相同期限的外汇。现有一家中国企业决定从意大利购买价值 10 000 000 欧元的设备,双方商定 6 个月后支付货款,目前欧元对人民币的即期汇率是 1 欧元＝9.96 元人民币,如果现在支付,则需要人民币 99 600 000 元。但是 6 个月后的人民币对欧元的汇率是不确定的,如果人民币升值了,这家企业可以少付人民币;如果人民币贬值了,则企业需要支付更多的人民币。为了把支付费用的人民币成本确定下来,企业可以在市场上买入 6 个月的远期欧元合约。假设欧元的 6 个月远期汇率是 1 欧元兑 9.98 元人民币,那么无论人民币对欧元的汇率如何变化,这家企业都可以把支付成本确定在 99 800 000 元人民币上。

除了标准的远期外汇交易之外,市场上还存在着其他类型的远期外汇交易,如择期远期外汇交易(Option-Date Forward Exchange Transactions)、远期外汇交易(Forward Forward Exchange Transactions)。标准的远期外汇交易的交割时间是确定的,但是择期远期外汇交易的交割时间是不确定的,套期保值者可以选择在确定的两个时间内的任意时间进行交割。这两个确定的时间可以是现在和将来的某个时间,也可以是未来的某个时间。远期外汇交易是那些对他们未来交易行为十分了解的套期保值者所采用的外汇风险管理策略,它相当于同时购买两个不同方向的远期合约。例如,一家企业知道它在 3 个月后将会从国外购买一套设备,货款将在 6 个月后付清,而且企业预计未来 3 个月外币将贬值。为了规避外汇风险,企业可以进行远期外汇交易,就是在买入 6 个月外币远期合约的同时卖出相同金额的 3 个月远期合约。

(二) 外汇期货交易

外汇期货交易(Forward Exchange Future Transactions)于 1973 年首次在芝加哥商品交易所的国际货币市场部出现,它的原理与远期交易相同,不同的是外汇期货交易是在交易所里面进行,交易的品种、数量、规格、期限、交割地点都是标准化的,同时外汇期货交易还需要一部分边际存款作为保证金。利用外汇期货交易来管理汇率风险,就是在现汇市场上买入或卖出外汇的同时,在外汇期货市场上卖出或买入相同金额的期货合约,这样企业在现汇市场上的亏盈就可以通过期货市场上的盈亏弥补。在上文的中国企业购买意大利设备的例子中,该企业也可以通过期货交易规避外汇风险。该企业先在即期市场上以人民币兑换欧元,然后买入 6 个月的欧元期货合约,同时卖出 6 个月后到期的欧元期货合约。这样企业就可以把 6 个月后支付的货款的人民币价值锁定在一个确定的金额上。

(三) 外汇期权

外汇期权(Foreign Exchange Option)是指交易双方预先达成一项远期外汇买卖合约,在买方对卖方支付期权费后,卖方有权在到期日或到期日之前选择执行合约或者放弃合约。期权按在到期日或到期日之前执行可分为美式期权和欧式期权,按买入或卖出的选择权可分为看涨期权和看跌期权。远期外汇交易和外汇期货交易在确定企业未来现金流的同时,也使企业丧失了汇率波动中的获利机会,但是外汇期权则不同,它能够使企业在获得确定性现金流和获利之间做出一个最佳的选择。仍然以中国企业购买意大利设备为例子,如果现在企业预测 6 个月后欧元将升值,那么该企业可以买入看涨期权,假设该协定价格是 1 欧元＝9.97 元人民币,期权费用是 0.01 元人民币/欧元。如果 6 个月后 1 欧元＝9.99 元人民币,那么该企业执行期权合约,它可以获利 0.01×10 000 000＝100 000 元人民币。如果欧元贬值到了 1 欧元＝9.94 元人民币,那么该企业可以选择放弃期权,并在即期市场上买入欧元,这时它损失的只是期权费。

(四) 外汇期货期权

外汇期货期权(Foreign Exchange Future Option)是指期货合约的选择权,交易双方预先达成一项期货外汇买卖合约,在买方对卖方支付期权费后,卖方有权在到期日或到期日之前选择执行合约或者放弃合约。与期货合约相同,期权期货按权利可以划分为看涨期货期权和看跌期货期权,按交割日期可以划分为美式期货期权和欧式期货期权,市场一般只有美式期货期权。上文所说的期权是基于即期的期权,在期权执行时将立即发生按照指定价格买卖资产的行为;而期货期权是基于期货合约的期权,执行这些合约时,期权持有者按照指定价格买卖资产的行为发生在未来的某一时间。利用期货期权对外汇风险进行套期保值的原理与期货合约相似,不同的是期货期权的买者有权决定是否执行合约,而且期货期权的成本比期货合约小。

(五) 货币互换

货币互换(Currency Swaps)是指位于不同国家的两家企业在即期进行货币兑换,并约定在未来的某个时间进行相反方向的货币兑换,它相当于一个即期交易和一个远期交易的混合。货币互换要求进行货币互换的两家企业具有相似的投融资需求,并且它们的货币是相反的。货币互换交易的基本结构为:首先确定协议汇率,这个汇率通常是成交日的即期汇率,接着以协议汇率计算两种货币的等额本金;每隔一段时间,双方以约定的利率进行利率的互换;协议到期时双方再以协议汇率交换本金。假设现在有两家企业,一家是美国企业,一家是德国企业,德国企业需要一笔美元贷款,美国企业需要一笔欧元贷款。那么这两家企业就可以通过协商进行货币互换,以确定性的价格获得外汇资金。货币互换的成本一般比企业各自融资的成本要低,而且有利于提高企业闲置资金的利用率,但是寻找货币互换对象一般比较困难。

第三节　汇率预测

企业在外汇风险管理过程中经常需要事先对汇率的走势进行预测,汇率预测的准确与否直接影响着企业外汇风险管理行为的成败。对于从事对外经济活动的企业而言,汇率预测已经成为企业经营过程中一个重要的组成部分。汇率预测的方法多种多样,一般可分为两种:基础因素分析预测法和技术因素分析预测法。决定一国货币汇率变动的因素是多方面的,一个国家乃至世界经济、贸易、金融及政治形势的变化都会影响该国的外汇需求。基础因素分析预测法主要分析影响汇率变动的各种因素,并依照各种因素发生作用的方向和强度估计汇率的走势,一般适用于较长期的汇率预测。技术因素分析预测法假设所有的价格信息都包含在价格走势中,仅仅依靠汇率过去的变动趋势而不依靠其他信息来判断汇率的未来走向,一般适用于短期的汇率预测。本节将主要介绍几种常见的汇率预测方法。

一、基础因素分析预测法

(一)购买力平价(PPP)预测模型

绝对购买力平价理论认为货币的价值在于其购买力,因此不同货币之间的兑换率取决于其购买力之比,其基本公式为:

$$S = P/P^*$$

其中,S 表示一单位外币表示的本币价格,P 和 P^* 分别表示国内和国外的价格水平。绝对购买力平价理论认为当本币价格相对于外币价格上升时,本币将贬值;但当本币价格相对于外币价格下降时,本币将升值。如果把绝对购买力平价表示成可验证的对数形式,可以表示为:

$$s_t = a + b(p_t - p_t^*)$$

方程中的小写字母表示的是变量的自然对数形式(本章中小写字母均代表该变量的对数形式),t 是时间下标。该函数的系数 a 和 b 可以通过时间序列数据回归得出。

相对购买力平价理论认为汇率的升值或贬值是由两个国家的通货膨胀率的差异所决定的,如果本国的通货膨胀率高于外国,则本币将贬值;如果本国的通货膨胀率低于外国,则本币升值。其模型表示为:

$$\triangle S/P = \triangle P/P / \triangle P^*/P^*$$

如果把这个式子表示为对数函数的形式,可以表示为:

$$\triangle s_t = a + b(\triangle p_t - \triangle p_t^*)$$

PPP 理论的有效性受到了许多学者的质疑,他们对 PPP 模型做出了各种修正。贝拉·巴拉萨(Bela Balassa)认为非贸易品的相对价格比率在发达国家要高于发展中国家,以消费者价格为基础计算出来的 PPP 汇率往往低估了有更高生产力的发达国家的真正汇率,因此他主张在模型中引入两国的生产力水平这两个变量来加以修正。修正后的模型为:

$$s_t = a + b(p_t - p_t^*) + c(v_t - v_t^*)$$

其中,p 和 p^* 是两国的价格水平,v_t 和 v_t^* 是两国的生产力。

有些学者则认为 PPP 理论忽视了套利在商品市场上和资产市场上成本的不同。他们认为汇率受到了来自高度易变性的资产市场上的短期波动和相关商品市场上的长期效应的综合影响。因此,他们主张在 PPP 模型中引入两国的利率这两个变量,模型修正为:

$$s_t = a + b(p_t - p_t^*) + c(i_t - i_t^*)$$

其中,p 和 p^* 是两国的价格水平,i 和 i^* 是两国的利率水平。

(二)利率平价预测模型

利率平价理论认为货币远期汇率的变化取决于两种货币利率的比较关系,提供高利率的货币将在远期市场贬值,提供低利率的货币将在远期市场上升值,货币汇率变化的幅度与两国的利率差价相等。它的基本公式是:

$$\rho = i_h - i_f$$

其中,ρ 为汇率变化幅度,i_h 和 i_f 分别为本国和外国的利率。

但是,利率平价理论的成立是有条件的:资金在国际上的流动不存在任何限制和交易成本,两个国家的资本市场都很发达,并且资本的日供给和需求具有无限的弹性。因此,运用利率平价模型来预测汇率的变动具有一定的局限性,只有那些资本能够流动的资本市场发达的国家的货币才能用利率平价模型来预测汇率的变动。需要指出的是,利率只是影响汇率的一个因素,要准确预测汇率需要同时考虑多种因素,上文关于 PPP 理论的第二个修正模型就是 PPP 理论和利率平价理论的结合。

(三)国际收支预测模型

国际收支理论认为汇率是外汇市场上的价格,它通过自身的变动来实现外汇市场上的供求平衡,从而使得国际收支始终保持在平衡状态。国际收支平衡表包括经常账户和金融账户,为了分析的方便,国际收支理论把经常账户简单地视为贸易账户。国际收支理论认为贸易账户只受到两国的收入水平、两国的价格水平和汇率等变量的影响,而金融账户只由两国利率水平以及对未来汇率水平变化的预期所决定。在保持国际收支平衡的条件下,汇率的水平由两国的收入水平、价格水平、利率水平和预期汇率所决定,即:

$$S = -g(Y, Y^*, P, P^*, I, I^*, ES)$$

其中,Y 和 Y^* 代表本国和外国的收入水平,P 和 P^* 代表本国和外国的价格水平,I 和 I^* 代表本国和外国的利率水平,ES 是对汇率的预期。以对数形式表示的该模型可以写为:

$$s_t = a(y_t - y_t^*) + b(p_t - p_t^*) - c(i_t - i_t^*) + dEs_t$$

该模型的预测机制如下:如果本国收入增长快于外国,进口的增长将快于出口,贸易收支的恶化将导致本币贬值;如果本国价格水平增长快于外国,本国产品的竞争力将会下降,出口减少,进口增加,贸易收支的恶化将导致汇率贬值;如果利率的差异变大,本国金融资产将比外国更有吸引力,资本的流入将改善贸易收支从而导致本币升值;预期本币贬值,资本将会流出以避免汇率损失,这使得贸易收支恶化从而导致货币贬值。

(四)欧普—默顿模型

欧普和默顿(Hooper & Morton)认为,无论是弗兰克和比尔森(Frankel & Bilson)的弹性价格货币模型还是若迪戈·都布切(Rudiger Dornbusch)的粘性价格货币模型都存在着一个致命的缺陷,就是都忽略了汇率决定过程中往来账户的作用,因此弗兰克等人主张在货币模型中引入往来账户作为一个变量。但是,欧普和默顿认为往来账户并不会直接影响汇率,而是通过对汇率预期的影响来间接影响汇率。欧普—默顿模型假设存在一个均衡的实际汇率水平,该水平与往来账户的均衡相一致,并且在任意一个时点上,均衡汇率是由过去和现在往来账户平衡表的累积所决定的。累积的往来账户头寸的变化将会带来市场上长期实际汇率预期的变化,从而影响名义汇率预期的变化。

(五)实际利率差异模型

弗兰克(1979)通过把凯恩斯学派的黏性价格假说和芝加哥学派的长期通货膨胀率假说融合在一起建立了实际利率差异模型,该模型强调了资本市场上预期和快速调整在汇率决定方面的重要性。弗兰克认为,即期汇率和均衡汇率是存在偏离的,而这个偏离的部分与两国的实际利率差异是成比例的。因此,弗兰克在黏性价格货币模型的基础上通过引入实际利率差异这个变量建立了一个新的汇率决定模型。

(六)联立方程组预测模型

以上所介绍的几种汇率预测模型都是单方程模型,单方程模型会存在"黑箱"问题,也就是它只是根据其他变量的值来解释汇率值,而没有说明这些解释变量是如何决定的。因此,有些人尝试用联立方程经济模型来预测汇率,因为联立方程模型能够解决单方程模型的"黑箱"问题。

但是,联立方程组经济模型的方程数目一般比较多,有的联立方程个数甚至达到了好几百个,因此,使用联立方程组模型预测汇率通常需要搜集大量的信息,需要花费大量的成本。目前,一些大企业和研究机构在预测汇率时通常使用复杂的联立方程组预测模型。

二、技术因素分析预测法

技术因素分析预测法就是基于供给和需求的汇率研究,以预测市场价格未来的变化趋势为目的的,以图形、图表、形态、指标等为手段,使用数学、统计学、价格理论等对市场行为所做的分析研究。即使影响汇率的基本因素没有什么变动,汇率也是在不断变动的,而技术分析的出现则可以弥补基本因素分析方法的不足,它主要是用来进行短期汇率预测。技术分析假设汇率变动不是随机的而是重复的及可辨认的,因此可以通过对汇率的价格信息的研究来对汇率变动进行预测。常见的技术分析理论有道氏理论、艾略特波浪理论、切线理论、K线理论、形态理论和技术指标。

道氏理论主要研究的是金融市场的变动趋势,认为价格的波动尽管表现形式不同,但可以把它们分为三种趋势:主要趋势、次要趋势和暂时趋势。主要趋势就是一种长期的趋势;次要趋势是对基本趋势的一种反向扰动,是对主要趋势的一种调整;而暂时趋势则是指每一天的波动,这三个趋势是同时发生、各自形成的。此外,道氏理论又把"牛市"上升的基本趋势分解为三个阶段:市场的反弹阶段、其他交易者受到利益激励加入阶段、疯狂的投机阶段。熊市的下跌阶段则完全相反。

艾略特的波浪理论则是用来预测反转的,认为金融市场是遵循着一定的周期周而复始地向前发展的,每一个周期可以被分为八个波浪。一次调整不会超过五个波浪。一个"牛市"就是五个波浪的上涨紧接着三个波浪的下跌。一个"熊市"就是下跌五个波浪紧接着三个波浪的上涨。从"牛市"转向"熊市"就是一次五个波浪的上升紧接着五个波浪的下跌,随后三个上升的波浪作为暂时的回升,之后市场就一直下跌了。

切线理论主要是通过几条曲线来分析货币市场的运行趋势和反转的,这些曲线包括支撑线、压力线、趋势线、轨道线、速度线等。所谓的支撑线,是指一种价格水平,当价格跌到这个水平时将停止下跌,甚至还可能回升;压力线也是指一种价格水平,当价格上升到这个水平时将停止上升,甚至回落。支撑线和压力线的作用是阻止或暂时阻止价格向某一方向继续运动,而一旦支撑线和压力线被突破,那很可能代表着市场趋势的变化。趋势线也是用来衡量价格波动方向的,由趋势线的方向可以明确看出价格的趋势。在上升过程中,将两个低点连接成一条直线,就得到了上升趋势线;在下降趋势中,将两个高点连接成一条直线,就得到了下降趋势线。与支撑线和压力线一样,趋势线一旦被突破,就说明价格的下一步走势将要反转。在已经得到趋势线后,通过第一个波峰和波谷就可以做出这条趋势线的平行线。两条平行线组成一个轨道。一个轨道一旦得到确认,那么价格将在这个通道内变动,对上面的或下面的直线的突破将意味着一个新的变化。速度线也是用来判断趋势是否要被反转。速度线一般有 1/3 速度线和 2/3 速度线(找到一个上升或下降过程中的最高点和最低点,把它们的垂直距离分成三等分,连接高点或低点与 1/3 和 2/3 分界点,就得到了 1/3 速度线和 2/3 速度线)两种。在上升趋势中,一旦向下折返的程度突破了上方的 2/3 速度线,则价格将下探 1/3 速度线;如果 1/3 速度线也被突破了,则市场将转为下跌趋势。在下降趋势中,如果向上反弹的程度突破了 2/3 速度线并且突破了 1/3 速度线,则价格转入上升趋势。

所谓的 K 线,是一条柱状的线条,由影线和实体组成。影线在实体上方的叫上影线,在下方的叫下影线。实体又分为阳线和阴线。一条 K 线记录了四个不同的价格:开盘价、最高价、最低价、收盘价。K 线理论就是根据每个交易日的开盘价、最高价、最低价、收盘价四个价格之间的动态关系分析汇率变动趋势的。单个 K 线的主要形状有 10 种,两根 K 线组合的典型范式有 14 种,三根 K 线组合的典型范式有 12 种,四根 K 线组合的典型范式有 6 种。不同形状的 K 线、不同组合方式的 K 线组合所反映的多空双方力量的对比程度是不同的。K 线理论正是通过研究多空力量对比来确定汇率的变动方向。

形态理论是根据汇率变化的轨迹所形成的几何形状来分析价格变动趋势的。持续整理形态和反转形态是两种最重要的一般形态。此外,形态理论根据价格变动的形状又区分了几种不同的具体形态,包括双重顶、双重底、头肩顶、头肩底、三重顶、三重底、圆弧形、对称三角形、上升三角形、下降三角形、矩形、旗形、楔形、喇叭形、菱形以及 V 形反转形态。不同形态有不同的含义及应用规则,人们可以根据市场的具体情况和汇率形成的具体形态对汇率变动趋势进行预测。

除了以上这些理论之外,技术分析师们还开发出许多技术指标来描绘市场走势,分析汇率的未来变化。这些指标包括移动平均线(MA)、布历加通道、相对强弱指数(RSI)、随机指数(K/D)、平滑异同移动平均数(MACD)、威廉指标、KDJ 指标、乖离率(BIAS)、心理线(PSY)、人气指标(AR)、买卖意愿指标(BR)、中间意愿指标(CR)等。通过观察这些技术指标的数值变化,能够比较容易地判断未来汇率变动的趋势、可能性、幅度、出现逆转的时间等,从而比较准确地预测汇率。

本章小结

本章从外汇风险的概念和种类介绍入手,进而介绍了外汇风险管理的必要性、步骤,并着重介绍了外汇风险管理的内部法和外部法。针对外汇风险管理过程中汇率波动预测的重要性,最后着重介绍了汇率预测的两种基本方法:基本因素分析预测法和技术分析预测法,并对其中具体的几种方法进行了介绍,包括购买力平价预测模型、利率平价预测模型、国际收支预测模型、欧普—默顿模型、实际利率差异模型、联立方程模型、道氏理论、艾略特波浪理论、切线理论、K 线理论、形态理论和技术指标等。

复习思考题

1. 什么是汇率风险？汇率风险有哪些种类？

2. 综述外汇风险管理的方法，对于我国企业而言，哪些是可行的方法？

3. 2005 年 3 月 11 日，一家美国公司向一家德国公司出售价值 200 万欧元的产品，货款在 2005 年 6 月 11 日付清。假设该美国公司预测 3 个月后美元对欧元贬值，该企业决定使用期货期权合约对期货风险进行套期保值，它该如何操作？如果预测 3 个月后美元贬值，那么它又该如何操作？

4. 收集历史数据，运用欧普—默顿模型、国际利率差异模型预测当前美元对日元的汇率，哪一个模型的预测结果更好，为什么？

国际金融市场

学习目标

- 了解国际金融市场的概念、类型及作用;
- 掌握国际货币市场、国际资本市场的概念及构成;
- 掌握欧洲货币市场的业务内容及经济影响。

关键词

国际金融市场　国际货币市场　国际资本市场　欧洲货币市场　国库券　欧洲股票　欧洲货币　欧洲债券　外国债券

导读材料

金融市场上著名的"乌龙指"事件

金融市场中的"乌龙指"事件是指交易员、操盘手、股民等在交易的时候,不小心敲错了价格、数量、买卖方向等事件的统称。历史上曾出现了多起"乌龙指"交易,这些"乌龙指"使得有人赚了大钱,也使得有人血本无归。

2005年12月8日,日本瑞穗证券公司的一名经纪人接到一位客户的委托,要求以61万日元(约合4.19万人民币)的价格卖出1股J-Com公司的股票。然而,这名交易员却鬼使神差把指令输成了以每股1日元的价格卖出61万股。这条错误指令在当天上午9时30分发出后,J-Com公司的股票价格便快速下跌。等到瑞穗证券公司意识到这一错误,55万股股票的交易手续已经完成。为了挽回错误,瑞穗发出了大规模买入的指令,这又带动J-Com股票出现快速上升,到8日收盘时已经涨到了77.2万日元(约合人民币5.3万元)。回购股票的行动使瑞穗蒙受了至少270亿日元(约合18.5亿人民币)的损失。

美国东部时间2010年5月6日下午2时40分左右,一名交易员在卖出股票时敲错了一个字母,将百万(million)误打成十亿(billion),导致当天下午2点42分~2点47分之间,道琼斯指数从10 458点瞬间跌至9 869.62点,到2点58分,又回到10 479.74点。这是道琼斯指数历史上第二大单日波幅。

2007年3月8日,南京一股民以1厘钱的价格买到收盘价近0.70元的海尔认沽权证,资金瞬间从820元变56万,一天炒出了700倍的收益! 1厘钱能买到权证的概率有多大?

简直就和中六合彩一样。这种情况发生,只有一种可能,那就是在 9 点 25 分～9 点 30 分之间,一定有人挂出了按市价委托的卖单,卖单先进交易所,同时没有什么买单。然后,这位股民挂出了 1 厘钱的买单,买单后进交易所。以前从来没有人挂过按市价委托的单子。就这一次机会,让这位股民给碰上了。

2013 年 8 月 16 日 11 点 05 分,上海证券交易所多只权重股瞬间出现大量巨额买单,短时间内上证指数上涨 5.62%,59 只权重股瞬间封涨停。本次 A 股暴涨,源于光大证券自营盘 70 亿的"乌龙指"。11 点 02 分,光大证券第三次 180EFT 套利下单(177 笔委托,委托金额不超过 200 万元),交易员发现有 24 个个股申报不成功,就想使用"重下"的新功能,在程序员的指导下进行了一番操作,没想到程序把买 A24 个成分股写成了买入 24 组 180EFT 成分股,结果产生 26 082 笔共计 234 亿元的巨量订单,实际成交 72.7 亿。按照 8 月 16 日的收盘价,上述交易的当日盯市损失约为 1.94 亿元。

第一节　国际金融市场概述

国际金融市场(International Financial Market)是全球范围内金融活动的平台,包括以各种方式进行的国际资金融通、交易所形成的市场,是资金在国家间进行流动或金融产品在国际间进行买卖和交换的场所。

一、国际金融市场的兴起

国际金融活动的历史可以追溯到几个世纪以前。随着国家间经济贸易活动的展开,早期国际金融活动就随之发生。但是,系统的、成规模的国际金融市场形成则是在第二次世界大战之后。尤其是 20 世纪 70 年代以后,国际金融市场的发展甚至远远超出了国际贸易。具体来看,以下条件在促进国际金融市场的发展:

第一,第二次世界大战后相对和平的国际政治环境,保证了国际金融市场中各个参与者的合法利益;相对稳定的国际经济发展状况则在促进国际贸易和国际投资等活动的过程中为国际金融市场创造了巨大的需求,同时提高了对各国潜在参与者的吸引力。

第二,有关资本流动的管制逐渐放松,很多国家在本国的金融监管中也在推行自由化,这些客观上为国际金融市场提供了条件。市场的灵魂就在于流动,有了自由流动的环境,这个市场才有可能发展起来。

第三,各种科技进步,为国际金融市场的发展提供了硬件条件。便捷的通信设施使交易更为快捷和准确,同时降低交易费用;计算机网络等技术的发展为金融技术创新提供了条件。

随着国际金融市场的发展,还形成了一些国际金融中心(International Financial Centers)。在这样的地方,聚集了大量金融机构和相关服务产业,全面集中地开展各种金融活动。目前,比较著名的国际金融中心有伦敦、纽约、东京、中国香港等。国际金融中心存在于一些著名的城市或地区,是国际金融市场的重要枢纽,为国际金融活动的发展发挥着重要作用。

小贴士 7-1

世界上最早的国际金融中心——伦敦

18世纪60年代,英国率先爆发了工业革命。在工业革命的推动下,英国政治上日趋稳定,经济迅猛发展,对外贸易亦急剧增长,成为当时世界上头号工业强国和贸易强国,英镑也因此成为资本主义世界国际贸易的主要结算货币。随着国际贸易的进一步发展,信用制度也得到了较大的发展,国际结算由现金结算向非现金结算演变,汇票、本票、支票等信用工具的使用日益普遍。伦敦作为英国商业和金融的中心城市,也随即成为国际性的非现金结算中心。与此同时,英国最大的银行——英格兰银行的业务活动也日益成熟,并在世界各地广泛地建立了业务代理网,从而促进了国际信贷和国际结算的发展。再加上现代化的通信工具在国际金融业务中的应用,19世纪中期,伦敦率先成为具有现代特点的国际金融中心。

二、国际金融市场的作用

作为国际范围进行资金融通和配置的场所,国际金融市场在联系全球各地的生产、贸易、资金活动中都发挥了重要的作用。

第一,这一市场的存在便利了国际资金的运用、调度和国际债务的结算,为扩大国际投资和国际贸易创造了条件;便利了借贷资本的国际流通和产业资本的国际移动,使国际范围内大量闲置资本得以运用,加速了生产和资本的国际化,并加强了各国经济之间的相互联系。

第二,国际金融市场使国际金融渠道畅通,提高资金配置效率。例如,第二次世界大战后德国和日本经济的复兴、亚太经济的兴起过程中,国际金融市场都发挥了积极的作用。

第三,国际金融市场能够调节国际收支。一方面,国际金融市场上的资金可以帮助国际收支逆差国获得必要的资金弥补赤字;另一方面,国际金融市场上供需的变化会带来汇率的变化,进而影响国际收支。

三、国际金融市场发展的新特点

人类社会已经进入21世纪,国际金融市场也已积累了相当长的发展历史,要迈入新的时代。在不断发展变化的环境中,国际金融市场的发展也必然顺应变化,呈现出新特点。

第一,随着越来越多的市场逐渐开放,国际金融市场的一体化程度必然还会不断加强。对于投资者而言,所面对的市场范围也就越来越广泛,可能选择的空间也就会越来越大。

第二,伴随着现代科技的不断发展,尤其是计算机网络的发展,国际金融市场上的交易成本会不断降低,交易效率则会不断提高,这反过来又会推进国际金融市场的发展。

第三,在新的经济环境、技术条件下,金融创新还会不断发展。

第四,国际金融市场各个方面的不断发展会对世界经济的发展、居民福利的提高做出贡献。

但是,在国际金融市场继续发展的过程中,不能忽视的是,其蕴含的风险可能也在增加,风险的影响范围、影响程度也在变大。因此,与此同时必然相应地发展对国际金融市场的监管。这一监管既有来自各个国家监管机构的努力,也有各个国家彼此间的合作。例如,在

2008—2009 年全球金融危机之后,对于国际金融市场的宏观审慎监管(Macro-Prudential Regulation)就被提上日程。2010 年 7 月 21 日,美国推出了新的金融监管改革法案——《多德—弗兰克华尔街改革和消费者保护法》(*Dodd-Frank Wall Street Reform and Consumer Protection Act*),该法案就涵盖了消费者保护、金融机构、金融市场、薪酬改革等诸多方面的内容。这项涉及广泛的改革法案将对美国乃至全球金融监管秩序带来深远的影响。

第二节　国际金融市场构成

上面我们较笼统地观察了国际金融市场的兴起、作用及发展的新特点。然而,要想具体了解国际金融市场,还需要进入其内部,即其不同的构成部分。因此,这一节我们就来看国际金融市场的构成。

首先,我们可以从不同角度对国际金融市场进行分类,通过每一个标准下国际金融市场的分解和构成来构建对国际金融市场整体的认识。

一、国际金融市场的分类

国际金融市场是一个庞大的概念,我们可以按照不同的标准,将国际金融市场分解为不同的组成部分。

(一) 按资金在国际间流动的方式划分

1. 外国金融市场(Foreign Financial Market)

它是国内金融市场的对外延伸,是资金在一国国内金融市场上发生跨国流动的部分;资金流动仍然是利用某一外国的国内市场进行,但以非居民的身份参与;一般使用所在国发行的货币,并且受该国金融市场上的惯例与政策法令的约束。例如,中国企业到美国发行股票筹集美元资金,就是利用外国金融市场。

2. 欧洲货币市场(European Currency Market)

它是指在某种货币发行国境外从事该种货币借贷的市场;交易的货币一般不是由市场所在国发行的;基本上不受任何一国国内政策法令的约束;在利率和业务上具有自己的特点。欧洲货币市场是国际金融市场非常重要的构成部分,将在下一节专门对此进行讨论。

(二) 按交易者的国籍划分

1. 在岸市场(Onshore Financial Market)

当市场上交易双方中至少有一方是市场所在国居民时,属于在岸市场。

2. 离岸市场(Offshore Financial Market)

当交易双方都是市场所在地的非居民时,所形成的市场是离岸市场。离岸市场实际上与上面的欧洲货币市场相对应。

(三) 按资金融通的期限划分

1. 国际货币市场(International Money Market)

它是国际范围内进行 1 年或 1 年以下资金融通的市场,又称短期资金市场。国际货币市场的主要业务包括银行短期信贷、短期证券买卖及票据贴现等,主要的参与者有商业银行,票据承兑行、贴现行,证券交易商和证券经纪人;欧洲货币市场的一部分也是国际货币市场的重要组成。

2. 国际资本市场(International Capital Market)

它是国际范围内进行 1 年以上资金融通的市场,属于中长期信贷市场,所以又称长期资金市场。其主要业务包括信贷业务(政府机构、国际经济组织和跨国银行向客户提供中长期资金融通);证券交易(其中包括国际债券和国际股票);欧洲货币市场中的长期资本市场;国际租赁市场;外商直接投资(FDI)等。

以上就是观察国际金融市场的几个角度。可能还存在其他观察和分类的角度;不同角度下分类的市场之间也可以有所重叠,比如国际资本市场中既有在岸市场,也有离岸市场。接下来将参考 IMF 和国际经济合作与发展组织(OECD)的分类,直接对国际金融市场进行分类,并对几个具体的市场进行了解。

二、几个具体市场的观察

根据它们的分类,广义的国际金融市场一般可以看作如下一些市场的集合:国际信贷市场、国际证券市场、国际外汇市场、国际金融衍生品市场和国际黄金市场。

(一) 国际信贷市场

这一市场是以银行为媒介的资金融通市场,是最传统的国际金融市场。在有关金融体系的学习中我们知道,间接金融就是由银行等金融机构来充当资金融通的桥梁,使资金配置可以在供给者和需求者之间发生。那么,在这样的活动中,任何一方或者任何一个环节从一个经济体延伸出来,就形成了国际信贷市场。

在国际信贷市场上,又可以根据银行发放贷款的期限长短,将其分解为短期信贷市场和中长期信贷市场。

1. 短期信贷市场

在一国国内也有短期信贷市场。作为国际信贷市场构成的短期信贷市场,在很多特征和规定上首先与一般的短期信贷市场没有差别,但因其国际性而可能具有一些新的特征。

这个市场主要是国际银行间进行同业拆放,或者跨国的银行向工商企业提供短期信贷资金。这里的贷款条件相对比较宽松,参与这一市场的银行和企业一般信誉较好,所以贷款规模较大,不需要抵押,更多的是 3 个月以下的短期拆借。

这个市场大多以伦敦银行同业拆放利率(LIBOR)、美国的联邦基金利率(Federal Funds Rate)等作为基准利率,在这些利率基础上确定每一笔交易具体采用的利率。

2. 中长期信贷市场

若银行发放的贷款是中长期的,就属于中长期信贷市场的范畴了。这种期限较长的贷款既可以是一家银行发放,也可以由一些银行集合在一起来发放,就分别形成独家银行贷款和银团贷款,后者一般适用于贷款金额巨大、贷款时间较长的情形。

相比于短期信贷,中长期信贷显然更复杂一些,涉及的风险可能也更高一些。因此,在贷款安排的过程中,要涉及利率方式的选择(如固定利率还是浮动利率)、基准利率之上附加利率的确定、抵押物的要求、手续费、管理费等。

国际信贷市场的业务很多都属于欧洲货币市场,下节将专门讨论欧洲货币市场,对此还会有所涉及。

(二) 国际证券市场

在金融体系的学习中我们知道,证券就是在资金直接融通过程中形成的一种权利证明,也被称为金融工具。当资金的直接融通超出国境时,就形成了国际证券市场。在一个经济体内部,证券最基本的可以分为债券和股票,因此,国际证券市场也可以分为国际债券市场和国际股票市场。

1. 国际债券市场

债券是债权安排的一种证明,债权安排则是指作为借款人的公司或政府向资金的提供者承诺在到期日偿还本金和以事先约定好的利率计算出的利息。当债权安排中的一方或双方超出了一国范围,就形成了国际债券市场。

国际债券市场又可以根据不同的标准进行细分。比如,如果我们依据的是所发行债券的期限长短,那么国际债券市场可以包括短期的国库券、商业票据市场和中长期的债券市场。还可以根据债券发行中使用的货币和发行地点分为外国债券和欧洲债券。

外国债券(Foreign Bonds)是在国外发行并以该国货币计值的债券。这种债券一直是国际金融市场上的重要融资工具。19世纪美国建造铁路的资金,相当大的部分就是通过在英国发行外国债券方式筹集的。早在1982年1月,中国国际信托投资公司在日本东京就发行了100亿日元债券。最典型的外国债券有:扬基债券——外国人在美国债券市场上发行的、以美元为计值货币的债券;武士债券——外国人在日本债券市场上发行的、以日元为计值货币的债券。近年来随着东亚经济迅速增长还兴起了龙债券,是以非日元的亚洲国家或地区货币发行的外国债券(以人民币发行的也叫点心债券或熊猫债券)。

欧洲债券(Eurobonds)是指在外国发行销售但并不以该国货币计值的债券,发行人、发行地以及面值货币分别属于三个不同的国家。例如,在伦敦发行的以美元计值的债券。

后面在欧洲货币市场的学习中,我们还会再讨论欧洲债券;在有关企业的国际市场融资一部分,也会涉及国际债券。

2. 国际股票市场

与国际债券市场的发展相比,股票市场全球一体化进程显然落后了好几拍。大多数的工业国都有自己的股票市场,而其中主要的股票市场(如美、英等)对世界经济的影响也越来越大。但是,从根本上讲,即使是这些股票市场,仍然是国内市场,国内交易构成了其交易额的最主要部分。不过,随着市场发展和国际资本流动的障碍减少,一个国际股票市场也开始逐渐发展起来。国际股票市场包括发行和交易,主要表现在以下两个方面:

(1)跨国界的股票买卖数量非常庞大。

(2)多方上市。随着各国股票市场的开放,一家公司可以通过在多个股票市场发行股票筹集资金。很多跨国公司的股票都是同时在纽约、东京、伦敦、巴黎及其他国家的股票交易所上市、交易。

例如,德意志电讯公司(Deutsche Telekom)1996年年末在全世界的市场范围内发行了股票,这次发行的分配状况如下:德国,4.62亿股;欧洲其他地区,3 800万股;美洲,9 800万股;世界其他地区,3 400万股;英国,5 700万股。

(三) 国际外汇市场

国际外汇市场是当前国际金融市场中最大的市场,日均交易规模已经超过 3 万亿美元。因为国际金融中外汇和外汇交易都是非常重要的内容,所以会在下面章节专门讨论外汇市场和交易。

(四) 国际金融衍生品市场

随着金融创新的兴起和发展,金融衍生产品的市场(Derivative Market)越来越重要。金融创新取得迅速发展的原因在于技术进步、风险和政策因素以及宏观经济环境的变化等。市场上交易的主要衍生工具包括远期、期货和互换、期权等。这些金融创新极大地刺激了国际间的资本流动,但与此同时带来了更多的不确定性。

(五) 国际黄金市场

很长一段历史时期里,黄金都是以货币基础的身份存在的。一直到 1976 年,IMF 开始了黄金非货币化的进程,黄金逐步恢复一般商品的地位,完整意义上的黄金市场(Gold Market)迅速发展起来,纽约、芝加哥、香港都先后成为重要的国际黄金市场,连同伦敦(世界上最大的黄金市场)、苏黎世一起组成了国际黄金市场的统一整体,世界各国可以在 24 小时内连续进行交易。由于黄金同货币的传统联系,国际黄金市场仍被看作广义国际金融市场的一个组成部分。

黄金市场的参与者主要包括买方、卖方和经纪人。作为黄金卖方出现的有:产金国的采金企业、藏有黄金待售的私人或集团、看跌金价的投机者以及各国的中央银行等;作为买方出现的有:各国的中央银行、为保值或投资的购买者、看涨金价的投机者及以黄金作为工业原料的工商企业等。这些参与者在黄金市场上参与交易的目的不同,有的是将黄金作为投机活动、保值的实物,有的是作为黄金储备。不过,用于工业等方面的黄金,因其不再执行货币的部分职能,只充当一般商品,因此不属于金融活动范畴。

国际黄金市场包括现货交易和期货交易,它们的功能各有侧重:前者主要是把黄金当作一般商品来交易,或者是一国对国际储备的操作,也有私人投资;后者则主要在于套期保值和投机获利等。

在黄金市场上,买者与卖者自愿结合,自主交易。不过,一般交易都通过黄金经纪人成交。黄金价格由市场供求关系决定,买卖双方按议定的价格实行交换。实践中,黄金价格是各种因素的反映,如投资、流动性、通货膨胀、危机、风险等。

小贴士 7 - 2

国际黄金市场价格的历史和现在

1833—1932 年国际黄金价格在 20.62~20.69 美元/盎司波动,1934—1968 年国际黄金价格为 35 美元/盎司左右。1968 年黄金价格在短期内急剧上涨;1973 年 2 月,伦敦黄金市场价格为每盎司 42 美元,到 3 月份就暴涨到 96 美元;1978 年 10 月,达到 243.65 美元/盎司;1980 年 1 月达到 850 美元的历史高峰。

1980 年 3 月又从峰值跌回到 474 美元,此后一直呈下行趋势,1999 年跌到接近 250 美元/盎司的谷底。

进入新世纪,国际金价又开始稳步上升。2001 年为 270 美元/盎司;2003 年上升到 388 美元/盎司;2004 年上涨至 456.75 美元/盎司;2005 年下半年,黄金价格连续突破 500 美元、600 美元和 700 美元;2006 年缓慢上升;2007 年又一次上升,2008 年 1 月伦敦市场金价达到 859.30 美元,突破 1980 年的历史高位;随后在国际金融危机的推动下突破了 900 美元;2009 年则连续突破 1 000 美元、1 100 美元、1 200 美元大关;2010 年下半年再次狂奔,连续突破 1 300 美元、1 400 美元大关;2011 年,国际黄金价格延续近 10 年不断冲高的走势,连续刷新历史纪录:4 月现货金价突破 1 500 美元/盎司,8 月 22 日纽约 Comex 市场 12 月黄金期货首次突破每盎司 1 900 美元大关,9 月 5 日现货黄金紧随其后到达每盎司 1 900.23 美元历史高位,比 2010 年的历史新高 1 423.75 美元又高出了 33.5%,是 2002 年本轮金价上涨之始价格的 6 倍。

近年来国际黄金现货市场价格走势如图 7-1 所示。

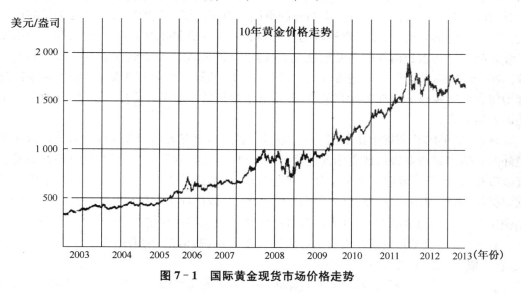

图 7-1　国际黄金现货市场价格走势

第三节　欧洲货币市场

从上一节可以看出,欧洲货币市场也是观察国际金融市场的一个角度。这一节,我们就专门对这个非常重要的构成进行学习。

首先,我们需要先来理解"欧洲货币"(Eurocurrencies,或者 Euromoney),它是指在某种货币发行国境外被储蓄和借贷的货币。于是,欧洲货币市场(Eurocurrencies Market)就是指将集存于伦敦或其他金融中心的境外美元和其他境外欧洲货币进行贷放的市场。

欧洲货币很容易使人们产生误解,可以从与以下几个概念的区别中来理解欧洲货币和欧洲货币市场。第一,它并不是欧洲某个国家的货币。事实上,最早出现的欧洲货币是欧洲美元,以后才逐渐出现了欧洲英镑、欧洲日元等。但因为最早出现的是在欧洲经营的境外美元,所以就有了欧洲美元的称谓。第二,欧洲货币市场当然也就不仅限于欧洲境内的金融中心,也可以是亚洲等其他金融中心。第三,欧洲货币市场并不是相对于资本市场而言的某种货币市场,而是指这种特殊的资金形成的市场。在这个市场上,既可能产生属于货币市场的金融工具,也可能产生属于资本市场的金融安排。

一、欧洲货币市场的起源和发展

欧洲货币市场并不是什么新现象。早在第一次世界大战之前和之后,绝大多数欧洲国家都接受很多不同币种的存款。但是,当今欧洲货币市场的起源通常被认为是源于苏联的行为。20世纪50年代初期,在朝鲜战争期间,美国政府冻结了中国存放在美国的全部资产,前苏联及东欧国家政府也因为"冷战"担心遭到同样的危险,便将其国家银行持有的美元资金(而前苏联之所以要保有美元资产是因为当时正值布雷顿森林体系时期,要想与西方国家做生意就必须有当时最主要的外汇——美元)转存到美国境外的其他银行,主要是存放在伦敦(和法国)的各大商业银行。而当时的英国政府正需要大量的资金以恢复英镑的地位和支持国内经济的发展,所以准许伦敦的各大商业银行接受和办理美元业务;欧洲大陆国家为了缓解战后经济重建面临的美元短缺,也欢迎资金的流入。于是形成了最早的欧洲美元来源。在1956年,英法联合入侵埃及,英国国际收支严重恶化,外汇短缺,伦敦的商业银行就开始将它们所吸收的境外美元存款贷出,形成了最早的欧洲美元运用。由此,欧洲美元市场逐渐发展起来。

显然,最早的欧洲货币是欧洲美元,即当非居民存户将美元资金以存款形式存放在美国境外的其他国家商业银行或美国商业银行的境外分行时,欧洲美元就形成了(最开始是短期资金市场)。银行在吸收了境外美元后进行贷放,就形成了欧洲美元市场。以后渐渐出现了欧洲英镑、欧洲德国马克、欧洲日元等;从地点上看,该市场不仅仅存在于欧洲,也包括亚洲、加勒比海等重要的金融中心。因此,"欧洲"应该被更准确地理解为"境外"(Offshore)。

其实,当时的美元规模并没有引起人们太多的重视,但是,随着欧洲货币市场的迅速发展,它已成为国际金融市场的核心。

从表7-1的数据可以看出欧洲货币市场的发展是非常快的,之所以会这样,根本原因在于第二次世界大战以后,世界经济和科学技术革命的迅速发展促进了国际分工以及生产国际化和资本流动国际化的发展,使传统的国际金融市场不能满足需要,借贷关系必须进一步国际化。除此之外,还有一些比较重要的原因。

表7-1 欧洲货币市场的早期增长 (单位:10亿美元)

年 份	总储蓄量	净储蓄量	欧洲美元所占的比例%	美国货币存量(MS)	倍数(总储蓄量/MS)
1973	315	160	74	861	0.37
1974	395	220	76	908	0.44
1975	485	255	78	1023	0.47
1976	595	320	80	1164	0.51

年　份	总储蓄量	净储蓄量	欧洲美元所占的比例%	美国货币存量（MS）	倍数（总储蓄量/MS）
1977	740	390	76	1287	0.57
1978	950	495	74	1389	0.68
1979	1235	590	72	1500	0.82
1980	1525	730	75	1633	0.93
1981	1954	1018	79	1796	1.09
1982	2168	1152	80	1954	1.11
1983	2278	1237	81	2185	1.04
1984	2386	1277	82	2363	1.01
1985	2846	1480	75	2563	1.11
1986	3683	1833	72	2808	1.31
1988	4561	2227	67	2966	1.54

资料来源：F. L Rivera-Batiz&L. A. Rivera-Batiz(1994)，192.

（一）一些国家的金融管制

可以说，金融管制促进了欧洲货币市场的繁荣发展。

例如，在美国，当时存在影响相当大的两个管制——Q 条例（20 世纪 70 年代中期该条例不再有效）和 M 条例。前者限定了在美国的存款利率上限，促使存款人向外寻找更有利可图的投资途径；后者确定了美国银行体系的准备金率要求。这些管制增加了银行经营的成本，限制银行竞争力的提高，使得银行想办法规避这一管制。而且，在 20 世纪 60 年代以后，随着美国国际收支赤字进一步扩大，美国政府开始限制资金外流，促使美国的商业银行加强了其海外分行的经营活动，把筹资的重点放在欧洲美元市场，以逃避政府的金融法令管制（见表 7-2）。

表 7-2　美国的金融管制

年　份	法令名称	主要内容
1963 年（7 月）	利息平衡税	对购买外国有价证券的美国居民征税
1965 年	自愿限制对外贷款指导方针	要求美国的银行和跨国公司自愿限制对外贷款以及对外直接投资的规模
1968 年	国外直接投资法规	使上述自愿限制变成了法定规则
1974 年	以上法令都被取消	

在英国，1957 年的英镑危机后英国加强外汇管制，使英镑业务受限，从而使英国的商业银行开始转向美元业务以维持竞争地位，伦敦出现了大规模经营美元业务的短期资金市场。

因此可以说，主要国家的金融监管为欧洲美元注入了中长期的信贷资金来源，对欧洲美元市场的发展起了很大的推动作用。

（二）一些国家具体的经济环境

1958 年以后,美国国际收支赤字扩大,带来美元资金外流,为欧洲商业银行提供了大量的资金,促进欧洲美元的存储与贷款规模的扩大;60 年代末到 70 年代,一些国家通货膨胀严重,货币疲软,投机性的国际游资流向西德和瑞士,它们的中央银行采取限制资本流入的措施。于是,各国的商业银行和跨国公司,纷纷把手中的马克、瑞士法郎等硬通货投向欧洲货币市场,从而推动了欧洲货币市场的发展。

二十世纪六七十年代跨国经营和国际金融的发展以及 OPEC 的巨额石油出口收入带来了大量"石油美元"(Petro-Dollars),需要在国际金融市场上寻找出路,成为欧洲市场发展的原料;八九十年代日本的海外投资又向国际金融市场注入了新的资金。此外还包括英国等西欧国家为境外银行业提供的方便和鼓励性措施,都为市场的形成和发展创造了条件。

（三）欧洲货币市场的特点

除了众多外部因素,欧洲货币市场本身所形成、具有的特点是促使其迅速发展的内在因素。欧洲货币市场的特点主要有以下几个方面:
(1) 不受任何国家国内金融法规的制约。
(2) 存款利率高,贷款成本低,利差小,效率高,吸引大量的存借者。
(3) 不受存款准备金和存款保险法的限制。
(4) 是批发市场,交易数额很大,手续费及其他各项服务性费用成本相对低。
(5) 贷款客户信誉较高,风险低。

在以上这些因素的推动下,欧洲货币市场获得了持续的快速发展,成为国际金融市场中非常重要的构成部分。

小贴士 7 - 3

亚洲货币市场

欧洲货币市场的发展不断延伸,在地理上从欧洲延伸至了亚洲。1968 年 10 月 1 日,新加坡政府允许美洲银行新加坡分行在银行内部设立一个亚洲货币经营单位(Asian Currency Unit),以欧洲货币市场同样的方式接受非居民的外国货币存款,为非居民进行外汇交易以及资金借贷等开展各项业务。亚洲货币经营单位不能参与新加坡国内金融业务,必须另立单独的账户。从此,一个以新加坡为中心的亚洲货币市场出现了。

在最初的亚洲市场上,约 90％是美元存款和贷款,所以也称亚洲美元市场。香港金融市场也是亚洲货币市场的重要组成部分。日本东京则是亚洲地区境外货币的另一个重要交易场所。欧洲货币市场在亚洲地区迅速延伸,得到了较快的发展。之所以有这样的现象,主要原因是:

20 世纪 60 年代以来,亚洲太平洋地区的经济获得了迅速发展,为欧洲货币创造了供给,也产生了对欧洲货币的需求。亚洲货币市场有其独占的优势,在地理位置上它正处于美国西海岸与欧洲的中间,从时区上正好可以联系美洲各金融中心与欧洲各金融中心的交易,从而使欧洲货币实现了 24 小时的不间断交易。有关政府的鼓励性政策措施对金融中心的形成起了关键作用。以新加坡最为典型,包括取消利息税、降税、取消外汇管制、建立金融期货市场等。

亚洲货币市场的作用最开始主要是在亚洲美元和欧洲美元市场之间沟通渠道,将亚洲地区的盈余美元资金聚集起来,贷向欧洲货币市场生息盈利;70 年代后则开始吸引大量欧洲货币市场其他金融中心的资金,流向本地区经济增长最快、经济效益最好、资金相对缺乏的国家和地区,促进了亚洲经济的发展;亚洲货币市场的资金有利于本地区一些国家弥补国际收支不平衡,并为跨国公司在这一地区的经营活动提供了融通资金的便利场所;通过亚洲货币市场,中东、北美、欧洲等各个金融中心联系在一起,形成了全球范围的货币市场交易和套汇套利机制。

二、欧洲货币市场的构成

在欧洲货币的交易中,所使用的货币至少对于交易中的一方是外汇,而且交易的一方往往是一家银行。另一个交易者可以是另一家银行、一个中央银行、政府或某大型公司。事实上,银行和其他金融机构之间的交易构成了欧洲货币市场的核心业务。所以,在欧洲货币市场上的核心是银行,包括商业银行和投资银行,可称为欧洲银行。它们一般是大型的跨国银行,除了经营欧洲货币存放款业务以外,还经营国内银行业务。所有银行通过国际范围的柜台市场(Over the Counter)共同形成了一个有效的离岸银行体系。

主要的离岸银行中心位于伦敦、卢森堡、中国香港、新加坡、巴林、加勒比和纽约等地。主要业务包括:吸收储蓄、银行信贷和发行欧洲债券。吸收欧洲货币的储蓄是基础,这些储蓄大都是定期的(从隔夜到三年不等);储蓄规模的增长与国际金融活动重要性的提高紧密相连,并促成了欧洲银行信贷和欧洲债券的不断发展。

因此,可以将欧洲货币市场分解成以下几个子市场。

(一) 欧洲短期资金借贷市场

该市场的主要功能是:接受短期外币存款并提供一年期以内的短期贷款。欧洲货币存款有两种:通知存款——隔夜至 7 天期存款,可以随时发出通知进行提取;定期存款,包括 7 天、1 个月、2 个月、3 个月,还有 5 个月,以 1 个月和 3 个月居多。其中,3 个月的短期存款利率是衡量欧洲货币利率水平的标准。另外,还可以通过发行可转让定期存单和欧洲商业票据来吸收资金。

这个市场资金的主要来源包括银行间的存款、跨国公司的运营资金、一些国家的中央银行为获取利息收入或保持储备货币的多样化而存入欧洲货币市场的一部分外汇储备以及国际清算银行的存款。

资金的贷放去向则包括商业银行、跨国公司和工商企业、一些国家的地方市政当局和公用事业单位等。

这些都促使该市场形成了一些特点:① 借贷资金的期限短、周转快,调拨迅速;② 参与进来的起点高,因为它是一个批发市场,大部分参与者都是大客户,每笔交易数额也很大;③ 资金借贷的条件灵活,选择性强;④ 这里没有一个中央监管机构,几乎不受什么管制;

⑤ 竞争性很强,效率较高;⑥ 这里的借贷利差较小,存款利率一般高于国内,而贷款利率往往较低;⑦ 资金借贷主要是在银行同业之间进行,一般不需要签订协议。

具体地,这个市场会形成一些金融工具,如欧洲存单(Euro-Certificates of Deposit,ECD$_s$)、欧洲商业票据(Euro-Commercial Paper,ECP)等,一般都称为欧洲票据(Euro-Notes)。

在这个市场上,伦敦银行同业拆放利率(LIBOR)非常重要,这是由从伦敦市场上业务最大的 30 多家主要银行选出的 6 家银行在上午 11 点的相互间存款(或放款)利率计算得出的算术平均数,它是欧洲货币市场短期资金拆放的基础,实际利率往往是根据借贷双方的具体情况议定一定幅度的加息率,比如 0.25%～1.25%。

(二) 欧洲中长期信贷市场

这一市场是欧洲货币市场放款的重要形式,是期限在 1 年以上、大部分为 5～7 年的资金借贷市场。

这里的主要资金来源是吸收短期欧洲货币存款、发行欧洲票据筹集到的短期资金、发行金额不等、期限不同的大额银行存单以及银行本系统的分支行或总行的资金调拨。

资金的贷放对象可以是外国政府、国际组织,也可以是大的跨国公司、各国中央银行或其他银行和金融机构。

基于这些内容,该市场形成了这样一些特点:① 需要签订贷款协议;② 往往需要担保,有时需要经过借款国的官方机构或政府进行担保;③ 为了分担风险经常是联合贷放,即由几家银行共同发放贷款;④ 利率的规定较为灵活,可以是固定或浮动利率安排,比如贷款利率在 LIBOR 基础上附加一个利率,并根据市场利率变动情况定期调整。

(三) 欧洲债券市场

欧洲债券市场是欧洲货币的中长期融资市场,与欧洲中长期信贷一起构成国际资本市场的主要部分。

这一市场的主要发行人即资金需求者是信誉卓著的跨国公司(如美国、日本等地的知名企业)、商业银行、政府、准政府机构(如欧盟)、国际金融机构(如世界银行)等,它们通常请一些银行和金融机构建立的国际辛迪加来承销,帮助它们把债券出售给投资人,既包括富有的个人,也包括银行和专业投资机构。

欧洲债券发行过程中,商业银行经常扮演投资银行的角色,投资银行是中介机构而不是资金的提供者。为了控制风险,欧洲债券可以是经过担保的;如果没有担保,则必须是高信用级别的不记名债券。

相对来讲,欧洲债券的发行成本较低,手续比较简便、灵活,不需要向有关国家申请批准,不受各国金融法令的约束;可以自由选择货币面值;可以一种货币发行也可以用两三种货币发行;债券利息收入大多不征税。

第一次欧洲债券是在 1963 年美国实行利息平衡税时发行的(1961 年 2 月 1 日在卢森堡发行)。最初主要发行美元债券,后来则相继出现了以西德马克、法国法郎、卢森堡法郎、加拿大元、澳大利亚元等货币发行的欧洲债券。但在 20 世纪 80 年代以前其发展都是比较缓慢的,真正发展是在 1982 年之后,当时的债务危机阻碍了辛迪加欧洲贷款的发展,欧洲债券开始迅猛增长,发行额远远超过了外国债券。另外,资本充足率限制也使银行无法扩大贷款规模,但可以通过承销债权而获得一些利润,因此促进了欧洲债券市场的发展。

伦敦成为这些债券的主要发行市场。通常欧洲债券的期限是 3～25 年。迄今为止,最长的达到了 50 年,是由英国天然气公司(British Gas)在 1994 年发行的。

欧洲债券可以进一步按照期限、利率、发行方式等进行细分:按照期限长短可以分为短期债券(一般是 2 年)、中期债券(2～5 年)和长期债券(5 年以上);按利率情况可以分为固定利率债券、浮动利率债券和混合利率债券;按发行方式可以分为公募债券和私募债券;等等。随着近年来国际资本市场证券化趋势的发展,更多形式的欧洲债券出现。伦敦、东京和新加坡均为重要的欧洲债券市场。

三、欧洲货币市场的监管

欧洲货币市场对宏观经济有着重要的影响(我们这里重点考察欧洲美元市场)。首先,欧洲货币市场对世界经济的发展起到了积极的推动作用。例如,石油危机后对回流石油美元、调节国际收支的大范围失衡起了重要的作用;成为货币的避风港;打破了各国际金融中心之间相互独立的状态,使其间的联系不断加强;降低国际间资金流动的成本,有利于国际贸易的发展;等等。

但是不可否认,欧洲货币市场还有着一些消极影响。例如,加剧了主要储备货币之间汇率的波动幅度;增大了国际贷款的风险;使储备货币国家国内的货币政策难以顺利贯彻执行;削弱国内货币当局的政策执行能力(比如准备金制度等);严重破坏货币当局对国内银行及其信贷行为的管制的有效性;等等。

因为消极影响的存在,自 20 世纪 70 年代以来各主要国家之间一直在进行协调,试图对欧洲货币市场进行整理和监控。

1975 年,国际清算银行"银行管制和监督常设委员会"(巴塞尔委员会)成立;1988 年,由十国集团加上卢森堡和瑞士的中央银行组成的巴塞尔委员会正式就统一国际性商业银行的资本计算和资本标准达成协议,即巴塞尔协议(Basel Accord)。其主要内容是确定银行资本的构成、资本与资产比率的计算方法和标准的比率,还规定了国际银行各种类型的表外业务(如信用证、期权和期货)应按"信用换算系数"折算成资产负债表以内相应的项目,进而计算银行为此类业务应保持的资本额,协议还规定了过渡时期和具体的实施安排。

随着欧洲货币市场的进一步发展,各主要西方国家的货币当局还会进一步合作,对欧洲货币市场的控制也会逐步得到加强。

小贴士 7-4

欧洲货币创造机制

由于不受法定准备金的限制,从理论上讲欧洲货币的乘数扩张将是无限的,尤其是当以下两个假定存在时(以欧洲美元为例):第一,每个欧洲银行都将其新增的美元储备全部贷放出去;第二,每个借款者都将全部本金又存入一个欧洲银行。但事实上这两个假定都不成立,所以扩张程度仍然是有限的。经验表明,欧洲美元乘数为 1.22,即每 100 万美元从美国转移出来后,将使欧洲美元储蓄增加122万。所以,欧洲美元储蓄的创造主要在于第一步,即美元储蓄从境内市场向境外市场的转移。而接下来的美元在欧洲货币市场的银行体系中的乘数扩张机制,则由于乘数较小而不甚显著。即便如此,也仍然要考虑到欧洲货币市场对于世界性通货膨胀产生的影响。

小贴士 7-5

国际银行设施(International Banking Facilities)

1981年12月,经过多年的探讨,美国联邦储备银行允许美国银行参与本土的欧洲银行业务。之前,美国银行是通过其海外分行来办理存款和贷款从而参加国际银行活动的。美国银行利用这些海外分行记录贷款和存款,避免适用于一般美国银行业务的准备金要求和利率法规的限制。

1981年12月,国际银行设施得到了法律的正式认可。它并非增加有形的新的美国银行机构,而是一种为国际银行业务提供服务的安排。它只是要求现有的银行机构配备一套不同的账簿,记录在IBF计划之下所允许的存款和贷款。它可以接受非美国居民或其他国际银行设施的存款,也可以向它们发放贷款。这些贷款和存款同其他的银行业务相分离,因为它不受准备金要求、利率法规或联邦存款保险公司的存款保险金要求的限制,而这些限制是要施加在美国一般银行的。因此,美国政府把在美国境内但不受美国金融当局管理的美元存款也定义为欧洲美元。

IBF计划的目标是让在美国的银行不必通过离岸银行机构就可以同离岸银行进行竞争。IBF随着欧洲美元银行业务的增长而不断发展,其迅速崛起成为"离岸银行"从"境外"货币变成了"治外"货币,欧洲货币的概念更广泛,指不受金融当局管理的存款,不论其在境内还是境外。

本章小结

国际金融市场是以各种方式进行的国际资金融通、交易所形成的市场,是资金在国家间进行流动或金融产品在国家间进行买卖和交换的场所。这一市场在联系全球各地的生产、贸易、资金活动中发挥了重要的作用,为资金的全球配置提供了平台。

可以从不同角度对国际金融市场进行分类。总的来看,国际金融市场包括国际信贷市场、证券市场、外汇市场、金融衍生品市场及国际黄金市场。

欧洲货币市场是指将集存于伦敦或其他金融中心的境外美元和其他境外欧洲货币进行贷放的市场,是国际金融市场的重要构成部分。它本身又有其特点和具体分类及监管等问题。

复习思考题

1. 20 世纪 90 年代以来国际债券市场发展非常迅速,请分析其表现和发展的原因。

2. 欧洲货币市场是怎样发展起来的?

3. 为什么欧洲货币市场能提供比国内市场就某种货币更有吸引力的借款和贷款利率?

4. 欧洲货币市场都由哪些部分构成? 各部分的基本特点是什么?

5. 国际金融市场是怎样促进国际资本流动的?

国际融资

导读材料

华能国际电力公司的股票发行

华能国际电力公司发行了 6.25 亿美元的股票并于 1994 年 11 月在纽约证券交易所挂牌上市。这是当时以美元为面值股票发行数额最大的一家中国公司。莱曼兄弟公司是这次发行的国际协调人和牵头经理。

华能国际电力公司是一家中国最大的电力公司，总部在北京，下辖 5 个发电厂，分布在河北、辽宁、江苏、福建和广东 5 个省。公司希望建立 3 个新项目，以提高供电能力，因而需要建设资金。为此，华能国际电力公司到纽约交易所进行了初次公募。市场认为华能国际电力公司具有良好的管理队伍和宏伟的发展计划。

华能国际电力公司在发行之前进行了重大改造。华能公司原是政府下属国有企业，为一些地方电力部门共有，它们各持有不同的股份。在股票发行前，这些必须划定清楚。在这笔业务中，莱曼兄弟公司作为投资银行、阿瑟·安德森公司作为审计师、贝克·麦肯兹公司作为律师共同设立了一个控股公司，即华能国际电力发展公司（HIPDC），将公司股份的25%出售。华能国际电力发展公司持有 40%的股份，仍保留控股权，地方政府的投资公司拥有的股份共占 35%。公司 25%的股份以 3 125 万份美国股票存托凭证的形式出售，这代表着 12.5 亿 N 股，即纽约股。

在进行公司资产估值时，牵头投资银行与公司密切合作，它们比较了同类公司的股票价格,然后根据预定的 1995 年赢利水平确定了一个价格范围。由于首次发行这类股票,且发行规模较大,各承销投资银行在向投资者推销时格外谨慎。莱曼兄弟公司派出公共事业分析家和经济学家与投资者接触、交流。紧接着进行了范围广泛的推介活动,横跨美国、加拿大、新加坡、中国香港和日本东京五个国家和地区。

莱曼兄弟公司认为这次推介与营销效果良好,但投资者接受的股价较低。投资银行曾希望价格能达到 1995 年收益预测的 16～20 倍,但随着发生日临近,国际市场不看好来自新兴市场的公司,结果它们仅以每股 20 美元售出,发行市盈率为 14 倍。

国际融资是指在不同国家或地区之间的资金需求者和供应者通过不同途径在国际间进行融通资金的行为。国际融资是国际金融实务的重要组成部分,本章主要介绍国际长、短期资金融通的一些基本方式,包括国际债券、国际股票、国际租赁、BOT 融资等国际融资方式和实际操作。

第一节　国际融资概述

一、国际融资的含义及其特点

(一) 国际融资的含义

国际融资(International Financing),是指资金在不同国家的政府、企业、金融机构和个人之间进行融通,以调剂资金余缺的经济活动。国际融资是最基本的国际金融活动,狭义的国际金融就是指国际融资。

国际融资既包括货币资金的融通,又包括实物资金的融通;既包括国际债权融资,又包括国际股权融资和国际援助。除了国际股权融资和国际援助外,绝大多数国际融资都是信用基础上的借贷行为,都具有信贷的两个基本特征,即偿还性和生息性,简单地说,就是都需要还本付息。即使是股权融资,投资者也期望回收投资本金和赚取利润。因此,以价值增值为目的是国际融资的最基本的特征。

(二) 国际融资比较突出的特点

1. 主客体比较复杂

国际融资的主体是指融资双方当事人,即筹资人(借款人)和供资人(贷款人)。国际融资当事人与国内融资一样,可分为金融机构和非金融机构两大类。但因为涉及居民和非居民,因此比国内融资更加复杂。它既包括本国的银行、保险公司、投资公司等金融机构和本国政府、工商企业等非金融机构及个人,又包括外国银行、非银行金融机构、国际金融组织和外国政府、外国企业等非金融机构及个人。因此,国际融资必然发生国际间的信贷投资关系。

国际融资的客体是指国际融资所使用的货币和金融工具。国际融资的货币既可以是筹资人所在国货币,也可以是贷款人所在国货币或者第三国货币,但一般必须是可兑换货币。国际融资中通常选用一些国际上通用的货币,如美元、英镑、欧元、日元等,有时候还可以使用国际性的综合货币单位,如特别提款权(SDRs)等。融资当事人使用何种货币是一个很复杂的问题,通常必须根据各种货币汇率的变化和发展趋势,结合融资条件等因素加以综合考虑后做出决策。

国际融资的金融工具种类繁多,除了存款单、贷款合约、票据、债券、股票、信用证等传统的融资工具外,还有许多创新的国际融资工具,如期货、期权、互换、远期利率协议等。不同的融资工具具有不同的收益和风险特征,需要融资当事人根据融资的用途、期限、条件及国际市场发展形势等具体情况做出选择。

2. 风险较大

国际融资不仅存在国内信贷和投资中的一般商业风险,即债务人的信用风险或偿债能力风险、股票投资亏损失败的风险等,还面临着其特有的国家风险和外汇风险。

国家风险又称为政治风险或主权风险,通常指由于有关国家政局或政策的变化导致投资环境的变化从而给国际融资活动的预期收益带来的不确定性。引起国家风险的原因主要是有关国家发生政变、内乱和战争,政府干预、外汇管制、实行资金冻结、征用或制裁、政府宣布限制或推迟偿还债务等。这种风险对国际融资当事人来说往往是一种难以防避的风险。

外汇风险是指在国际经济、贸易和金融活动中,以外汇计价的收付款项、资产与负债业务,因汇率变动而面临损失或获得收益的可能性。国际融资经常以外国货币计值,如果融资货币发生汇价波动,贬值或升值,既可能影响借款人的偿债负担和能力,又可能影响贷款人的按期收回贷款和债权收益。

国际融资的国家风险主要由债权人承担,而外汇风险既可能由债权人承担,也可能由债务人承担,或是由债权人和债务人共同承担。

3. 具有被管制性

国际融资涉及资金在不同国家之间的转移和流动,对各国的经济具有很大的影响。各国政府从本国政治、经济利益出发,为了平衡本国的国际收支,贯彻执行本国的货币政策,以及审慎管理本国金融机构尤其是银行等,一般都会对本国居民的对外融资行为实施不同程度的干预和管制,这是国际融资的又一个重要特点。

例如,我国目前对国际融资实施的管理措施包括国家授权制、计划与审批制度、登记管理制度等。1996 年 4 月,我国颁布的借用中长期国外贷款有关办法规定:"我国境内机构从国际金融市场(含境内的外资金融机构)筹措 1 年期以上,并以外国货币承担契约性偿还义务的对外借款融资,其贷款规模均需纳入国家借用中长期国外贷款计划。在国家利用外资计划统一指导下,根据不同的借用方式和偿还责任,分别实行指令性计划管理和指导性计划管理。"

二、国际融资的作用

(一) 国际融资的积极作用

作为国际经济活动一个重要组成部分,国际融资对于世界各国经济的发展起着积极的作用。

1. 有利于推动国际贸易的发展

国际融资的重要内容是国际贸易融资。在国际贸易融资中,银行对进出口商融通资金,提供信贷担保,对国际贸易的发展起着极大的推动作用。尤其是大型资本货物的进出口贸易,需要的资金量大、期限长、风险大,一般必须借助于国际融资才能顺利地进行。

2. 充分利用闲置资金

世界各国的资金总是余缺不均的。一般来说,发展中国家大多短缺资金,而发达国家和石油生产国往往资金比较充裕。富余的资金需要寻求投资出路,否则会被闲置浪费,甚至会成为国际游资,扰乱国际金融市场。国际融资作为一种调剂资金余缺的手段,可以把国际间的各种闲置资金按照市场经济的规律加以筹集运用,合理引导,充分发挥资金的应有作用。

3. 有利于全球资源的优化配置

通过国际融资,对投资国来说,既可促进存量资产重组,合理配置资源,增强企业实力,又有利于进入他国市场,打开销售渠道,获取更大的收益。对筹资国来说,既可以得到来自不同渠道的海外融资,降低融资成本,又可以改善企业的股权结构和资产负债结构,提高公司的经营效率和国际知名度。这对企业自身发展及全球经济增长都起到了重要的推动作用。

4. 有利于促进世界各国经济的发展

国家和企业的发展都离不开资金。如果企业资金短缺,就无法扩大生产、改进技术、开发新产品、增强竞争力;如果国家财力有限,很多经济项目会由于资金不足而无法开展,势必减缓经济增长的速度。国际融资作为企业、金融机构、各国政府筹措资金的手段和途径,既可满足东道国企业及投资项目的资金需求,又可满足各国政府调节财政开支和国际收支的资金需求,从而促进了世界各国的经济发展。

(二)国际融资的消极作用

国际融资对一国经济增长既有积极的一面也有消极的一面。对东道国来说,如果利用外资政策失误,或不能合理有效地利用引进的外资,会带来一系列的负面效应:一是外债负担过重,容易形成债务危机;二是冲击国内产业,造成对外资的过分依赖,甚至国民经济主要部门为外资所控制;三是引进外资结构不合理,造成国内产业结构畸形;四是对利润汇出控制不当,造成外汇大量流失;五是项目审批不严,引进高污染产业,加重环境污染。

对投资国来说,如果对自身实力和风险认识不足,又盲目扩大对外投资,也会造成严重的不利后果:一是挤占国内正常发展所需的资金,影响国内经济发展,导致国际收支状况恶化;二是受东道国政治和经济波动影响,投资风险增大,导致收益减少甚至损失。

由此可见,国际融资对经济增长的促进作用是有条件、有限度的,它是经济增长的重要因素或约束条件之一,但绝不是唯一的或决定性的因素。

三、国际融资的类型

国际融资可以从不同的角度进行分类,常见的主要类型如下。

(一)按是否通过金融中介分类

按是否通过金融中介,可分为直接融资和间接融资。

直接融资是指不通过金融中介人(主要是银行、保险公司和信托投资公司等),由资金的供应者(投资者)直接向资金的需求者(筹资者)提供资金的融资活动。例如,贷款人与借款人之间不通过银行而直接进行的资金借贷、国际贸易中的预付货款或赊销商品的商业信用、发行国际股票或债券、建立直接投资企业等。直接融资可以通过经纪人或作为经纪人的证券公司进行,但是经纪人并不提供或者接受资金的融通,其所起的作用只是在筹资人和投资人之间沟通信息,并帮助筹资人将所需筹集的资金来源分散到许多投资人。

间接融资是指通过金融中介人进行的融资活动。金融中介人主要通过吸收存款、保险金或信托资金等手段汇集闲置资金,同时又通过发放贷款或购买原始有价证券等方式将其所汇集的资金转移到短缺资金的筹资者手中。例如,国际银行贷款、出口信贷、国际金融机构贷款等,都属于间接融资。间接融资的优点是便利、安全,因为金融中介人一般信用比较可靠,能够汇聚大量的闲散资金,尤其是小额资金,来满足大笔的资金需求。因此,能够有效地克服直接融资借贷双方在资金数量、借贷时间、范围、期限上不易取得一致和不易了解借者资信等局限,并且能把社会上分散的闲置资金充分动员起来,将非资本的货币转化为货币资金,从而大大地拓宽融资的空间。

(二) 按融资期限分类

按融资期限,可分为短期融资、中期融资和长期融资。

短期融资的期限在 1 年以下,其融通资金周转较快,大多属信用融资。短期融资往往是为了解决进出口商短期资金需要、克服临时性的资金短缺、调剂外汇资金、弥补国际收支逆差或维持货币汇率等目的。

中期融资的期限为 1~5 年,一般需由资金的供需双方签订融资协议,有的还需要担保或抵押。

长期融资的期限在 5 年以上,最长甚至可达到 50 年。中长期融资的目的一般是为了解决大型机器设备和技术出口的资金需求,或者重要工程项目和基础设施建设的资金需求。

(三) 按融资来源分类

按融资来源,可分为他方融资、商业融资和混合融资。

他方融资的资金来源于各国政府和国际金融机构,如国际货币基金组织贷款、世界银行贷款或各国政府贷款等。

商业融资的资金来源于私人部门,如国际商业银行贷款、国际债券融资等。

混合融资则是将他方融资和商业融资结合在一起进行的,融资其目的通常是为了降低融资的风险和成本。

(四) 按融资目的分类

按融资目的,可分为国际贸易融资和国际项目融资等。

国际贸易融资是指与进出口贸易相联系的融资,包括对出口商提供的融资和对进口商提供的融资,如出口押汇、打包放款、买方信贷、福费廷等。

国际项目融资是指为东道国特定的工程项目提供的融资,如大型采矿、能源开发、交通运输、基础设施建设等。项目融资一般具有资金需要量大、专款专用、期限较长、风险也比较大等特点。

此外,按照国际融资的运作方式,还可分为国际证券融资、国际债券融资和其他融资方式。以下将对主要的国际融资方式分别予以介绍。

第二节　国际证券融资

一、国际股票融资的定义及特征

（一）国际股票融资的定义

国际股票融资是指符合发行条件的公司组织依照规定的程序向境外投资者发行可流转股权证券的国际融资方式。国际股权融资在性质上不同于国际债权融资，它本质上是股票发行人将公司的资产权益和未来的资产权益以标准化交易方式售卖于国际投资人的行为；与此相对应，投资人认购股份的行为本质上是一种直接投资，依此交易，认股人将取得无期限的股东权利，其内容中不仅包括旨在实现资本利益的股东自益权，而且包括旨在控制、监督发行人公司的股东共益权。

（二）国际股票融资的特征

（1）根据多数国家的公司法和证券法，国际股票发行人仅限于资本业已股份化的特定类型的公司组织，通常为股份有限公司或特定类型的有限责任公司。

（2）国际股票发行人与投资人分属于不同的国家或地区，其股票发行或上市交易行为受到不同国家法律的支配，由于其法律适用较为深入地涉及不同国家的公司法、财产法和证券法规则，故其法律冲突问题的解决较为复杂。

（3）国际股票本质上是一种可自由流转的股东权利凭证，具有权利无期限性，采取记名证券形式，其权利内容又具有复合性与复杂性，故国际股票的发行、交易与权利争议解决均不同于国际债券。

（4）国际股票融资通常不以单纯的一次性股票发行为内容，发行人往往追求国际股票发行与股票上市的双重后果，其目的在于提高国际股票发行的效率，建立某种长期稳定的国际融资渠道，由此又造成实践中对于股票发行与股票上市概念混用的情况。

（5）国际股票融资具有较强的技术性和复杂的程序性，多数国家的证券法或公司法对于股票发行与上市规定有条件规则、上市聆讯规则和程序规则，因而在现代社会中，凡提到股票发行与上市，通常意味着这一行为是在金融中介人和专业机构协助下进行的，是遵循公开和公正原则进行的，并且是在法律规定的条件规则和程序规则控制下进行的。

综上所述，国际股票融资不仅在性质上不同于传统的投资行为（如中外合资合同行为）、贷款行为或其他类似合同行为，而且不同于国际债券融资行为。可以说，现代各国证券法对于国际证券发行与交易的规则更主要是为控制股票融资行为而设置的。

二、国际股票融资的结构与类型

国际股票融资依照其发行与上市结构可分为不同的类型，其中我国的境外股票融资中较普遍采用的类型主要包括境内上市外资股结构、境外上市外资股结构、间接境外募股上市结构和存托证境外上市结构等几种。

（一）境内上市外资股结构

境内上市外资股结构是指发行人通过承销人在境外募集股票（通常以私募方式），并将该股票在发行人所在国的证券交易所上市的融资结构。我国证券法规将依此类结构募集的股份称为"境内上市外资股"，实践中通常称为"B 股"。

在我国，境内上市外资股的发行人仅限于根据公司法合法设立的股份有限公司；有关发行人公司章程、境内上市外资股的发行条件与审批、境内上市外资股的上市和交易制度均适用中国有关法律和法规；境内上市外资股的股票主承销人和上市保荐人应当由中国的金融中介人担任，但在承销工作上通常由国际性金融中介人（称"国际协调人"）按照私募惯例组织；境内上市外资股的发行须根据股票发行地和国际融资惯例的要求采用信息备忘录形式并应符合其信息披露的要求，经审计的发行人会计报表（调整表）应当符合股票发行地国家会计准则的要求；此外，境内上市外资股结构在公司发起人责任、同业竞争和关联交易等合同安排上也应考虑满足股票发行地法律和国际融资惯例的要求。

由上可见，我国的境内上市外资股结构主要是依据我国的法律和会计准则构建的，在承销组织上采用了国际股票融资惯例中的私募方式，并在不违反中国法律的基础上遵循了国际会计准则和股票发行地的有关法律要求；但这更主要是为了满足境外投资人的投资偏好，增加其投资信心。由于多数国家的法律对于国际股票私募并没有严格的限制，因而境内上市外资股结构所需解决的法律冲突和障碍也较少，其结构相对简单。

总的来说，我国目前的境内上市外资股在实践中仍处于尝试和不成熟阶段，影响这一结构有效发挥作用的主要因素包括外汇管制制度的制约、公司法制之不完善、因私募而形成的股权结构不合理、交易制度和信息披露制度之欠缺等。

（二）境外上市外资股结构

境外上市外资股结构是指发行人通过国际承销人在境外募集股份，并将该股票在境外的公开发售地的证券交易所直接上市的融资结构，此类募股通常采取公开发售与配售相结合的方式。我国的证券法规将依此类结构募集的股份称为"境外上市外资股"，实践中所称的"H 股""N 股""S 股"等均属之。

我国境外上市外资股结构的特点在于：

（1）其发行人为根据我国有关公司法规设立的股份有限公司，即为中国法人，但规范公司行为的公司章程已根据股票上市地法律进行了必要的补充，因而大体解决了中外法律差异。

（2）其股票发行与承销通常由国际性金融机构担任主承销人和保荐人，并且按照股票上市地法律的要求采取公募与私募相结合的方式进行。

（3）其招股说明书须采取股票上市地法律要求的招股章程和信息备忘录形式，并且须符合该法律要求的必要条款规则和信息披露规则。

（4）经审计的发行人会计报表通过国际调整表须符合股票上市地会计准则，同时应符合中国会计准则。

（5）有关发行人公司的发行申请、上市审核等行为实际受到股票上市地和发行地法律的支配，但发行人公司首先须履行中国有关的申请审批手续。

（6）有关发行人公司及其股东的持续性责任、上市承诺、同业竞争、关联交易和交易规则等安排应符合股票上市地法律的要求。

境外上市外资股结构充分利用了市场所在国的外汇制度、法律制度、证券交易制度和信息披露制度，采用国际股票融资实践中惯常的组织方式，故其发行效率和股票流动性均优于境内上市外资股。

（三）间接境外募股上市结构

间接境外募股上市结构是指一国的境内企业通过其在境外的控股公司向境外投资人募集股份筹资，并将该募集股份在境外公开发售地的证券交易所上市的股票融资结构。依其公司重组方式又可分为通过境外控股公司申请募集上市和通过收购境外上市公司后增募股份两种。我国目前已在境外募股上市的上海实业、北京控股、航天科技、中国制药等公司均采取此类结构。

在我国，间接境外募股上市是利用中外合营企业（Joint Venture）法制创造的融资工具，其基本特征在于：

（1）其发行人为根据股票上市地法律要求设立或收购的境外有限责任公司，为境外法人，其公司章程与公司设立均适用相应的外国法律。

（2）其股票发行申请、上市审核、招股说明书、信息披露责任、股票交易等均适用股票上市地的法律，发行人经审计的会计报表也仅采用股票上市地要求的会计准则。

（3）发行人公司作为境外投资人将通过合资企业法制控股境内的企业，该类境内企业为中外合资有限公司或中外合作有限公司，其公司章程、会计准则、利润分配和境外资金投入均适用中国的有关法律。

（4）根据我国目前的法律规定，间接境外募股上市虽不受计划额度制度的支配，但境内机构（特别是国有机构）对境外控股公司的投资须取得对外经贸部的批准和许可，以境内机构控股而实施的间接境外上市还须经证券监管部门批准后方可实施。

间接境外募股上市结构充分利用了境内合资法制和境外市场所在国法制的条件，使境外投资人对境外上市公司有较强的认同感和法制信心，而其股权利益则由境外上市公司代表股东向境内的合资企业主张。依此类结构组织的国际股票融资在发行效率、股票流动性和市场表现上均优于境外上市外资股结构。

（四）存托证境外上市结构

存托证（Depositary Receipt）又称"存股证"，它是由一国存托银行向该国投资者发行的一种代表对其他国家公司证券所有权的可流转证券，是为方便证券跨国界交易和结算而创制的原基础证券之派生工具。存托证所代替的基础证券通常为其他国家公司的普通股股票，但目前已扩展于优先股和债券，实践中最常见的存托证主要为美国存托证（ADR）及欧洲存托证（EDR）。我国目前已在境外上市的上海石化、上海二纺机、马鞍山钢铁等公司均采取 ADR 境外上市结构。

存托证结构依其具体内容可分为不同类型。例如，在 ADR 中，一级 ADR 只能在柜台交易市场（OTC）交易，是最简便的在美上市交易方式。美国证监会（SEC）对一级 ADR 的监管要求也是很少的，不要求发布年报，也不要求遵从美国会计准则（GAAP），一级 ADR 是以数量计占比最高的一类 ADR。

二级 ADR(Level Ⅱ,Listed)要比第一级复杂得多,它要求向美国证监会注册并接受美国证监会的监管。此外,二级 ADR 必须要定时提供年报(Form 20-F),并服从美国会计准则。二级 ADR 的好处是可以在证券交易所交易,而不仅限于柜台市场。

三级 ADR(Level Ⅲ,Offering)是最高一级的 ADR,美国证监会对其的监管也最为严格,与对美国本土企业的监管要求基本一致。三级 ADR 的最大好处是可以实现融资功能,而不仅限于在证券交易所交易。为了融资,公司必须提供招股说明书(Form F-1)。此外,这类公司还须满足公开信息披露要求,以 Form 8 - K 表格的形式向美国证监会提交。

存托证上市结构的当事人除包括发行人和基础证券承销人之外,还包括存托银行、存托证承销人、托管银行等。这一结构的基本特征为:

(1) 发行人公司通过国际承销人向境外配售的基础证券(股票)由某外国的存托银行代表境外投资人认购,并委托基础证券市场所在国的托管银行机构(通常为存托银行的附属机构或代理行)负责保管和管理该基础证券。

(2) 存托银行依据基础证券通过承销人向其本国投资人或国际投资人发行代表该基础证券的存托证,每一单位存托证依发行价代表一定数量的基础证券,并将发行存托证的筹资用于认购基础证券的支付。

(3) 安排存托证在存托银行所在国证券交易所上市,负责安排存托证的注册和过户,同时保障基础证券在其市场所在国的可流转性。

(4) 由存托银行透过托管银行向基础证券发行人主张权利,并以此向存托证持有人派发股息。

(5) 存托银行负责向基础证券发行人质询信息,并负责向存托证持有人披露涉及基础证券发行人的信息和其他涉及存托证利益的信息。

(6) 存托证注销的过程通常为,首先由存托银行以回购要约通过市场向存托证持有人购回存托证,其次由存托银托通知基础证券市场的经纪商售出基础证券,再次由存托银行将购回的存托证注销,最后将基础证券售卖收入偿付存托证原持有人。

由上可见,存托证上市结构是由存托银行提供金融服务的某种衍生证券发行与上市结构,存托银行在其中仅提供中介服务并收取服务费用,但不承担相关的风险。

三、国际股票融资的方式

国际股票融资的核心内容是国际股票发行,它是指符合发行条件的公司组织以筹集资金为直接目的,依照法律和公司章程的规定向外国投资人要约出售代表一定股东权利的股票的行为。根据多数国家证券法的规定,股票发行应当符合公开、公平与公正的基本原则,某些国家的法律甚至对于股票发行方式也设有概括性规定(如我国法律对于股票发行方式加以列举式概括)。但总的来说,多数国家的法律对于国际股票公开发行和私募发行设有不同的规则。

股票公开发行(Public Offer)是指发行人根据法律规定,以招股章程(Prospectus)形式向社会公众投资人公开进行募股的行为,其发行程序、信息披露和有效认股之确认均受到特别法规则、要式行为规则的规制。

股票私募发行(Placement)，又称为"配售"，则是指发行人根据法律的许可，以招股信息备忘录(Information Memorandum)或类似形式向特定范围和特定数量的专业性机构投资人以直接要约承诺方式进行售股的行为，其发售程序、信息披露和有效认股之确定仅受到较为宽松的法律控制。

简要地说，股票公募与私募的主要区别在于：

（1）发行申请规则不同。股票公募须向证券市场所在国的证券监管部门履行股票发行申请注册、备案和审核；而股票私募通常不须向证券市场所在国证券监管部门履行发行注册申请或审核程序，或者仅须履行较为简单的注册备案程序。

（2）信息披露要求不同。股票公募依多数国家的法律须使用正式的招股章程(Prospectus)，在必要条款内容、验证标准和披露程序上受到较严格的法律控制；而股票私募则仅需使用法律要求较为宽松甚至没有要求的信息备忘录，许多国家的法律对其必要内容和验证标准下设要求而交由惯例控制，其披露可以采取分别派送的方式，对其披露时间的要求也较为宽松，这使得发行准备工作大为减省。

（3）售股对象不同。股票公募是发行人向不特定公众发出的售股要约，其要约和有效认股之确认须遵循严格的公开性规则；而股票私募则是发行人向特定范围和特定数量的机构投资人发出的售股要约，其要约承诺原则上遵循合同法规则。

（4）上市审核规则不同。股票公募通常谋求在境外的正式证券交易所上市股票之目的，故发行人除须履行发行申请程序外，还须接受证券交易所的上市条件审核，接受上市规则的约束；而单纯的私募股票不能在正式的证券交易所上市，通常仅可在证券商交易系统或店头市场交易，其上市审核问题较为简单，一般受到惯例的支配。

为了充分利用证券市场所在国的法律条件，典型的国际股票融资(特别是在筹资规模较大的情况下)通常采取股票公募与私募相结合的方式，保障所公开发售和私募的股票共同上市，实践中称为"公开发售与全球配售"。依此方式，发行人通过承销人在股票上市地进行一定比例的公募，又通过承销团在世界其他地区进行一定比例的私募。在此类募股中，发行人和承销人根据法律的要求需准备公募使用的招股章程和在不同地区私募使用的信息备忘录，须根据上市地法律的要求协调公募与私募的比例，须使股票公募与私募所遵循的申请审核程序和信息披露程序相衔接。按照英国、美国等的证券法规则，在采取公开发售与全球配售的情况下，公开发售的比例原则上不得低于同次发行总额的 25%，我国香港原则上也遵循这一比例，但在实践中通常可酌情降低这一要求。

四、国际股票融资对企业的作用

（一）企业可以获得永久可用而不必偿还的外币资本

这是由股票本身的特点决定的，企业发行股票筹集的外币资本，可以大大改善企业财务结构，减轻企业财务负担，增强企业借债能力，减轻由于本币贬值而带来的外汇风险。

（二）在国际上发行股票并上市提高了企业的知名度

因为只有效益好、有发展潜力，能为国外公众所接受的企业，才能以较好的价格吸引国外投资者。同时，由于企业在国外知名度和形象的提高，为企业进一步在国际资本市场上融资争取优惠利率奠定了基础。

（三）企业将面临信息披露的压力

股票的发行尤其是公募必须提供详细说明书、公司经营的重大信息，并报经国际认可的会计师事务所审核，信息的采集审计、发布所需的成本很大，且极易涉及商业秘密，给公司经营带来不便。

（四）企业将面临投资者的压力

投资者购买股票既注重长期投资利益，也注重企业的短期表现，长期表现差的股票将被投资者从资产组合中剔除。

（五）企业面临竞争的压力

股票市场对上市公司永远存在兼并收购的压力。

（六）局限性

企业国际股票融资存在较大的局限性，它只限于效益极好的企业。

第三节　国际债券融资

一、国际债券的概念和特点

国际债券是指一国政府及其金融机构、企事业单位或国际金融机构在国际市场上以外国货币为面值发行的债券。国际债券按发行场所和面值一般分为欧洲债券和外国债券。欧洲债券的发行人、发行市场、面值货币分属于三个不同的国家，资金来源比较广泛；而外国债券只涉及两个国家，发行市场国和面值货币国属于同一个国家。

发行国际债券，主要有以下几点好处：

（1）可以筹集到较长期限的资金。

（2）筹资可以有多种货币的选择和权衡。

（3）可以使债券的资金来源和汇率风险分散化。

（4）国际债券通常是固定利率，但各国的利率水平不同，选择余地较大。

（5）欧洲债券市场不受当地政府的金融法律管制，因而发行速度较快。

（6）欧洲债券没有利息预扣税。

（7）通过发行国际债券和信誉评级，可以提高发行者的知名度。

（8）投资者购买国际债券可以获得利息等收益，并拥有国际债券的较强流动性。

另外，近年来，国际债券市场出现了一种新的债券形式——全球债券（Global Bond），此债券可以在全世界各主要资本市场上同时大量发行，并且可以在这些市场内部和市场上自由交易。全球债券在1989年5月由世界银行首次发行，此后增长迅速，发展潜力巨大。

全球债券有几个特点：① 全球发行。它不像外国债券和欧洲债券那样仅仅局限于某一个或某几个国家。② 全球交易，流动性极强。③ 借款人都为政府机构，资信良好。全球债券的发展标志着国际债券市场发展进入了一个新的时期。我国也曾积极利用此债券筹资，于 1994 年首次发行了 1 亿美元全球债券。

总的来说,在国际债券市场上,欧洲债券的垄断地位进一步加强,外国债券也大量增加,此两大类债券仍占主导地位。

二、外国债券

(一)外国债券的发展

外国债券是指由发行人在某国外债券市场上发行的债券,其债券的面值货币为该债券发行地国家的货币。外国债券的发行旨在吸引债券市场所在国的货币资金。外国债券在第二次世界大战前已有所发展,第二次世界大战后进一步流行。它之所以受到筹资者、投资者的欢迎,是因为它比传统的信贷方式更为优良:第一,发行外国债券可于短期内在更广的范围内筹集到数额巨大的长期资金,满足筹资者的需要。第二,外国债券发行突破了货币币种的限制。当前世界可自由兑换货币一般均可用于外国债券的标价货币并在当地国发售。第三,外国债券的承销由发行国国内承销团承购,投资者主要是该国国内居民,它是各国国内债券的外延。第四,外国债券在安全性、收益性、流动性等多方面提供了多种组合,满足了不同投资者的偏好。第五,外国债券的期限较长,约为 20～30 年,期限较长的债券通常会向投资者提供回售保护,即投资者有权在债券到期前要求发行人以一定价格提前赎回该债券。第六,外国债券利率主要取决于发行国国内资本市场利率,它以固定利率发行。

(二)外国债券的分类

根据债券的发行方式,外国债券可分为公募债券和私募债券两种。

公募债券是按法定程序发行,经证券主管机构批准在市场上公开发行的债券。债券经公募发行后可申请在证券交易所上市。此债券最大的特点是向社会广大公众募集资金而不是针对特定的投资者。虽然公募债券对发行人的财务状况、经营业绩等审查严格,且发行费用昂贵,但其筹资额巨大,二级市场发达。

私募债券指只向少数特定的机构投资者或关系密切的个人发行的债券,债券的发行额、期限、利率、是否可转换、是否可赎回等事项都由双方商订。私募发行对发行人的财务状况要求松一点,不实行公开呈报制度,发行成本要低于公募债券,但是它发行额较小,能上市流通的也少,由于风险比较集中,只由少数投资者承担,所以利率比公募债券要高,公司行为也经常受到投资人的约束。

(三)外国债券的发行

这里简要介绍外国债券的发行的主要环节。

(1)牵头经理人的选择。外国债券发行的牵头经理人及其他中介服务机构只能是债券面值货币发行国的银行、证券公司及其他金融机构。比如,日本就规定,只能由证券公司担任牵头经理人,委托银行由商业银行充当,这与日本实行金融管制有关。日本曾实行证券业务和银行业务分离的制度,规定证券公司不能经营商业银行业务,商业银行也不能公开发售证券。

(2)外国债券发行前必须进行评级,不同国家对外国债券评级的要求不一样。美国要求 BBB 级或以上级别的债券才能在美国国内发行;日本 1995 年以前要求只有 A 级以上(包含 A 级)的日元债券才可发行,后来降至 BB 级以上(包括 BB 级)。

(3) 外国债券的公募发行需向当地有关政府部门登记注册,这是外国债券发行过程中不可缺少的环节。如在日本要向日本大藏省提出债券申报书,征得日本政府的许可。

(4) 不同面值货币的外国债券在确定发行主要条件,如发行额、发行级别、利率、期限等时,都有一些差异。

(四) 主要的外国债券市场

外国债券市场是一种传统的国际债券市场。当前外国债券的主要面值货币有美元、日元、瑞士法郎等。总的来说,瑞士法郎的外国债券发行额已大大超过美元债券,日元外国债券的发行额也在不断上升,美元外国债券比重有所下降。尽管如此,由于允许发行外国债券的国家不多,主要集中在上述三个国家,因此纽约、东京、苏黎世仍是主要的三大外国债券市场。另外,荷兰、法国、加拿大和英国的外国债券市场也比较有影响。

1. 美国外国债券市场

美国金融市场上的外国债券是外国发行人(加拿大除外)在美国发行的以美元计价的债券,目的是为了吸引美国的国内资金,这种债券叫“扬基债券”(Yankee Bonds)。美国外国债券市场也叫扬基债券市场,是世界上规模最大、资金实力最强、发展最成熟的外国债券市场。美元债券市场之所以能发展到今天的规模,以至于能够得到众多美国投资者的青睐,是因为美元债券市场具有以下特点:

(1) 市场供给量大,流动性强。扬基债券发行量每笔都约在 1 亿美元左右,而且扬基债券可在纽约证券交易所上市。

(2) 扬基债券期限长,多为 5~10 年,甚至可长达 20 年,它基本上是一种中长期融资工具。

(3) 可提高筹资者的知名度。由于美国的评级审查和证券委员会审批较为严格,发行成本较高,所以发行人都是一些著名的政府机构、国际机构及大银行等,投资者也多是一些大银行及财团。投资者一旦进入扬基债券市场,就可大大提高其在国际金融市场上的地位。

(4) 对债券监管较严、债券信用等级高。扬基债券公募发行必须经过美国证券交易委员会的批准,并提供根据美国一般会计原则编制的经过独立公正的会计师审核的财务报表及有关资料,而且此债券发行必须经过标准·普尔和穆迪的评级。一般而言,具有 AAA 级信誉的发行人才能在扬基债券市场上发行债券,所以说扬基债券市场是一个高信誉等级、低风险的市场。

(5) 扬基债券市场对外国人的债息收入不征收预扣税,其二级市场通过场外经纪商进行交易,非常发达。对筹资者而言,与欧洲美元债券相比,发行扬基债券可以在短期内以较低成本获取巨额长期资本;投资者而言,能满足他们对流动性、安全性和收益性的需要。外国的债券发行人在美国发行债券,与在美国筹措资金的其他方式相比,无论在成本、期限上,还是在灵活性等方面均占有优势。

2. 日本外国债券市场

日本外国债券,又称武士债券(Samurai Bonds),是指非居民在日本发行的以日元为面值的债券。日本外国债券市场又称“武士债券市场”。第一笔武士债券是由亚洲开发银行在 1970 年 12 月份发行的,此后发展迅速。据经合组织资料表明,20 世纪 70 年代中期,日本的债券总额相当于525亿美元,仅次于美国的1 200亿美元,居世界第二位。80年代中期,日本实行金融自由化后,放宽了对发行人资格的限制,规定除国际金融机构和各国政府以外,非他方组织、公司和个人也可以发行日元外国债券,其发行量迅速扩大。日本债券市场地位日趋重要,但由于受1997年上半年发生的亚洲金融危机的影响,发行量有所下降。

武士债券也分为公募和私募两种。公募由证券公司为主牵头包销出售,而私募则由证券公司和银行共同经营债券发行业务。公募发行首先要接受交易所上市资格审查,经过审查认为符合上市标准者再向日本大藏省申请,经批准后方可发行。公募债券发行的牵头经理人必须是山一、大和、日兴、野村四大证券公司之一。为保护投资者利益,日本债券市场要求发行者将自身的有关情况必须向公众准确、迅速地公布。在日本发行国际债券必须经过日本的主要信用机构的评级,评级机构以九个信用等级评定发行人的信用,对不同信用等级发行人的发行量都有具体规定,如AAA级发行人发行量不受限制,AA级发行人发行额不超过300亿日元,其他等级或无级别者,非经特别批准其发行额不得超过100亿日元。1985年以后,日本政府为了促进日元国际化和金融自由化的发展,取消了对新发行日元债券金额的任何限制,其牵头经理人也不必一定是日本证券公司,辛迪加承销团也可以允许外国金融机构参与,但外国证券公司认购额不得超过发行额的5%,并只限于在国外发售。

武士债券发行有一些优点:

(1)武士债券有记名和不记名两种,两种债券可以自由转换。

(2)武士债券的利息收入免缴预扣税。

(3)期限较长,为5~15年。

除上述优点外,武士债券也有一些不足之处:

(1)筹资者发行武士债券必须提供担保,其担保者一般为大银行。

(2)日元外国债券与欧洲日元债券相比,缺乏灵活性,不易和美元互换,因此流动性比较差。外国筹资者现在多发行双重货币外国债券,主要投资者为日本人,这在一定程度上弥补了日元外国债券的不足。

除武士外国债券外,在日本市场上,人们将以公募发行的非日元外国债券称为将军债券(Shogun Bonds),即欧洲日元债券。

3. 瑞士外国债券市场

20世纪70年代以来,瑞士债券市场发展迅速,1986年外国筹资者在瑞士发行债券达460亿瑞士法郎,瑞士外国债券市场目前已是世界上最大的外国债券市场之一。瑞士外国债券为息票债券,每年支付一次利息,最低面值为5 000瑞士法郎。瑞士外国债券市场之所以获得如此巨大的发展是因为它有一些独特之处:

(1)瑞士外国债券利率较低,可以降低发行人的融资成本,而且瑞士的苏黎世是世界上有名的金融中心,其证券二级市场和外汇市场相当活跃,发行人可以利用各种外汇交易币互换,以期获得所需货币或降低瑞士法郎升值所带来的风险。

(2)瑞士中央银行长期坚持通货膨胀率政策,其实际利率相对较高,有利于吸引资金。

(3)瑞士中央银行禁止发行以瑞士法郎计价的欧洲债券,因此筹资者只有通过发行瑞士外国债券才能获取瑞士法郎。允许经营瑞士外国债券业务的机构仅限于瑞士本国的银行和金融公司。

（4）瑞士国内资金充裕,银行系统保密性世界闻名。

（5）瑞士奉行自由贸易政策,其货币可自由兑换,国家通常对资金的流出入不做限制,也没有税收管制,发行手续简便。

（6）瑞士银行从业人员素质高,尤其善于组织大额证券的发行和大额贷款的发放,其筹资手段先进,筹资结构多样化。

（7）非瑞士居民购买瑞士法郎外国债券免交利息预扣税。瑞士外国债券的发行分为私募和公募两种。私募债券的发行量大于公募债券的发行量,通常是后者的 2 倍;可以小额发行;发行手续简便;没有固定的包销团,由牵头银行公开刊登广告推销;并准许债券在二级市场上转让。相比之下,以公募发行的瑞士外国债券必须经中央银行批准,债券的发行一般由三大银行(瑞士联合银行、瑞士信贷银行和瑞士银行)之一担任主承销商,负责债券的发行。此债券一律由固定的包销团包销。包销团成员之间的包销比例通常是固定的。

不管是公募还是私募发行,相对于规模巨大的一级市场而言,瑞士外国债券的流通市场比较狭小,这主要是因为大部分债券都存入瑞士各家银行的客户账户中,并且一直保留到期满。

三、欧洲债券

（一）欧洲债券的发展

欧洲债券是一国(或国际金融机构)借款人以债券发行人和债券发行市场所在国以外国家货币为面值发行的国际债券。

欧洲债券产生于 20 世纪 60 年代。美国政府为改善国际收支,限制资本外流,1963 年实行了"利息平衡税"(该税于 1974 年被取消),此税规定,对所有在美国市场上由外国借款人所支付的利息,统一征收 15％的利息税。该税的纳税人名义上是美国的投资者,但投资者通过回报率要求转嫁了税收负担,实际负税人是债券发行人,因此债券融资成本上升,几乎与欧洲借款成本持平,使筹资者渐转向了欧洲货币市场。1965 年美国又颁布了《自愿限制贷款计划》,授权 1968 年成立的外国直接投资局(OFDI)美国银行的信贷额度及美国公司的对外直接投资进行强制性限制,为了获取高利,包括跨国公司在内的美国本土投资者也转向了欧洲货币市场,这就有力地促进了欧洲债券的发展。最早的欧洲债券出现于 1963 年 7 月,当时伦敦的一家商业银行同比利时、德国、荷兰的三家银行组成国际银行辛迪加,为控制意大利的一家私营公司发行了一笔 1 500 万美元的债券,并在伦敦证券市场上市,同一时间,意大利 AUTOS 公司也发行了为期 15 年,金额为 1 500 万美元的欧洲债券。此后,除1974 年的第一次石油危机和 1987 年的长期利率下降使债券发行量减少到 1 400 亿美元以下外,欧洲债券的发行量逐年上升,1992 年达 7 000 亿美元。

（二）欧洲债券的融资特点

欧洲债券是国际债券的一种,但欧洲债券有自身的特点。凡是国际债券的融资便利之处,欧洲债券都具有:

（1）以无记名方式发行,它是一种无国籍债券,转让起来极为方便。

（2）不在标价货币发行国政府的管辖范围之内,不必向面值货币发行国和销售市场所在国证券主管部门登记,但每一笔发行都必须遵守它所在销售国的法律和规则。债券发行中应该注明一旦发生纠纷,应以哪国法律为准。

(3)对手利息收入不征收预扣税。这对筹资者和投资者双方都有好处,加之利息是每年支付一次(浮动利息除外),手续比较简便。

(4)欧洲债券一般由国际包销团(辛迪加)联合承销。它往往是由欧洲债券市场的一家或多家大银行牵头,联合其他银行和金融机构组成承销团对债券进行全球配售。

(5)债券的标价货币对大多数投资者而言是外国货币。欧洲债券的投资者主要是个人,近年来机构投资者如保险公司、养老金和一些银行纷纷参与进来,它们在市场的投资地位正日趋重要。

(6)欧洲债券的利率随标价货币发行国国内资本市场利率变化而变化,如欧洲美元债券收益率根据纽约债券市场的收益率而定。多数情况下,欧洲债券的收益率要比相应国内资本市场利率低,并且其差额一直在变动。

(三)欧洲债券的种类

欧洲债券可分为普通欧洲债券和创新欧洲债券两类,前者主要是固定利率债券。20世纪70年代以前,大多数欧洲债券是固定利率的欧洲美元债券。70年代,布雷顿森林体系解体以后,浮动利率债券增长较快,但总的来说,在目前的国际债券市场上,固定利率债券仍占绝对优势。由于竞争的加剧,欧洲债券市场上的创新不断增多,从而浮动利率类债券发行量比以前有所增加。在品种方面,也出现了可转换债券、延期付款债券、混合利率债券、附认购权证债券、多重货币债券及零息债券等多种形式的创新债券。

1. 固定利率债券

固定利率债券(Fixed Rate Bond)一般是指利率在债券发行时已确定,直至债券到期不再更改的债券。这种债券期限一般为5～10年,发行额在500万～20 000万美元,票面和利率一般以LIBOR加一定的加息率(风险收益率)来确定。加息率根据发行人的风险而定,在其他条件相对稳定的情况下,风险越大,加息率越高。其利息每年征收一次,并且免缴利息税。此债券发行后可在世界各主要证券交易所上市,并通过欧洲清算所清算。该种债券适用于经济比较平稳,金融市场利率相对稳定的时期。目前,固定利率债券在债券总额中仍占有优势(约占60％以上)。

随着经济的发展,固定利率债券的含义越来越广,并出现了一系列创新。创新债券主要有:

(1)零息债券(Zero-coupon Bond)。这种债券不支付利息,但以折价方式出售,折价部分比例很大,一般是按票面金额的50％～60％出售,到期按面值偿还。

(2)高折扣债券(Deep Discount Bond)。这种债券也叫深贴现债券,是一种按低于面值20％以上的折扣额出售的债券。它不同于零息债券,其利息按年支付,一般低于市场利率。

(3)展债券(Extendible Bond)。这是一种短期债券,当债券到期时,投资者有权决定是否延长债券到期日,也就是说,投资者是否愿意再次以新利率给发行人提供融资。它实质上是一笔完全独立的业务,即投资者对该债券的再投资。该债券大大方便了投资者,当投资者认为此债券收益性很好准备再投资时,可以避免各种手续费及其他费用开支,直接得到新债券。

（4）延期付款债券（Partly Paid Bond）。投资者购买此债券时只支付面额的 20％左右，余额在以后约定时期内支付，如果在约定的日期内，投资者未能支付余额，则先前的债券支付金额概不退还，其目的是扩大债券的销售额。

（5）复合货币债券（Composite Currency Bond）。它分为双重货币债券和两种以上货币的复合货币债券（多重货币债券）。双重货币债券的还本付息分别使用两种货币，它是最简单的复合货币债券。一般而言，债券发行时以非本币为面值货币，利息以非本币支付，而本金以本币偿还。债券发行人采用这种二元货币债券可以将本金到期的汇率风险转嫁给投资者，但每期利息风险不可消除，为此，债券发行人一般利用金融市场连续运作，如远期交易或互换交易，以达到规避利息风险的目的。

2. 浮动利率债券

浮动利率债券（Floating Rate Note，FRN）是根据市场利率变动状况而定期调整利率的债券，一般是以 LIBOR 加一定的加息率，每 6 个月左右调整一次，利率略高于 LIBOR。浮动利率债券出现于 20 世纪 70 年代，近年来，随市场风险加大，浮动利率债券发展很快。目前，浮动利率债券在国际债券市场占 6％～15％，其中 94％的浮动利率债券以美元标价，其他标价货币有英镑、欧元、日元等。此债券期限相对较短，一年展期两次，每半年付息一次。这种债券使筹资者和投资者对成本收益不易确定，这种不确定性有可能是损失也可能是收益。浮动利率债券一般可分为上限锁定债券、下限锁定债券、上下限锁定债券、自由浮动利率债券及附卖出期权的浮动利率债券等。

（1）上限锁定债券。这种债券的利率有一上限（最高利率），当市场利率超过上限时，发行人按最高利率付息，它是对发行人的一种保护。

（2）下限锁定债券。这种债券的利率有一下限（最低利率），当市场利率低于此下限时，发行人必须按最低利率付息，形成对投资者的一种保护。

（3）上下限锁定债券。它综合了以上两种债券的特点，即如果利率在规定的最高利率和最低利率之间浮动，发行人支付浮动利息。一旦利率超过上限或低于下限，债券自动转换为按上限或下限利率支付的固定利率债券，直到期满为止。这是对交易双方的一种保护。

（4）自由浮动利率债券。这种债券在期限内其利率均为自由浮动，没有上下限，筹资和投资双方的风险大大增加。

（5）附卖出期权的浮动利率债券。这种债券予以投资者在某一规定的时间或债券到期日之前以平价赚回其债券的选择权，这种选择权一般为每年一次。

（四）欧洲债券与外国债券的区别

1. 发行市场不同

外国债券是在债券标价货币发行国发行的债券。而欧洲债券是在发行人和面值货币所在国以外的第三国发售的债券。

2. 发行货币的选择性不同

外国债券的面值货币仅限于债券发行地国家的货币，债券发行地一旦确定，面值货币自然就确定了。而欧洲债券发行人可视各国不同的汇率、利率、市场经济因素及各国股市行情选择有利于发行人的一种货币。

3. 税收政策不同

外国债券发行人必须根据其债券市场所在国法律纳税,虽然有的国家规定外国投资者持有以本币标价的外国债券可以免交利息预扣税,但发行人的税收不可避免。欧洲债券是一种无国籍债券,债券以不记名方式发行,发行人无须交税,对投资者的利息收入也免征预扣税。

4. 发行方式不同

外国债券由市场所在国的金融公司、财务、证券公司等组成承销团承购债券,常常采用公募和私募两种方式发行,而欧洲债券的发行往往是由欧洲债券市场上的一家或多家大银行牵头,联合多家金融机构对债券在全球范围内配售。多数欧洲债券采取公募方式发行,债券发售后可申请上市流通。

5. 所受约束不同

外国债券发行和交易一般受市场所在国相应法规法令的限制,这些法规法令对于国内借款人或进入各国市场的外国借款人来说是有效的。而欧洲债券的无国际性使发行人可以绕过种种管制,如他方授权的要求、等待发行排队的安排、正式披露公司财务状况、交换上市义务等。

(五)欧洲债券发行程序

欧洲债券的发行一般要经过辛迪加银行集团承购,辛迪加成员主要有牵头经理行、经理集团、包销团、销售团、代理机构、受托银行、担保机构等。除此之外,欧洲债券公募发行时必须按市场所在地法律和规则进行。

从欧洲债券发行的实践经验看,各国债券发行的程序大体相同,主要有下列几个步骤:

(1) 选择牵头经理行。

牵头经理行的选择是至关重要的一步,因为牵头经理行负责债券发行的全过程,全权向发行人负责。

具体来说,牵头经理行的主要职责有以下几个方面:

① 与发行人磋商并确定发行条件、发行时机,达成初步协议后负责起草发行文件,内容主要有发行人的财务状况、发行条件及销售条件等。

② 选择经理银行集团,共同就发行条件及费用进行进一步磋商。

③ 组织承销和销售集团。由经理银行集团成员银行根据牵头经理行的发起文件,分别向与成员银行有往来关系的金融机构发出邀请函,由愿意参加并承诺包销和销售一定数量该债券的金融机构共同组成销售和包销集团。在此期间,最后确定发行条件。

④ 帮助发行人寻找理想的代理机构、担保机构、法律顾问及其他中介服务机构,协调各种中介服务机构的关系,保持发行人与各中介服务机构的联系。

⑤ 协助发行人的信用评级,办理上市手续。

⑥ 组织市场推销活动,分发有关材料,代表和安排发行人同各种机构的专业人士联络。

⑦ 支持二级市场流动性和稳定性。牵头经理行的选择范围较广,一般的标准为:与发行人有密切业务往来的银行;有良好的专业技术和丰富的实践经验及较高推销债券能力的银行;在同业中资信良好,威望较高,实力雄厚的大的金融机构;具有稳定二级市场债券价格的能力,提出的发行费用比较合理的银行。

（2）进行信用评级。

欧洲债券发行虽然没有硬性规定必须进行评级，但委任专业评级机构进行评级有利于顺利推进该债券的发行。但是，信用评级又给债券发行人增加了额外的负担，并且有可能延误发行时机。所以是否进行评级，关键是看债券能否推销出去及二级市场债券价格是否稳定。比如，财力雄厚的国际性大银行、信用高的政府机构等就不一定非得评级；发行数额较小时也不一定要进行评级。目前，欧洲债券市场上不少投资者对低等级或无等级的债券也能接受。

（3）提出发行申请。

欧洲债券的发行必须向市场所在国有关机构提出发行申请，填写申请书，未经批准不准发行。申请书内容主要包括该欧洲债券的名称，发行条件，款项用途及还款；以前债券的发行情况等。

（4）发行人同经理集团认可的担保机构签订担保合同。

担保人一般是国际上著名的金融机构或大公司，初次发行债券的发行人或小公司必须有担保人。

（5）发行人同偿还代理机构签订代付合约，由代理人向发行人收取本息，支付给投资者，支付代理机构一般由主要金融中心的商业银行担任。

（6）发行人委托一家银行（受托银行）管理债券。

受托银行在整个债券有效期内履行信托契约，保护投资者利益，一般由非承销团成员担任。

（7）发行人委任法律顾问。

一名是发行人所在国的律师，主要负责审查本次债券发行是否符合本国法律和文件的规定；一名是市场所在地的律师，主要对发行人是否符合欧洲债券市场的通行惯例和有关规定提出咨询意见。

（8）发行人与其他中介机构一起签署一系列法律文件。

这包括债券发行说明书、各承销商认购协议书、分销协议书、信托契约。债券发行说明书阐述了发行人基本情况、发行条件以及各种契约、挂牌交易所的名称、承销团姓名及发行费用总额。对于公司借款，说明书中应包含已审计的财务报表，对于政府借款人，应包括有关国家的财政状况及中央银行的信息。认购协议规定发行人与销售团之间的权利与义务。分销协议书阐述了承销团成员相互之间签订的债券分售比例及收益费用的划分状况。信托契约规定了发行人的义务和违约责任、利息支付方式。

（9）向市场进行推销。

由发行人和牵头经理行向包销和销售集团分发宣传材料，并由销售团再进一步售给投资者，债券上市后，结算最终费用。

第四节　其他国际融资方式

除了传统的国际信贷和国际证券融资方式外，第二次世界大战以来，国际融资领域还出现了一些新的比较灵活的国际融资方式。这些融资方式或者与国际贸易相结合或者与国际直接投资相结合,或者与信托投资相结合等,具有一些新的特点,被世界各国所普遍采用。

一、国际租赁

国际租赁是一国出租人根据与外国承租人订立的租赁合同,以收取一定租金为代价,将机器、设备等设施交给承租人在一定期限的使用的一种融资方式。租赁的设备通常有飞机、汽车、船舶、石油钻机、大型电子计算机、起重机和某些成套生产设备等。

(一)国际租赁的类型

国际租赁主要有以下几种类型。

1. 融资租赁

融资租赁(Financing Lease)亦称金融租赁,即出租人按照承租人的要求向生产厂商购入设备,供承租人使用,出租人按期从承租人处收取租金。这种租赁一般租期较长,几乎相当于设备的实际使用寿命。租金总额等于设备价款、贷款利息和一定利润之和。融资租赁是现代租赁的基本形式。

2. 经营租赁

经营租赁(Operation Lease)是指出租人自行购置设备后,供承租人选择租用。承租人租赁设备的主要目的在于使用设备,并可在租赁期中选择租用其他更为合适的设备,故又称使用租赁或服务租赁。在经营租赁方式下,租赁物通常是比较尖端复杂的机器设备,技术更新较快,租赁期较短,服务性较强,出租人必须提供必要的技术服务和设备维护,而承租人所付的租赁费也高于融资租赁。

3. 维修租赁

维修租赁(Maintenance Lease)亦称提供附加服务的租赁,是经营租赁与金融租赁相结合的一种特殊的融资租赁,其租金中加上了维修、保养、保险等费用。维修租赁的出租人通常是制造厂家,租赁物主要是运输工具,尤其是汽车的租赁。出租人除了承担登记、上税、车检、保养、维修和事故处理外,有时还负责管理生产、供应燃料和训练管理人员。

4. 杠杆租赁

杠杆租赁(Leverage Lease)又称平衡租赁,是指出租人在融资租赁中利用企业财务杠杆原理,将其拟出租的设备和租金受款权作为抵押担保品,向银行取得相当于该设备价款60%~80%的贷款资金,其余资金自筹,买下该设备并出租给承租人。杠杆租赁主要用于大型设备的出租。在杠杆租赁中,出租人向金融机构取得的贷款是一种无追索权的抵押贷款,因此出租人只需承担部分融资风险。

5. 回租

回租(Leaseback)是指承租人将自己已有的设备或其他资产出售给租赁公司,然后再将其租赁回来使用的一种租赁方式。回租的目的主要是为了解决承租人资金紧缺的困难。回租一般只有两个当事人,即出租人和承租人。承租方同时也是供货商。

6. 转租

转租(Sublease)是指接受承租人委托的出租人不是自己购入设备,而是向制造商或其他的租赁公司租入承租人选定的设备再转租给承租人。转租的出租人一般自身实力较弱,缺乏融资渠道。

(二)国际租赁的特点

1. 当事人分属不同的国家

国际租赁中出租人、承租人和供货人可分别属于三个不同的国家或地区。

2. 所涉及的合同中至少有一个涉外合同

国际租赁往往涉及两个以上的合同,包括租赁合同、设备供应合同、金融机构的贷款合同等,其中至少有一个为涉外合同。

3. 租赁风险比较大

除了经营风险、信用风险和利率风险等,国际租赁还包括政治风险和外汇风险。

4. 可享受有关国家的免税优惠

国际租赁一般都有减税优惠,但各国税法不同,必须充分掌握各国税法,遵循其规定,才能享受减税优惠。对于出租人来说采取租赁方式可以获取比较稳定的投资回报。

对于承租人而言,租赁融资的主要好处:

(1) 只需支付少量租金就可获得设备的使用权,可节约现汇资金。

(2) 提高了设备的使用效率,加速了折旧,可在一定程度上避免设备的精神损耗。

(3) 借钱和借物相结合,加快了投资建设步伐。

其缺点是没有设备的所有权,不能任意处置设备,而且租金成本总额要高于直接购买设备的费用。

二、补偿贸易

补偿贸易是指外商向东道国企业提供设备、技术、各种服务、人员培训等作为投资,东道国企业待工程项目投产后用项目产品或其他产品返销作为投资回报的一种国际融资方式。补偿贸易的特点是将国际融资与技术贸易、产品出口贸易紧密地联系在一起。对东道国来说,一方面无须动用现汇就引进了技术设备;另一方面,通过产品返销又促进了出口,可谓一举两得。对投资方来说,既扩大了对外投资,转移了"夕阳"产业,又利用了东道国的廉价劳动力获得了丰厚的投资回报。

补偿贸易的适用范围比较广,既可用于大型能源和资源的开采、提炼和加工工业,也可用于中小企业的扩建、改建和技术改造,还可用于副食品和生活用品的生产加工工业。

补偿贸易的补偿方式主要有直接补偿、间接补偿、综合补偿和劳务补偿。

直接补偿,即以外商提供的设备、技术直接生产出来的产品来偿还外商提供的设备价款和利息,这是补偿贸易的最基本的形式。

间接补偿,即返销的产品不是外商提供的设备、技术生产出来的,而是用本企业的其他产品偿还。

综合补偿,即对外商的设备、技术等,一部分用这些机器设备、技术生产出来的产品直接偿还,其余部分用本企业生产的其他产品间接偿还。

劳务补偿,是指用于补偿的不是产品,而是承接对外加工和装配业务的劳务费用。

所谓对外加工和装配业务,主要包括来料加工、来样加工和来件装配三种形式,是东道国对外提供劳务的特殊经济合作方式,通常与补偿贸易融资一起被称为"三来一补"。其中,来料加工(Processing with Customer's Materials)是指外商提供原材料和部分关键设备技术委托东道国企业按照外商的要求进行加工,并将成品按规定时间交给外商自行销售,外商支付加工费。

来样加工(Processing with Customer's Samples)是指外商只提供产品的样品或图纸,东道国企业按外商要求加工成产品,交由外商自行销售,外商支付用工费。

来件装配(Assembling with Customer's Parts)是指外商提供图纸、样品和全部零部件,必要时也提供某些设备和技术,有的甚至还投资兴建新的加工装配工厂或车间,帮助培训技术工人,委托东道国企业按照外商要求进行装配后才将成品交给外商,外商支付工缴费。

来件装配形式很多,主要有以下几种:

(1)国外厂商提供全散件(Complete Knock-Down. C. K. D.)或半散件(Semi Knock-Down, S. K. D.),由我方装配成成品。来件和成品分别计价,采用对开信用证或付款交单方式支付。

(2)国外厂商除提供零部件和元器件外,还为我方代购部分装配设备或测试仪器仪表等,其垫付的价款从工缴费中扣除。

(3)国外商人投资兴建工厂,建设和提供设备的价款,分期从我方所得工缴费中扣减。

(4)我国出口产品中因有个别零部件技术不过关,采取由订货的外国企业提供某种部件装入我国出口产品当中,其部件价款,则从我国产品出口货款中扣减。

(5)国外厂商只提供部分的部件、元件,由我方提供国产的部分元件、部件,实行合作生产,共同组装成成品。国外厂商除偿付工缴费外,还要支付我方的元部件价款。

三、BOT 项目

BOT(Build-Operate-Transfer)项目,又称"公基工程特许权项目"或"外商投资特许权项目"。BOT 项目融资的典型做法是东道国政府通过签订协议,把由政府支配、拥有或控制的资源,如基础设施或其他公益项目,授权给以招标形式选择的投资商组建的项目公司(即发展商)来设计和建设;项目公司在合同期内(一般为 15~20 年)承担项目的筹资、建设任务,负责项目建成后的营运和维修并有权通过销售项目产品收取维修费、服务费、租金或其他费用等方式,收回对该项目的投资,偿还该项目的借款并赚取合理的利润。授权期满后,项目公司一般将该项目所有权无偿转让给东道国政府。BOT 方式主要用于建设公路、铁路、机场、港口、隧道、发电厂、污水处理厂和城市地铁等基础设施项目。

BOT 项目融资的参与主体比较复杂,其基本当事人主要是项目发包人、承包人和国际顾问咨询公司。发包人为政府,通常由政府专业投资公司充任,其职责是负责整个项目的决策和总体实施工作,包括通过招标和授权形式确定项目承包人、对项目营运过程予以监督和支持、对项目经营权的收回等。

承包人通常是一个国际承包集团,包括一个或多个投资商、工程建设公司、设备供应商、国际银团等。承包人获得政府授权后通常以股本投资的方式建立项目公司,也可吸收少量政府资金入股。BOT 项目所需的资金大部分通过项目公司从商业融资渠道获得,一般采取无追索权或有限追索权贷款的形式,由国际银团负责提供,建设公司负责按照项目公司的要求承担项目的"一揽子"规划和建设,设备供应商则按照合同为项目建设提供所需设备和技术等。

国际顾问咨询公司是对国际工程项目提供各种咨询服务的私营性国际组织。在BOT项目中，承包人和发包人均聘请高自己的顾问公司。其职责十分广泛，主要包括决策咨询、工程监理和纠纷仲裁三项。

BOT项目的运作过程大部经过以下几个阶段，即项目确定、招标、合同谈判及签约、建设、经营和到期产权移交。

在项目确定阶段，东道国政府负责完成对BOT项目的选择和确定工作，主要是对项目进行技术、经济和法律上的可行性研究论证。在项目招标阶段，政府的主要工作是对投标者进行资格预审和发出投标邀请书，并在收到投资商投标书后于规定时间内进行评标和决标。项目决标后，政府必须与获得授权的项目公司就项目协议条款进行实质性谈判，谈判内容涉及项目的技术、经济和法律等各个方面。通过谈判和协商，正式形成并签订有关项目建设，经营和转让的权利义务及相关安排的全部合同和法律文件。

BOT项目的建设一般采取交钥匙方式进行，即项目公司在取得政府授权后，通过项目建设总承包协议，将项目交由签约的建设公司全面负责，包括项目的规划、设计、建筑施工、设备安装等，直到项目建成投产且有关工程质量、产品质量符合合同要求为止。项目建成交付后，项目公司即取得了项目的经营权和受益权，可以自己直接经营，也可以委托其他机构经营。但在经营过程中，必须遵循特许权协议中的有关规定，并向政府提供有关信息资料。

项目公司的投资回收和贷款偿还主要依赖于项目建成后营运阶段的"收入流"，即通过服务收费或销售项目产品所产生的收益。项目公司通常要独立承担BOT项目融资的全部风险，包括政治风险、汇率风险、利率风险、完工风险和销售风险。项目本身收益不足以补偿投资或偿还贷款时，项目公司无权以该项目是政府授权为由而要求取得补偿。当然，高风险也会带来高回报。对投资商来说，利用BOT方式进入东道国的基础设施项目建设，不仅可以开拓新的市场，扩大经营范围，获取可观的投资回报，而且通过参与项目的建设，还可以带动投资国的技术和设备出口。在东道国政府的支持下，可以最大限度地减少项目融资的政治风险，同时依靠正常的资金运行渠道，通过保险、担保、合同等手段才还可以减低项目施工及经营方面的商业性和经营性的风险，从而为投资商取得较好的经济效益创造了必要的基础。

在授权期结束后，东道国政府将接管该项目，不仅保持项目的所有权，而且拥有正常运营项目的收益权。对东道国来说，BOT方式的优点主要是：既可以高效率地完成基础设施和公益项目的建设目标，满足公众的需要，又可以减轻财政负担和外债负担，避免政府的债务风险；同时，由于项目成功与否直接关系到投资商的利益，投资商必然会对项目建设质量严格把关，这不仅有利于提高项目的经营管理水平和效率，而且有利于东道国获得国外先进的技术设备和管理经验。

四、国家基金

国家基金是由一国（或地区）的境外资金所组成的投资于该国（或该地区）境内证券市场或企业的投资基金，即向外国（地区）的投资者销售基金证券，筹集资金后在国内投资。例如，由中国境外筹集资金专门投资于中国境内证券市场的投资基金就是一种国家基金。

国家基金是一种国外投资基金。所谓投资基金,是指通过投资者发行基金股份证券或受益凭证的方式募集资金,然后以专项基金的形式交由专业性投资机构管理,投资机构根据事先确定的投资最佳收益目标和风险要求,把集中的资金再适当分散投资于各种证券和其他金融商品上。国外投资基金的资金来自国外的投资者;国内投资基金的资金来自国内的投资者。国外投资基金按照所投资的国家(或地区)又分为国家基金和海外基金。国家基金专门投资于某一国国内海外基金则广泛投资于世界各国。

国家基金的组织运行主要有三种模式:

第一种模式是由一家或多家国内具有一定信誉的、知名度较高的信托投资机构发起并组织的国家基金。在这种模式下,国内信托投资机构必须尽可能利用国外代理机构发行基金证券,并适当聘请某些国外金融投资公司作为基金的咨询顾问。

第二种模式是由国内与境外信托投资公司合资建立的基金管理公司发起并组织国家基金。合资模式有利于利用海外知名机构的国际声誉和客户资源,吸引海外投资者的资金顺利进入国内;有利于及时引进海外机构先进的管理经验和操作技术,对基金进行有效的经营管理;有利于国内基金管理事业少走弯路,提高规范化、国际化水平,更快地与国际证券市场接轨。

第三种模式是由境外信托投资公司发起并组建国家基金。境外机构通过在海外发行基金受益凭证筹资,并确定该基金投资于国内证券市场或某个地区、某个行业。国内的有关投资信托机构作为基金的国内代理人,根据境外发起公司的投资方针具体操办投资业务。

最早出现的国家基金是第二次世界大战后在欧洲市场上发行的美国基金和日本基金。当时,由于欧洲各国市场规模较小,很早就开始重视国际分散投资,因而以美国、日本为特定投资对象国的基金很受欢迎。到 1980 年,日本基金与 1962 年创建时相比增长了 133 倍。20 世纪 80 年代以后,新兴工业化国家和经济高速发展的发展中国家,尤其亚太地区一些国家的国家基金发展很快成为这些国家利用外资的一条新的重要途径。

国家基金反映的是一种信托关系。国家基金证券的境外持有人不与东道国被投资企业发生直接的关系。而一般债券反映的是一种债权债务关系,股票反映的是一种产权关系,其持有人都与企业有直接的关系。国家基金的风险、收益不同于债券和股票。国家基金由有经验的专业人员操作管理,主要投资于其他有价证券,或者选择有发展潜力的多个企业进行实业投资,因而有可能获得比债券更高的收益,同时又避免了一般股票具有的高风险。

国家基金是一种中长期投资工具,在市场应用上与股票不同。有的国家基金根本不上市交易。有的国家基金允许上市,也只是为满足基金证券的变现要求,而不会成为投机炒作的工具。国家基金不需要还本付息,东道国采用这种融资方式没有债务负担。由于国家基金大部采取封闭型基金形式,并指定投资于东道国资本市场,在该基金没有解散的情况下,其资金会留在东道国境的而不会撤出。因此,这种融资方式具有很大的稳定性,能更好地满足东道国的长期资本需求,并有助于东道国证券市场的发展。利用国家基金筹集的外资还具有积零为整、化短为长的特点,可以使国外投资者的零散小额资金汇集成一笔巨额的基金,然后集中投资于某一国家。同时,由于投资者认购的基金证券可以在境外证券市场出售和转让,具有较高的流动性,从而降低了风险。这一点对于中小投资者来说,具有很大的吸引力。

本章小结

国际融资,即在不同国家的政府、企业、金融机构和个人之间融通资金,以调剂资企余缺的经济活动。国际融资具有主客体比较复杂、风险较大和易受政府管制的特点,其积极作用是有利于促进世界经济发展,但盲目对外借款和投资对经济的负面影响也不容忽视。

国际融资包括直接融资、间接融资、他方融资、商业融资、贸易融资、项目融资、信贷融资、证券融资等许多类型和方式,不同类型和方式的国际融资具有不同的特点。

国际证券融资是通过国际金融市场发行债券或股票的方式进行的融资活动。其特点是流动性比较高,但对发行人要求的条件较高,并要受到有关国家资本市场开放程度的限制。

国际债券融资主要利用外国债券和欧洲债券两种形式。外国债券指在某个国家的债券市场上由外国借款人发行的债券。欧洲债券是指由借款人在其本国以外的资本市场上发行,不以发行所在国的货币为面值的国际债券。

国际租赁融资的特点是可以分享有关国家的减免税优惠,避免设备的精神损耗,得到良好的设备维修服务,但是融资成本较高,风险也比较大。补偿贸易融资既可以获得外国的先进技术、设备,又可以扩大生产,通过提供劳务赚取外汇收入,其主要不足是产品的档次一般不高,多为国外转移的"夕阳产业"。

国家基金由专业人员操作管理,通常能获得比债券投资更高的收益,同时又避免了一般股票投资具有的高风险,对投资者有较大的吸引力。对东道国来说,这种方式带来的资本比较稳定,又没有债务负担,能较好地满足东道国的长期资本需求,并有助于东道国证券市场的发展。

复习思考题

1. 国际融资的主要途径及各种融资方式的特点。
2. 金融租赁有哪些类别?它们之间有何区别?
3. 试论述 BOT 项目融资与一般的银行贷款融资的区别。
4. 试结合以下案例分析 BOT 方式的基本特点、运用条件及其优缺点。

马来西亚南北高速公路项目融资

(一) 项目背景

马来西亚南北高速公路项目全长 900 千米,最初是由马来西亚政府所属的公路管理局负责建设,但是在公路建成 400 千米之后,由于财政方面的困难,政府无法将项目继续建设下去,采取其他融资方式使项目得以最终完成便成了唯一可取的途径。在众多方案中,马来西亚政府选择了 BOT(Build-Operate-Transfer,建设—经营—转让)融资模式。经过历时两年左右的谈判,马来西亚联合工程公司(UEM)在 1989 年完成了高速公路项目的资金安排,使得项目得以重新开工建设。BOT 项目融资模式在马来西亚高速公路项目中的运用,在国际金融界获得了很高的评价,被认为是 BOT 模式的一个成功范例。

（二）BOT 实施方案

由马来西亚联合工程公司（United Engineer）融资成立了一个新公司——普拉斯作为项目发起公司，负责该高速公路的融资方式、设计、建造与经营。预计项目总需企业贷款 18 亿美元，特许经营期 30 年。项目国家投融资体制改革构成中，900 万美元为项目发起公司的股本，18 000 万美元为该公司的股份资金，其余 90％均来自银行短期融资。该 BOT 项目获得了很高的政府担保：

（1）政府提供的房屋抵押贷款手续性贷款为 23 500 万美元，约为项目从开始筹资到建造完工总成本的 13％。该笔贷款在 25 年内还清，并在 15 年内可延期偿付，固定年利率为 8％。

（2）政府给予普拉斯公司最低营业收入担保，即如果公司在经营的前 17 年内因交通量下降而出现现金流动困难的话，政府将另外提供资金。

（3）政府还授予普拉斯公司经营现有的一条长 309 千米的高速公路，公司不须购买该路段，其部分通行费收入用于新建公路。

（4）在外汇方面，马来西亚商业贷款提前还款提供的担保是：如果汇率的降低幅度超过 15％，政府将补足其缺额。

（5）政府还提供了利率担保，即如果贷款利率上升幅度超过 20％，政府将补足其还贷差额。

马来西亚政府与普拉斯公司签订了固定总价交钥匙合同，然后由普拉斯公司与各个分包人分别签订固定总价合同。在收费方面，高速公路的通行费率由哈尔滨贷款公司和普拉斯公司共同确定。日后费率若有提高将与马来西亚的物价指数相联系。高速公路的筹资采取了传统的资本结构，包括负债与权益资本。项目发起人从中国香港、新加坡和伦敦筹集到 9 亿美元。该项目还从政府那里获得了一笔 2.35 亿美元的援助性贷款。为了缓解其现金紧缺，项目发起人向其分包人提出，只以现金支付合同总价的 87％，另外 13％的部分作为分包人的入股资金，而且这些股份资金只能在工程建设完工后，即约 7 年后才能进行转让。这一措施将权益资金的风险有效地转移给了项目分包人。

（三）项目融资结构

1987 年年初开始，经过为期两年的项目建设、经营、融资安排的谈判，马来西亚政府与当地的马来西亚联合工程公司签署了一项有关建设经营南北高速公路的特许权合约。马来西亚联合工程公司为此成立了一家项目子公司——南北高速公路项目有限公司，以政府的特许权合约为核心组织起来项目的 BOT 融资结构。

项目的 BOT 融资结构由三个部分组成。

1. 政府的特许权合约转自项目管理者联盟

马来西亚政府是南北高速公路项目的真正发起人和特许权合约结束后的拥有者。政府通过提供一项为期 30 年的南北高速公路建设经营特许权合约，不仅使得该项目由于财政困难未能动工的 512 千米得以按照原订计划建设并投入使用，而且通过项目的建设和运营带动周边经济的发展。

2. 项目的投资者和经营者项目经理圈子

项目的投资者和经营者是 BOT 模式的主体，在这个案例中，是马来西亚联合工程公司所拥有的马来西亚南北高速公路项目公司。

3. 项目的国际贷款银团项目经理圈子

英国投资银行——摩根·格兰福(Morgan Grenfell)作为项目的融资顾问,为项目组织了为期15年总金额为25.35亿马来西亚元(9.21亿美元)的有限追索项目贷款,占项目总建设费用的44.5%,其中16亿马来西亚元(5.81亿美元)来自马来西亚的银行和其他金融机构,是当时马来西亚国内银行提供的最大的一笔项目融资贷款,9.35亿马来西亚元(3.4亿美元)来自由十几家外国银行组成的国际银团。对于BOT融资模式,这个金额同样也是一个很大的数目。

(四) 融资结构简评

1. 采用BOT模式为马来西亚政府和项目投资者以及经营者均带来了很大的利益

从政府的角度,由于采用了BOT模式,可以使南北高速公路按原订计划建成并投入使用,对于促进国民经济的发展具有很大的好处,并且可以节省大量的政府建设资金。在30年特许权合约结束以后并且可以无条件回收这一公路。

从项目投资者和经营者的角度来看,BOT模式的收入是十分可观的。马来西亚联合公司可以获得两个方面的利益:第一,根据预测分析,在30年的特许权期间南北高速公路项目公司可以获得大约2亿美元的净利润;第二,作为工程总承包商,在7年的建设期内从承包工程中可以获得大约1.57亿美元的净税前利润。

2. 对BOT融资模式中的风险问题的分析

采用BOT模式的基础设施项目,在项目的风险方面具有一定的特殊性,这些特殊性对BOT模式的应用具有相当的影响。

第一,基础设施项目的建设期比一般的项目要长得多。如果采用贴现净现值的方法(DCF)计算项目的投资收益,则会由于建设期过长而导致项目净现值大幅度减少,尽管类似高速公路的项目,可以分段建设、分段投入使用,然而,基础设施项目的固定资产寿命比一般的工业项目要长得多,经营成本和维修成本按照单位使用量计算也比工业项目要低,从而经营期的资金要求量也相对比较低。因此,从项目融资的角度,项目建设期的风险比较高,而项目经营期的风险比较低。

第二,对于公路项目建设,有关风险因素的表现形式和对项目的影响程度与其他采用BOT融资模式的基础设施项目也有所不同。其一,公路项目的完工风险要低于其他采用BOT融资模式的基础设施项目,如桥梁、隧道、发电厂等,因为公路项目可以分段建设、分段投入使用、分段取得收益。如果项目的一段工程出现延期,或由于某种原因无法建设,虽然对整个项目的投资收益会造成相当大的影响,但是不会像桥梁、隧道等项目那样颗粒无收。正因为如此,在马来西亚南北高速公路的BOT项目融资中,贷款银行同意承担项目的完工风险。其二,公路项目的市场风险表现也有所不同。对于电厂、电力输送系统、污水处理系统等基础设施项目,政府的特许权协议一般是承担百分之百的市场责任,即负责按照规定的价格购买项目生产的全部产品。这样,项目融资的贷款银行不承担任何市场需求方面的风险,项目产品的价格也是根据一定的公式(与产品的数量、生产成本、通货膨胀指数等要素挂钩)确定的。然而,对于公路、桥梁等项目,由于市场是面对公众,由使用者的数量以及支付一定的使用费构成,所以面临着较大的不确定性因素。项目使用费价格的确定,不仅仅是政府谈判的问题,也必须考虑到公众的承受能力和心理因素。如果处理不好,类似收费加价这样的经济问题就会演变成为政治问题。因此,在公路建设这样的项目中,政府在特许权合约中关于最低收益担保的条款,成为 BOT 融资模式中非常关键的一个条件。

　　第三,项目所在国金融机构的参与对于促成大型 BOT 融资结构起着很重要的作用。毋庸讳言,在 BOT 融资结构中,由于政府的特许合约在整个项目融资结构中起着举足轻重的关键性作用,从项目贷款银团的角度,项目的国家风险和政治风险就变成了一个十分重要的考虑因素,这方面包括政府违约、外汇管制等一系列问题。项目所在国的银行和金融机构,通常被认为对于本国政治风险的分析判断比外国银行要好得多和准确得多。从而,在大型的 BOT 融资结构中,如能够吸引到若干家本国的主要金融机构的参与,可以起到事半功倍的作用。在马来西亚南北高速公路项目融资的安排中,这一点被国际金融界认为是十分成功的。

国际货币体系

导读材料

博鳌亚洲论坛 2012 年年会国际货币体系改革分论坛
——戴相龙谈国际货币体系改革的内容摘录

主持人： 欢迎参加这部分的讨论，我们讲的是如何改革国际货币体系。我们关注三个问题：第一，中国在整个国际货币体系改革中发挥的作用，我们对特别提款权（SDRs）会做出什么，以及美元、欧元、人民币都会发挥什么样的相关作用，特别提款权会发生什么作用。第二，中国在货币改革方面会做些什么，中国本身如何使人民币进一步国际化。第三，亚洲国家，比如日本、中国，在国际货币体系安排以及在国际货币基金组织（IMF）、世行当中如何发挥更重要作用。所有这些问题都是相关的。最后我们希望在脑海中形成一个原则，将来我们如何系统化进行改革。

戴相龙： 当前国际货币体系改革的方向可能只是建立由美元、欧元、人民币等主要货币组成的，汇率相互协调的多元化的国际货币体系，这就是我认为当前国际货币体系改革的方向。首先，要继续发挥美元的作用；其次，应该支持欧元的稳定和发展。

我认为要逐步推动人民币国际化。人民币国际化分三步：第一，把人民币作为国际结算货币。第二，加快人民币资本项目可兑换，使人民币成为投资的货币。我认为现在是加快资本项目可兑换的好时机。第三，推进人民币汇率形成机制、利率改革，使人民币成为很多国家中央银行可以持有的储备货币，最好的流动资产。我认为人民币的国际化，既是中国的需要，也为世界提供了一种稳定的、交易方便的货币，有利于国际货币体系改革。当然在这个同时我们也会关注特别提款权的改革。

第一节　国际金本位制

国际货币体系是如何产生的呢？一种体系可以是原有体制和习惯缓慢发展的结果，当越来越多的参与者遵守它，并赋予某种约束力时，一种体系就算建立起来了。在国际货币体系的发展史上，国际金本位制的产生就是如此。在另一些情况下，一种体系也可能在很短时间内，经过国际性会议协商建立起来，随着时间推移而得到修正和发展，如下节要介绍的布雷顿森林体系。在这种形式下，IMF 制定的准则实际上就是指导世界上绝大多数国家货币制度的基础。

接下来，让我们先对国际货币体系做一些基础性的了解。

一、国际货币体系概述

国际货币体系也叫国际货币秩序、国际货币制度，是指各国政府共同遵守的、为有效地完成国际间各种交易的支付所做的一系列规定、安排、惯例和组织形式等，包括为此所确定的国际支付原则、采取的措施和建立的组织机构等。

（一）主要内容

在一种国际货币体系下，一般都会涉及以下几个主要方面的规定。

1. 汇率制度的选择

汇率制度的选择就是规定一国对其货币与其他货币之间的汇率应该如何决定、维持以及变化的机制，比如一国货币是否可以自由兑换成其他货币等。

2. 国际结算原则

在结算国家间债权债务时采取什么样的结算方式，对支付是否施加限制（即外汇管制）等。

3. 国际收支调节机制

这是指当一国国际收支出现不平衡时，各国政府应该采什么方式进行调节以达到均衡，而各国之间又该如何协调。

4. 国际货币或储备资产的确定和供应

这包括使用什么货币作为支付货币，国际储备的基础是什么，一国政府应该持有何种世界各国所普遍接受的资产作为储备资产，用以维护国际支付原则和满足调节国际收支的需要等。

（二）功能

国际货币体系需要具备一定的功能，它的建立在于保障国际贸易、促进世界经济的稳定发展，使国际贸易和国际资本流动效率最大化，使资源在国际范围内得到更有效的配置和利用，并使各国能公平地得到来自国际贸易和国际经济合作的利益。具体地，国际货币体系的作用应该体现在以下几个方面：

第一，通过汇率制度的确定，防止出现恶性竞争。因为各国在汇率安排上要遵从国际货币体系中的规定，尽量做好相互之间的协调与合作。

第二，通过对国际货币或储备资产的确定明确国际清算和支付手段的来源、形式和数量，为世界贸易往来等经济活动提供方便。

第三，世界各国都可能面临国际收支不平衡的问题，而国际收支本身会受到国内、国际因素的共同影响，仅靠本国进行调整往往无济于事。因此，国际货币体系中要包含对于国际收支不平衡的调节方式，通过这些安排来尽可能地帮助各国消除国际收支不平衡。

第四，更根本的是，国际货币体系中包含的共同准则要给各国的对外经济活动设置一道安全线，不允许国际收支出现持续的不平衡，不允许汇率波动大起大落，各国国内的经济政策要服从共同的规则，并且确立有关国际货币金融事务的协商机制或协调和监督机构，从而避免因为一国的经济状况和政策影响全球经济发展的利益，促进各国的经济政策协调。

（三）对国际货币体系的评价

那么，现实中的某种国际货币体系是否起到了这些作用呢？或者，在设计一种体系时要考虑哪些标准呢？

具体地，可以从三个角度来衡量或者评价一种国际货币体系的有效性和贡献：调整性（Adjustment）、清偿能力（Liquidity）和信心（Confidence）。

调整性表现在国际收支失衡的调节过程中。在良好运行的国际货币体系中，国际收支失衡可以在最短时间内、以最小的成本加以调节，并且各国能够公平合理地承担调节责任。清偿能力是指国际储备总额，稳健的国际货币体系应该能够提供充足的清偿能力，以便出现失衡的国家能够利用国际储备来进行调整。信心则是指各种储备资产的持有者愿意继续持有它们，而不会惊慌地从一种储备转向另一种储备。简单地讲，良好的国际货币体系能够使人们确信调节机制可以顺利地发挥作用，国际储备的相对、绝对价值都能保持充足而稳定。

（四）分类

根据国际货币体系所包含的内容就会发现，可以从两个不同的角度来对国际货币体系进行分类，这两个角度分别是汇率制度和储备资产的形式。

有关汇率的安排在一切国际货币体系中都占据着中心地位，因此可以根据汇率的弹性大小来划分国际货币体系。根据前面多次对汇率制度的提及，其两个典型情形就是固定汇率制和浮动汇率制，而固定汇率制又有金本位制度下的固定汇率制和纸币流通（即信用货币）制度下的固定汇率制。当然，介于固定汇率制与浮动汇率制之间的还有可调整的钉住汇率、爬行钉住汇率和管理浮动制等中间汇率制度。所以，实践中可以根据汇率制度的选择来对国际货币体系进行分类和命名。

货币本位是国际货币体系的另一个重要方面，这涉及储备资产的性质。一般而言，国际储备可分为两大类,即商品储备和信用储备。根据储备性质可将国际货币体系分为三类:纯粹商品本位,如黄金本位制度;纯粹信用本位,如不兑换纸币本位;混合本位,如美元—黄金储备体系和多元储备体系。

有时也可以同时以国际储备货币和汇率制度来描述不同的国际货币体系,如金本位下的固定汇率制度,以不兑现的货币为本位的固定汇率制度等。在历史的各个不同时期,国际货币体系在不断地演变,最早的货币体系是大致形成于 1880 年、延续至 1913 年的国际金本位制度,以后就开始不断变化。不同时期的国际货币体系不同,其运行机制也有差异。下面我们就具体观察近代历史到现在的几种国际货币体系及其运行机制。

二、国际金本位制的历程

黄金作为货币的历史非常悠久,但西方国家并不是在一个确定的时间一起开始实行金本位制(Gold Standard)的。比如,英国在 1816 年以法律的形式确定了金本位制,但国际金本位制大体上开始于 1870 年(1870 年是个比较笼统的时间,而且一般认为 1870 年到 1914 年是金本位制的黄金时代。但是,西方主要工业国都是在此前后开始实行金本位制的,如英国是在 1819 年,德国是在 1871 年,法国、瑞士等在 1874 年,美国是在 1879 年,日本是在 1871 年等)到 1890 年期间,是在 19 世纪下半叶随着各主要资本主义国家逐渐过渡到单一的金铸币本位制而形成的。

金本位是以一定重量和成色的黄金作为本位币,并使流通中各种货币与黄金间建立起固定兑换关系的货币制度。它的基础在于各主要国家国内都实行了金铸币本位制,继而黄金充当了国际货币。

但是,在金本位下,流通中的货币不限于金币,还有辅币和银行券等。根据货币与黄金的联系程度,金本位又表现为三种形式,即金币本位、金块本位和金汇兑本位。不同的金本位带来稍有区别的国际金本位制度。接下来,我们就按照历史上的顺序来了解国际金本位制度。

(一)金币本位制

金币本位制(Gold Specie Standard)流行于 1870—1914 年。实际上,它是最基础、典型的国际金本位制。其内容包括:一国法律规定以一定重量、成色黄金铸成一定形状的金币充当本位币,金币具有无限法偿能力;金币可以自由铸造和熔化,数量不受限制;黄金可以自由输出输入;价值符号(辅币和银行券)可按名义价值自由兑换成金币或黄金,金币构成货币供应量的主要部分。

在 1800 年以前,大多数国家交替使用金币和银币。商人喜欢在本地交易时使用银币、铜币和其他廉价金融铸成的货币,在国际贸易中使用金币。而英国在 1717 年就开始货币标准化,采用了金本位制。这种复本位制到 19 世纪 70 年代终止,因为当时新银矿的发现降低了银价,使得两种金融货币之间的即时汇率不稳定,这样各国政府就要做出选择。与此同时,国际贸易和投资的增长使黄金更有吸引力。最后,英国作为全球市场领袖的地位吸引其他国家采用相同的货币制度。

例如,1844 年英国通过银行法案,规定英格兰银行独家控制银行券发行权,发行量以黄金准备金数量为基础,实施真正的金本位。1853 年美国立法限制银币铸造,放弃金银复本位,实质上建立起金本位制。当时其他较发达的国家,如德国、荷兰、法国、意大利、俄国、日本和印度(德国在1872年,斯堪的纳维亚国家在1873年,荷兰在1875年,比利时、法国和瑞士在1878年加入金本位制。到1879年大多数工业国都加入金本位制了),先后在19世纪后半叶开始实行金本位制度,包括不完全的金本位制,这样在各国之间自然就形成了一个统一而又松散的国际货币体系,即国际金本位制,这是世界上第一次出现的国际货币体系。显然,这个体系并不是人为设计出来的产物。

当时形成的国际金本位制具有以下几个特点:黄金作为储备资产充当着国际货币的职能,成为各国之间的最后清偿手段;金币可以被自由铸造和熔化,金币面值与所含黄金实际价值保持一致;金币或黄金可自由兑换,因此价值符号(辅币和银行券)名义价值稳定,不致发生通货贬值;黄金可以自由输出输入,保证各国货币之间的兑换率相对固定和世界市场的统一;每对货币汇率的法定平价决定于它们之间的铸币平价,汇率波动受到黄金输送点的限制,这是自动而不是靠人为措施维持的;外汇市场上外汇供求之间的差距不会很大,外汇汇率虽然可能偏离铸币平价,但不会超越黄金输送点的界限,是自发的、较严格的固定汇率制;金币可以在市场完全兑换以供资本流动;国际金本位制具有自动调节国际收支的机制。

在金币本位制时期,伦敦是当时世界的货币和资本市场的中心。英格兰银行作为世界金融市场的中心,维持着其黄金平价,并建立起了该体系的信用。这促进了金本位制得以有效、顺利运行。因此,在实践中,黄金的实际流动反而既不是最重要的,也不是必需的国际债务清偿手段,英镑成了当时的世界货币。国际贸易通常都会以英镑标价,贸易也就经常用英镑来结算,英镑也成为受欢迎的储备资产。

(二) 两次大战期间

两次大战期间(Interwar Period)是指1918—1939年这段时期。1914年爆发的第一次世界大战结束了上述的金本位制。在战争开始时,国民的爱国情怀和政府的法律限制阻碍了私人黄金的流动。在战争期间,商人和银行家们都不得不担心国家会限制国际资本流动,国际金融关系变得很紧张。再加上此时欧洲大多数国家经历了严重的通货膨胀,使金本位制稳定性因素遭到破坏,各国纷纷放弃金本位制,国际金本位制也就中断运行。

第一次世界大战结束了英国的金融领导地位,而美国则成长为最重要的金融国家。在国内通货膨胀率较小的条件下,美国在1919年6月率先恢复了金本位制。1922年,各国在意大利热那亚(Genoa)召开的会议上通过了一项全面恢复金本位制度的行动纲领。

1925年,英国也恢复了金本位制,回到了战前的英镑含金量水平(不过,这个金本位是有一定限制的,1 700英镑以上才可以兑换金块)。但是,英国的物价水平却已经比战前增长了。正如凯恩斯曾经警告的,由此带来的英镑币值过高伤害了英国的出口,并且导致了英国工资和物价的下降。到1931年,由于英国黄金储备的流出英镑被宣布为不可兑换,由此结束了英国短暂的金本位恢复期。但是,一旦英镑不能再兑换为黄金,注意力就转移到美元上了。到1931年美国黄金的流出导致了其黄金储备减少了15%。尽管这一点并没有立即引起美国政策的改变,但到1933年美国终于因为持续的黄金流出不得不放弃了金本位制。

1929—1933年世界性经济危机的爆发,使资本主义国家陷入极大的混乱当中。为了通过扩大出口来刺激国内经济,20世纪30年代早期到中期各国都纷纷对本币进行官方贬值,因此这一时期被称为"竞争性贬值"期或"国际货币战"时期。各国当局还通过使用外汇管制来控制净出口以期提高国民生产总值。危机还使巴西、阿根廷、澳大利亚、奥地利、德国及一些英镑区国家逐次宣布放弃金本位制,法国、比利时、瑞士、意大利等国组成了金本位集团,但因为国际收支出现困难无法解决,在 1936 年最终放弃了金本位制。所以,到 1936 年,主要的工业国都放弃了金本位制,金本位制彻底崩溃,各国货币汇率开始自由浮动。

(三)金块本位和金汇兑本位

上面提到在两次世界大战期间,在 1920 年年初前后资本主义经济处于相对稳定的时期中,很多国家都曾相继恢复金本位制,使国际金本位制在此基础上恢复运转。但是,这时候的金本位制已经与原来的金币本位制有所区别,可以理解为是被削弱了的金本位制。金块本位(Gold Bullion Standard)和金汇兑本位(Gold Exchange Standard)就是这种形式的金本位制。

金块本位也被称为"生金本位制"。其特点是:国家规定以一定重量和成色黄金铸币作为本位币;国家不铸造,也不允许公民自由铸造金币,流通中不存在金币;只发行代表一定重量和成色黄金的银行券,银行券具有无限法偿能力,银行券只能有限地兑换金块。比如英国在 1925 年制定,银行券每次兑换金块的最低数量为 1 700 镑(合纯金 400 盎司)。

金汇兑本位也被称为"虚金本位制",是指银行券在国内不能兑换黄金和金币,只能兑换外汇。其特点是:国家规定以一定重量和成色黄金铸币作为本位币;国家不铸造,也不允许公民自由铸造金币,流通中不存在金币;只发行银行券,银行券具有无限法偿能力,银行券不能兑换金币和金块,但能兑换成在发行国兑换黄金的外汇;本币与某一实行金本位或金块本位制国家的货币保持固定比价。

三、对金本位制的评价

通过前面的观察可以看出,典型的国际金本位制的主要优点在于:第一,各国货币的对内和对外价值稳定;第二,黄金自由地发挥着世界货币的职能;第三,自动调节国际收支。这些优点为刚刚起步的国际经济往来提供了较稳定的汇率环境,促进了各国商品生产的发展,鼓励和扩展了国与国之间的经贸往来,促进了资本主义信用事业的发展,也促进了资本输出。因此,可以说国际金本位制促进了资本主义世界在那段上升时期(1870—1913 年)里经济的繁荣和发展。

因此,现在很多人还将金本位时期看作经济发展的"黄金期",认为应该回到金本位制度。但也有人认为,该体系还存在相当的缺点,那段时期经济的发展更大地应该归功于当时的世界经济环境:第一,那段时期是非常和平的,在主要的国家没有发生大的战事;第二,国家间资本自由流动。

那么,如何认识金本位制的缺陷呢?

首先,金本位制对黄金这种贵金属的依赖使得一国的货币供应及其增长受到限制,可能无法适应经济增长的需要。尤其是在金币本位制下,如果黄金产量的增长不能与实体经济的增长相适应的话,将限制实体经济的增长。例如,在 1873 年到 1896 年间,很少黄金被探掘出来,直接解释了这段时期里物价的大幅度下降:美国下降了 53%,英国为 45%,这些都带来了经济困难。而且,一国经历贸易赤字时,可能由于黄金输出引起货币紧缩,引起生产停滞和工人失业。

其次,金币本位制的严格规则使它在世界的政治经济局势出现动荡时就难以为继,就像我们上面看到的战争时期的状况。此时各国就很难再遵守原来的规则。

最后,在金汇兑本位制下,容易形成中心国与外围国,并且带来彼此的不对称关系,这一点对各国经济政策协调有所影响。随之而来的就可能是储备资产的投机性流动,为世界经济发展带来不确定性。

另外,还可以用评价国际货币制度的几个标准来评价国际金本位制。在调节机制和对储备货币的信心上,可以说国际金本位制有着比较好的表现。但是,在国际清偿力上,随着实体经济的发展,带来的矛盾必然是越来越突出,最终成为制约各国经济发展的力量。这些都促成了各国最后放弃金本位制。

小贴士 9-1

同时期中国的货币制度

国际金本位制严格地讲并不是"国际"范围内的金本位制,而是欧美主要工业国的货币制度。但是,由于在近代经济历史上这些国家在世界经济中占有绝对重要的地位,因此就把流行于这些国家的货币制度称为"国际的"货币体系。

那么,我们不禁会有这样的疑问:同一时期中国采取的是什么样的货币制度?是否被包括在我们讲的国际货币体系中呢?

我们主要关注的是19世纪初到20世纪初这段时期,这时的中国主要处于清朝后半期。早在明朝末年,中国就开始了白银货币化的过程;到了清朝,则实行"银钱复本位",白银货币占有中心地位,白银权重大、白银部门的主导地位很牢固。白银资源一方面来自国内开采和生产,一方面来自海外进口。因此,中国与欧洲、北美和俄国的贸易,以及南美的白银状况对中国的白银供给都非常重要。

后来,随着19世纪后半期洋务运动的开展,近现代大工业部门出现,使货币结构发生变化,带来了货币部门的多元化,银圆、纸币、铜圆等货币的作用日益增大,外币的流通也获得更大发展。可见,在很多工业国实行了"国际金本位制"的同一时期,中国并不是其中一员。但是,世界的金银比价,对中国的白银经济影响至深。

1933年,随着中国进入民国时期,终于实现了"废两改元",建立了银本位;到1935年则推行了法币改革,中国传统的货币经济转向了现代货币经济。

第二节　布雷顿森林体系

随着经济大萧条在世界范围内的发生以及随之而来的第二次世界大战,各国经济都自顾不暇,也就谈不上什么国际货币体系了。但是,战争结束后人们首先想到的就包括要建立一个会促进各国经济恢复和发展的国际货币体系,这就是我们接下来要看的、流行于1944年到20世纪70年代初的布雷顿森林体系(Bretton Woods System)。

一、布雷顿森林体系的建立

鉴于两次世界大战之间货币金融领域各国混乱的局面,以及这种局面对各国经济贸易带来的严重损害,英美两国在战时就分别准备了凯恩斯计划和怀特计划,积极筹划战后的国际货币制度,希望将国际货币体系改革成为一个以多边合作和自由兑换货币为基础的制度。

1944年7月,44国代表在美国新罕布什尔州的布雷顿森林举行联合和联盟国家国际货币金融会议。美国此时已经成为世界上最强大的经济体:工业制成品占世界总额的一半;海外贸易占世界总额的1/3;黄金储备达到200.8亿美元,约占世界总储备的59%;黄金投资超过英国成为世界上最大的债权国;等等。所以,最后,会议基本上以美国提出的怀特计划为蓝本,通过了《布雷顿森林协议》,这样就形成了战后运转了长达26年之久的布雷顿森林体系。

该体系以《国际货币基金协定》的法律形式确定了主要内容,其中最显著的特点就是双挂钩,即美元与黄金挂钩,各国货币与美元挂钩。具体地,该协定建立了国际间金融协调和合作的机构——IMF,并包括如下内容。

(一)美元等同于黄金,作为国际间主要清算支付工具和储备货币

美国对各国政府承担美元兑换黄金的义务,按1美元价值0.888 671克纯金比率确定美元含金量,即美元和黄金保持1盎司黄金=35美元的官价。IMF成员国政府必须确认美国政府这一官价,并把这一官价作为国际货币制度基础。

(二)实行可调整的钉住汇率

IMF会员国的各国货币通过各自法定含金量即黄金平价与美元含金量对比,套算出兑美元的汇率,也可以不规定含金量而直接确定与美元的比率。这一汇率不经IMF批准不得轻易变动。会员国要将汇率维持在黄金平价的±1%限度内。

(三)国际收支的调节

各成员国国际收支出现不平衡时,可以通过IMF贷款来调节,但主要依靠各国自身改变国内支出。除非IMF批准,认为该国国际收支处于"根本性失衡"(Fundamental Disequilibrium),才可变动其货币的含金量,从而调整其汇率,对外法定贬值或升值,以此来改善国际收支状况。

由此可见,美元在各国货币制度中处于中心地位,履行着关键货币的职能,而其他国家货币则都依附于美元,即布雷顿森林体系实际上是以美元为中心的国际金汇。

二、布雷顿森林体系的运行

以第二次世界大战时的经济环境为背景建立起来的布雷顿森林体系在20世纪50年代和60年代的大多时间里都运行良好,对战后世界经济和贸易的发展起着一定的积极作用,支撑了20世纪60年代开始的资本主义世界高速增长的"黄金时代",对全球经济贸易发展起了积极作用,具体表现在以下方面。

(一)促进了国际经济的迅速发展

在布雷顿森林体系下,汇率的稳定消除了国际贸易及对外投资的汇率风险,使国际货币

金融领域从动荡混乱状态进入了相对稳定时期,为国际经济领域创造了相对平稳的外部环境;美元作为主要国际支付手段和储备货币,弥补了过去的清偿能力不足,消除了影响国家间商品货币流通的各种障碍。这些都促进了国际贸易和资本流动,从而促进了世界经济的发展。据统计,1948—1971 年,主要工业国的出口贸易年平均增长 8%,大大高于第一次世界大战期间的 0.8%。以马歇尔计划为开端的大规模资本借贷和投资,使一大批国家走上负债发展经济的道路,通过生产国际化,积极参加国际分工,拉丁美洲各国及亚洲"四小龙"也都得到迅速发展。

(二)缓解了各国国际收支的困难

第二次世界大战之后,稳定的环境、充足的资金对战后恢复经济都非常关键,IMF 的成立为各国提供应急贷款,指导并协助各国进行国内经济政策调整,减少国际收支不平衡对经济发展的制约,使各成员国有可能获得来自国际机构提供的各种类型贷款,以解决收支困境,从而减轻了这些国家货币的内在不稳定性。

(三)树立了国际货币合作的典范

IMF 在布雷顿森林体系下建立以协调国际货币问题,其众多成员国每年都要召开一次全体成员会议,就国际金融问题交换意见,在共同讨论的基础上做出决策。在稳定汇率方面,IMF 与一些国家集团之间的相互协调也受到了世界范围的肯定。通过 IMF 来协调解决国际金融问题,开辟了国际金融政策协调的新时代。

三、布雷顿森林体系的崩溃

从布雷顿森林体系的运行中可以看出,其顺畅运行的一个核心就是有效的"双挂钩"原则。这一点依赖于以下三项相互联系的基本条件:第一,美国国际收支保持顺差,美元对外价值稳定;第二,美国黄金准备充足,保证美元兑黄金的有限兑换性;第三,黄金价值维持在官价水平。当以上三条不能满足时,以美元为中心的国际货币体系的基础就会随之动摇。循着这些条件,我们可以理解布雷顿森林体系的内在缺陷和解体过程。

在布雷顿森林体系运行初期,很多国家刚刚开始从战争中恢复,因此主要的问题可以归结为美元的不足,比如 1947—1958 年所表现出来的"美元荒"(Dollar Shortage)。但是,随着美国经济状况的变化问题就发生了转向。

20 世纪 50 年代到 60 年代初,美国急剧对外扩张,并带来了巨额的国际收支赤字,经济实力也相对下降,从而使美元信用发生动摇,带来了 1960 年 10 月爆发的第一次美元危机,它标志着美元本位从此进入动荡时期。

之后,IMF、美国和其他主要国家采取了种种补救措施,如 1960 年 10 月美国与西欧发达国家达成的"稳定黄金价格"的君子协定,1961 年 3 月国际清算银行理事会成员央行达成的《巴塞尔协议》,1961 年 10 月的《黄金总库协议》和"借款总安排",1962 年 3 月的《货币互换协定》等。但到了 60 年代中期,由于越南战争的扩大,美国财政金融和国际收支更为恶化,对外债务急剧增加,美元信用进一步下降,导致了 1968 年 3 月的第二次美元危机,美国黄金储备从 1949 年占西方世界存量的 75% 的顶峰下跌到 1968 年的 25%,表明美元实际对外价值下降。

同样,IMF、美国和其他主要国家又采取了诸如 1968 年"黄金双价制"、1970 年发行 SDR 等种种补救措施,力图阻止美元危机的再次发生。但是到了 70 年代初,美国受周期性经济危机影响,国际收支进一步恶化,于是 1971 年 5 月爆发了第三次美元危机,外汇市场大量抛售美元,抢购黄金和西德马克。1958—1971 年渐次出现的这些美元危机也可以理解为美元过剩的"美元灾"(Dollar Glut),它们最终促使美元本位制开始走向解体。

1971 年 8 月中旬,美国官方储备资产下降到 120 亿美元,官方美元债务上升到 506 亿美元,即外国官方持有的美元额相当于美国黄金存量折合美元价值的四倍以上,终于导致 1971 年 8 月 15 日美国(尼克松政府)宣布实行"新经济政策",关闭"黄金窗口"(Gold Window),对外国官方持有的美元停止承担兑换黄金的义务,美元与黄金脱钩。

1971 年 12 月,"十国集团"召开国际货币会议讨论重新安排主要货币的汇率,达成《史密森协议》(Smithsonian Agreement),将黄金官价从每盎司 35 美元贬值到每盎司 38 美元,美元兑黄金贬值 7.89%;其他国家的货币则升值;各国货币兑美元汇率波幅由原来不超过±1%,扩大到±2.25%。

但是,该协定只是暂时地推迟了外汇危机的发生。投机资本开始冲击英镑和意大利里拉。1972 年,英镑汇率开始根据供应和需求情况浮动。而有着大量投机资本流入的国家如德国和瑞士,则使用法律控制来减少货币的进一步流入。

1973 年 2 月,美国国际收支逆差严重,美元信用猛烈下降,国际金融市场掀起抛售美元风潮,2 月 12 日美国宣布美元兑黄金再贬值 10%,黄金官价由每盎司 38 美元升值到每盎司 42.22 美元。同年 3 月西欧出现抛售美元、抢购黄金和联邦德国马克的投机风潮,西欧和日本的外汇市场被迫关闭长达 17 天之久,意、日等国放弃汇率平价,实行浮动汇率,其他主要货币也开始浮动,与美元脱钩,固定汇率制为浮动汇率制取代。

因此,从 1971 年开始到 1973 年,布雷顿森林体系先是经历了美元停止兑换黄金,然后是固定汇率波幅扩大和固定汇率制垮台,最终退出了历史舞台(见表 9-1)。(需要注意的是,在很多理论文章中,将 1971 年美国总统理查德·尼克松宣布中止美元与黄金的可兑换性作为布雷顿森林体系崩溃的标志。这与本书中的论述并不矛盾,只是观察角度不同。)

表 9-1　主要工业国货币在布雷顿森林体系时期的汇率

国　家	汇率(对美元)
加拿大	直到 1962 年 5 月 2 日都是浮动的,然后钉住在 C$1.081＝$1。在 1970 年 6 月 1 日后又浮动了
法国	1948 年之后没有官方的 IMF 平价价值(尽管实际汇率大概在 FF350＝$1),直到 1958 年 12 月 29 日汇率被固定在 FF 493.7＝$1(旧法郎)。一年后,在新法郎出台后(1 个新法郎等于 100 个旧法郎)汇率变为 FF 4.937＝$1。1969 年 8 月 10 日官方贬值到 FF 5.554＝$1
德国	1961 年 3 月 6 日将马克升值,从 DM 4.20＝$1 到 DM 4.0＝$1。1969 年 10 月 26 日又升值到 DM 3.66＝$1
意大利	从 1960 年 3 月 30 日到 1971 年 8 月都钉住在 Lit 625＝$1 上
日本	直到 1971 年都钉住在￥360＝$1 上
荷兰	直到 1961 年 3 月 7 日都钉住在 F 13.80＝$1,然后升值为 F 13.62＝$1
英国	1949 年贬值一次;1967 年 11 月 11 日贬值,从 $2.80＝£1 到 $2.40＝£1

资料来源:转译自 Michael Melvin(1985)International Money and Finance,143.

在布雷顿森林体系时期,国际货币体系中发生的主要事件如表9-2所示。

表9-2 布雷顿森林时期国际货币体系大事记

年 份	事 件
1944	布雷顿森林会议;国际货币基金组织创设;世界银行成立
1948	签订"马歇尔计划"(Marshall Plan)
1949	欧洲主要国家和许多其他国家将货币贬值
1950	由马歇尔计划的接受者建立了欧洲支付联盟(European Payments Union)
1960	黄金危机下由几个主要的中央银行建立了伦敦黄金总库(the London Gold Pool)以平抑黄金价格
1961	德国马克和荷兰盾升值;成立经济合作与发展组织(Organization for Economic Co-operation and Development,OECD)。第一批成员国包括奥地利、比利时、加拿大、丹麦、法国、联邦德国、希腊、冰岛、爱尔兰、意大利、卢森堡、荷兰、挪威、葡萄牙、西班牙、瑞典、瑞士、土耳其、英国、美国。后来的成员国包括日本(1964)、芬兰(1969)、澳大利亚(1971)和新西兰(1973)
1962	法国开始出售美元获取黄金
1963	美国开始对非居民借款者征收利息平衡税
1965	美国对本国居民的对外投资施加"自愿性"管制
1967	在英镑官方贬值后发生了世界货币危机
1968	自愿性管制变成强制性的。黄金的流失使各国政府放弃"伦敦黄金总库",并形成了两层黄金市场:一个是中央银行以官方价格交易的市场,一个是以市场价格成交的私人交易市场
1969	法国法郎贬值。德国马克在短暂的浮动之后升值
1970	创设特别提款权(Special Drawing Rights,SDRs)
1971	美国出现巨额贸易赤字。美国黄金存量降到100亿美元以下。8月15日冻结了美元与黄金的兑换,允许美元浮动;12月17日史密森协议调低美元的黄金价值,并重新确定一个有更宽波动幅度的平价(从1%变为2.25%);不再提美元和黄金之间的可兑换性
1972	丹麦和英国同意彼此之间维持一个更窄的波幅1.125%,同时对美元保持2.25%的波幅
1973	美元贬值,很多货币开始浮动;产油国建立了禁运组织

四、对布雷顿森林体系的评价

在布雷顿森林体系运行的过程中,世界范围内贸易和资本流动都得到了促进,为世界上很多国家都带来了巨大的经济利益。但是,它的最终解体证明了该体系本身所存在的严重缺陷。

首先,由于美元享有特权地位,各个国家都愿意在对外经济交往中使用美元,因此美国可以利用美元进行无限制地扩大对外投资活动,利用美元来弥补美国的国际收支逆差,使实际资源向美国转移,等于美国向其他国家征收了"铸币税"。美国还可以利用美元来影响国际金融活动。这些国际货币体系实际上是建立在美国的经济基础上。一旦美国经济状况发生变化,国际货币体系也必然随之动荡。

其次,1944 年 IMF 规定的美元价值存在对美元的高估,这种高估难以维持。美元高估使美国可在国际贸易、投资和信贷中获取超额利润,如低价进口原材料及商品,进口增加。但美元高估又使得美国在国际市场上的竞争力削弱,出口减少,导致了美国国际收支不断恶化。美元地位受到冲击,势必削弱美元信用,影响以美元为中心的货币体系的稳定。

最后,美元本位是一种固定汇率制,这就限制了各国利用汇率杠杆来调节国际收支的能动程度。

这些都是布雷顿森林体系的缺陷,但是,这些缺陷背后最深层、最根本的原因则在于其在清偿能力与信心的内在矛盾和调整性的僵化上。

(一) 清偿能力与信心的内在矛盾

这是一种自身不可克服的内在矛盾,最早被经济学家特里芬(Triffin)指出,因此被称为"特里芬困境"(Triffin Dilemma/Paradox)。在该体系下,随着世界经济的发展,需要增加国际清偿能力,即增加国际储备(美元),而增加美元这种国际储备,美国国际收支必须长期持续逆差,美国国际收支长期逆差最终将使人们对维持美元与黄金间的可兑换性产生怀疑,即对美元这种国际清偿能力丧失信心;要维持各国对美元的信心,美国必须纠正其逆差,而这又必使国际清偿能力不足。由于这一困境的存在,布雷顿森林体系成为一种非常虚弱的国际货币制度,即基准货币国家美国的国际收支无论出现盈余或赤字,都会给这一国际货币制度的运行带来困难,因而最终逃脱不了垮台的命运。

(二) 调节机制失灵

汇率过于僵化,国际收支失衡调节的责任不对称。由于 IMF 的贷款能力有限,调整汇率的次数很少,各国调整国际收支失衡,主要是以牺牲国内宏观经济政策自主权为代价的。同时,国际收支调节压力的不对称现象造成了巨大的国际收支世界性不平衡:一方面,由于美元作为基准货币的特殊地位,美国就具有对其国际收支不平衡作自行调节的特权;另一方面,IMF 通过贷款能促使赤字国纠正其国际收支不平衡,但对盈余国的调节责任却没有监督措施,也很少执行稀缺货币条款。

第三节　当代国际货币体系

随着布雷顿森林体系的瓦解,国际货币金融关系动荡混乱,美元的国际地位下降,许多国家开始实行浮动汇率制,汇率波动剧烈,全球性国际收支失衡现象日益严重,这些都使国际货币体系的变革刻不容缓——需要形成新的国际货币体系来保持国家间经济活动的顺利进行。

几十年来,人们一直在进行着这方面的尝试。早在 1968 年,IMF 就提出了创设一种以记账单位形式存在的储备资产来弥补美元的不足,即特别提款权(Special Drawing Rights, SDRs)。1970 年,IMF 第一次发行并根据成员国缴纳份额的比例向各成员国发放了 SDR,到 1972 年共发放了 95 亿 SDR。

1972 年 7 月 20 日,IMF 建立了"国际货币制度改革及有关问题委员会",即所谓"二十国委员会",专门负责研究国际货币体系的改革问题。1973 年 9 月 1 日,这个委员会提出了第一个改革提纲草案。1973 年 10 月,出于石油危机的发生委员会的工作重点转向应付当时许多国家面临的通胀和国际收支逆差问题,国际货币体系改革进展缓慢。1974 年 6 月 14 日提出了正式的改革提纲"国际货币体系改革纲要",完成了第一阶段工作。1976 年 1 月,IMF 组成"国际货币制度临时委员会",在牙买加首都金斯敦举行会议,最终形成《牙买加协议》(*Jamaica Agreement*),从而形成了新的国际货币体系——牙买加体系。

一、牙买加体系概述

《牙买加协议》涉及汇率制度、黄金作用等诸多方面的问题。具体内容包括:成员国可自由做出汇率方面的安排,但成员国汇率政策要受 IMF 的监督,以防止各国采取损人利己的货币贬值;废除黄金官价,降低黄金的货币作用;增加成员国缴纳的基金份额;扩大对发展中国家的资金融通;等等。1976 年 4 月,IMF 理事会通过《国际货币基金协定第二次修正案》,1978 年 4 月 1 日修正案正式生效,从此国际货币金融关系进入一个新阶段,逐渐形成国际货币关系新格局。

二、牙买加体系的运行

简单地说,牙买加体系是以美元为主的国际储备货币多元化和浮动汇率体系。这一体系在运行中体现出如下特点:

第一,美元仍然是最主要的国际货币,但其地位有所下降,而德国马克、日元,特别是复合货币 SDR、欧洲货币单位 ECU 的国际地位日益加强。具体表现在美元仍是主要的国际计价单位、支付手段和国际价值存储手段。但随着美元汇率的剧烈波动,特别是 1985 年 2 月下旬以后的美元汇率暴跌,美元的国际货币地位受到冲击,国际货币多元化趋势进一步增强,开始形成以美元为中心的多元化国际储备体系。

第二,黄金非货币化的推行。黄金的国际货币作用受到严重削弱。然而事实证明,黄金的货币作用并没有完全丧失,黄金仍是最后的国际清偿手段和保值手段。

第三,以浮动汇率为主的混合汇率体制(Hybrid System)得到发展。这种复合汇率体制比布雷顿森林体系的汇率制度更加复杂和灵活。

第四,国际金融市场的发展开始大规模发展。随着主要国家对资本流动管制的放松,各国间资本流动的规模越来越大,对各国产生的影响也在不断增强。

第五,国际收支的调节是通过汇率机制、利率机制、基金组织的干预和贷款、国际金融市场的媒介作用和商业银行的活动,以及有关国家外汇储备的变动、债务、投资等因素结合起来进行的。

具体地,汇率机制是:当一国经常项目发生逆差时,对外汇需求大于外汇供给,本币对外汇率下浮,该国出口增加、进口减少,从而改善国际收支状况。利率机制是:通过一国实际利率与其他国家实际利率的差异引导资金流出流入,从而调节国际收支。IMF 的调节则是通过干预和贷款等活动来帮助成员国扭转持续的不平衡状况。

三、对牙买加体系的评价

（一）牙买加体系的历史作用

牙买加体系对维持世界经济的运转、推动世界经济继续发展起了一定积极作用。它基本摆脱了布雷顿森林体系时期基准货币国家与依附国家相互牵连的弊端，并在一定程度上解决了"特里芬难题"。例如，国际储备多元化有利于缓解国际清偿力的不足；以浮动汇率为主的混合汇率体制可以灵活地适应不断变化的国际经济状况，各国汇率可根据市场供求状况自发调整，可比较灵活地反映瞬息万变的客观经济状况，使各国货币的币值得到充分体现和保证；灵活的复合汇率制可使一国宏观经济政策更具独立性和有效性，还可使各国减少为了维持汇率稳定所必须保留的应急性外汇储备；采取多种国际收支调节机制相互补充，在一定程度上缓和了布雷顿森林体系调节机制失灵的困难。

（二）牙买加体系的弊端

但是，随着国际经济关系的发展变化，这种被人们称作"无体系的体系"的牙买加体系日益暴露出一些弊端：

（1）随着美元地位的不断下降，美元已经不能很好地执行国际货币职能，而国际储备货币多元化缺乏统一的货币标准，国际货币格局错综复杂，导致国际金融市场的动荡混乱，对国际贸易和信用、对世界经济的健康发展都带来不利影响。

（2）汇率波动频繁而又剧烈。美元汇率从 1980 年至 1985 年第一季度上升 60％以上，从 1985 年 2 月至 1987 年年底下降 50％以上，波动幅度非常之大，给国际贸易、国际借贷、国际信用和各国经济带来不利影响。另外，汇率剧烈波动也给外汇投机商有机可乘，助长了外汇投机活动，加剧了国际金融市场的动荡和混乱。

（3）国际收支调节机制不健全。理论上的汇率机制、利率机制等在现实世界中并不能很好地发挥作用。实践中，由于各种条件的限制，汇率机制对国际收支的调节作用并不十分有效，汇率运转机制缺乏效率。利率机制可能对本国经济带来负面影响，其作用效果往往会受到国内经济环境和政策的影响。20 世纪 80 年代美国里根政府的宏观经济政策就是如此（里根政府采用的是供给学派的经济政策，减免税收、增加国防开支，实行扩张性的财政政策，以及温和、谨慎的货币政策。但是，这些政策在促进美国经济保持低速增长的同时，带来了国内巨大的财政赤字以及对外贸易的巨大逆差）。IMF 本应在调节国际收支方面发挥重要作用，但又没有实力促使强大的顺差国承担调节国际收支的义务，指导并监督顺差国与逆差国双方对称地调节国际收支失衡。因此，面对全球性国际收支失衡日益严重的现象，往往是束手无策，无法充分执行调节职能。

综上所述，牙买加体系存在的问题给当前世界经济的发展带来不利影响，因此，有必要思考如何进一步改革国际货币制度，建立合理而稳定的国际货币新秩序。

四、对当代国际货币体系的其他观点

除了"牙买加体系"这个比较正式的提法外，美国的约翰·威廉姆森（John Williamson）还将其定义为"国际货币无体系"（International Monetary Non-system）。另一些学者则根

据国际货币体系实际运行的一些特征将当代国际货币体系称为"第二代布雷顿森林体系"（BWII）。其中比较著名的就是杜利（Dooley）等经济学家。

之所以仍然用"布雷顿森林体系"这个词，是因为布雷顿森林体系解体以后国际货币体系的运行还是与之前有本质上相似的地方。布雷顿森林体系下，一个最突出的特征是美元作为中心国与外围国之间的联系；布雷顿森林体系解体后，虽然美元不再与黄金挂钩，但美元和几种主要货币（如欧元、日元等）仍然是国际货币的核心，这时的中心国就从美国扩展为以美国为中心的发达国家，而外围国则主要包括以东亚国家为代表的新兴市场国家和以中东国家为代表的资源输出国。

但是，根据前面对牙买加体系运行的观察我们也可以看出，当代国际货币体系中确实有很多与布雷顿森林体系下不同的特征，如浮动汇率制度、黄金非货币化等，所以它被称为"第二代"的布雷顿森林体系。

当然，不管是怎样对当代的国际货币体系进行命名，我们都在经历着这样的国际货币体系。从近40年的实践来看，国际范围内的金融危机仍然是时有发生，有的是较局部地发生在某些地区，有的则对全球产生重大冲击，如2008—2009年的国际金融危机。

那么，当代的国际货币体系在金融危机中是什么角色呢？有一些学者就将现行的国际货币体系当作罪魁祸首，认为是它带来了全球的国际收支不平衡，并最终引发了危机。这种观点是否完全正确，也还没有一个统一的答案。但是，比较一致的看法是，现行的国际货币体系肯定需要变革，以促进更稳定的世界经济发展。

小贴士 9－2

国际货币体系的改革

从对现行国际货币体系的阐述可以看到，它在运行中确实产生了一些问题。主要表现在以下几个方面。

1. 美元为中心的多元国际储备

IMF 很早就推出了 SDR 来补充国际储备资产，但长期以来它的地位难以确立。因此，虽然美元脱离了黄金基础，但在美国经济的支撑下仍然是世界上最重要的储备货币。不过与此同时，欧元等货币在不断挑战美元的地位。所以正像"第二代布雷顿森林体系"说的那样，现行国际货币体系是以美元为中心的多元国际储备趋势。这样的多元储备体系一方面会带来与外围国之间的不对称，另一方面处于核心的货币之间存在相互转化的不确定性。

2. 长期的浮动汇率

选择浮动汇率制度的国家越来越多，但浮动汇率下仍然会有政府的"管理"，因为汇率的频繁、剧烈波动显然不利于国民经济的成长。不过，有时实行干预政策存在困难，这是因为难以辨别汇率浮动是由于基本经济情况的变化还是由于短期的因素，难以辨别一国干预是为了稳定各国之间的货币关系还是为了自身的利益。而且 IMF 对此缺乏有效的监督。这样，就更增加了国际金融市场的不稳定性。

3. 国际收支失衡问题严重

现行国际货币体系运行下的一个结果就是全球范围内的国际收支失衡问题。

正是以上困难的存在，使诸多学者、政治家等经常提出对国际货币体系进行改革的建议。

但是，怎样改革，不同的学者、不同的国家则有从自身角度出发的考虑。不过一些问题是比较突出的。从短期来看，要解决的主要问题是，提供一个切合实际的、公平合理而又基本稳定的汇率模式；能控制国际资本流动，对资本流动有一套行为准则，目的在于发挥国际资本积极作用而限制其消极作用；提高 SDR 的作用；加强各国经济政策的协调；加强基金组织的权力。从长期来看，健全的新型的国际货币体系，是世界新经济秩序中的一个核心问题，涉及汇率、国际储备的选择以及各个国家国际收支的调节，应能保证世界经济的稳定增长。

2008 年全球金融危机的发生又促使人们认识到改革国际货币体系的迫切性，产生了一些有关国际货币体系改革的新的呼声。

发展中国家呼吁更多地应着眼于发展中国家在国际金融机构中的代表权；中国央行行长周小川建议对国际货币基金组织创设的 SDR 进行改进和扩大，以"大处着眼、小处着手、循序渐进、寻求共赢"的改革，逐步创建"具有稳定的定值基准并为各国所接受的新储备货币"，核心是要在未来建立一种不与任何国家主权挂钩的"世界货币"，以此作为国际储备和贸易结算的工具，并在实践操作性上做了探讨，提出一套相应的解决方案。

二十国集团也认为目前的国际金融体系与 21 世纪的全球化挑战不相适应。包括国际货币基金组织和世界银行在内的金融机构都应进行大幅改革，不仅要加强监管，还要保障经济自由平衡发展，同时应给予新兴经济体更多话语权和参与份额。

2012 年在法国政府的推动下，对于国际货币体系改革的讨论得到了加强，频频召开与国际货币体系改革相关的高级别研讨会，呼吁建立一个更稳定、更抗风险的国际货币体系，扩大 IMF 的特别提款权货币篮子、加强金融监管等。

与此同时，对 IMF 贷款机制的改革和援助行动在进行中。2008 年危机中 IMF 的救援力度更大、态度更务实、条件更宽松，使其能够更加有效地对目标国家实施救援，在应对全球金融危机中发挥更大作用。2009 年 3 月 24 日宣布了一系列改革方案，全面改革贷款机制，扩大贷款项目的灵活性，减少不必要的附加条件。2009 年 4 月的伦敦 G20 峰会上提出国际货币体系改革问题，各国领导人同意对 IMF 进行增资达到 7 500 亿美元，使得 IMF 的救援能力大幅提升。同年 9 月，在匹兹堡的峰会上进一步讨论了以上问题。2010 年加拿大多伦多峰会和首尔峰会就国际货币基金组织投票权改革等进行了讨论，并通过了 IMF 份额改革报告。

国际货币体系对于全球经济活动影响深远，对它的改革关系到未来全球经济的稳健运行。但是，这一改革又受到很多因素的影响，因此任重而道远。

第四节　国际金融机构概述

一、国际金融机构的产生及发展

国际金融机构,是从事国际金融业务、促进各国货币合作和协调各国货币金融政策的一种跨国组织机构,是国际经济交往发展到一定程度的产物。

1930 年 5 月,英国、法国、德国、意大利、比利时、日本的中央银行及代表美国三大银行(摩根银行、纽约花旗银行、芝加哥花旗银行)根据 1930 年 1 月 20 日签订的海牙国际协定,在瑞士巴塞尔成立国际清算银行(Bank for International Settlements,BIS),以处理德国对协约国的赔款问题,这是国际金融机构建立的重要开端。

世界上主要的国际金融机构都是在"二战"后陆续建立和发展起来的。"二战"使大多数西方国家的经济遭受严重破坏,国际货币制度一片混乱,建立全球性国际金融机构势在必行。1944 年 7 月召开的联合国货币金融会议通过了《国际货币基金组织协定》和《国际复兴开发银行协定》,1945 年 12 月批准成立 IMF 和国际复兴开发银行(又称世界银行)。为了补充世界银行的活动,推动其目标的实现,世界银行后来又增设四个附属机构,统称世界银行集团。目前,IMF 和世界银行集团是世界上成员国最多、机构最庞大、活动范围最广泛、影响最深远的全球性国际金融机构。

区域性的国际金融机构发端于西欧,1957 年西欧共同体创立的欧洲投资银行是世界上最早的区域性国际金融机构。此后,区域性国际金融机构迅猛发展。从 20 世纪 50 年代末到 70 年代,亚非拉广大发展中国家先后走上民族独立的经济发展道路。为发展本国经济,解决资金短缺的困难,抵制以美国为首的少数西方国家对国际金融事务的操纵和控制,发展中国家通过互助合作的方式,建立了许多区域性的国际金融机构。目前有代表性的区域性国际金融机构有拉美的泛美开发银行、亚洲的亚洲开发银行、非洲的非洲开发银行、中东的阿拉伯货币基金组织、苏联与东欧国家的国际经济合作银行和国际投资银行等。

二、国际金融机构的类型

按地区范围不同,国际金融机构可分为全球性金融机构和区域性金融机构,区域性金融机构又分为区域内金融机构和跨区域(洲际性/半区域性)金融机构两种(见表 9-3)。

表 9-3　国际金融机构的类型

国际金融机构	全球性国际金融机构	国际货币基金组织、世界银行集团、国际农业发展基金组织等
	区域性国际金融机构	半区域/洲际性:国际清算银行、亚洲开发银行、非洲开发银行、泛美开发银行等
		区域内:欧洲中央银行、阿拉伯货币基金组织、西非开发银行、中非国家开发银行、加勒比开发银行

三、国际金融机构的特点

尽管国际金融机构类型众多,但一般都具有以下特点:

（1）政府间的金融组织。"二战"前成立的国际清算银行是国有资本和私人垄断资本联合成立的国际金融机构,业务活动范围和作用十分有限。"二战"后建立的国际金融机构都是由各国政府出资建立,并由各国政府委派代表组成国际金融机构的领导机构,对协调国际金融关系和世界经济发挥着相当重要的作用和影响。

（2）股份式的金融组织。与联合国其他国际组织不同,国际金融机构类似于经营国际资金借贷的企业。其组织原则也不同于联合国各国际组织的一国一票制,而是各国根据自己的经济实力缴纳份额,作为国际金融机构的资本,各国在组织中的发言权和影响力取决于出资比例的大小,出资最多的若干国家各派代表组成处理该组织日常业务的执行董事会。

（3）处理具体事务中呈现出不平等性。几个全球性金融机构都在大国控制之下,贷款条件严格,利息率不断提高,加剧了发展中国家的债务负担和支付困难。此外国际金融机构有时还会干预发展中国家的经济政策和发展规划,在一定程度上妨碍其民族经济的自由发展。

四、国际金融机构的作用

（1）加强国际经济协调。国际金融机构是为稳定发展世界经济、从事国际金融管理和国际金融活动而成立的超国家机构,经常组织商讨国际经济、金融领域的重大事情,以协调各国关系。例如,在 20 世纪 80 年代国际债务重新安排和 90 年代金融动荡中,IMF 起到了很好的协调作用。

（2）提供短期资金,解决部分国家的国际收支逆差问题,缓解债务危机。

（3）提供中长期建设资金,促使各国特别是发展中国家的经济发展。

（4）调节国际清偿能力,适应世界经济发展的需要。如 IMF 发放的普通提款权和特别提款权,增强成员国的国际清偿能力。

（5）稳定汇率,保证国际货币体制正常运转,促进国际贸易和投资增长。

第五节　国际货币基金组织

一、国际货币基金组织的成立与宗旨

国际货币基金组织成立于 1945 年 12 月 27 日,是特定历史条件下的产物。鉴于战前金本位制崩溃之后,国际货币体系长期混乱及其严重后果,进行新的国际货币制度安排日益成为突出的问题。为此,在"二战"期间,英美两国政府就开始筹划战后的国际金融工作。1943年,英美两国先后公布解决国际货币问题的凯恩斯计划和怀特计划。1944 年 2 月,又发表关于建立国际货币基金的专家联合声明。1944 年 7 月,英美等国利用参加筹建联合国会议和机构的机会,在美国新罕布什尔州的布雷顿森林召开了具有历史意义的联合国货币金融

会议,决议成立国际货币基金组织作为国际性的常设金融机构。1945 年 12 月 27 日,代表该基金初始份额 80％的 29 国政府在华盛顿签署《国际货币基金协定》,IMF 宣告正式成立。IMF 的成立,为二战后以美元为中心的国际货币体系的建立与发展奠定了组织基础。

1946 年 3 月,IMF 在美国佐治亚州萨凡纳召开首次理事会创立大会,选举首届执行董事,并将总部设在华盛顿。同年 5 月,IMF 召开第一届执行董事会,推选比利时人戈特(G. Gutt)为总裁兼执行董事会主席。9—10 月,IMF 和世界银行理事会第一届年会在华盛顿召开。12 月,IMF 公布当时 32 个成员国的货币对黄金和美元的平价。1947 年 3 月,IMF 宣布开始办理外汇交易业务,同年 11 月 15 日,IMF 成为联合国的一个专门机构。IMF 成立之初有 39 个创始国,目前拥有 188 个成员国,遍布世界各地,已成为名副其实的全球性国际金融机构。

根据 IMF 协定第一条的规定,IMF 有 6 条宗旨:

(1)设立一个永久性的就国际货币问题进行磋商与合作的常设机构,促进国际货币合作;

(2)促进国际贸易的扩大与平衡发展,借此提高就业和实际收入水平,开发成员国的生产性资源,以此作为经济政策的主要目标;

(3)促进汇率的稳定,在成员国之间保持有秩序的汇率安排,避免竞争性的货币贬值;

(4)协助成员国建立经常性交易的多边支付制度,消除妨碍世界贸易发展的外汇管制;

(5)在有适当保证的条件下,向成员国提供临时性的资金融通,使其有信心且利用此机会纠正国际收支的失衡,而不采取危害本国或国际经济的措施;

(6)根据上述宗旨,缩短成员国国际收支不平衡的时间,减轻不平衡的程度。

IMF 自成立以来,已对协定做过三次修改,但其宗旨并没有改变。由此可见,半个世纪以来虽然世界经济与政治格局发生了巨大变化,但国际货币合作的重要性并未随时间的推移而减弱。相反,随着新成员国的不断加入,各国经济依赖性的不断增强以及国际金融危机的经常爆发,关于国际货币、汇率政策的合作与协调显得更加重要。

二、国际货币基金组织的组织结构

(一) 理事会

理事会(Board of Governors)是 IMF 的最高决策机构,由成员国各派一名理事、一名副理事组成,任期 5 年,一般由各成员国的财政部长或中央银行行长担任。各理事单独行使本国的投票权,副理事在理事缺席时才有投票权。理事会的职权主要有:批准接纳新的成员国;批准 IMF 的份额规模与特别提款权的分配,批准成员国货币平价的普遍调查;决定成员国退出 IMF;讨论有关国际货币制度的重大问题。理事会每年 9 月召开一次年会,一般同世界银行理事会年会联合举行。

(二) 执行董事会

执行董事会(Executive Board)是 IMF 负责处理日常业务工作的常设机构,由 24 名执行董事组成,任期 2 年,执行董事包括指定与选派两种。指定董事由持有基金份额最多的 5 个成员国即美、英、德、法、日各派一名,中国、俄联邦与沙特阿拉伯各派一名,其余 16 名由其他成员国按选区轮流选派。执行董事会的职权主要有：接受理事会委托定期处理各种政策和行政事务；向理事会提交年度报告；随时对成员国经济方面的重大问题，特别是有关国际金融方面的问题进行全面研究。当董事会需要就有关问题进行投票表决时，执行董事按其所代表的国家或选区的投票权进行投票。

在执行董事会与理事会之间还有两个机构：一是 IMF 理事会关于国际货币制度的临时委员会（Interim Committee）；二是世界银行和 IMF 理事会关于实际资源向发展中国家转移的联合部长级委员会，简称发展委员会（Development Committee）。两个委员会每年召开 2～4 次会议，讨论国际货币体系与开发援助等重大问题，通过的决议最后往往就是理事会的决议。

除理事会、执行董事会、临时委员会和发展委员会外，IMF 内部还有两大利益集团，即十国集团和二十四国集团，其中，十国集团由发达国家组成，二十四国集团由发展中国家组成，分别代表发达国家和发展中国家的利益。

（三）总裁

总裁（Managing Director）是 IMF 的最高行政长官，负责管理 IMF 的日常事务，由执行董事会推选，并兼任执行董事会主席，任期 5 年。总裁可以出席理事会和执行董事会，但没有投票权，只有在执行董事会表决双方票数相等时，才可以投决定性的一票。

（四）常设职能部门

IMF 设有 16 个职能部门，负责经营业务活动。此外，IMF 还有 2 个永久性的海外业务机构，即欧洲办事处（设在巴黎）和日内瓦办事处。

三、国际货币基金组织的资金来源

IMF 的资金，主要来源于成员国缴纳的份额、借款、捐款、出售黄金所得的信托基金以及有关项目的经营收入。

（一）份额

份额（Quota），是指成员国加入 IMF 时所要认缴的一定数额的款项，其中的 75% 以其本国货币缴纳，其余 25% 以可兑换货币或特别提款权缴纳。各成员国缴纳多少份额，是根据成员国的国民收入、黄金和外汇储备、进出口贸易及其他经济指标来决定的。份额是 IMF 最大的资金来源，用于对成员国的资金融通。份额的单位原为美元，后改以 SDRs 计算。份额按规定每 5 年左右进行一次调整与扩大，自成立以来已经进行了 14 次检查，2010 年 12 月的第 14 次调整将总份额规模增加了一倍，由原来的 2 384 亿 SDRs 增加至 4 768 亿 SDRs。

成员国的份额决定了其向 IMF 出资的最高限额和投票权，并关系到其可以向 IMF 贷款的限额。IMF 的一切活动都与成员国缴纳的份额相联系，重大问题要有 80% 以上的票数通过，甚至要求 85% 以上的票数。IMF 规定，每一成员国有代表国家主权的 250 份基本票，然后按成员国认缴份额数量，每 10 万 SDRs 折合一票，认缴的份额越多，所获票数就越多，表决权也就越大。自 IMF 成立以来，发达国家的份额占比一直在 50% 以上，IMF 的投票权一直主要掌握在美国、欧盟和日本手中。IMF 这种以经济实力划分成员国发言权的做法与传统国际法的基本原则是背离的,引起了不少国家尤其发展中国家的不满。2008 年,IMF 批准了关于份额和投票权改革的方案,适当增加发展中国家在 IMF 中的代表性和投票权。目前,中国、阿拉伯半岛、俄罗斯、印度、巴西、墨西哥等发展中国家都已成为进入 IMF 份额前二十位之列的经济体(见表 9－4)。

表 9－4　基金份额和投票权最多的前 20 个国家

成员国	份额(百万 SDRs)	占总数百分比	投票权数量	占总数百分比
美国	42 122.4	17.7%	421 965	16.75%
日本	15 628.5	6.57%	157 026	6.23%
德国	14 565.5	6.12%	146 396	5.81%
法国	10 738.5	4.51%	108 126	4.29%
英国	10 738.5	4.51%	108 126	4.29%
中国	9 525.9	4%	96 000	3.81%
意大利	7 882.3	3.31%	79 564	3.16%
阿拉伯半岛	6 985.5	2.94%	70 596	2.8%
加拿大	6 369.2	2.68%	64 433	2.56%
俄罗斯	5 945.4	2.5%	60 195	2.39%
印度	5 821.5	2.45%	58 956	2.34%
荷兰	5 162.4	2.17%	52 365	2.08%
比利时	4 605.2	1.94%	46 793	1.86%
巴西	4 250.5	1.79%	43 246	1.72%
西班牙	4 023.4	1.69%	40 975	1.63%
墨西哥	3 625.7	1.52%	36 998	1.4726
瑞士	3 458.5	1.45%	35 326	1.4%
韩国	3 366.4	1.41%	34405	1.37%
澳大利亚	3 236.4	1.36%	33 105	1.31%
委内瑞拉	2 659.1	1.12%	27 332	1.09%

数据来源:国际货币基金组织统计数据 2012 年 2 月 25 日。

(二) 借款

借款是 IMF 的另一个主要的资金来源。这种借款是在 IMF 与成员国协议前提下实现的,主要形式有:① 借款总安排,1962 年与"十国集团"签订,总额 60 亿美元,以应付成员国临时性困难;② 补充资金贷款借款安排,1979 年与 13 个成员国签订;③ 扩大资金贷款借款安排,1981 年 5 月与一些官方机构签订。此外,IMF 还与成员国签订双边借款协议,以扩大资金来源。

（三）出售黄金

1976 年 1 月，IMF 决定将其所持黄金的 1/6 即 2 500 万盎司，分 4 年按市价出售，所得收益的一部分，作为建立信托基金的一个资金来源，用以向最贫穷的成员国提供信贷。

四、国际货币基金组织的主要业务

（一）汇率监督与政策协调

为了保证有秩序的汇兑安排和汇率体系的稳定，取消不利于国际贸易的外汇管制，防止成员国操纵汇率或采取歧视性汇率政策以谋求竞争利益，IMF 对成员国的汇率政策进行监督。监督形式主要有两种：① 在多边基础上的监督。IMF 通过分析发达国家的国际收支和国内经济状况，评估发达国家的经济政策和汇率政策对维持世界经济稳定发展的总体影响。② 在个别国家基础上的监督。主要检查各成员国的汇率政策是否符合基金协定所规定的义务和指导原则。近年来，随着成员国经济往来依赖性的增强、国际经济一体化、国际资本流动加速以及国际金融市场动荡，第一种形式显得越来越重要。

根据 IMF 协定第四条第三款，汇率监督有三个主要指导原则：① 成员国应避免为了调整本国国际收支或为了取得对其他成员国的不公平竞争优势而操纵汇率或国际货币体系；② 成员国在必要时应干预外汇市场，以应付混乱局面，尤其是当本国货币汇率出现破坏性的短期波动时；③ 成员国在采取干预政策时，应考虑其他成员国的利益，包括货币受到干预的国家的利益。

近几年，尤其是墨西哥发生货币危机以来，IMF 扩大了监管活动的范围，开始关注成员国经济数据的质量和数据的适时公布情况，关注成员国金融制度的效率以及私人资本的稳定性，并通过对可能出现的问题提出警告，以防止经济危机发生。

为了履行监督成员国汇率政策的职责，了解成员国的经济发展状况和政策措施，迅速处理成员国申请贷款的要求，IMF 按基金协定规定，原则上每年应与成员国进行一次磋商，对成员国的经济、金融形势和政策做出评价，这种磋商在 IMF 专家小组与成员国政府官员之间进行。具体过程是专家小组首先了解有关的统计资料，如贸易收支、物价水平、失业率、利率、货币供应量等，然后与政府高层官员讨论经济政策的效果及调整措施，预测国内外经济发展的前景，最后，写出报告，供执行董事会磋商、讨论与分析成员国经济时使用。

（二）储备创造

为弥补国际储备不足，IMF 于 1969 年年会正式决定创设特别提款权，并于 1970 年开始分配。当成员国发生国际收支逆差时，可以动用特别提款权划给另一成员国以补偿逆差，或偿还 IMF 的贷款。

（三）金融贷款

金融贷款是 IMF 的主要业务活动之一，形式多种多样，条件严格，特点明显。

1. IMF 贷款的特点

根据 IMF 协定的规定，当成员国发生国际收支不平衡时，IMF 对成员国提供短期信贷。IMF 贷款具有下列特点：① 贷款对象限为成员国政府，IMF 只同成员国的财政部、中央银行及类似的财政金融机构往来；② 贷款用途只限于解决短期性的国际收支不平衡，用于贸易和非贸易的经常项目支付;③ 贷款期限限于短期贷款;④ 贷款额度按各成员国的份额及各类贷款的最高可贷比例,确定最高贷款总额;⑤ 贷款方式是根据经磋商同意的计划,由借款成员国使用本国货币向 IMF 购买其他成员国的等值货币或特别提款权,偿还时用特别提款权或 IMF 指定的货币买回本国货币。

2. IMF 贷款的分类

(1) 普通贷款(Normal Credit Trenches),也称普通提款权,是 IMF 最基本的贷款,期限不超过 5 年,主要用于成员国弥补国际收支逆差。贷款最高额度为成员国认缴份额的 125%,包括储备部分贷款和信贷部分贷款两部分:储备部分贷款占成员国份额的 25%,成员国提取这部分贷款是无条件的,也不需支付利息,但需用可兑换货币或特别提款权缴纳的份额作保证;信贷部分贷款占成员国缴纳份额的 100%,共分四档,每档为其份额的 25%,档次越高,贷款条件越严,成员国需制订借款计划或提供详细的财政稳定计划,而且在使用时还必须接受 IMF 的监督。

(2) 中期贷款(Extended Credit),也称扩展贷款,设立于 1974 年,用于成员国因生产、贸易方面存在结构性问题而进行较长期调整的一项专用贷款。最高贷款额度为成员国份额的 140%,备用期 3 年,提款后第 4 年开始偿还,10 年内还清。

(3) 出口波动补偿贷款(Compensatory Financing Facility 或 Compensatory Financing of Export Fluctuations),设立于 1963 年 2 月,最初规定,当成员国因自然灾害等无法控制的客观原因造成初级产品出口收入下降从而发生国际收支困难时,在原有的普通贷款以外,可另行申请此项专用贷款。1981 年 5 月又规定,当成员国粮食进口价格超过前 5 年平均价格而造成国际收支困难时,也可申请补偿贷款。该贷款最高限额为成员国份额的 100%,期限 3~5 年。1988 年 8 月 IMF 通过一个修改方案,将应急机制结合其中,并把贷款名称更改为补偿与应急贷款,规定成员国在执行 IMF 支持的经济调整计划中,如遇突发性或临时性经济因素而造成经常项目收支偏离预期调整目标时,可申请该项贷款。补偿与应急贷款的最高限额为份额的 95%,如成员国仅具备申请补偿贷款的条件,则最高限度为份额的 65%,仅具备申请应急贷款的条件,则最高贷款额为份额的 30%。

(4) 缓冲库存贷款(Buffer Stock Financing Facility),设立于 1969 年 6 月,是一种为帮助初级产品出口国家维持库存从而稳定物价而发放的贷款。最高贷款额度为成员国份额的 50%,期限 3~5 年。

(5) 石油贷款(Oil Facility),是 1974 年 6 月—1976 年 5 月期间,专门为解决因中东战争石油涨价而引起的国际收支困难而设立的一种临时性贷款。

(6) 信托基金贷款(Trust Fund),设立于 1976 年 1 月,用于援助低收入的发展中国家,低收入发展中国家的标准是 1973 年人均国民收入不足 300 特别提款权单位。此项贷款现已结束。

(7) 补充贷款(Supplementary Financing Facility),设立于 1977 年 4 月,用于解决成员国庞大的、持续的国际收支逆差。贷款期限 3 年半至 7 年,最高贷款额为成员国份额的 140%。1981 年 4 月,该贷款全部承诺完毕。1985 年 5 月,IMF 实施扩张借款政策,提供扩大贷款,其目的和内容与补充贷款相似,该政策规定贷款额度最高为 1 年不超过份额的 95%~115% 或 3 年不超过份额的 280%~345%。

（8）结构调整贷款（Structural Adjustment Facility），设立于 1986 年 3 月，旨在帮助低收入发展中国家通过宏观经济调整解决国际收支长期失衡的问题。贷款条件优惠，年利率仅为 0.5%～1%，期限一般为 10 年，且有 5 年宽限期，贷款最高限额为成员国份额的 70%。成员国要获取该贷款，必须有详细的经济调整计划，并由 IMF 或世界银行工作人员参与计划的制定，最后由 IMF 核定批准。为了增强对低收入成员国的资金援助，IMF 于 1987 年 12 月增设了"扩大的结构调整贷款"，贷款最高额可达份额的 250%，在特殊情况下还可提高到份额的 350%。但 IMF 对借款国经济结构改革的计划要求较高，对贷款效果的监督较严格。低收入成员国最终能否获得此项贷款及贷款数额大小，除取决于本国国际收支和收入水平外，还取决于该国与 IMF 的合作程度以及对本国经济做出的调整努力。

（9）制度转型贷款（Systemic Transformation Facility），设立于 1993 年 4 月，旨在帮助苏联和东欧国家克服从计划经济向市场经济转变过程中出现的国际收支困难，包括：① 由计划价格向市场价格转变引起的收支困难；② 由双边贸易向多边贸易转化引起的收支困难；③ 由游离于国际货币体系之外到融入体系之内引起的收支困难。贷款最高限额为份额的 50%，期限 4～10 年。成员国要获取该项贷款，必须制定经济稳定与制度改革方案，内容包括财政货币制度改革和货币稳定计划、控制资本外逃计划、经济结构改革计划以及市场体系培育计划等。

上述贷款，成员国不能同时获准借取，这是因为 IMF 对一个成员国在一定时间内的全部贷款设定限额。IMF 在此问题上遵循的原则是：成员国每年借款额一般不超过份额的 102%；3 年累计借款净额不超过份额的 306%；全部累计借款上限为份额的 600%。IMF 提供贷款时，要收取手续费或利息。其中储备部分贷款、信托基金、结构调整贷款以及补充贷款为低息或零息贷款，其余贷款的利率在 4%～7% 之间，具体依当时利率水平及借款数额而定。

3. IMF 贷款的条件及其评价

IMF 贷款与其他商业性贷款的重要区别在于贷款条件。IMF 通过发放各类贷款，对成员国克服国际收支困难及稳定汇率等方面，无疑有积极的一面，但其附加的条件及贷款所带来的负面效果至今仍招致不少议论与批评。

IMF 对成员国的贷款发放，始终很慎重，对那些已陷入危机且需巨额援助的成员国更会附加严厉的贷款条件。一般来说，当成员国申请贷款时，IMF 首先会组织专家小组直接赴借款国实地考察，分析该国的经济形势尤其国际收支问题，并制订经济调整计划，一般包括减少财政赤字、削减各种开支、实行紧缩的货币政策、增加出口或减少进口及扩大金融市场开放度等。借款国只有同意并接受该调整计划，才能获得贷款资格。

从 IMF 来说，这些措施都是为了维护国际金融秩序，降低贷款风险，帮助成员国渡过难关。但对受援国来说，这些条件是良药还是劣药，可能还得做具体分析，因为：

（1）要求借款国紧缩货币政策以降低通胀率，可能会导致借款国经济低速增长甚至负增长，同样会导致较高的短期成本。

（2）要求借款国执行紧缩的财政政策，意味着借款国要减少各种政府开支，如减少农业补助、价格支持以及公共方面的计划。对于一个发展中国家来说，削减本国的社会消费及重新安排原来优先考虑的项目，不仅意味着生活水准的降低，还会增加潜在的政治风险。紧缩的货币政策与财政政策同时使用，往往还会引起经济衰退。

（3）要求借款国增加出口或减少进口，意味着借款国货币要计划性地贬值，这种贬值也可能会促进出口，但同时也会使进口商品价格更加高昂，不利于国内消费者。此外，对依赖大量进口先进技术和设备的发展中国家来讲，进口减少会严重打击国内工业和整体经济的发展，因此，通过减少进口来达到贸易顺差，代价可能不菲。

（4）要求借款国实施自由化改革，进一步开放贸易和资本项目等，可能会给那些本来就是因为金融自由化步伐迈得过快而造成危机的国家，雪上加霜，甚至会导致社会动乱，成员国为此付出的代价可能将更加巨大。总之，IMF 贷款要真正收到良好的效果，贷款条件的提出要达到良好的预期，IMF 还得根据不同的对象、不同的时期和不同的实际情况，做出不同的安排。

此外，IMF 对贷款的发放也不是一步到位，而是分期发放，如果借款国没有履行贷款条件，IMF 便停止发放新的贷款。

第六节　世界银行集团

世界银行集团是若干全球性金融机构的总称，目前由国际复兴开发银行、国际开发协会、国际金融公司、多边投资担保机构和解决投资纠纷国际中心等五个机构组成。世界银行集团的主要职能是促进成员国经济长期发展，协调南北关系和稳定世界经济秩序等。下面具体分析世界银行、国际开发协会和国际金融公司三个主要机构。

一、世界银行

（一）世界银行的职能

世界银行（World Bank Group，WBG）是 1944 年 7 月布雷顿森林会议后，与 IMF 同时产生的两个国际性金融机构之一，是联合国属下的一个专门机构。总部设在美国华盛顿，并在巴黎、纽约、伦敦、东京、日内瓦等地设有办事处，还在 20 多个发展中成员国设立了办事处。世界银行于 1945 年 12 月正式宣告成立，1946 年 6 月开始办理业务，1947 年 11 月成为联合国的专门机构。世界银行的成员国必须是 IMF 的成员国，但 IMF 的成员国不一定都参加世界银行。

世界银行与 IMF 相互配合，IMF 主要负责国际货币事务方面的问题，主要任务是向成员国提供解决国际收支暂时不平衡的短期外汇资金，以消除外汇管制，促进汇率稳定和国际贸易的扩大；世界银行则主要负责经济的复兴和发展，向各成员国提供发展经济的中长期贷款。

按照《国际复兴开发银行协定条款》的规定，世界银行的宗旨是：

（1）通过对生产事业的投资，协助成员国经济的复兴与建设，鼓励不发达国家对资源的开发。

（2）通过担保、参加私人贷款及其他私人投资的方式，促进私人对外投资。当成员国不能在合理条件下获得私人资本时，可运用该行自有资本或筹集的资金来补充私人投资的不足。

（3）鼓励国际投资，协助成员国提高生产能力，促进成员国国际贸易的平衡发展和国际收支状况的改善。

（4）在提供贷款保证时，应与其他方面的国际贷款配合。

世界银行在成立之初，主要是资助西欧国家战后经济恢复，但在1948年后，欧洲各国开始主要依赖美国的"马歇尔计划"来恢复战后经济，于是世界银行主要转向向发展中国家提供中长期贷款与投资，促进发展中国家经济和社会的发展。

（二）世界银行的组织结构

1. 理事会

世界银行的最高权力机构是理事会，由成员国选派理事和副理事各一人组成，任期5年，可以连任。理事会的主要职权包括：批准接纳新成员国；增加或减少银行资本；停止成员国资格；决定银行净收入的分配以及其他重大问题。理事会每年举行一次会议，一般与IMF理事会年会联合举行。

2. 执行董事会

世界银行负责组织日常业务的机构是执行董事会，行使由理事会授予的职权。按照世界银行章程规定，执行董事会由24名执行董事组成，其中5人由持有股金最多的美、日、英、德、法委派，其余19人由其他成员国的理事按地区分组选举。中国和沙特阿拉伯由于拥有一定的投票权，均可自行单独选举一位执行董事。

3. 行长

行长由执行董事会选举产生，是银行行政管理机构的首脑，在执行董事会的有关方针政策指导下，负责银行的日常行政管理工作，任免银行高级职员和工作人员。行长同时兼任执行董事会主席，但没有投票权，只有在执行董事会表决中双方的票数相等时，才可以投决定性的一票。

（三）世界银行的资金来源

世界银行的资金，主要来源于成员国缴纳的股金、发行债券、留存的业务净收益及其他资金来源。

1. 成员国缴纳的股金

世界银行成立之初，法定股本100亿美元，分为10万股，每股10万美元。目前，世界银行成员国缴纳的总股本为1570多亿美元（以1944年的美元计值）。

根据世界银行协定最初的规定，成员国认缴的股金分两部分缴纳：① 成员国参加时应缴纳认缴股金的20%，其中2%必须用黄金或美元支付，世界银行有权自由使用，其余18%用成员国的货币支付，世界银行必须征得该成员国同意后才能将这部分股金用于贷款。② 成员国认缴股金的80%是待缴股本，可在世界银行因偿还借款或清偿债务催缴时，以黄金、美元或世界银行需用的货币支付。但在1959年增资时，成员国实缴股金的比例降为10%，以黄金、美元缴纳的部分降为1%，以成员国本币缴付的部分降为9%，其余90%为待缴股金。

2. 发行债券

在实有资本极其有限且不能吸收短期存款的条件下，世界银行主要通过在各国和国际金融市场发行债券来筹措资金。在世界银行的贷款总额中,约有 80% 是依靠发行债券筹集的。世界银行在借款方面的基本政策是借款市场分散化,以防止对某一市场的过分依赖。发行债券的方式主要有两种:一是直接向成员国政府、政府机构或中央银行出售中短期债券;二是通过投资银行、商业银行等中间包销商向私人投资市场出售债券,后者的比例正在不断提高。由于世界银行信誉优良,其发行的债券评级一直为 AAA 级,能在国际资本市场上获得比较优惠的融资条件,并成为世界上最大的非居民借款人。

3. 留存的业务净收益和其他资金来源

世界银行从 1947 年开始营业以来,除第一年小额亏损外,每年都有盈余。世界银行将历年业务净收益的大部分留作银行的储备金,小部分以赠款形式拨给国际开发协会作贷款资金。

此外,世界银行还有两种辅助的资金来源:一是借款国偿还的到期借款;二是银行将部分贷款债权转让给私人投资者(主要指商业银行)而收回的资金。

(四) 世界银行的主要业务

1. 提供贷款

向成员国尤其发展中国家提供贷款是世界银行最主要的业务。世界银行贷款从项目确定到贷款归还,都有一套严格的条件和程序。

(1) 贷款条件。

① 世界银行只向成员国政府或经成员国政府、中央银行担保的公私机构提供贷款。

② 贷款一般用于世界银行审定、批准的特定项目,重点是交通、公用工程、农业建设和教育建设等基础设施项目。只有在特殊情况下,世界银行才考虑发放非项目贷款。

③ 成员国确实不能以合理条件从其他方面取得资金来源时,世界银行才考虑提供贷款。

④ 贷款只发放给有偿还能力且能有效运用资金的成员国。

⑤ 贷款必须专款专用,并接受世界银行的监督。世界银行不仅在使用款项方面,而且在工程进度、物资保管、工程管理等方面都进行监督。

(2) 贷款程序。

① 借款成员国提出项目融资设想,世界银行与借款国洽商,并进行实际考察;

② 双方选定具体贷款项目;

③ 双方对贷款项目进行审查与评估;

④ 双方就贷款项目进行谈判、签约;

⑤ 贷款项目的执行与监督;

⑥ 世界银行对贷款项目进行总结评价。

2. 解决投资争端,提供投资担保

1965 年,世界银行签署并通过《国际投资争端解决公约》,设立国际投资争端解决中心,专门负责国际投资争端的调解与仲裁。1988 年 4 月,世界银行为促进发达国家向发展中国家进行直接投资,设立了一个多边投资担保机构。该机构的主要业务是对非商业性风险提供担保,包括:① 投资所在国政府对货币兑换和转移限制造成的转移风险;② 投资所在国政府采取法律和行政措施造成投资者丧失所有权和控制权的风险;③ 有关政府撤销与投资者签订的合同造成的违约风险;④ 武装冲突和动乱造成的政治风险。

3. 提供技术援助和人员培训

为了提高贷款的经济效益,世界银行在项目准备、组织和管理的整个过程中都注重提供技术援助。世界银行在 1958 年设立经济发展学院,培训成员国的中高级官员,内容涉及经济政策、项目管理和金融等。

此外,世界银行业务还包括进行社会经济调查和提供咨询。

二、国际开发协会

国际开发协会(International Development Association,IDA),是一个专门为发展中国家提供长期无息贷款的国际金融机构,总部设在华盛顿,只有世界银行的成员国才能成为国际开发协会的成员国。在 1959 年 10 月 IMF 和世界银行联合年会上,通过了建立专门资助最不发达国家的国际开发协会的决议,1960 年 9 月 24 日国际开发协会正式成立,并于 1961 年开始营业。其宗旨是通过对不发达国家给予条件较宽、期限较长、负担较轻的贷款,帮助世界上不发达地区的成员国,促进其经济发展,减轻贫困,提高该国人民生活水平。可以说,国际开发协会是一个专门向没有能力以商业利率借贷的低收入发展中国家提供无息长期贷款的国际金融组织,是世界银行贷款的一个补充,促进世界银行目标的实现。

(一) 国际开发协会的组织结构

国际开发协会是世界银行的附属机构,其组织结构、管理方式与世界银行相同,甚至相关机构的工作人员也是同一套人员兼任。但是国际开发协会是一个独立的实体,有自己的协定、法规和财务系统,其资产、负债都与世界银行分开,业务活动也互不相关。

国际开发协会的最高权力机构是理事会,下设执行董事会。协会会员通过投票参与决策,成员国的投票权与其认缴的股本呈正比。成立初期,每一会员具有 500 票基本票,此外每认缴 5 000 美元股本增加一票。

(二) 国际开发协会的资金来源

(1) 成员国认缴的股金。协会成立时的法定资本为 10 亿美元,成员国分为两组:第一组为发达国家,共 21 个,其认缴的股金必须全部以黄金或可兑换货币缴纳;第二组为发展中国家,其认缴股金的 10% 必须以可兑换货币缴纳,其余 90% 可用本国货币缴纳,协会要动用这些国家的货币发放贷款,必须事先征得各国的同意。

(2) 成员国提供的补充资金。因成员国认缴的股金极其有限,远远不能满足贷款的需求,因此需补充资金。补充资金主要来源于较富裕的成员国,也包括部分发展中国家的捐款,每三年补充一次。1965 年以来,国际开发协会已多次补充资金,其中美、英、德、日、法等国占大部分比例,阿根廷、博茨瓦纳、巴西、匈牙利、韩国、俄罗斯、土耳其等发展中国家也进行了资金补充。

(3) 世界银行的赠款。从 1964 年开始,世界银行每年将净收益的一部分以赠款形式转拨给协会,作为协会的资金来源。

(4) 协会经营业务的盈余。协会在发放开发信贷时,也会收取小比例的手续费,并取得一定投资收益。

（三）国际开发协会的主要业务

国际开发协会的主要业务是向欠发达发展中国家的公共工程和发展项目提供比世界银行更优惠的长期贷款，亦称开发信贷。这种贷款具有如下特点：

（1）期限长。最初开发信贷的期限可长达 50 年，宽限期 10 年。1987 年协会执行董事会通过协议，将贷款分为两类：① 联合国确定为最不发达的国家，信贷期限为 40 年，包含 10 年宽限期；② 经济状况稍好一些的国家，信贷期限 35 年，包含 10 年宽限期。

（2）免收利息。即对已拨付的贷款余额免收利息，只收取 0.75% 的手续费，故称为软贷款；而条件较为严格的世界银行贷款，则称为硬贷款。

（3）信贷偿还压力小。第一类国家在宽限期过后的两个 10 年每年还本 2%，以后 20 年每年还本 4%；第二类国家在第二个 10 年每年还本 2.5%，其后 15 年每年还本 5%。

国际开发协会贷款的条件包括：

（1）借款国人均国民生产总值须低于一定数额，如 2005 年人均国民生产总值低于 1 025 美元的国家才有资格申请 2007 年贷款；

（2）借款国无法按借款信誉从传统渠道获得资金；

（3）所选定的贷款项目必须既能提高借款国的劳动生产率，又具有较高的投资收益率；

（4）贷款对象为成员国政府或私人企业（实际中大都贷给成员国政府）。

三、国际金融公司

国际金融公司（International Finance Corporation，IFC），是世界银行的附属机构，也是联合国的专门机构之一，但从法律地位和资金来源来说，又是一个独立的国际金融机构，总部设在华盛顿。国际金融公司的建立，是由于 IMF 和世界银行的贷款对象主要是成员国政府，私人企业贷款则必须由政府机构担保，从而在一定程度上限制了世界银行业务活动的扩展。1951 年 3 月，美国国际开发咨询局建议在世界银行下设国际金融公司，1956 年 7 月 24 日国际金融公司正式成立，只有世界银行的成员国才能成为国际金融公司的成员国。

（一）国际金融公司的组织结构

国际金融公司设有理事会、执行董事会和以总经理为首的行政管理部门，管理方法与世界银行相同。执行董事会主席和公司总经理由世行行长兼任，除少数机构和工作人员由世行相关人员兼任外，设有独立的办事机构和工作人员，包括若干地区局、专业业务局和职能局。

（二）国际金融公司的资金来源

国际金融公司的资金，主要来源于成员国认缴的股金、外部借款，和公司各项业务积累的收入。① 根据协定，国际金融公司成立时的法定资本为 1 亿美元，分为 10 万股，每股 1 000 美元，必须以黄金或可兑换货币缴付，50 年来进行了多次增资。② 为了补充自有资本的不足，国际金融公司还从外部筹借资金，其中发行国际债券是借款的主要方式，约占 80%；其次，国际金融公司还从世界银行及成员国政府取得贷款。③ 国际金融公司对贷款和投资业务管理得力，基本上年年有盈利，积累的净收益成为公司的一部分资金来源。

（三）国际金融公司的营运特点

（1）贷款对象主要是成员国的私人企业,有时也向公私合营企业以及为私人企业提供资金的国营金融机构发放贷款,贷款无须有关政府担保。

（2）除提供长期贷款外,还可对私人企业投资直接入股。

（3）贷款期限较长,一般为 7～15 年,如确属需要还可延长,宽限期 1～4 年。

（4）贷款利率视资金投放风险、预期收益、国际金融市场利率变化和贷款项目的具体情况而定,但一般高于世界银行的贷款利率。对未提用部分的贷款,每年征收 1% 的承担费,还款时需以原借入货币偿还。

（5）贷款具有较大的灵活性,既提供项目建设的外汇需要,也提供本地货币开支需要,既可作为流动资金,也可作为购置固定资产之用。

（6）贷款通常与私人投资者、商业银行和其他金融机构联合提供。

（四）国际金融公司的主要业务

国际金融公司的主要业务,是对成员国的私人企业、私人同政府合资经营的企业提供贷款,并协助其筹措国内外资金,此外还从事其他旨在促进私人企业效率和发展的活动,如提供项目技术援助和政策咨询。贷款发放的部门主要是制造业、加工业、开采业以及公用事业与旅游业等。

国际金融公司的贷款政策是:① 投资项目必须对所在国的经济有利;② 投资项目必须有盈利前景;③ 必须是无法以合理条件得到足够私人资本的项目;④ 所在成员国政府不反对投资的项目;⑤ 本国投资者必须在项目开始施工时就参与投资。

国际金融公司在发放贷款时,还应考虑以下因素:政府所有权和控制的程度、企业性质和管理效率、将来扩大私人所有权的可能性。

世界银行集团的构成与职能如表 9 - 5 所示。

表 9 - 5　世界银行集团的构成与职能

机　构	职　能
国际复兴开发银行	国际复兴开发银行向中等收入国家和借贷信用好的较贫困国家提供贷款和发展援助。其投票权与成员国的认缴股份额挂钩,而认缴股份额则根据每个成员国的相对经济实力确定。国际复兴开发银行以在国际资本市场上发债作为其主要资金来源
国际开发协会	国际开发协会在世界银行履行其减贫使命方面起着重要作用。国际开发协会的援助对象是世界上最贫困的国家,向它们提供无息贷款和其他服务。国际开发协会的主要资金来源是较富裕的成员国,也包括部分发展中国家的捐款
国际金融公司	国际金融公司通过为私营部门提供投资资金,为政府和企业提供技术援助和咨询服务,促进发展中国家的经济增长。国际金融公司联合私人投资者向发展中国家的商业性企业提供贷款和股本融资
多边投资担保机构	多边投资担保机构通过向外国投资者提供非商业性风险担保,促进发展中国家的外国投资。多边投资担保机构也协助政府传播有关投资机会的信息
解决投资争端国际中心	解决投资争端国际中心通过调停或仲裁的方式协助解决外国投资者与东道国之间的投资争端

第七节　区域性国际金融机构

一、国际清算银行

(一) 国际清算银行的建立

1930 年 5 月,国际清算银行(Bank for International Settlement,BIS)由英、法、德、意、比、日等国的中央银行与代表美国银行界利益的摩根银行、纽约和芝加哥的花旗银行组成的银团共同组建,行址在瑞士巴塞尔。刚建立时只有 7 个成员国,现已发展到 60 个。国际清算银行最初创办的目的是为了处理"一战"后德国的赔偿支付及其有关清算等业务问题。"二战"后,作为经济合作与发展组织成员国之间的结算机构,该行的宗旨也逐渐转变为促进各国中央银行之间的合作,为国际金融业务提供便利,并接受委托或作为代理人办理国际清算业务等。国际清算银行不是政府间的金融决策机构,也不是发展援助机构,实际上是西方中央银行的银行,通过各国中央银行向整个国际金融体系提供一系列高度专业化的服务,办理多种国际清算业务。

(二) 国际清算银行的组织结构与资金来源

国际清算银行是股份制形式的金融组织,由股东大会(年会)、董事会和经理部组成。股东大会是最高权力机构,由认缴该行股份的各国中央银行代表组成,股东投票权的多少由其持有的股份决定。董事会由 20 人组成,董事长(兼行长)由其选举产生,董事会每月开一次会,审查银行日常业务,董事会也是主要的政策制定者。经理部有总经理和副总经理,下设 4 个业务机构,即银行部、货币经济部、秘书处和法律处。

国际清算银行的资金主要来源于三个方面:

(1) 成员国缴纳的股金。该行股份 80% 为各国中央银行持有,其余 20% 为私人持有。

(2) 借款。向各成员国中央银行借款,补充该行自有资金的不足。

(3) 吸收存款。接受各国中央银行的黄金存款和商业银行的存款。

(三) 国际清算银行的主要业务

(1) 处理国际清算事务。"二战"后,国际清算银行先后成为欧洲经济合作组织、欧洲支付同盟、欧洲煤钢联营、黄金总库、欧洲货币合作基金等国际机构的金融业务代理人,承担着大量国际结算业务。

(2) 办理或代理有关银行业务。"二战"后,国际清算银行业务不断拓展,目前可从事的业务主要有:接受成员国中央银行的黄金或货币存款,买卖黄金和货币,买卖可供上市的证券,向成员国中央银行贷款或存款,也可与商业银行和国际机构进行类似业务,但不得向政府提供贷款或以其名义开设往来账户。目前,世界上很多中央银行在国际清算银行存有黄金和硬通货,并获取相应利息。

(3) 定期举办中央银行行长会议。国际清算银行于每月的第一个周末在巴塞尔举行西方主要国家中央银行的行长会议,商讨有关国际金融问题,协调有关国家的金融政策,促进各国中央银行的合作。

二、亚洲开发银行

（一）亚洲开发银行的成立与宗旨

亚洲开发银行（Asian Development Bank，ADB），简称亚行，是亚洲和太平洋地区的区域性金融机构。亚行不是联合国下属机构，而是联合国亚洲及太平洋经济社会委员会（联合国亚太经社会）赞助建立的机构，与联合国及其区域和专门机构有密切联系。根据 1963 年 12 月在菲律宾首都马尼拉召开的第一届亚洲经济合作部长级会议决议，1965 年 11 月至 12 月召开的第二届会议通过了亚洲开发银行章程。章程于 1966 年 8 月 22 日生效。同年 11 月在东京召开首届理事会，宣告该行正式成立，12 月 19 日正式营业，总部设在马尼拉。现有成员 67 个，其中 48 个来自亚太本地区，19 个来自其他地区。亚行的宗旨是帮助发展中成员国减少贫困，提高人民生活水平，以实现"没有贫困的亚太地区"这一终极目标。

亚行的组织机构主要有理事会和董事会。理事会由所有成员代表组成，是亚行的最高权力和决策机构，负责接纳新成员、变动股本、选举董事和行长、修改章程等，通常每年举行一次会议，由亚行各成员国派一名理事参加。行长是亚行的合法代表，由理事会选举产生，任期 5 年，可连任。

（二）亚行的资金来源

（1）普通资金。包括亚行的股本、借款、普通储备金、特别储备金、净收益、预交股本等，一般用来向成员国发放硬贷款。

（2）开发基金。包括发达国家的捐赠、由成员国实缴股本中拨付或从其他渠道取得，用来向较穷国家发放优惠性贷款。

（3）技术援助特别基金。由成员国捐赠和由开发基金拨付，用来资助发展中成员国与工程项目有关咨询活动。

（4）日本特别基金。由日本出资，用来对成员国的公营和私营部门进行技术援助。

（5）联合融资。即亚行与一个或一个以上的金融机构采取不同形式，共同为某一开发项目进行融资。亚行最大的融资伙伴是官方机构，官方融资总数占联合融资总额的 72%。

（三）亚行的主要业务

（1）贷款。向发展中成员国提供贷款是亚行援助中最具实质性的内容，其贷款一般直接贷给发展中成员政府或由发展中成员政府担保借给发展中成员的机构。有时也向发展中成员的私营部门提供，这种贷款因风险大，所以不具有政府担保的优惠条件，近似于商业贷款。

（2）股本投资。股本投资是对私营部门开展的一项业务，也不要政府担保。除亚行直接经营的股本投资外，还通过发展中成员的金融机构进行小额的股本投资。

（3）技术援助。技术援助可分为项目准备技术援助、项目执行援助、咨询技术援助或区域活动技术援助。亚行通过技术援助帮助其发展中成员经济而有效地设计、拟定、执行和经营发展项目，以此促进资源和技术向亚行发展中成员的转移。亚行以赠款、贷款和赠贷结合的方式为技术援助提供资金。

(4) 联合融资和担保。亚行不仅自己为其发展中成员的发展提供资金,而且还吸引多边、双边机构以及商业金融机构的资金,投向共同的项目,这是亚行所起的催化作用,对各方都有利。对受款国来说,可增加筹资渠道,而且条件优惠于纯商业性贷款;对亚行来说,可克服资金不足的困难;对联合融资者来说,可节省对贷款的审查费用。亚行对参加联合融资和私营机构所提供的贷款还提供担保服务,可以帮助发展中成员从私营机构那里争取到优惠的贷款。

三、非洲开发银行

(一) 非洲开发银行的成立与宗旨

非洲开发银行(African Development Bank,ADB),简称非行,是非洲国家在联合国非洲经济委员会的帮助下于 1964 年 11 月成立的一个面向非洲的区域性政府间国际金融机构,总部设在科特迪瓦首都阿比让。目前成员国有 77 个,其中 53 个非洲国家,24 个其他地区国家。

非行的宗旨是:通过提供投资、贷款和利用非洲大陆的人才和资源,促进成员国经济发展和进步;优先向有利于地区经济合作和扩大成员国贸易的项目提供资金和技术援助;帮助研究、制订、协调和执行非洲各国的经济发展计划,以便达成非洲经济一体化。

(二) 非洲开发银行的组织结构

非行的最高决策与权力机构是理事会,由各成员国指派一名理事组成,理事一般为成员国的财政部或中央银行行长。理事会每年开会一次,每个理事的表决权按成员国股本的多少来计算。董事会选举行长,行长在董事会指导下组织银行的日常业务工作。

此外,为满足该行贷款资金的需要,非行还建立了 4 个合办机构:

(1) 非洲开发基金。这是一笔跨国基金,1972 年在经济合作与发展组织援助下设立,由非行和非洲以外的 25 个国家(地区)认股缴纳的基金组成,主要向非洲最穷国家的发展项目提供无息贷款。

(2) 非洲投资与开发国际金融公司。1970 年 11 月在非行倡议和参与下组建,总部设在瑞士日内瓦。其目的是动员国际私人资本,建设和发展非洲的生产性企业。公司的股东有国际金融公司以及美洲、欧洲和亚洲各国的 120 余家金融、工商业企业。

(3) 尼日利亚信托基金。1976 年 4 月建立,由尼日利亚政府投资、非行管理的一个机构。该基金通过与其他信托机构合作,为非行成员国中较贫穷国家的发展项目提供援助资金,以促进非洲经济增长,贷款领域主要是公用事业、交通运输和社会部门。

(4) 非洲再保险公司。1977 年 3 月成立,1978 年开始营业,是发展中国家建立的第一家政府间再保险公司。其宗旨是促进非洲国家保险与再保险事业的发展;通过投资与提供有关保险与再保险的技术援助,促进非洲国家的经济独立和加强区域性合作。

(三) 非洲开发银行的资金来源

原来,只有非洲国家才能认购股本。为广泛吸收资金和扩大非行的贷款能力,非行理事会在 1980 年 5 月举行的第 15 届年会通过决议,欢迎非洲以外国家入股。1985 年 5 月,我国正式参加了非行。

非洲开发银行的资金来源主要是成员国认缴的股本。它的特别贷款条件优惠,贷款不计利息,期限最长可达 50 年,主要用于大型工程项目建设,贷款对象仅限于成员国。

四、欧洲投资银行

(一)欧洲投资银行的成立和宗旨

欧洲投资银行(European Investment Bank,EIB)是欧洲经济共同体各国政府间的一个金融机构,成立于 1958 年 1 月,总行设在卢森堡。该行的宗旨是利用国际资本市场和共同体内部资金,促进共同体的平衡和稳定发展。为此,该行的主要贷款对象是成员国不发达地区的经济开发项目,从 1964 年起,贷款对象扩大到与欧共体有较密切联系或有合作协定的共同体外的国家。

(二)欧洲投资银行的组织结构

欧洲投资银行是股份制企业性质的金融机构。董事会是最高权力机构,由成员国财政部长组成的董事会,负责制定银行的方针政策,董事长由各成员国轮流担任。理事会负责主要业务的决策工作,如批准贷款、确定利率等。管理委员会则负责日常业务的管理。

(三)欧洲投资银行的资金来源

(1)成员国认缴的股本金。初创时法定资本金为 10 亿欧洲记账单位。

(2)借款。通过发行债券在国际金融市场上筹资,是该行主要的资金来源。

(四)欧洲投资银行的主要业务

(1)对工业、能源和基础设施等方面促进地区平衡发展的投资项目,提供贷款或贷款担保。这是该行的主要业务,包括两种形式:① 普通贷款,即运用法定资本和借入资金办理的贷款,主要向共同体成员国政府私人企业发放,贷款期限可达 20 年;② 特别贷款,即向共同体以外的国家(地区)提供的优惠贷款,主要根据共同体的援助计划,向同欧洲保持较密切联系的非洲国家及其他发展中国家提供,贷款收取较低利息或不计利息。

(2)促进成员国或共同体感兴趣的事业的发展。

(3)促进企业现代化。

第八节　我国与国际金融机构的联系

一、我国与国际货币基金组织

中国是 IMF 的创始国之一,但在 1980 年以前中国在 IMF 的席位一直被台湾当局占据。1971 年我国恢复在联合国的合法席位,在联合国各专门机构的合法席位相继得到恢复。经积极交涉,1980 年 4 月 17 日 IMF 执行董事会通过决议,恢复了中国的合法席位。我国在 IMF 的基金份额最初只有 5.5 亿 SDRs,经过 14 次调整,目前我国在 IMF 的份额增加到 95.259 亿特别提款权,占总份额的 4%,位列第 6 位。

自我国与 IMF 恢复合作关系以来,我国与 IMF 的各种业务往来也不断增加,双方的合作主要有以下方面：

(1) IMF 通过提供贷款，支持我国国际收支的改善。例如，1980 年，我国宏观经济失衡通货膨胀加剧，国际收支逆差扩大，为此 IMF 向我国提供了 4.5 亿特别提款权的第一档信贷和 3.05 亿特别提款权的信托基金贷款。又如，1986 年，我国再次向 IMF 借入 5.977 25 亿特别提款权的第一档信贷，促进了我国经济的稳定增长。

(2) IMF 通过提供多次技术援助与人员培训，帮助我国提高管理技术水平。在 IMF 的援助下，我国在建立外债管理指标与统一监测制度、改进国际收支编制方法、加强中央银行作用、推进税制改革及完善税收管理等方面取得了明显进步。

(3) 我国定期与 IMF 磋商与交流。如向 IMF 提供本国国民经济统计数字，介绍我国的经济发展状况和政策意向，让世界进一步了解中国；1980 年 11 月、1986 年 11 月和 1990 年 1 月，我国先后与 IMF 举办大型学术研讨会，1997 年 9 月，IMF 和世界银行联合年会在中国香港特别行政区召开，这些会议就各国宏观经济管理和经济增长、IMF 的地位作用及其改革、中国银行业务和防范金融危机等重要问题进行了讨论，产生了积极影响。

(4) 我国按 IMF 要求进一步改善投资环境，并参与 IMF 的实际救援工作。1994 年，我国推出汇制改革与货币自由兑换的措施，并于 1996 年实现货币在经常项目下可兑换。1997 年东南亚危机后，我国从大局出发，坚持人民币汇率不贬值的政策，并积极参与在 IMF 框架下对亚洲金融危机的资金援助计划。

展望未来，我国与包括 IMF 在内的国际金融机构的合作将变得更加密切，我国也将发挥更重要的作用。

二、我国与世界银行集团

(一) 我国与世界银行

中国是世界银行的创始国之一，1980 年以前中国在世界银行的席位长期被台湾当局占据。1980 年 5 月 15 日，中国在世界银行的合法席位得到恢复。1980 年 9 月 3 日，该行理事会同意将中国在该行的股份从原来的 7 500 股增加到 12 000 股。在世界银行的执行董事会中，我国单独派有一名董事，并有投票权。我国从 1981 年起开始向世界银行借款，此后我国与世界银行的合作逐步扩大，世界银行通过提供期限较长的项目贷款，推动了我国交通运输、行业改造、能源、农业等国家重点建设以及金融、文卫环保等事业的发展，同时还通过其培训机构为我国培训了大批熟悉世界银行业务、专业知识的管理人才。

(二) 与国际开发协会的往来

1980 年 5 月 15 日，中国在国际开发协会的席位得到恢复，并拥有投票权。国际开发协会主要向我国提供长期低息贷款，用于我国基础设施的建设与完善。

(三) 与国际金融公司的往来

1980 年 5 月 15 日，中国在国际金融公司的席位得到恢复，按规定认缴股金，并享有投票权。1987 年，国际金融公司开始向我国中外合资企业提供融资，此后，双方的业务往来日益密切。援助范围不断扩大，现已涉及中外合资企业、集体企业（含乡镇）、私营企业及股份制企业等，为提高我国企业的竞争能力和发展我国多种所有制经济成分做出了一定贡献。

三、我国与亚洲开发银行

1966 年,亚洲开发银行创建时,台湾当局以中国名义参加。1971 年中国在联合国的合法席位恢复后,台湾当局已不再向该行借款。1986 年 2 月 17 日,亚洲银行理事会通过了接纳中国加入该行的第 176 号决议,同年 3 月 10 日中国成为亚洲银行正式成员国,台湾当局以"中国台北"名义留在该行。中国认缴股本 11.4 万股,约值 13 亿美元,占该行股本总额的 7%,是亚洲银行的第三大认股国。在 1987 年亚行年会上,我国当选为亚洲银行董事国,并于同年 7 月正式设立执董办公室。

我国成为亚行成员国后,双方的合作发展很快,在许多领域取得了较好效果。亚行主要通过向我国提供有关信贷业务,对我国的工业、环保、扶贫、基础设施等领域的发展予以支持,贷款金额已超过 30 亿美元。我国除了在信贷方面与亚行进行合作外,还多次与亚行联合举办经济研讨会,开展有关学术交流活动。例如,在加入亚行后的第 4 年,我国成功举办具有重要意义的亚行理事会第 22 届年会,增进了我国与亚行成员国之间的相互了解、友谊与合作;1991 年 12 月,我国在北京成功举办题为"消除贫困的社会经济政策"的亚行第 7 次圆桌会议,加强了消除贫困政策的制定与经验交流工作;此外,我国也应亚行邀请,派遣人员到国外参加研讨会或接受短期培训,通过亚行的技术援助,大大提高了我国有关人员的素质和技术操作水平。

四、我国与国际清算银行

从 1984 年开始,中国人民银行与国际清算银行建立银行业务方面的联系,并以观察员身份几次参加该行年会。1995 年 1 月国务院副总理朱镕基访问该行,同年 9 月该行总经理克罗特先生访华。1996 年 9 月 9 日,中国人民银行正式成为国际清算银行成员,并于 1996 年 11 月认缴 3 000 股的股本,实缴金额 3 879 万美元。香港金融管理局与中国人民银行同时加入国际清算银行,回归之后在国际清算银行的地位保持不变,继续享有独立的股份与投票权,这是"一国两制"原则的具体体现,具有重要意义。

我国加入国际清算银行,为增强中国人民银行与各国中央银行的合作开辟了新的渠道。中国人民银行与国际清算银行保持着良好的合作关系,多次出席国际清算银行主办的行长例会、年会和研讨会。国际清算银行对中国十分重视,该行董事长、总经理都曾来华访问,并于 1998 年 7 月 11 日在香港设立亚太代表处;1999 年 7 月,在上海召开国际清算银行行长例会。

本章小结

国际货币体系包括汇率制度的选择、国际结算原则、国际收支的调节机制以及国际货币的确定和供应,因此可以从调整性、清偿能力和信心几个角度对其进行评价。国际金本位制是以黄金作为本位货币和国际货币、各国间形成固定汇率制度的国际货币制度,又可以分为金币本位、金块本位和金汇兑本位。

布雷顿森林体系是第二次世界大战之后建立起来的国际货币制度,一直运行到 20 世纪

70年代初,其核心是双挂钩,即美元与黄金挂钩、其他货币与美元挂钩下的固定汇率体系。

当代国际货币体系则以牙买加体系为主,美元仍是主要货币,但地位有所下降,而且与黄金脱钩,浮动汇率制度开始流行。同时,人们在不断探索对国际货币制度的改革。

国际金融机构,是从事国际金融业务、促进各国货币合作和协调各国货币金融政策的一种跨国组织机构,是国际经济交往发展到一定程度的产物。目前,IMF和世界银行集团是世界上成员国最多,机构最庞大、活动范围最广泛、影响也最深远的全球性国际金融机构。

IMF的宗旨包括:① 设立一个永久性的就国际货币问题进行磋商与合作的常设机构,促进国际货币合作。② 促进国际贸易的扩大与平衡发展,借此提高就业和实际收入水平,开发成员国的生产性资源,以此作为经济政策的主要目标。③ 促进汇率的稳定,在成员国之间保持有秩序的汇率安排,避免竞争性的货币贬值。④ 协助成员国建立经常性交易的多边支付制度,消除妨碍世界贸易发展的外汇管制。⑤ 在有适当保证的条件下,向成员国提供临时性的资金融通,使其有信心且利用此机会纠正国际收支的失衡,而不采取危害本国或国际经济的措施。⑥ 缩短成员国国际收支不平衡的时间,减轻不平衡的程度。IMF的资金主要来源于成员国缴纳的份额、借款、捐款、出售黄金所得的信托基金以及有关项目的经营收入。IMF的主要业务有汇率监督与政策协调、储备创造、金融贷款。

世界银行集团由国际复兴开发银行、国际开发协会、国际金融公司、多边投资担保机构和解决投资纠纷国际中心等五个机构组成,主要职能是促进成员国经济长期发展,协调南北关系和稳定世界经济秩序等。世界银行的主要业务有向成员国尤其发展中国家提供贷款、解决投资争端,提供投资担保、提供技术援助和人员培训、进行社会经济调查和提供咨询。国际开发协会主要对最贫穷的发展中国家提供优惠贷款。国际金融公司主要向发展中国家的私人部门提供无担保贷款和股本投资。

国际清算银行是世界上最早成立的国际金融组织,最初创办目的是为了处理"一战"后德国的赔偿支付及其有关的清算等业务问题。"二战"后,作为经济合作与发展组织成员国之间的结算机构,宗旨也逐渐转变为促进各国中央银行之间的合作,为国际金融业务提供便利,并接受委托或作为代理人办理国际清算业务等。国际清算银行的资金主要来源于成员国缴纳的股金、借款、吸收存款。国际清算银行的主要业务有处理国际清算事务、办理或代理有关银行业务、定期举办中央银行行长会议。

亚洲开发银行的宗旨是促进亚洲和太平洋地区的经济发展和合作,特别是协助本地区发展中成员以共同或个别的方式加速经济发展。亚行的资金来源于普通资金、开发基金、技术援助特别基金、日本特别基金、联合融资。亚行的主要业务有贷款、股本投资、技术援助、联合融资和担保。

复习思考题

1. 评价国际货币制度的标准有哪些?
2. 金本位制和金汇兑本位制的区别是什么?在实践中这两种体制的缺点有哪些?
3. 布雷顿森林体系的主要内容是什么?
4. 为什么信心和清偿力之间存在矛盾?有调节这一矛盾的方法吗?

5. 是什么带来了布雷顿森林体系的解体？请既考虑系统性因素，也考虑一些短期因素。

6. 当代国际货币体系在运行中都有哪些特点？可能带来什么问题？

7. 国际货币制度改革应该特别注意哪些问题？

8. 试述国际金融机构的性质和作用。

9. 试述 IMF 的宗旨、资金来源和主要业务。

10. 世界银行集团包括哪几个部分？各自的宗旨、资金来源和业务是什么？

参考文献

[1] 任康钰. 国际金融[M]. 北京：高等教育出版社，2013.

[2] 孟昊. 国际金融理论与实践[M]. 2 版. 北京：中国邮电出版社，2014.

[3] 郑甘澍. 国际金融学[M]. 上海：上海财经大学出版社，2013.

[4] 都红雯. 国际金融[M]. 北京：高等教育出版社，2013.

[5] 宋树民，张岩. 国际金融[M]. 北京：北京大学出版社，2014.

[6] 吴金娇，王璐. 国际金融[M]. 上海：同济大学出版社，2012.

[7] 孙睦优，黄娟. 国际金融[M]. 北京：清华大学出版社，2012.

[8] 陈长民. 国际金融[M]. 北京：中国人民大学出版社，2010.

[9] 刘舒年，温晓芳. 国际金融[M]. 北京：对外经济贸易大学出版社，2010.

[10] 张米良，郭强. 国际金融[M]. 哈尔滨：哈尔滨工业大学出版社，2010.

[11] 郭晓立. 国际金融学[M]. 北京：中国铁道出版社，2010.

[12] 沈晶. 国际金融实务[M]. 北京：清华大学出版社，2010.

[13] 杜玉兰. 国际金融[M]. 北京：科学出版社，2010.

[14] 彭文华. 国际金融[M]. 重庆：重庆大学出版社，2009.

[15] 朱海洋. 国际金融[M]. 上海：上海交通大学出版社，2009.

[16] 陈雨露. 国际金融[M]. 北京：中国人民大学出版社，2008.

[17] 史燕平. 国际金融[M]. 北京：中国人民大学出版社，2008.

[18] 吕随启. 国际金融教程[M]. 2 版. 北京：科学出版社，2007.

[19] 韩博印，王学信. 国际金融[M]. 北京：北京大学出版社，中国林业出版社，2007.

[20] 杨胜刚，姚小义. 国际金融[M]. 北京：高等教育出版社，2005.

[21] 篮发钦. 国际金融[M]. 上海：立信会计出版社，2005.

[22] 刘思跃，肖卫国. 国际金融[M]. 武汉：武汉大学出版社，2004.

[23] 杨立新，余桂玲. 国际金融[M]. 北京：国防工业出版社，2002.

[24] 姜波克. 国际金融新编[M]. 上海：复旦大学出版社，2005.

[25] 韩玉珍. 国际金融[M]. 北京：首都经贸大学出版社，2002.

[26] 杨胜刚. 国际金融[M]. 长沙：中南大学出版社，2004.

[27] 易纠，张磊. 国际金融[M]. 上海：上海人民出版社，2004.

[28] 迟国泰. 国际金融[M]. 3 版. 大连：大连理工大学出版社，2003.

[29] 王晓光. 国际金融[M]. 北京：清华大学出版社，2011.

[30] 王梓仲，张锐力. 国际金融理论与实务[M]. 北京：北京理工大学出版社，2012.